A ECOTEOLOGIA DO SANTUÁRIO CRISTO REDENTOR À LUZ DA ENCÍCLICA *LAUDATO SI'*

Dados Internacionais de Catalogação na Publicação (CIP)
(Câmara Brasileira do Livro, SP, Brasil)

Pinheiro, Alexandre Carvalho Lima
  A ecoteologia do santuário Cristo redentor à luz da encíclica Laudato Si' / Alexandre Carvalho Lima Pinheiro; sob a coordenação de Waldecir Gonzaga. – 1. ed. – Petrópolis, RJ : Vozes ; Rio de Janeiro : Editora PUC-Rio, 2022. – (Série Teologia PUC-Rio ; 1)

Bibliografia
ISBN 978-65-5713-622-5 (Vozes)
ISBN 978-65-88831-65-6 (PUC-Rio)

1. Alianças (Teologia) – Ensino bíblico 2. Criação – História das doutrinas – Igreja Católica 3. Ecologia – Aspectos religiosos – Cristianismo 4. Encíclicas papais 5. Espiritualidade 6. Humanidade (Moral) – Aspectos religiosos – Cristianismo 7. Redenção – Cristianismo 8. Santuário Cristo Redentor – Rio de Janeiro (RJ) I. Título II. Série.

22-121250   CDD-261.88

Índices para catálogo sistemático:
1. Ecologia humana : Aspectos religiosos :
Cristianismo 261.88

Aline Graziele Benitez – Bibliotecária – CRB-1/3129

Alexandre Carvalho Lima Pinheiro

A ECOTEOLOGIA DO SANTUÁRIO CRISTO REDENTOR À LUZ DA ENCÍCLICA *LAUDATO SÍ*

SÉRIE **TEOLOGIA PUC-RIO**

© 2022, Editora Vozes Ltda.
Rua Frei Luís, 100
25689-900 Petrópolis, RJ
www.vozes.com.br
Brasil

Todos os direitos reservados. Nenhuma parte desta obra poderá ser reproduzida ou transmitida por qualquer forma e/ou quaisquer meios (eletrônico ou mecânico, incluindo fotocópia e gravação) ou arquivada em qualquer sistema ou banco de dados sem permissão escrita da editora.

CONSELHO EDITORIAL
Diretor
Gilberto Gonçalves Garcia

Editores
Aline dos Santos Carneiro
Edrian Josué Pasini
Marilac Loraine Oleniki
Welder Lancieri Marchini

Conselheiros
Elói Dionísio Piva
Francisco Morás
Ludovico Garmus
Teobaldo Heidemann
Volney J. Berkenbrock

Secretário executivo
Leonardo A.R.T. dos Santos

© Editora PUC-Rio
Rua Marquês de São Vicente, 225
Casa da Editora PUC-Rio
Gávea
22451-900 Rio de Janeiro, RJ
Tel.: (21) 3527-1838
edpucrio@puc-rio.br
www.editora.puc-rio.br

Reitor
Prof. Pe. Anderson Antonio Pedroso, S.J.

Vice-reitor
Prof. Pe. André Luís Araújo, S.J.

Vice-reitor para Assuntos Acadêmicos
Prof. José Ricardo Bergmann

Vice-reitor para Assuntos Administrativos
Prof. Ricardo Tanscheit

Vice-reitor para Assuntos Comunitários
Prof. Augusto Luiz Duarte Lopes Sampaio

Vice-reitor para Assuntos de Desenvolvimento e Inovação
Prof. Marcelo Gattas

Decanos
Prof. Júlio Cesar Valladão Diniz (CTCH)
Prof. Francisco de Guimaraens (CCS)
Prof. Sidnei Paciornik (CTC)
Prof. Hilton Augusto Koch (CCBS)

Conselho Gestor Editora PUC-Rio
Augusto Sampaio, Danilo Marcondes, Felipe Gomberg, Francisco de Guimaraens, Hilton Augusto Koch, José Ricardo Bergmann, Júlio Cesar Valladão Diniz, Marcelo Gattas e Sidnei Paciornik.

Coordenação da série: Waldecir Gonzaga
Editoração: Programa de pós-graduação em Teologia (PUC-Rio)
Revisão de originais: Editora Vozes
Diagramação: Raquel Nascimento
Revisão gráfica: Alessandra Karl
Capa: Editora Vozes

ISBN 978-65-5713-622-5 (Vozes)
ISBN 978-65-88831-65-6 (PUC-Rio)

Este livro foi composto e impresso pela Editora Vozes Ltda.

Para Álvaro e Maria Coeli (*In memoriam*)

Agradecimentos

O presente trabalho foi realizado com apoio da Coordenação de Aperfeiçoamento de Pessoal de Nível Superior – Brasil (CAPES).

Ao Seminário São José do Rio de Janeiro, por tornar possível a realização deste doutorado.

Ao Departamento de Pós-Graduação em Teologia da PUC-Rio, pelo ambiente fraterno de acolhimento, que me permitiu chegar à conclusão deste trabalho.

Ao Pe. Omar Raposo, reitor do Santuário Cristo Redentor e aos funcionários dos diversos setores da sua administração.

Ao Prof.-Dr. Pe. André Luiz Rodrigues da Silva que, por sua cuidadosa orientação e entusiasmo constante, foi, verdadeiramente, a alma deste trabalho.

Ao seminarista Luis Alberto Torres Pereira, pela cuidadosa revisão ortográfica e metodológica deste texto.

À minha família e amigos, pelo apoio e incentivo.

Sumário

Lista de abreviaturas e siglas, 13

Prefácio, 15

Introdução, 19

Capítulo 1 | Teologia da história do Santuário Cristo Redentor, 23

  1.1 A exuberância da natureza nas linhas do Monte Corcovado, 24

      1.1.1 Teorias sobre o criacionismo e o evolucionismo: aproximações e distanciamentos no discurso hodierno, 29

      1.1.2 A dimensão estética da natureza, 37

      1.1.3 O maciço gigante adormecido, 43

      1.1.4 Os índios como primeiros interlocutores sobre a natureza, 47

  1.2 A Igreja Católica no Brasil colonial, 53

      1.2.1 São Sebastião do Rio de Janeiro, 54

      1.2.2 A escravidão dos índios e dos negros, 59

      1.2.3 A crise do sistema colonial, 66

  1.3 A Igreja Católica no Brasil Imperial, 71

      1.3.1 O processo de independência, 72

      1.3.2 A crise da água e a recuperação da Floresta da Tijuca, 79

      1.3.3 A abolição da escravatura e a crítica socioambiental, 84

  1.4 A Igreja Católica no Brasil republicano, 86

      1.4.1 A separação entre Igreja e Estado, 88

1.4.2 A Revolta da Vacina, 93

1.4.3 Nossa Senhora Aparecida, Rainha do Brasil, 97

1.5 A construção do monumento ao Cristo Redentor, 101

1.5.1 A nova Cristandade, 101

1.5.2 Jesus, a cruz e o mundo, 104

1.5.3 A divina geometria, 107

1.5.4 De monumento a santuário, 110

Capítulo 2 | A cristologia e a soteriologia da Encíclica *Laudato Si'*, 117

2.1 A Gênese da *Laudato Si'*, 118

2.1.1 O Papa Francisco e o Concílio Vaticano II, 119

2.1.2 Ecologia e Doutrina Social da Igreja, 123

2.1.3 Ver, julgar e agir, 128

2.2 A teologia da criação, 132

2.2.1 O Deus que cria é o Deus que salva, 133

2.2.2 *Imago Dei*: para cultivar e guardar, 138

2.2.3 O pecado socioambiental, 145

2.3 A teologia da encarnação, 151

2.3.1 Solidariedade de Cristo, 152

2.3.2 *Cur Deus Homo*, 159

2.3.3 Encarnação profunda, 163

2.4 A teologia da misericórdia, 167

2.4.1 O olhar do Cristo Redentor, 169

2.4.2 Oração do Pai-nosso pela casa comum, 174

2.4.3 A *Laudato Si'* e o grito dos pobres, 180

2.5 A teologia da redenção, 185

2.5.1 O Cristo Cósmico, 188

2.5.2 Ecologia integral e soteriologia universal, 196

2.5.3 Cariocas a procura de um redentor: soteriologia à luz de uma realidade latino-americana, 201

Capítulo 3 | A ecoteologia do Santuário Cristo Redentor, 211

3.1 A Cruz do Monte Corcovado, 213

    3.1.1 O simbolismo da montanha, 214

    3.1.2 O Evangelho do sofrimento, 219

    3.1.3 A esperança da salvação, 223

3.2 O Cristo Redentor ressuscitado, 228

    3.2.1 Novo sermão, da Montanha do Corcovado, 229

    3.2.2 Evangelização da cultura, 235

    3.2.3 A túnica sem costura e a unidade da Igreja, 240

3.3 O Sagrado Coração do Cristo Redentor, 245

    3.3.1 A espiritualidade de reparação ecológica, 247

    3.3.2 Aliança entre a humanidade e o ambiente, 248

    3.3.3 A civilização do amor, 252

3.4 Eucaristia: Liturgia ecológica, 256

    3.4.1 Os sacramentos: a natureza assumida por Deus, 257

    3.4.2 Eucaristia: Elevação da criação, 261

    3.4.3 O repouso dominical, 265

3.5 A Mãe do Cristo Redentor, 269

    3.5.1 A mulher vestida de sol, 270

    3.5.2 A dignidade da mulher, 273

    3.5.3 Maria como modelo da Igreja em missão, 276

Conclusão, 281

Referências bibliográficas, 285

LISTA DE ABREVIATURAS E SIGLAS

AA	*Apostolicam Actuositatem*
AL	*Amoris Laetitia*
AG	*Ad Gentes*
AS	*Admirabile Signum*
CDSI	Compêndio de Doutrina Social da Igreja
CEC	Catecismo da Igreja Católica
CTI	Comissão Teológica Internacional
CA	*Centesimus Annus*
CL	*Christifideles Laici*
CV	*Caritas in Veritate*
DCE	*Deus Caritas Est*
DD	*Dies Domini*
DEV	*Dominum et Vivificantem*
DF	*Dei Filius*
DH	*Dignitatis Humanae*
DI	*Dominus Iesus*
DV	*Dei Verbum*
EE	*Ecclesia de Eucharistia*
EG	*Evangelii Gaudium*
EN	*Evangelii Nuntiandi*
FR	*Fides et Ratio*
FT	*Fratelli Tutti*
GE	*Gaudete et Exsultate*
GS	*Gaudium et Spes*
HA	*Haurietis Aquas*
LE	*Laborem Exercens*
LF	*Lumen Fidei*
LG	*Lumen Gentium*

LS	*Laudato Si'*
MM	*Mater et Magistra*
MeM	*Misericordia et Misera*
MR	*Miserentissimus Redemptor*
MV	*Misericordiae Vultus*
NA	*Nostra Aetate*
OA	*Octagesima Adveniens*
OL	*Orientale Lumen*
OPQ	*Oeconomicae et pecuniariae quaestiones*
PO	*Presbyterorum Ordinis*
PP	*Populorum Progressio*
PT	*Pacem in Terris*
QA	*Quadragesimo Anno*
QAm	*Querida Amazônia*
RMat	*Redemptoris Mater*
RMis	*Redemptoris Missio*
RN	*Rerum Novarum*
RH	*Redemptor Hominis*
SCa	*Sacramentum Caritatis*
SC	*Sacrosanctum Concilium*
SD	*Salvifici Doloris*
SDo	*Spiritus Domini*
SRS	*Sollicitudo Rei Socialis*
SS	*Spe Salvi*
SSA	*Scriptuarae Sacrae Affectus*
UR	*Unitatis Redintegrario*
VD	*Verbum Domini*

Prefácio

Quando o texto declara que o coração do salmista está firme em Deus (Sl 57,8), consequentemente podemos nos recordar da admoestação do Senhor para que também nós aprendamos a construir a nossa casa sobre a rocha (Mt 7,24), reconhecendo, entre as obras da vida, tanto aquilo que tivermos edificado de modo material quanto, sobretudo, as conquistas intelectuais, culturais e espirituais que enobrecem o sentido da nossa existência cada dia mais e mais. Desde a sua inauguração, o Cristo Redentor, que mais recentemente recebeu o título de Santuário, eclode como um bem material cheio de significados espirituais que, pela iniciativa pioneira do Dr. Alexandre Pinheiro, é incorporado à reflexão acadêmica como objeto de pesquisa para esta premiada tese de doutorado.

A exuberante beleza do maciço corcovado sobre o qual se ergue a estátua do Redentor assimila toda realidade urbana, concentrando e atraindo para aquele ponto de destaque desde os que estão perto até os que estão longe, os sadios e os doentes, os que creem e os que não creem, brasileiros e estrangeiros, cumprindo, simbolicamente, em meio ao avanço desenfreado e desordenado das moradias que abrem clareiras acinzentadas sobre as cimeiras florestais ou em meio à violência que escorre pelos becos da cidade, a missão do Filho de Deus que tinha prometido atrair para si todas as pessoas, uma vez que tivesse sido levantado (Jo 12,32).

Assim, há noventa anos, o Rio de Janeiro passou a escrever a sua aventura histórica de uma forma diferente, isto é, a partir da referência imediata que se criou em virtude da edificação da estátua, a cidade promove um processo de autopercepção, pelo qual, a ter que se defender por detrás de muros gigantes, preferiu se sentir protegida e rodeada pela presença amiga de ninguém mais que o próprio Verbo que se fez carne, avizinhando-se dos homens, para promover a salvação de todos, para dialogar com todos, para respeitar a todos, para que todos se refrescassem com a mesma brisa e, pelo mesmo afago, se sentissem acolhidos.

O Cristo Redentor sobre o Monte Corcovado é uma maravilha não apenas por ser um destino turístico de grande fama internacional por causa da vista ou da paisagem que os turistas tanto admiram, mas sobretudo por decifrar, como poucas realidades, o coração do povo que o rodeia, tornando-se um veículo transparente que traduz tão bem a vida do carioca.

Nas primeiras conversas em que discutíamos sobre o projeto da tese do Dr. Alexandre Pinheiro, ao definir que a pesquisa trataria da ecoteologia à luz da *Laudato Si'* do Papa Francisco, levando em consideração o Santuário Cristo Redentor, decidimos adotar uma linguagem pela qual a sensibilidade do carioca pudesse assumir um lugar de destaque, definindo que a abordagem etnográfica seria a melhor forma de alcançar os objetivos que nasciam de nosso colóquio. Essa escolha também envolvia o desafio de evitar mal-entendidos quanto à compreensão que os leitores poderiam criar pela valorização da identidade carioca. Era necessário que tal sensibilidade local pudesse, ao mesmo tempo, respeitar as características nacionais, já que o Cristo Redentor se tornou uma referência do Brasil para o mundo, e conversasse de maneira indiscriminada com todas as culturas e religiões do mundo, por meio de um diálogo sincero e agregador.

Nesse sentido, os resultados da tese do Dr. Alexandre Pinheiro se mostraram amplamente fecundos, já que sustentam a necessidade para que outros pesquisadores considerem os demais santuários espalhados pelo Brasil como objeto de suas indagações, enquanto sinaliza as inspirações por detrás de cada expressão religiosa de nossas cidades, reforçando que é importante, sim, buscar, analisar e revigorar a identidade local por meio de um diálogo honesto e fecundo, pelo qual a Teologia não se vê ameaçada, mas enriquecida.

Não foi necessário contar outra vez a história do Santuário Cristo Redentor; porém, começando pela natureza desabitada combinada com a formação geológica do maciço da Tijuca e passando pelos principais eventos que estão associados à construção e ereção do monumento, optamos por considerar a linha cronológica da História do Brasil como uma metáfora eloquente da História da Salvação. À medida que alguns fatos do passado ganharam destaque, por causa da relevância com que se repetem nos dias de hoje, sobretudo no contexto do racismo, da covid e das queimadas no Brasil, entendíamos que essa história foi, é e sempre será uma história redentora, mas cabe àqueles que a protagonizam uma atitude de confiança, de respeito e de compromisso para que possamos promover mais os benefícios trazidos pela graça divina do que os malefícios provocados pela intervenção dos corações perversos. Ainda se estampa sobre nossos rostos o sorriso de gratidão por causa dos seis dias da criação revisitados na perspectiva da beleza da Montanha do Corcovado.

Na relação entre a criação e a redenção, encontra-se a maior expressão de ousadia e originalidade da tese do Dr. Alexandre Pinheiro, pois aproximamos dois conceitos importantes para a teologia e para o magistério atual da Igreja: a ecologia integral e a soteriologia universal. Dessa forma, a combinação entres os argumentos da antropologia e da cristologia demonstrou um lugar original de respeito ao próximo e à casa comum. As indicações que a tese apresenta sobre isso são introdutórias. Por isso, pulsam de um dinamismo fecundo para serem aprofundadas. Outrossim, a pesquisa se encerrou com o processo de interpretação sistemático-pastoral sobre os diversos símbolos que se escondem na imagem do Cristo Redentor, posicionado sobre o platô deste santuário a céu aberto.

Classifico esta tese de doutorado, avaliada e aprovada academicamente, também como verdadeira expressão de uma teologia carioca e, considerando o contexto daquilo que o Brasil tem dado aos apelos sociais e às emergentes políticas públicas de preservação da natureza, é possível reconhecer que, embora de maneira tímida, há noventa anos já conhecíamos uma teologia brasileira sobre o Redentor sustentada sobre as montanhas do Rio de Janeiro. Desde criança, eu aprendi a olhar o Cristo Redentor como um sinal de esperança e de dias melhores. Mesmo quando as coisas não estavam sob o meu comando, ainda assim havia um sentimento de confiança que me fazia olhar para cima. Com as reflexões provocadas pela tese do Dr. Alexandre Pinheiro, reconheci que muito disso se deve ao fato de ter o Cristo Redentor diante dos olhos. Que esta pesquisa nos ajude a compreender melhor os aspectos existenciais e teológicos desta referência.

Prof.-Dr. André Luiz Rodrigues da Silva
Departamento de Teologia – PUC-Rio

Introdução

Este estudo nasceu com a intenção de aprofundar nossa identidade cultural e cristã a partir da estátua do Cristo Redentor. Num período de estudos na Itália e nos Estados Unidos, tivemos a oportunidade de experimentar o significado de ser brasileiro e carioca em contraste com outras nacionalidades, na riqueza de suas próprias culturas. Uma cena, em particular, serviu como catalizador para a descoberta de um sentimento de pertença e de orgulho: a gravação em vídeo, em 1967, da parceria musical entre Frank Sinatra e Antonio Carlos Jobim, interpretando juntos os clássicos da Bossa Nova.

Na letra e na melodia do "Samba do avião", colocados virtualmente diante da estátua do Cristo Redentor, sentimos com o artista o pulsar de uma alma que canta com a natureza da nossa cidade, em busca do transcendente. Aos poucos, percebemos que estávamos diante de uma experiência cultural e religiosa que também adquiria importância com a crise socioambiental, sobretudo no magistério do Papa Francisco. Tudo isso procuramos expressar com o título deste estudo: *A ecoteologia do Santuário Cristo Redentor, à luz da Encíclica Laudato Si'*.

No primeiro capítulo, abordamos a Teologia da História do Santuário Cristo Redentor, buscando haurir, nos 520 anos de história da Igreja no Brasil, as luzes para compreender as origens da crise socioambiental, no período colonial, no Império e na República, chegando até os dias atuais. No segundo capítulo, apresentamos a cristologia e a soteriologia da Encíclica *Laudato Si'*, abordando a criação, a encarnação e a redenção de forma integral e interdependente. Finalmente, no terceiro capítulo, estudamos a ecoteologia do Santuário Cristo Redentor, a partir dos seus eixos simbólicos fundamentais, a Cruz, a Ressurreição, o Sagrado Coração de Jesus, a Eucaristia e Nossa Senhora Aparecida, a fim de buscar as respostas para as nossas proposições.

O propósito original do monumento ao Cristo Redentor era o anúncio do Evangelho[1]. Devido ao fato deste anúncio ser simbólico, esta pesquisa tem o obje-

---
1. BOSS, P.M. Prefácio à Imitação de Cristo.

tivo de traduzi-lo em linguagem teológica, para fecundar a cultura, rica nas suas diversas manifestações, dentre as quais se apresenta o próprio monumento do Corcovado, diante dos desafios gerados pela mentalidade globalizante, consumista e de descarte.

O Cristo do Corcovado, em tese, permite de forma ideal este diálogo fecundo entre fé e cultura, pela sua inserção nos dois contextos. Na perspectiva do Magistério da Igreja, que em inúmeras encíclicas e documentos encorajam a missionariedade e o anúncio do Evangelho[2], o Cristo Redentor do Corcovado tem apelo universal, portando a mensagem cristã em qualquer lugar que sua imagem alcançar. Uma das funções precípuas da Igreja, segundo mandato do próprio Cristo, é o anúncio do Evangelho (Mc 16,15), a fim de apresentar aos homens, de forma plena, as riquezas do Mistério Pascal, para que "todos se salvem" (1Tm 2,4). Daí, a importância deste estudo sobre o tratado da criação e o tratado da redenção, em chave de leitura ecológica, inspirados pela história e simbolismo da estátua do Cristo Redentor, e iluminados pela Encíclica *Laudato Si'*.

A estátua do Cristo Redentor possui em sua história, simbolismo e localização, elementos que jamais foram abordados pela Teologia em caráter sistemático. O Santuário Cristo Redentor é uma realidade relativamente recente, tendo sido erigido em 2006, ainda carecendo de uma reflexão acadêmica sistemática, teológica e pastoral. Em seus 90 anos de existência houve reflexões históricas, políticas, arquitetônicas, urbanísticas e musicais sobre a estátua do Cristo Redentor, mas nunca uma tese de doutorado em Teologia sobre o monumento.

A obra que mais se aproxima destas características é um pequeno opúsculo catequético do padre e historiador Maurílio Cesar de Lima, *Cristo Redentor do Corcovado: mensagem religiosa e história*, publicado em março de 2006, ainda antes da ereção canônica do Santuário. Mais ainda, nunca houve uma tese de doutorado em Teologia que abordasse o Santuário Cristo Redentor numa perspectiva ecológica, à luz da Encíclica *Laudato Si'*.

Ao traduzir a história e o simbolismo do Santuário Cristo Redentor em perspectiva teológica, dentro do contexto e realidade da cidade do Rio de Janeiro, esta pesquisa de doutorado almeja fazer surgir a novidade de uma teologia autenticamente carioca.

Em hipótese, o Santuário Cristo Redentor é um lugar teológico, no qual o ser humano pode estar em harmonia com Deus, com a natureza e com o próximo. O simbolismo e a localização do monumento permitem à Igreja a transmissão da fé cristã e do cuidado pela Terra, nossa casa comum. Nesse sentido, o cume do

---

2. FRANCISCO, PP. EG 1.

Monte Corcovado é um lugar de encontro, com perspectiva ecológica, por estar inserido na maior floresta urbana do mundo, com belíssima vista da cidade do Rio de Janeiro, do mar e das montanhas.

Hipoteticamente, o simbolismo do monumento possibilita uma reflexão de ecoteologia sobre o tratado da criação e o tratado da redenção, iluminados pela Encíclica *Laudato Si'*. Cercado pelo verde da Mata Atlântica, o monumento permite também a contemplação da pobreza e da desigualdade social da cidade do Rio de Janeiro, para confirmar o aspecto socioambiental da crise ecológica e a inserção da Encíclica *Laudato Si'* no âmbito da Doutrina Social da Igreja.

Nesse sentido, o presente trabalho pretende ser de um símbolo de alcance internacional, que, em hipótese, é um instrumento eloquente de diálogo entre a fé e a cultura, a Igreja e a sociedade, para o anúncio de uma soteriologia universal e de uma ecologia integral. Como vislumbrara o Padre Pierre Marie Boss, o cume do Monte Corcovado é um "pedestal único no mundo" para o anúncio do Evangelho, a celebração do culto cristão e a contemplação da beleza da criação, renovada pela redenção de Jesus Cristo.

A metodologia que direciona esta pesquisa é etnográfica[3], ou seja, nós procuramos conhecer, reconhecer e explicar o significado do monumento na perspectiva do povo "carioca", constituído de cristãos e não cristãos, de pobres e de ricos, de homens e de mulheres, de brasileiros e de estrangeiros, de índios e de portugueses, enfim, de religiosos e de não religiosos. Certamente, cada um destes sente-se representado de alguma maneira pelo simbolismo que o Cristo Redentor lhe oferece.

Assim sendo, dizer que a abordagem seja carioca não significa de forma alguma sancionar o Cristo como se este pertencesse apenas ao povo do Rio de Janeiro, mas inspira a esperança para que o alcance desta mensagem simbólica seja universal. Poucos instrumentos eclesiais apresentam-se de modo tão claro a unir, na nossa realidade local, fé cristã e cultura, demonstrando em que termos a reta teologia possa surgir do povo e esteja a serviço do povo, de suas alegrias, problemas e desafios.

Assim, esta pesquisa se propõe a construir uma ecoteologia a partir da realidade carioca. Desse modo, a abordagem etnográfica será tanto ascendente, da perspectiva do povo para o Cristo Redentor, como também descendente, daquilo que o monumento traz para o povo, como inspiração cultural e cristã, o que comportaria falar em uma cristologia etnográfica do baixo e do alto, cujas veredas são extremamente fecundas em significados novos a serem explorados.

---

3. SNYDER, T. *Theological Ethnography*, p. 1-12.

A partir disso, o enfoque ecológico é consequência da inserção do Santuário Cristo Redentor no espaço vital da natureza do Rio de Janeiro, ao mesmo tempo belo e problemático. Por esta razão, este *sitz in leben* evoca uma análise local da Encíclcia *Laudato Si'* a partir da sua cristologia, ou seja, daquilo que Cristo é, e também da sua soteriologia, daquilo que Cristo faz. A esperança é que esta abordagem etnográfica aproxime o significado cultural do significado cristão do monumento, cujos princípios se articulam de maneira mútua e fecunda.

Capítulo | 1 Teologia da história do Santuário Cristo Redentor

A história da humanidade, assim como a história do Monte Corcovado, divide-se em duas partes: antes do Cristo e depois do Cristo[4]. Muitas pessoas têm dificuldade em imaginar a montanha cartão-postal da cidade do Rio de Janeiro sem a estátua do Cristo Redentor, tamanha a unidade entre o sinal da criação e o famoso símbolo da redenção. Ainda assim, as pinturas do Rio Antigo e as fotografias da cidade no início do século passado atestam que antes da construção da estátua havia apenas a montanha. Então, houve um momento em que a estátua do Cristo Redentor surgiu sobre a montanha, passando a fazer parte visível e perene da nossa existência humana.

Esta analogia entre o simbolismo do monumento e a existência de Jesus ajuda-nos a entender a encarnação do homem-Deus na história humana[5]. Aos olhos da fé cristã, a relação entre Cristo e a montanha antecede a encarnação de Jesus, pois a ação criadora do Verbo de Deus está na origem da própria história do mundo. Ao mesmo tempo, a estátua do Cristo Redentor simboliza o evento pascal que conduz a história do mundo à sua consumação. A teologia, ao buscar esclarecer racionalmente o cerne da mensagem cristã aos homens e às mulheres do nosso tempo, encontra no Monte Corcovado um vínculo de união entre a criação e a redenção capaz de responder aos anseios de transcendência do mundo de hoje[6].

Neste processo, a história não é absorvida pela teologia, mas caminha lado a lado. Os dois campos do conhecimento não produzem verdades distintas, pois o Cristo é a norma que fundamenta tanto a história como a teologia. Cristo, através da sua encarnação, morte e ressurreição, inseriu o eterno no limite do tempo, elevando a humanidade ao alcance do eterno. Neste sentido, na união entre Deus e o

---

4. FIGUEIREDO, G. Prefácio ao livro *O Cristo do Corcovado*, p. 7.
5. RATZINGER, J. *Introdução ao cristianismo*, p. 146.
6. RATZINGER, J. *Natureza e missão da teologia*, p. 7.

homem realizada em Jesus Cristo, a história da salvação encontra a história da humanidade[7]. Em mais uma analogia fecunda, o sagrado encontra-se com o profano no alto do Monte Corcovado. A estátua do Cristo Redentor leva-nos a refletir sobre a contribuição da fé cristã para a preservação dos ecossistemas naturais. Assim, a teologia da história do Santuário Cristo Redentor inicia-se pela montanha, que precede os índios, os negros e os europeus como a primeira "cidadã" carioca.

1.1 A exuberância da natureza nas linhas do Monte Corcovado

O Rio de Janeiro é uma cidade na qual a arquitetura humana e a arquitetura divina convivem lado a lado. Esta realidade torna-se mais evidente no alto do Monte Corcovado, onde a natureza, a criação de Deus, e a estátua do Cristo Redentor, símbolo da redenção, aparecem harmonicamente, como se o monumento pudesse ser compreendido quase como uma extensão da montanha. O Cristo do Corcovado é esteticamente belo e tão pleno de significado que se mistura àquela famosa visão da natureza pela qual se confirma o título "cidade maravilhosa". À luz da fé cristã, Deus criou o universo do nada, através do Verbo eterno. O Evangelho de São João declara: "E o Verbo se fez carne, e habitou entre nós" (Jo 1,14). A encarnação do Verbo é a revelação plena de Deus para a humanidade (Jo 1,17-18). Jesus Cristo, o Verbo de Deus encarnado, morto e ressuscitado é a protologia e a escatologia da história, conduzindo-a desde o seu início até a sua maturação: "Eu sou o Alfa e o Ômega, o Primeiro e o Último, o Princípio e o Fim" (Ap 22,13).

> Segundo a compreensão cristã da realidade, o destino da criação inteira passa pelo mistério de Cristo, que nela está presente desde a origem: "Todas as coisas foram criadas por Ele e para Ele" (Cl 1,16). O prólogo do Evangelho de João (Jo 1,1-18) mostra a atividade criadora de Cristo como Palavra divina (*Logos*). Mas o mesmo prólogo surpreende ao afirmar que esta Palavra "Se fez carne" (Jo 1,14). Uma Pessoa da Santíssima Trindade inseriu-Se no universo criado, partilhando a própria sorte com ele até à cruz. Desde o início do mundo, mas de modo peculiar a partir da encarnação, o mistério de Cristo opera veladamente no conjunto da realidade natural, sem com isso afetar a sua autonomia[8].

Jesus Cristo fundamenta o desenvolvimento de toda a história da humanidade. Assim como a encarnação do Verbo mostra a importância da elabora-

---

7. BALTHASAR, H.U. *A Theology of History*, p. 147.
8. FRANCISCO, PP. *LS* 99.

ção teológica a partir de um contexto histórico vital, o Santuário Cristo Redentor também se apresenta como uma realidade teológica profundamente inserida no contexto histórico-cultural do Rio de Janeiro, do Brasil e da América Latina, com reverberações para o mundo inteiro. Dessa forma, o cristianismo, "mantendo-se fiel à sua identidade e ao tesouro de verdade que recebeu de Jesus Cristo, não cessa de se repensar e reformular em diálogo com as novas situações históricas, deixando desabrochar assim a sua eterna novidade"[9].

A primeira encíclica do Papa Francisco, *Lumen Fidei*, punha traços finais ao texto do Papa Bento XVI, completando a trilogia sobre as virtudes teologais iniciada com as encíclicas *Deus Caritas Est* e *Spe Salvi*[10]. Joseph Ratzinger foi um dos grandes teólogos do século XX, trazendo a riqueza de sua experiência teológica para o seu magistério pontifício. Da mesma forma, Jorge Mario Bergoglio trouxe sua experiência como religioso jesuíta e arcebispo de Buenos Aires para o seu pontificado. As duas realidades, a teológica e a pastoral, não são excludentes, uma vez que a atividade do teólogo não deve ser desencarnada da história, mas voltada para a transmissão do Evangelho aos homens do seu tempo[11]. Através da Encíclica *Laudato Si*, o Papa Francisco aborda um problema urgente da nossa era – a crise socioambiental – dirigindo um apelo universal em defesa da Terra, nossa casa comum, que "clama contra o mal que lhe provocamos por causa do uso irresponsável e do abuso dos bens que Deus nela colocou"[12].

O cuidado com a criação torna-se uma necessidade para a sobrevivência humana neste período geológico que os cientistas chamam Antropoceno[13], caracterizado pelo grande domínio humano sobre a Terra nos últimos dois séculos. As consequências da ação humana são graves[14], particularmente a concentração de dióxido de carbono e gás metano na atmosfera, que provocam a redução da camada de ozônio.

As mudanças são de tal magnitude que justificam a definição de uma nova era geológica. O termo "Antropoceno" foi cunhado pelo biólogo Eugene Stoermer e popularizado pelo químico Paul Crutzen, vencedor do Prêmio Nobel. De fato, o impacto humano sobre os sistemas vitais do planeta atingiu um nível crítico, no

---

9. FRANCISCO. PP. LS 121.

10. FRANCISCO, PP. LF 7.

11. CASULA, L. *A cristologia do Papa Francisco*, p. 11.

12. FRANCISCO, PP. LS 2.

13. CRUTZEN, P.J.; STOERMER, E.F. *The "Anthropocene"*, p. 17-18.

14. FRANCISCO, PP. LS 4: O Beato Papa Paulo VI referiu-se à problemática ecológica, apresentando-a como uma crise que é consequência dramática da atividade descontrolada do ser humano.

que a 25ª Conferência da Convenção do Clima classificou como uma verdadeira "guerra contra a natureza"[15].

As ações humanas estão contribuindo para o aquecimento global, a elevação do nível do mar, os acontecimentos meteorológicos extremos, as enchentes e as queimadas, a destruição das florestas, a poluição dos campos, dos rios e dos oceanos, a perda de um número cada vez mais crescente de *habitat* natural, a extinção das espécies e a diminuição da biodiversidade do planeta.

Neste sentido, de uma forma muito urgente, "a humanidade é chamada a tomar consciência da necessidade de mudanças de estilos de vida, de produção e de consumo, para combater esse aquecimento ou, pelo menos, as causas humanas que o produzem ou acentuam"[16].

Neste cenário hostil à natureza[17], o Santuário Cristo Redentor pode ser um instrumento para a construção de uma cultura da paz[18]. A Igreja faz-se presente no alto do Monte Corcovado, refletindo a luz de Cristo para todos os povos. "A Igreja, com sua ação, procura não só lembrar o dever de cuidar da natureza, mas também e sobretudo proteger o homem da destruição de si mesmo"[19]. Desde a sua concepção, o monumento do Cristo Redentor tem a vocação de transmitir à humanidade o Evangelho da Criação. Em 1903, o padre lazarista francês Pierre Marie Boss deixou a ideia do monumento registrada no prefácio da *Imitação de Cristo*, em edição traduzida por ele do francês:

> O Corcovado! Lá se ergue o gigante de pedra alcantilado, altaneiro e triste, como interrogando o horizonte imenso... quando virá? Há tantos séculos espero. Sim, aqui está o pedestal único no mundo; quando vem a estátua colossal, imagem de quem me fez?... Ai, Brasil amado! Que deixaste passar a data mágica do grande jubileu, 1900! Acorda depressa, levanta naquele cume sublime a imagem de Jesus Salvador! A este Rei, servir será reinar. E clamarão as outras nações, irmãs no Evangelho, invejando-te o monumento sem par, sem rival. Na Terra de Santa Cruz, tudo é grande: a natureza, os montes e o povo também! Lá vai meu humilde brado: Deus lhe proporcione eco em todo o Brasil, até realizar-se este voto que, pesaroso, até à campa levarei. E bem cabida, aqui, me parece a minha súplica: nem todos, por causas diversas, lerão o Livro, ao passo que em todas as línguas e linguagens

---

15. CHIARETTI, D. Mundo vive "ponto crítico" contra clima, diz secretário-geral da ONU.
16. FRANCISCO, PP. *LS* 23.
17. FRANCISCO, PP. *LS* 66.
18. AMADO, J.P. *A missão da Igreja na construção de uma cultura de paz*, p. 145.
19. FRANCISCO, PP. *LS* 79.

a imagem dirá ao grande e ao pequeno, ao sábio e ao analfabeto, a todos: *Ego Sum Via, Veritas et Vita*. Eu sou o caminho, a verdade e a vida. "*Venite ad me omnes!*"[20].

A estátua do Cristo Redentor só seria inaugurada cerca de trinta anos depois, mas o religioso fazia uma importante declaração de fé, ao afirmar que a montanha havia sido criada por Deus. "Não somos Deus. A terra existe antes de nós e foi-nos dada"[21]. Neste sentido, a exuberância da natureza nas linhas do Monte Corcovado é descrita como um sinal majestoso da criação, e os cariocas convivem diariamente com este esplendor. É um espetáculo natural de rara beleza, que nunca deixa de nos surpreender.

Esta harmonia estética de formas, cores e luzes nos remete à luz e ao amor de Deus, enquanto a alma humana ainda se sentir motivada pela força do mistério de um Deus revelado em luz (1Jo 1,5), para compreender em que proporções deve aderir ao núcleo central da revelação deste Deus que é amor (1Jo 4,8.16). "A criação pertence à ordem do amor. O amor de Deus é a razão fundamental de toda a criação. 'Tu amas tudo quanto existe e não detestas nada do que fizeste; pois, se odiasses alguma coisa, não a terias criado'" (Sb 11,24). O amor que sentimos pela cidade maravilhosa pode tornar-se amor por toda a criação, pois quando nos damos conta que existe um Deus criador, passamos da admiração da natureza à contemplação da criação:

> Na tradição judaico-cristã, dizer "criação" é mais do que dizer natureza, porque tem a ver com um projeto do amor de Deus, onde cada criatura tem um valor e um significado. A natureza entende-se habitualmente como um sistema que se analisa, compreende e gere, mas a criação só se pode conceber como um dom que vem das mãos abertas do Pai de todos, como uma realidade iluminada pelo amor que nos chama a uma comunhão universal[22].

"As narrações da criação no Livro do Gênesis contêm, na sua linguagem simbólica e narrativa, ensinamentos profundos sobre a existência humana e a sua realidade histórica"[23]. No primeiro dia, Deus criou a luz (Gn 1,3), que é necessária para enxergar o rico contraste de cores que ornam o Monte Corcovado. Em Cristo, a luz tem um valor de vida eterna e salvação: "Eu sou a luz do mundo. Quem me segue não andará nas trevas, mas terá a luz da vida" (Jo 8,12).

---

20. BOSS, P.M. Prefácio à Imitação de Cristo.
21. FRANCISCO, PP. LS 67.
22. FRANCISCO, PP. LS 76.
23. FRANCISCO, PP. LS 66.

No segundo dia, Deus criou o firmamento, separando as águas superiores das águas inferiores (Gn 1,6). No alto do Corcovado, o azul do céu e o azul do mar se encontram na linha do horizonte. A Terra é azul, rica de água, um composto químico simples e essencial para a vida. A atmosfera, uma mistura de oxigênio e nitrogênio com alguns outros gases, nos alimenta e nos protege, garantindo as condições essenciais para a vida. Os astronautas que veem a Terra do espaço percebem que neste círculo azul e branco está tudo o que representa algo importante para nós e então mudam para sempre[24].

No terceiro dia, Deus criou a terra verdejante, com suas árvores e sementes (Gn 1,11). A Terra também é verde. O Monte Corcovado é cercado pelo verde da Mata Atlântica. A vida em todo o planeta depende do verde das plantas, que convertem a energia solar, a água e o gás carbônico em energia química e oxigênio, alimentando os organismos vivos pelo processo da fotossíntese. Na liturgia católica, o verde também simboliza a esperança na vida eterna. No quarto dia, Deus criou os luzeiros no céu, para iluminar o dia e a noite (Gn 1,14). São o sol e a lua, embora o texto bíblico não os mencione nominalmente. A luz solar é essencial para a vida na Terra. É uma energia renovável e não poluente, fundamental para o equilíbrio ecológico do planeta. De forma similar, Cristo é identificado como o sol da justiça: "mas para vós, que temeis o meu Nome, brilhará o sol de justiça, que tem a cura em seus raios" (Ml 3,20).

No quinto dia, Deus criou as aves e os peixes que habitam os céus e os mares (Gn 1,20). A águia, rainha das aves, é um dos símbolos de Jesus Cristo. O voo da águia é sinal de uma cristologia descendente e ascendente[25]. O peixe também é um sinal de Cristo, em referência à imersão nas águas do batismo. A palavra grega para peixe, *ichthys*, foi interpretada como acróstico para as letras gregas iniciais da profissão de fé dos cristãos: Jesus Cristo, Filho de Deus, Salvador[26].

E no sexto dia Deus criou os animais terrestres e a humanidade (Gn 1,24): "Deus criou o homem à sua imagem, à imagem de Deus Ele o criou, homem e mulher Ele os criou" (Gn 1,27). Contudo, é um grave erro desprezar a importância das outras criaturas no plano de Deus, pois "cada criatura é objeto da ternura do Pai que lhe atribui um lugar no mundo. Até a vida efêmera do ser mais insignificante é objeto do seu amor e, naqueles poucos segundos de existência, Ele envolve-o com o seu carinho"[27]. O relato da criação ressalta que tudo está interligado na

---

24. JONHSON, E.A. *La búsqueda del Dios vivo*, p. 233.

25. BECKER, U. *Dicionário de símbolos*, p. 14.

26. GIRARD, M. *Os símbolos na Bíblia*, p. 602.

27. FRANCISCO, PP. LS 77.

ordem natural. A luz do primeiro dia se relaciona com os luzeiros do quarto dia. O céu e o mar, criados no segundo dia, tornam-se *habitat* natural dos pássaros e dos peixes, criados no quinto dia.

A terra e a vegetação, criados no terceiro dia, tornam-se habitação e alimento para os animais terrestres e a humanidade, criados no sexto dia[28]. Assim, "visto que todas as criaturas estão interligadas, deve ser reconhecido com carinho e admiração o valor de cada uma, e todos nós, seres criados, precisamos uns dos outros"[29]. O sétimo dia é uma lembrança de que fomos criados por Deus e para Deus, a quem devemos adoração: "Deus abençoou o sétimo dia e o santificou, pois nele descansou depois de toda a sua obra de criação. Essa é a história do céu e da terra, quando foram criados" (Gn 2,3-4).

1.1.1 Teorias sobre o criacionismo e o evolucionismo: aproximações e distanciamentos no discurso hodierno

"Deus, vendo toda a sua obra, considerou-a muito boa" (Gn 1,33). O artífice humano, que molda a matéria já existente para formar suas obras de arte, é um reflexo, ainda que pálido, do esplendor de Deus, que cria o universo a partir do nada[30]: "a natureza nada mais é do que a razão de certa arte – concretamente a arte divina – inscrita nas coisas, pela qual as próprias coisas se movem para um fim determinado"[31]. O estudo sobre o Santuário Cristo Redentor inicia-se pelo tratado da criação[32], em consideração à montanha, que já existia antes do monumento, antes que portugueses e brasileiros a chamassem "Monte Corcovado", posto que "todo o universo material é uma linguagem do amor de Deus, do seu carinho sem medida por nós. O solo, a água, as montanhas: tudo é carícia de Deus"[33].

O tratado da criação, abordado por grandes nomes do judaísmo e do cristianismo desde tempos antigos até os nossos dias, foi relegado a segundo plano diante do aprofundado conhecimento científico sobre o mundo natural. Estu-

---

28. VIVIANO, P.A. *Gênesis*, p. 57.
29. FRANCISCO, PP. LS 42.
30. JOÃO PAULO II. *Carta aos artistas*, 1.
31. FRANCISCO, PP. LS 80.
32. CEC 282: A catequese sobre a criação se reveste de uma importância capital. Ela diz respeito aos próprios fundamentos da vida humana e cristã, porque torna explícita a resposta da fé cristã à questão elementar feita pelos homens de todas as épocas: "De onde viemos?" "Para onde vamos?" "Qual é a nossa origem?" "Qual é o nosso fim?" "De onde vem e para onde vai tudo o que existe?" As duas questões, a da origem e a do fim, são inseparáveis. São decisivas para o sentido e a orientação de nossa vida e de nosso agir.
33. FRANCISCO, PP. LS 84.

dos de astronomia, cosmologia e biologia evolucionária amadurecem a cada dia para indicar que somos parte de um universo em expansão, originado há cerca de 15 bilhões de anos por uma explosão inicial, convencionalmente chamada de *Big Bang*[34]. A partir deste evento originário, o universo passou a se formar com seus sistemas, planetas, estrelas e astros, sendo a Terra um dos planetas que compõe tamanha infinitude. A sua idade é estimada em 4,5 bilhões de anos[35]. Orbitada pelo Sol, uma estrela de quinta magnitude entre trilhões de galáxias, a Terra teria abrigado as primeiras formas microscópicas de vida há cerca de 3,7 bilhões de anos[36].

A filosofia indica que a criação tem origem a partir de um princípio metafísico, ocasional para alguns pensadores, como Aristóteles, divino para outros, como Santo Agostinho e Santo Tomás de Aquino. A teologia, por sua vez, retira seus argumentos sobre a existência do mundo das tradições bíblicas judaico-cristãs, perpetuadas desde a literatura patrística, passando pelos manuais da escolástica, até chegar às formas conciliares mais atuais à luz de um princípio perene em seus estatutos, isto é, a partir do artigo de fé que compreende que Deus tenha sido o autor da criação. Pleno de simbolismo em sua forma e conteúdo, por exemplo, na narrativa dos sete dias da criação, o Livro do Gênesis indica a criação por Deus e para Deus. Esta verdade é confirmada no Novo Testamento, à luz do mistério de Cristo: "tudo foi criado por Ele e para Ele" (Cl 1,16b). Não existe contradição entre criação e evolução, quando temos em conta nossa origem em Deus e que "nele vivemos, nos movemos e existimos" (At 17,28). O Papa Francisco, na Encíclica *Laudato Si'*, faz um contraste entre a aceleração das ações humanas sobre a Terra e o ritmo pausado da evoluçao biológica:

> A contínua aceleração das mudanças na humanidade e no planeta junta-se, hoje, à intensificação dos ritmos de vida e trabalho, que alguns, em espanhol, designam *rapidación*. Embora a mudança faça parte da dinâmica dos sistemas complexos, a velocidade que hoje lhe impõem as ações humanas contrasta com a lentidão natural da evolução biológica[37].

A publicação em 1859 da obra seminal de Charles Darwin, que tem por título *Sobre a origem das espécies por meio da seleção natural ou a preservação de raças favorecidas na luta pela vida*, acirrou os questionamentos científicos sobre

---

34. BOFF, L. *A casa comum, a espiritualidade, o amor*, p. 9.
35. DALRYMPLE, B. *The age of the Earth in the twentieth century*, p. 205-221.
36. SCHOPF, J.W. *Fossil evidence of archaean life*, p. 869-885.
37. FRANCISCO, PP. *LS* 18.

a criação. Nesse livro, o naturalista britânico propunha a origem das espécies por processos inteiramente naturais[38]. Na sexta edição, em 1872, o título da obra foi abreviado para *A origem das espécies*, como ficou mais conhecida. O desprezo da ciência pelo relato da criação é uma polêmica que não considera a distinção entre forma e conteúdo nos três capítulos iniciais do Livro do Gênesis.

A Bíblia não é um livro de ciências naturais, não traz uma explicação científica sobre o surgimento do mundo. Na sua aparente simplicidade, o Livro do Gênesis nos fala de algo muito mais profundo, que Deus é o criador, o princípio e origem de tudo[39]: "são dois campos de compreensão distintos, que não podem contradizer-se por terem ambos Deus como autor"[40]. Deus é o autor das Sagradas Escrituras, que são inspiradas pelo Espírito Santo[41], e também é o fundamento da inteligência dos sábios e investigadores (Sb 7,17-21).

Galileu Galilei, ao tentar provar o heliocentrismo, isto é, a noção de que a Terra orbita o Sol, lançava mão de um entendimento assentado desde a literatura patrística, ao afirmar que "a intenção do Espírito Santo é nos ensinar como se vai para o céu, e não como os céus se movem"[42]. Ao longo da história, diversos cientistas, como Galileu, cultivaram a religiosidade e a crença em Deus. O físico belga George Lemaître, que propôs a teoria do *Big Bang*, por exemplo, era um padre católico[43]. Ao falar sobre Albert Einstein, o dramaturgo suíço Friedrich Dürrenmatt afirmou: "Einstein falava sobre Deus tão frequentemente que para mim ele parecia um teólogo disfarçado"[44].

Nesse sentido, vê-se não existir contradição entre a fé e a ciência, cada qual em seu âmbito, em busca da verdade: "a fé e a razão constituem como que as duas asas pelas quais o espírito humano se eleva para a contemplação da verdade"[45]. A fé em Deus criador não depende de nenhuma prova científica[46], mas os teólogos são convidados a estar "sempre prontos a dar a ra-

---

38. HILL, J.M. *A doutrina do pecado original à luz da teoria da evolução em Teilhard de Chardin e Karl Rahner*, p. 37.
39. CEC 284: Não se trata somente de saber quando e como surgiu materialmente o cosmo, nem quando o homem apareceu, mas, antes, de descobrir qual é o sentido de tal origem: se ela é governada pelo acaso, um destino cego, uma necessidade anônima, ou por um Ser transcendente, inteligente e bom, chamado Deus.
40. MENESES, P.U.L. *No princípio Deus criou*, p. 57.
41. CONCÍLIO VATICANO II. DV 9.
42. GALILEI, G. *Carta à grã-duquesa da Toscana*.
43. FERREIRA, P.M.G. *A fé em Deus de grandes cientistas*, p. 216-217.
44. FERREIRA, P.M.G. *A fé em Deus de grandes cientistas*, p. 13.
45. JOÃO PAULO II, PP. FR 1.
46. COLLINS, F.S. *A linguagem de Deus*, p. 99.

zão da sua esperança" (1Pd 3,15). Na Encíclica *Laudato Si'*, o Papa Francisco convida a ciência a se abrir à riqueza da fé, na busca de soluções para a crise socioambiental[47]: "a Igreja Católica está aberta ao diálogo com o pensamento filosófico, o que lhe permite produzir várias sínteses entre fé e razão"[48]. Em última instância, cabe à ciência demonstrar a evolução biológica das espécies, visto que fez avanços importantes nas últimas décadas[49]. A ressalva teológica ao pensamento evolucionista não está na evolução em si, mas na exclusão do conceito de Deus como criador:

> Embora suponha também processos evolutivos, o ser humano implica uma novidade que não se explica cabalmente pela evolução de outros sistemas abertos. Cada um de nós tem em si uma identidade pessoal, capaz de entrar em diálogo com os outros e com o próprio Deus. A capacidade de reflexão, o raciocínio, a criatividade, a interpretação, a elaboração artística e outras capacidades originais manifestam uma singularidade que transcende o âmbito físico e biológico. A novidade qualitativa, implicada no aparecimento de um ser pessoal dentro do universo material, pressupõe uma ação direta de Deus, uma chamada peculiar à vida e à relação de um Tu com outro tu. A partir dos textos bíblicos, consideramos o ser humano como sujeito, que nunca pode ser reduzido à categoria de objeto[50].

No contexto teológico e científico atual, Charles Darwin é apresentado mais como uma metonímia do que como uma fonte de conhecimento sobre o pensamento evolucionista. O naturalista britânico reúne em torno do seu nome inúmeros questionamentos sobre a fé cristã[51]. Se por um lado o materialismo científico se difundiu fortemente a partir da modernidade, posturas fundamentalistas, que promovem interpretações "subjetivistas e arbitrárias"[52] da Sagrada Escritura, dificultam o diálogo com a ciência. O criacionismo defende uma interpretação literal dos seis dias da criação, o que acarreta uma ferrenha oposição ao evolucionismo. É uma tese especialmete difundida entre grupos protestantes conservadores norte-americanos, mas também em outras partes do mundo[53]. Sua

---

47. FRANCISCO, PP. LS 62.

48. FRANCISCO, PP. LS 63.

49. HAUGHT, J.F. *Cristianismo e ciência*, p. 125-127.

50. FRANCISCO, PP. LS 81.

51. AMADO, J.P. *Entre Deus e Darwin*, p. 87.

52. BENTO XVI, PP. VD 44.

53. RUBIO, A.G. *A teologia da criação desafiada pela visão evolucionista da vida e do cosmos*, p. 20.

principal expressão é o "Criacionismo da Terra Jovem", o entendimento de que a Terra, a humanidade e as demais criaturas foram criadas por Deus entre 6.000 e 10.000 anos atrás.

O engenheiro Henry Morris e o teólogo Jonh Whitcomb estabeleceram as bases do criacionismo científico para confrontar o chamado "consenso científico" de que o Universo existe há 14 bilhões de anos, e a vida na Terra há 4,5 bilhões de anos. No entanto, as conclusões do criacionismo científico são desacreditadas pela ciência, por carecer de método científico[54]. A teoria do "Desenho Inteligente" surge a partir do criacionismo, compatibilizando a visão evolucionista com a ideia de uma mente inteligente desde o princípio do universo. Apesar da simpatia de alguns teólogos, o "Desenho Inteligente" também não tem boa aceitação na comunidade científica[55]. Atualmente, o debate sobre o criacionismo e o evolucionismo tem quatro correntes principais: o evolucionismo ateísta, o evolucionismo teísta, o criacionismo da terra velha e o criacionismo da terra jovem.

Ao longo da sua vida, Charles Darwin experimentou diversas mudanças na sua crença religiosa, oscilando do anglicanismo ao agnosticismo. Apesar de propor a origem das espécies por causas totalmente naturais, Darwin não descartava a possibilidade de um evolucionismo teísta[56]. Esta é uma perspectiva bem aceita atualmente na teologia, buscando conciliar a criação e a evolução.

Desde 1859, quando Darwin publicou *A origem das espécies*, a Igreja Católica acompanha atentamente a teoria da evolução. As primeiras declarações do magistério no Sínodo de Colônia em 1860 rejeitavam a teoria da origem evolucionária do corpo humano[57]. Darwin a defendia indiretamente, ao propor a seleção natural[58]. Em 1870, a Constituição Dogmática *Dei Filius* reafirmava que o homem é criado do nada por Deus[59], e elencava como anátema os que dissessem o contrário[60]. Em 1880, na Encíclica *Arcanun divinae sapientiae*, o Papa Leão XIII também defendia a criação divina de Adão e Eva[61]. Em 1871, o biologista britânico George Mivart publicava o livro *On the Genesis of Species*, no qual refutava a

---

54. COLLINS, F.S. *A linguagem de Deus*, p. 178-185.
55. COLLINS, F.S. *A linguagem de Deus*, p. 187-202.
56. DARWIN, C. *A origem das espécies*, p. 488-489.
57. SÍNODO DE COLÔNIA. *Acta et decreta Concilii Provinciae Coloniensis*, n. 30.
58. DARWIN, C. *A origem das espécies*, p. 488.
59. CONCÍLIO VATICANO I. *DF* 1.
60. CONCÍLIO VATICANO I. *DF* 5.
61. LEÃO XIII. *Arcanun divinae sapientiae*, 4.

teoria da seleção natural de Charles Darwin[62]. Era a primeira tentativa católica de conciliar a criação e a evolução. Seguiram os trabalhos do padre italiano Raffaello Caverni, do frade dominicano François Dalmace Leroy, do padre americano John Augustine Zahm, do bispo italiano Geremia Bonomelli e do bispo britânico John C. Hedley. Somente em outubro de 1902, o Papa Leão XIII estabelecia a Pontifícia Comissão Bíblica[63], que publicou decretos sobre a correta interpretação da Sagrada Escritura, de grande importância para o diálogo entre criação e evolução.

Em 1950, o Papa Pio XII publicava a Encíclica *Humani Generis*[64], alertando, no contexto sociopolítico da época, sobre o erro da propagação de um materialismo dialético que exclui a noção de Deus. Em linhas gerais, Pio XII adotava uma postura de diálogo, mas alertava que a Evolução não poderia ser apresentada como certa, pois ainda não havia sido provada pela ciência, e que o magistério da Igreja e os dados da revelação sempre deveriam ser observados[65]. Na mesma época, o padre jesuíta Pierre Teilhard de Chardin enriqueceu o diálogo entre cristianismo e evolucionismo[66], articulando a presença divina no mundo desde a criação até a maturação em Cristo ressuscitado.

Atualmente, autores renomados que se declaram ateus ou agnósticos, como Richard Dawkins[67], Marcelo Gleiser[68] e Daniel Dennett[69] desconsideram esta presença divina no processo evolutivo[70]. O esforço de articulação entre cristianismo e evolucionismo continuou com o teólogo jesuíta Karl Rahner, que buscou conciliar a transcendência de Deus com sua ação na história[71]. Neste sentido, Rahner abordou os principais problemas teológicos do seu tempo.

---

62. MIVART, G. *On the genesis of species*, p. 74.

63. LEÃO XIII, PP. *Vigilantiae Studiique*.

64. PIO XII, PP. *HG* 5: Se olharmos para fora do redil de Cristo, facilmente descobriremos as principais direções que seguem não poucos dos homens de estudo. Uns admitem sem discrição nem prudência o sistema evolucionista, que até no próprio campo das ciências naturais não foi ainda indiscutivelmente provado, pretendendo que se deve estendê-lo à origem de todas as coisas, e com ousadia sustentam a hipótese monista e panteísta de um mundo submetido à perpétua evolução. Dessa hipótese se valem os comunistas para defender e propagar seu materialismo dialético e arrancar das almas toda noção de Deus.

65. PIO XII, PP. *HG* 36.

66. CHARDIN, P.T. *The heart of the matter*, p. 100-101.

67. DAWKINS, R. *Deus, um delírio*, p. 25.

68. GLEISER, M. *A dança do universo*, p. 37.

69. DENNETT, D. *Darwin's dangerous idea*, Kindle edition, posição 276.

70. MORI, G.L. *A ação de Deus no mundo na perspectiva de Teilhard de Chardin*, p.165-196.

71. MIRANDA, M.F. *A ação de Deus no mundo segundo Karl Rahner*, p. 197-223.

Na Encíclica *Humani Generis*, o Papa Pio XII escreveu sobre o poligenismo[72]. O monogenismo é o entendimento de que a humanidade descende de um casal primitivo, enquanto o poligenismo admite uma pluralidade de casais[73]. Era uma declaração do Papa Pio XII de que o poligenismo não se conciliava com a teologia em sua época[74]. O pecado original é uma verdade essencial da fé cristã[75], mas o monogenismo não é um fato dogmático.

Já em 1967, Karl Rahner entendia que a doutrina do pecado original pode subsistir dentro de uma perspectiva poligenista: "no estado atual da teologia e das ciências, não se pode provar com certeza que o poligenismo é inconciliável com a doutrina ortodoxa concernente ao pecado original"[76]. O magistério da Igreja não se pronunciou de forma definitiva sobre o poligenismo, que não se impõe como necessidade nem à ciência nem à fé cristã. Contudo, a perspectiva de Rahner ajuda a compreender a dimensão social do pecado original[77] e também do "pecado ecológico"[78] "contra a criação"[79].

Após um hiato durante os pontificados de João XXIII, Paulo VI e João Paulo I, o evolucionismo voltou a ser abordado pelo Papa João Paulo II em catequeses nos anos de 1985 e 1986, e num discurso à Pontifícia Academia de Ciências em 1996. O papa polonês lembrava que, passados quase cinquenta anos da publicação da Encíclica *Humani Generis*, novos conhecimentos científicos levavam a pensar que a teoria da evolução é mais do que uma hipótese, mas não um sistema completo capaz de explicar a origem do ser humano, composto de corpo e alma. O pontífice alertava para a pluralidade de teorias da evolução, materialistas e redu-

---

72. PIO XII PP. *HG* 37.

73. BAUMGARTNER, C. *Le péché originel*, p. 115: Le monogénism, au sens théologique, es la doctrine selon laquelle tous les hommes descendente, par voie de géneration, d'un couple primitif unique. Le polygénisme admet une pluralité de couples.

74. VANDERBROEK, L.G.; RENWART, L. *L'Encyclique "Humani Generis" et les sciences naturelles*, p. 337-351.

75. CEC 388-389.

76. RAHNER, K. *Péché originel et évolution*, p. 60.

77. CEC 407-409.

78. DOCUMENTO FINAL DO SÍNODO DA AMAZÔNIA, n. 82: Propomos definir o pecado ecológico como uma ação ou omissão contra Deus, contra o próximo, a comunidade e o meio ambiente. É um pecado contra as gerações futuras e se manifesta em atos e hábitos de contaminação e destruição da harmonia do ambiente, em transgressões contra os princípios da interdependência e na ruptura das redes de solidariedade entre as criaturas (*Catecismo da Igreja Católica*, 340-344) e contra a virtude da justiça.

79. FRANCISCO, PP. *LS* 8: Quando os seres humanos destroem a biodiversidade na criação de Deus; quando os seres humanos comprometem a integridade da terra e contribuem para a mudança climática, desnudando a terra das suas florestas naturais ou destruindo as suas zonas húmidas; quando os seres humanos contaminam as águas, o solo, o ar... tudo isso é pecado. Porque um crime contra a natureza é um crime contra nós mesmos e um pecado contra Deus.

cionistas, incapazes de fundar a dignidade da pessoa humana[80], criada a imagem e semelhança de Deus (Gn 1,27-28).

Em 2004, a Comissão Teológica Internacional publicou o documento "Comunhão e Serviço: a pessoa humana criada à imagem de Deus". Era o primeiro documento da Igreja a tentar abordar a criação na perspectiva do evolucionismo teísta[81]. O Papa Bento XVI não publicou nenhum documento sobre o Evolucionismo durante o seu pontificado, mas abordou o assunto com profundidade como teólogo. Durante a quaresma de 1981, como arcebispo de Munique, Joseph Ratzinger fez quatro importantes sermões sobre a Criação, explicando que não devemos dizer "Criação ou Evolução", em oposição excludente, pois são duas noções distintas sobre duas realidades diferentes. A primeira fala sobre quem são os seres humanos, de onde vem e para onde vão, e a segunda fala sobre desenvolvimentos biológicos.

Nesse sentido, a criação e a evolução são duas realidades complementares que nos conduzem à união interna entre a fé e a razão[82]. Mais tarde, em 2005, o cardeal austríaco Christoph Schönborn, arcebispo de Viena, publicou o artigo *Finding design in Nature*, no jornal *The New York Times*, causando fortes reações na comunidade científica, ao buscar distinguir o evolucionismo como ciência de uma filosofia ou ideologia:

> A evolução no sentido de uma ancestralidade comum pode ser verdadeira, mas a evolução no sentido neodawiniano – um processo não guiado, não planejado, de variação aleatória e seleção natural – não é. Qualquer sistema de pensamento que nega ou tenta explicar de outra maneira a evidência esmagadora de um desígnio na biologia é ideologia, não ciência[83].

Em 2014, o Papa Francisco também fez um discurso na Pontifícia Academia de Ciência. A postura do pontífice, mais uma vez, foi de diálogo entre a criação e a evolução: *"o Big Bang*, que hoje se põe na origem do mundo, não contradiz a intervenção criadora divina, mas exige-a. A evolução da natureza não se opõe à noção de Criação, porque a evolução pressupõe a criação dos seres que evoluem"[84]. A novidade foi o acento ecológico com o qual o papa argentino enfatizou esta conciliação ao afirmar que, ao criar o homem, Deus "torna-o res-

---

80. JOÃO PAULO II, PP. *Discurso à Pontifícia Academia de Ciências*, 5.
81. CTI. *Comunhão e serviço*, 1-5.
82. RATZINGER, J. *In the Beginning*, p. 50.
83. SCHÖNBORN, C. *Finding design in Nature*.
84. FRANCISCO, PP. *Discurso na Pontifícia Academia de Ciências*, n. 2.

ponsável da criação, também para que domine a Criação e a desenvolva, e assim até ao fim dos tempos"[85].

Ao se abrirem mutuamente, a fé e a ciência se enriquecem na compreensão da verdade e no serviço à humanidade[86]. Neste sentido, como explica o Papa Francisco, a fé pode ser de grande auxílio para a ciência na busca de soluções para a crise socioambiental[87]. A evolução biológica, quando compreendida à luz desta "presença divina, que garante a permanência e o desenvolvimento de cada ser, é continuação da ação criadora"[88]. A Encíclica *Laudato Si'* nos exorta a preservar a matureza e todo o mundo criado, porque o seu fim último não somos nós, mas Deus:

> A meta do caminho do universo situa-se na plenitude de Deus, que já foi alcançada por Cristo ressuscitado, fulcro da maturação universal. E assim juntamos mais um argumento para rejeitar todo e qualquer domínio despótico e irresponsável do ser humano sobre as outras criaturas. O fim último das restantes criaturas não somos nós. Mas todas avançam, juntamente conosco e através de nós, para a meta comum que é Deus, em uma plenitude transcendente onde Cristo ressuscitado tudo abraça e ilumina. Com efeito, o ser humano, dotado de inteligência e amor e atraído pela plenitude de Cristo, é chamado a reconduzir todas as criaturas ao seu Criador[89].

1.1.2 A dimensão estética da natureza

Em 1839, Charles Darwin publicou o livro *Diário e anotações*, que mais tarde ficou conhecido como *A viagem do Beagle*. Era o relato da sua expedição de quase cinco anos ao redor do mundo, de dezembro de 1831 a outubro de 1836, a bordo do navio HMS Beagle, da Marinha Britânica. O objetivo era fazer um levantamento cartográfico das costas da América do Sul, além de outros pontos de interesse nas Ilhas Malvinas, Ilhas Galápagos e Oceania.

---

85. FRANCISCO, PP. *Discurso na Pontifícia Academia de Ciências*, n. 3.

86. CEC 283: A questão das origens do mundo e do homem é objeto de numerosas pesquisas científicas que enriquecem magnificamente nossos conhecimentos sobre a idade e as dimensões do cosmo, o devir das formas vivas, o aparecimento do homem. Essas descobertas nos convidam a admirar tanto mais a grandeza do Criador, a render-lhe graças por todas as suas obras, pela inteligência e sabedoria que dá aos estudiosos e pesquisadores.

87. FRANCISCO, PP. LS 62.

88. FRANCISCO, PP. LS 80.

89. FRANCISCO, PP. LS 83

Nessa expedição, Darwin fez importantes observações de biologia, geologia e antropologia, que vinte anos mais tarde embasariam a publicação da *Origem das espécies*. Em 1832, depois de uma passagem pelas Ilhas de Cabo Verde, Darwin chegou ao Brasil, visitando o arquipélago de Fernando de Noronha, a Bahia e o Rio de Janeiro, onde ficou hospedado na enseada de Botafogo. A exploração logo o conduziu ao Monte Corcovado e à Pedra da Gávea, no Maciço da Tijuca.

Na ocasião, o naturalista britânico escreveu no seu diário: "nesta elevação, a paisagem enfeita-se com tintas tão brilhantes, as formas e as cores sobrepujam tanto em grandeza tudo o que o europeu viu em suas terras, que lhe faltam expressões para descrever o que sente"[90]. Tal conceito de estupor e admiração podemos identificar também nas páginas da *Laudato Si'*:

> Se nos aproximarmos da natureza e do meio ambiente sem esta abertura para a admiração e o encanto, se deixarmos de falar a língua da fraternidade e da beleza na nossa relação com o mundo, então as nossas atitudes serão as do dominador, do consumidor ou de um mero explorador dos recursos naturais, incapaz de pôr um limite aos seus interesses imediatos. Pelo contrário, se nos sentirmos intimamente unidos a tudo o que existe, então brotarão de modo espontâneo a sobriedade e a solicitude. A pobreza e a austeridade de São Francisco não eram simplesmente um ascetismo exterior, mas algo de mais radical: uma renúncia a fazer da realidade um mero objecto de uso e domínio[91].

A experiência com a beleza natural no Monte Corcovado ainda hoje provoca encantamento nos visitantes. Os turistas sobem pelo trem do Corcovado através do verde da montanha, até chegar num ponto em que a paisagem se descortina, com a plena visão dos morros do Rio de Janeiro, do céu e do mar. É uma celebração da vida[92]: as pessoas respiram fundo e suspiram quase em uníssono, dando nome à "Curva do Oh".

Neste sentido, vê-se que a beleza da natureza tem potencial para nos educar[93] para um novo estilo de vida[94] que supera o contexto atual de consumismo, numa renovada aliança entre a humanidade e o meio-ambiente[95]. Um ponto de

---

90. DARWIN, C. Viagem de um naturalista britânico ao redor do mundo, p. 44.
91. FRANCISCO, PP. LS 11.
92. PASTRO, C. *O Deus da beleza*, p. 28.
93. PASTRO, C. *O Deus da beleza*, p. 55.
94. FRANCISCO, PP. LS 206.
95. FRANCISCO, PP. LS 209.

partida é a Filosofia da Natureza de Immuel Kant, que relaciona a estética natural com uma ética de cuidado ambiental[96]:

> Tomar interesse imediato pela beleza da Natureza é sempre sinal de boa alma; e se este interesse é habitual, pelo menos indica uma disposição de ânimo favorável ao sentimento moral [...]. Podemos considerar como uma amabilidade que a natureza teve em relação a nós, o fato de ela ter distrubuído com tanta abundância, para além do que é útil, ainda a beleza e o encanto, e, por isso, a amamos, da mesma forma que a contemplamos com respeito por causa da sua imensidão e nos sentimos enobrecidos nesta contemplação[97].

A experiência humana com a beleza natural vai além da simples apreciação de uma obra de arte[98], pois tem um cunho integral, envolvendo os cinco sentidos[99]: a visão, a audição, o paladar, o olfato e o tato. Esta experiência integral nos faz sentir, como de fato somos, parte da própria natureza[100]. No entanto, desde a era moderna, a dimensão estética da natureza foi perdendo espaço na filosofia para a teorização da beleza da arte. Era um sinal da industrialização, do crescente consumismo e da eventual globalização do novo paradigma tecnocrático[101].

Neste contexto, verificou-se um gradual "desvanecimento de sentido de que a natureza é nossa educadora, de que suas belezas comunicam mensagens morais mais ou menos específicas"[102]. A crise socioambiental, que se acentuou a partir da segunda metade do século XX, denunciou o antropocentrismo exage-

---

96. SILVA, M.J.V.M. *A Natureza*, nota preambular, p. 11: O exame geral acerca das especificidades da apreciação estética da natureza é conduzido pela convicção de que a ética e a estética ambientais mantêm uma ligação íntima que importa afirmar, tanto mais quanto o valor estético da natureza constitui na prática o argumento que mais colhe na salvaguarda e proteção das realidades naturais.

97. KANT, I. *Crítica del juício*, p. 204-206.

98. SINGER. *Ética Prática*, p. 295: Contemplei quadros do Louvre e em muitas outras grandes galerias da Europa e dos Estados Unidos. Creio que tenho um razoável sentido de apreciação das belas-artes. Contudo, não tive em museu algum experiências que tivessem preenchido o meu sentido estético a tal ponto realizadoras como quando caminho por um cenário natural e faço uma pausa para admirar do alto de um pico rochoso a paisagem de um vale coberto de floresta [...] Creio não ser o único a sentir tal exaltação; para muita gente, a Natureza constitui a fonte dos mais altos sentimentos de emoção estética, elevando-se a uma intensidade quase espiritual.

99. SILVA, M.J.V.M. *A Natureza*, p. 1.

100. ASSUNTO, R. *A paisagem e a estética*, p. 368: A paisagem com os seus aromas, mas também com as suas cores, as suas luzes. Com o seu céu, as suas águas, as suas rochas, a sua vegetação, as suas aves e insetos e animais de todo o tipo; que chega aos nossos pulmões, entra-nos literalmente no sangue, e expande-se pelos membros, fazendo-nos sentir unos com a natureza: e exalta o nosso ser natureza, a natureza que está em nós e reaviva-a; e dela faz objeto de deleite para a alma, suscitando em nós a alegria da nossa identificação com a natureza, de fazer da sua a nossa alegria.

101. FRANCISCO, PP. *LS* 10.

102. HEPBURN, R. *A estética contemporânea e o desprezo pela beleza natural*, p. 232.

rado e a teorização reinante sobre a natureza. A estética natural contemporânea busca tornar consciente a necessidade da superação dos antigos antagonismos da modernidade, entre "homem e natureza, sujeito e objeto, natureza e cultura, estética e ética"[103].

Neste sentido, a filosofia e a teologia enriquecem-se mutuamente na demonstração da dimensão estética da natureza, ambas chegando a um denominador comum: a necessidade urgente do desenvolvimento de uma ética socioambiental. O filósofo Aldo Leopold é um dos pioneiros da "ética da terra", para muitos um marco na construção de um novo paradigma relacional entre a humanidade e o mundo natural[104]. Sua obra fomenta o desenvolvimento de uma ética ambiental contemporânea.

Para descrever o seu pensamento ecológico, que supera uma visão estritamente antropocêntrica, Aldo Leopold escreveu o ensaio *Pensando como uma montanha*, no qual afirma que "somente as montanhas viveram o suficiente para compreender o uivo de um lobo"[105]. Tal afirmação demonstra a apreciação do valor intrínseco da natureza como princípio gerador de uma ética ambiental relacionada à ecologia.

A palavra "ecologia", da conjugação das palavras gregas *oikos* e *logos*, significa "estudo da casa" ou "estudo das relações vivas". O termo foi agregado ao vocabulário científico pelo biólogo alemão Ernest Haeckel, em 1866. As bases científicas da ecologia já haviam sido traçadas em 1859 por Charles Darwin, que mencionava abertamente uma "economia da natureza" na sua *Origem das espécies*[106].

No entanto, assim como o conceito da evolução estaria incompleto sem a noção judaico-cristã da criação, a ecologia também pode se agregar à teologia para uma compreensão integral do mundo natural. Assim surge a ecoteologia, sem uma data precisa de nascimento[107], para alguns, a partir de um artigo do historiador Lynn White, escrito em 1967, abordando as raízes históricas da crise ecológica[108].

Para Afonso Murad, a ecoteologia é um tipo próprio da teologia cristã, que procura compreender a fé "no horizonte da consciência planetária"[109]. De forma

---

103. SILVA, M.J.V.M. *A natureza*, p. 3.
104. LOURENÇO, D.B. *Qual o valor da natureza?*, p. 166.
105. LEOPOLD, A. *Thinking like a mountain*, p. 137.
106. LOURENÇO, D.B. *Qual o valor da natureza?*, p. 167.
107. GURIDI, R. *Ecoteología*, p. 76
108. WHITE, L. *The historical roots of our ecological crisis*, p. 1.203-1.207.
109. MURAD, A. *Singularidade da ecoteologia*, p. 211.

similar a Aldo Leopold, o Padre Pierre Marie Boss, no Rio de Janeiro, também procurou "pensar como uma montanha", dando voz ao Monte Corcovado, à espera da imagem de quem o criou, o Verbo encarnado, Jesus, o Cristo Redentor. Ambos partiam da dimensão estética da natureza para elaborar o seu pensamento; Aldo Leopold do ponto de vista filosófico, e Pierre Marie Boss em perspectiva teológica, confluindo para o desenvolvimento de uma ética ambiental.

"Quanto à teologia, o seu ponto de partida e fonte primeira terá de ser sempre a palavra de Deus revelada na história"[110]. A beleza da natureza não pode ser compreendida apenas no âmbito filosófico, cujas reflexões já intuem a espiritualidade a partir da contemplação do belo. De fato, os cinco sentidos do corpo não são suficentes para compreender a mensagem que a natureza pode nos transmitir, porque o ser humano, à luz da Escritura, é integral, espírito, alma e corpo.

São Paulo escreve na Carta aos Tessalonicenses: "o Deus da paz vos conceda santidade perfeita; e que o vosso ser inteiro, o espírito, a alma e o corpo sejam guardados de modo irrepreensível para a vinda de Nosso Senhor Jesus Cristo" (1Ts 5,23). Como explica a Encíclica *Laudato Si'*, "a fé permite-nos interpretar o significado e a beleza misteriosa do que acontece"[111]:

> São Francisco, fiel à Sagrada Escritura, propõe-nos reconhecer a natureza como um livro esplêndido onde Deus nos fala e transmite algo da sua beleza e bondade: "Na grandeza e na beleza das criaturas, contempla-se, por analogia, o seu Criador" (Sb 13,5) e "o que é invisível n'Ele – o seu eterno poder e divindade – tornou-se visível à inteligência, desde a criação do mundo, nas suas obras" (Rm 1,20). Por isso, Francisco pedia que, no convento, se deixasse sempre uma parte do horto por cultivar para aí crescerem as ervas silvestres, a fim de que, quem as admirasse, pudesse elevar o seu pensamento a Deus, autor de tanta beleza. O mundo é algo mais do que um problema a resolver; é um mistério gozoso que contemplamos na alegria e no louvor[112].

A Estética Teológica de Hans Urs Von Balthazar fala-nos da *Via Pulchritudinis*, o Caminho da Beleza que nos aproxima de Deus[113]. A verdade e a bondade são os dois caminhos ordinários da evangelização, pois "Deus é amor" (1Jo 4,8.16) e o próprio Jesus se apresenta como "o Caminho, a Verdade e a Vida" (Jo 14,6). Po-

---

110. JOÃO PAULO II, PP. *FR* 73.
111. FRANCISCO, PP. *LS* 79.
112. FRANCISCO, PP. *LS* 12.
113. SANTORO, F. Estética teológica, p. 17.

rém, quando se abandona a beleza, a verdade e a bondade aos poucos perdem sua força de atração: "num mundo que não acredita ser mais capaz de afirmar o belo, os argumentos em favor da verdade esgotaram sua força de conclusão lógica"[114].

O Papa Paulo VI, ao final do Concílio Vaticano II, afirmou que "este mundo no qual vivemos precisa de beleza para não se precipitar no desespero. A beleza, como a verdade, é o que infunde alegria no coração dos homens, é aquele fruto precioso que resiste ao desgaste do tempo"[115]. Por isso, a estética teológica de Von Balthazar procura desenvolver a teologia cristã complementando a verdade e a bondade com a beleza, unindo lógica, ética e estética à luz do fascínio da revelação de Deus na história:

> Nossa palavra inicial chama-se beleza. Ela é a última palavra que o intelecto pensante pode ter a ousadia de pronunciar, porque ela outra coisa não faz que coroar com auréola de esplendor inalcançável o dúplice astro do verdadeiro e do bem e seu indissolúvel relacionamento. Essa é a beleza desinteressada, sem a qual o velho mundo era incapaz de se entender, mas que silenciosamente se afastou do mundo moderno, dos interesses, para abandoná-lo à sua cobiça e à sua tristeza[116].

Na perspectiva teológica, a dimensão estética da natureza promove uma ética ambiental: "o mundo no qual vivemos corre o risco de mudar o seu rosto devido à obra nem sempre sábia do homem que, em vez de cultivar a sua beleza, explora sem consciência os recursos do planeta para vantagem de poucos"[117]. A percepção da beleza nos abre a uma experiência de encontro com o outro. A palavra "estética" também tem raiz grega, *aistanomai*, que quer dizer "perceber sensivelmente", "me dar conta de algo ou alguém"[118].

A palavra "beleza", por sua vez, tem sua origem no sânscrito *bet el za*, que significa "o lugar em que Deus brilha"[119]. A beleza da natureza é um lugar propício para o encontro com Deus: "Dizia São Basílio Magno que o Criador é também 'a bondade sem cálculos', e Dante Alighieri falava do 'amor que move o sol e as

---

114. VON BALTHAZAR, H.U. *Glória-1*, p. 11.
115. PAULO VI, PP. Mensagem aos artistas na conclusão do Concílio Vaticano II.
116. VON BALTHASAR, H.U. *Glória-1*, p. 22.
117. BENTO XVI, PP. *Encontro com os artistas na Capela Sistina*.
118. SANTORO, F. *Estética teológica*, p. 25.
119. PASTRO, C. *O Deus da beleza*, p. 55.

outras estrelas'. Por isso, das obras criadas pode-se subir 'à sua amorosa misericórdia'"[120].

No relato da criação, no Livro do Gênesis, "Deus viu tudo o que tinha feito: e era muito bom" (Gn 1,31). A versão grega dos Setenta traduz o termo hebraico *tob*, que quer dizer "bom", pela palavra *kalón*, que significa "belo"[121]. Ou seja, na criação, Deus viu que era tudo muito belo. O sentido integral da palavra *kalón*, que une verdade, bondade e beleza é uma das bases fundantes do cristianismo[122], sendo sua manifestação mais perfeita Jesus Cristo, o Verbo eterno encarnado, morto e ressuscitado, o belo pastor, ó *poimen ó kalós* (Jo 10,11), que dá a vida pelas ovelhas.

Santo Tomás de Aquino afirma que "a beleza se assemelha com aquilo que é próprio do Filho"[123]. Assim, entendemos também as palavras de Santo Agostinho, "tarde te amei, beleza tão antiga e tão nova, tarde te amei! Tu estavas dentro de mim e eu estava fora, e fora de mim te procurava"[124]; e também São Francisco de Assis, "Vós sois a beleza... Vós sois a beleza!"[125]. Em Jesus, verdade, bondade e beleza fizeram-se carne, "e nós vimos sua glória" (Jo 1,14).

Portanto, Santo Agostinho ensina que o encontro com Cristo demanda de nós uma resposta[126] de amor a Deus e ao próximo (Mt 22,34-40). Na atual crise socioambiental, o amor cristão se manifesta também na caridade pelos mais pobres e necessitados, dentre os quais está a Terra, nossa casa comum, "oprimida e devastada, que está gemendo como em dores de parto"[127].

1.1.3 O maciço gigante adormecido

Na tradição judaico-cristã, o simbolismo da montanha tem um sentido de elevação espiritual (Is 2,2-3), como um lugar de ligação entre o céu e a terra[128].

---

120. FRANCISCO, PP. LS 77.

121. JOÃO PAULO II, PP. *Carta aos artistas*, n. 3.

122. PASTRO, C. *O Deus da beleza*, p. 17.

123. TOMÁS DE AQUINO. *Suma Theologica I*, q.39 a, 8c.

124. AGOSTINHO. *Confissões*, Livro VII.

125. FONTI FRANCESCANE, n. 261, p.177.

126. AGOSTINHO. Comentário à Carta de João, p. 9: Deus nos amou primeiro e nos deu a capacidade de amá-lo [...] Não nos amou para deixar-nos feios como éramos, mas para mudar-nos e tornar-nos belos...Em que modo seremos belos? Amando a Ele, que é sempre belo. Quanto mais cresce em ti o amor, tanto mais cresce a beleza; a caridade é justamente a beleza da alma.

127. FRANCISCO, PP. LS 2.

128. DICIONÁRIO DE SÍMBOLOS. *Montanha*, p. 192.

Deus se revela a Moisés na montanha, *Eu sou aquele que é* (Ex 3,14). Moisés também recebe as tábuas da lei na montanha (Ex 20,1-17). Jesus sobe a montanha para orar antes de escolher seus doze apóstolos (Lc 6,12). Numa montanha Cristo também se transfigura em sua glória aos apóstolos Pedro, Tiago e João (Lc 9,28-36). Numa montanha o Senhor ensina as bem-aventuranças (Mt 5,1-10) e numa montanha também é crucificado (Jo 19,17).

Em certo sentido, o cristianismo é uma "religião da montanha", um caminho de ascensão, mostrando que a vida na terra é uma peregrinação rumo ao céu (Fl 3,20), sempre buscando as coisas do alto (Cl 3,1). Em última instância, subimos a montanha para nos encontrar com Deus. Assim, em vários sentidos, a montanha exerce uma atração natural sobre o coração humano. Na cidade do Rio de Janeiro, convivemos diariamente com o Monte Corcovado e as demais montanhas do Maciço da Tijuca. Estas elevações contrastam com o aspecto urbano da cidade, exercendo sobre a população uma importante influência geográfica, estética, ecológica e espiritual.

O maciço da Tijuca é uma cadeia montanhosa com vários cumes, composta de blocos soerguidos de rochas magmáticas de granito e metamórficas de gnaisse. Expostas às intempéries do tempo, as formações do maciço assumem uma tonalidade marrom e cinza. O calor do sol e o esfriamento causado pelas chuvas provocavam a erosão das montanhas, aparando suas arestas e suavizando suas formas[129]. Esses blocos rochosos se assentaram durante o período Cenozoico, de intensas atividades vulcânicas, iniciado há 65 milhões de anos.

Outros grandes maciços do mundo foram formados no mesmo período, como os Alpes, os Andes e a cadeia do Himalaia. Os três grandes maciços do Rio de Janeiro configuram um triângulo, com o Maciço da Tijuca no centro, entre o Maciço da Pedra Branca e o Maciço de Gericinó. Entre eles estão as zonas planas do município, formadas pelas diversas baixadas[130]. Situado no leste do Rio de Janeiro, perto do mar, com altitudes variando entre 80 e 1021 metros, o Maciço da Tijuca forma uma barreira natural à umidade vinda do oceano, provocando elevados índices de chuva que favorecem a exuberância da Mata Atlântica[131].

Este maciço é um grande centro de dispersão hidrológica, composto de 36 bacias que convergem para três reservatórios principais, a Baía da Guanabara, a Lagoa Rodrigo de Freitas e a Lagoa de Jacarepaguá, todos desaguando no Oceano Atlântico. A Mata Atlântica circundante tem árvores altas e espessas, com des-

---

129. RUBINSTEIN, M. *O Cristo do Rio*, p. 10.

130. GEOGRAFIA E HIDROGRAFIA DA CIDADE DO RIO DE JANEIRO – MACIÇO DA TIJUCA. Disponível em www.educacaopublica.rj.gov.br.

131. MENDONÇA, L.L. *Estrada de ferro do Corcovado*, p. 13.

taque para o colorido das flores e a temperatura amena. As espécies locais têm elevada diversidade e alta taxa de endemismo[132], estimando-se que entre 43% e 45% do total de espécies de plantas e vertebrados encontrados neste *habitat* são exclusivos deste bioma.

No caso das bromélias e macacos locais a porcentagem aumenta para 80% e 90%. A Mata Atlântica abriga cerca de 15.700 espécies de plantas registradas, e mais de 2.200 espécies de vertebrados, entre mamíferos, aves, répteis, peixes e anfíbios. Apesar de cobrir apenas 0,8% da superfície da Terra, a Mata Atlântica abriga cerca de 5% das espécies de vertebrados e 5% de toda a flora mundial[133]. Em resumo, o Maciço da Tijuca é um elemento fundamental para o rico ecossistema da cidade do Rio de Janeiro.

Este delicado equilíbrio vital encontra-se em perigo na atual crise socioambiental, quando "nos esquecemos de que nós mesmos somos terra" (cf. Gn 2,7), e que "nosso corpo é constituído pelos elementos do planeta; o seu ar permite-nos respirar, e a sua água vivifica-nos e restaura-nos"[134]. O Maciço da Tijuca é certamente uma lembrança desta realidade: observadas à distância, as elevações do maciço assumem a forma de um homem deitado. É o "gigante adormecido do Rio de Janeiro", ou o "gigante adormecido da Guanabara". O cume da Pedra da Gávea, erguendo-se a 844 metros de altura, é a cabeça do homem deitado; o seu corpo, que parece ter as mãos postas sobre o peito, é formado pela Pedra Bonita a 693 metros de altura, pelo Morro Dois Irmãos (o maior com 539 metros e o menor com 439 metros), pelo Corcovado a 710 metros de altura e por parte do complexo montanhoso da Lagoa Rodrigo de Freitas. Já os pés do gigante são formados pelo Pão de Açúcar a 396 metros de altura. Inspirado nesta formação rochosa, o poeta Gonçalves Dias escreveu o poema "Gigante de Pedra" no século XIX[135].

---

132. VIEIRA, A.C.P. *A montanha encantadora*, p. 19.

133. SCARANO, F.R. *Quando "todo dia era dia de índio"*, p. 26.

134. FRANCISCO, PP. *LS* 2.

135. DIAS, G. *Gigante de Pedra*, p. 117: Gigante orgulhoso, de fero semblante,/num leito de pedra lá jaz a dormir!/Em duro granito repousa o gigante,/que os raios somente puderam fundir.//Dormindo atalaia no serro empinado,/devera cuidoso, sanhudo velar;/o raio passando o deixou fulminado,/e à aurora, que surge, não há de acordar!//Co'os braços no peito cruzados nervosos,/mais alto que as nuvens os céus a encarar,/seu corpo se estende por montes fragosos,/seus pés sobranceiros se elevam do mar!//De lavas ardentes seus membros fundidos,/avultam imensos: só Deus poderá/rebelde lançá-lo dos montes erguidos,/curvados ao peso, que sobre lhe 'stá.//E o céu, e as estrelas e os astros fulgentes/são velas, são tochas, são vivos brandões,/e o branco sudário são névoas algentes, e o crepe, que o cobre, são negros balcões.//Da noite, que surge, no manto fagueiro,/quis Deus que se erguesse, de junto a seus pés,/a cruz sempre viva do sol no cruzeiro,/deitada nos braços do eterno Moisés.//Perfumam-no odores que as flores exalam,/bafejam-no carmes de um hino de amor/dos homens, dos brutos, das nuvens que estalam,/dos ventos que rugem, do mar em fulgor.//E lá na montanha, deitado dormido,/campeia o gigante – nem pode acordar!/Cruzados os braços de ferro fundido,/a fronte nas nuvens, os pés sobre o mar!

A imagem do maciço gigante adormecido também representa o Brasil no Hino Nacional: "Gigante pela própria natureza és belo, és forte, impávido colosso, e o teu futuro espelha essa grandeza. Terra adorada, entre outras mil, és tu Brasil, ó pátria amada! Dos filhos deste solo és mãe gentil, pátria amada, Brasil"[136]! Seu autor, o poeta Joaquim Osório Duque Estrada, era um admirador de Gonçalves Dias, e também incluiu versos da "Canção do Exílio" na letra do hino, como "nossos bosques têm mais vida, nossa vida no teu seio mais amores"[137].

O Monte Corcovado, observado de forma isolada da Lagoa Rodrigo de Freitas, também assume a forma de um gigante deitado. No cume da montanha pode-se distinguir a cabeça, o nariz e os contornos de um rosto. Depois, à medida que a verticalidade da montanha se suaviza, surgem as formas da barriga e dos pés do homem deitado. As formas do Maciço da Tijuca trazem esta lição da providência divina: a terra na forma de um homem, um gigante adormecido. A paisagem das montanhas do Rio de Janeiro, às vezes cercada por interpretações esotéricas, fala-nos sobre o amor de Deus:

> A história da própria amizade com Deus desenrola-se sempre num espaço geográfico que se torna um sinal muito pessoal, e cada um de nós guarda na memória lugares cuja lembrança nos faz muito bem. Quem cresceu no meio de montes, quem na infância se sentava junto do riacho a beber, ou quem jogava numa praça do seu bairro, quando volta a esses lugares sente-se chamado a recuperar a sua própria identidade[138].

A imagem do gigante adormecido nos transmite várias mensagens, tais como as de que fomos criados da terra (Gn 2,7), à imagem e semelhança de Deus (Gn 1,26), com uma função de destaque na criação, não apenas para dominar a terra (Gn 1,28), mas também para cultivá-la e guardá-la (Gn 2,15). "Enquanto 'cultivar' quer dizer lavrar ou trabalhar um terreno, 'guardar' significa proteger, cuidar, preservar, velar. Isto implica uma relação de reciprocidade responsável entre o ser humano e a natureza"[139].

Além disso, no simbolismo bíblico, Deus vem ao encontro do homem na montanha, e o homem sobe a montanha para se encontrar com Deus[140]. A montanha é um sinal da conciliação entre uma cristologia descendente e ascendente, englobando a criação do mundo, a encarnação, morte e ressurreição de Jesus Cristo.

---

136. DUQUE-ESTRADA, J.O. *Hino Nacional Brasileiro*.
137. DIAS, G. *Canção do Exílio*.
138. FRANCISCO, PP. LS 84.
139. FRANCISCO, PP. LS 67.
140. GIRARD, M. *Os símbolos na Bíblia*, p. 395.

O Maciço da Tijuca apresenta-nos a imagem de um homem, e Cristo é a imagem perfeita do homem, porque Ele é também a imagem perfeita de Deus: "Ele é a Imagem do Deus invisível, o Primogênito de toda criatura" (Cl 1,15).

Para o teólogo francês Bernard Sesboüé, o Concílio Vaticano II "retorna às visões de Ireneu e Tertuliano, para quem Cristo está no centro da intenção criadora de Deus"[141]. A Constituição Pastoral *Gaudium et Spes*, no capítulo 22 que traz como título o "homem novo", também explica que a vocação do ser humano é a configuração a Jesus Cristo, pois, "na realidade, só no mistério do Verbo encarnado se esclarece verdadeiramente o mistério do homem"[142].

Já a Encíclica *Laudato Si'* ensina-nos que "não haverá uma nova relação com a natureza, sem um ser humano novo", e que "não há ecologia sem uma adequada antropologia"[143]. Por isso, o antropocentrismo desordenado não deve ser meramente substituído por um biocentrismo, "porque isto implicaria introduzir um novo desequilíbrio que não só não resolverá os problemas existentes, mas acrescentará outros"[144].

Em contrapartida, uma verdadeira antropologia deve ser cristocêntrica, pois o Verbo eterno encarnado, morto e ressuscitado nos apresenta, ao mesmo tempo, o rosto divino do homem e o rosto humano de Deus[145]. A antropologia centrada em Cristo é o modelo para o cuidado eficaz com a casa comum, pois é o próprio Jesus que nos convida a guardar e cultivar a terra, uma vez que Ele mesmo vivia em plena harmonia com a criação[146].

1.1.4 Os índios como primeiros interlocutores sobre a natureza

> Curumim, chama Cunhatã que eu vou contar. Todo dia era dia de índio. Curumim, Cunhatã, Cunhatã, Curumim. Antes que o homem aqui chegasse, as terras brasileiras eram habitadas e amadas por mais de três milhões de índios. Proprietários felizes da terra brasilis. Pois todo dia era dia de índio, mas agora eles só têm o dia 19 de abril. Amantes da natureza eles são incapazes, com certeza, de maltratar uma fêmea ou de poluir o rio e o mar. Preservando o equilíbrio ecológico da terra, fauna e flora. Pois em

---

141. SESBOÜÉ, B. *O Deus da salvação*, p. 406.
142. CONCÍLIO VATICANO II. GS 22.
143. FRANCISCO, PP. LS 118.
144. FRANCISCO, PP. LS 118.
145. JOÃO PAULO II, PP. *Angelus*, n. 2.
146. FRANCISCO, PP. LS 98.

sua glória, o índio era o exemplo puro e perfeito, próximo da harmonia, da fraternidade e da alegria. Da alegria de viver, e, no entanto, hoje seu canto triste é o lamento de uma raça que já foi muito feliz, pois antigamente todo dia era dia de índio[147].

O olhar da imagem do Cristo Redentor, contemplando a cidade e a natureza do Rio de Janeiro, é cheio de significado. Existe uma adequação entre o simbolismo do monumento e a Encíclica *Laudato Si'*, que aborda o olhar de Jesus sobre a criação[148]. A grande imagem de braços abertos remete-nos à cruz de Cristo, erguida há mais de dois mil anos sobre o Monte Calvário (Jo 19,20). Contudo, a origem remota da cruz do Monte Corcovado está na chegada ao Brasil dos navegantes portugueses, cujas caravelas portavam a cruz da Ordem de Cristo.

Desde o Tratado de Tordesilhas, firmado em 1494, Portugal e Espanha partilhavam todas as terras descobertas no Novo Mundo ou que viessem a descobrir[149]. Era um momento de transição entre a influência universalista do papado e a emergência das monarquias nacionais, um dos marcos da passagem da Idade Média para Era Moderna. Por este motivo, o debate entre os que pensam que o descobrimento do Brasil se deu por acaso, numa escala da viagem dos portugueses à Índia, e os que defendem que foi um acontecimento intencional[150] não parece estar prestes a acabar[151].

O fato é que numa terça-feira da oitava de Páscoa os navegadores portugueses avistaram uma elevação que batizaram Monte Pascal. No dia seguinte, 22 de abril de 1500, a frota de 13 navios comandada por Pedro Álvares Cabral chegou à terra que chamaram Ilha de Vera Cruz e depois Terra de Santa Cruz[152]. A primeira missa em terra firme foi celebrada pelo frade franciscano Henrique Álvares de Coimbra, ornada por uma cruz de madeira retirada da mata local, abundante de pau-brasil, que depois daria nome ao país.

---

147. BENJOR, J. *Todo dia era dia de índio*.

148. FRANCISCO, PP. LS 96-100.

149. ENDERS, A. *A História do Rio de Janeiro*, p. 11-12: Em virtude deste tratado, eles definem seus respectivos domínios de um lado, e, de outro, uma linha meridiana fixada pelos diplomatas em 370 léguas a oeste das ilhas de Cabo Verde, reservando-se aos portugueses o mundo situado a leste da linha.

150. DEL PRIORE, M. *Uma breve história do Brasil*, p. 17: O afastamento para oeste, hoje sabemos, foi intencional, pois, desde as viagens de Diogo de Teive ao Norte da África, em cerca de 1452, sabia-se da existência de terras a noroeste dos Açores e da Madeira.

151. ENDERS, A. *A História do Rio de Janeiro*, p. 13.

152. FAUSTO, B. *História do Brasil*, p. 30.

A carta de Pero Vaz de Caminha ao rei de Portugal, D. Manuel I, registrava a presença pacífica dos índios, habitantes originários do território, constituindo um mosaico de complexas civilizações[153]: "Eram pardos, todos nus, sem coisa alguma que lhes cobrisse suas vergonhas. Nas mãos traziam arcos com suas setas. Vinham todos rijos sobre o batel; e Nicolau Coelho lhes fez sinal que pousassem os arcos. E eles os pousaram"[154].

Na época do descobrimento do Brasil, os "índios"[155] tinham mais de cem grupos linguísticos, desde os Charrua, no sul do futuro país, aos Macuxi, no extremo norte. Os povos autóctones brasileiros eram distintos daquelas civilizações encontradas pelos espanhóis na Mesoamérica e nos Andes, como os povos maias e astecas, no Vale do México, e os incas, nas montanhas peruanas. Esses últimos, por sua vez, haviam alcançado um elevado grau de urbanismo, enquanto os índios brasileiros caracterizavam-se por uma cultura agrícola e de caça, de intensa harmonia e interlocução com a natureza[156]. Isso pode ser contemplado pelas pinturas da Primeira Missa no Brasil, de Victor Meirelles e Candido Portinari, inspiradas na carta de Pero Vaz de Caminha, que retratam a harmonia inicial entre os portugueses e os indígenas, antes do início da colonização[157].

Estima-se que os primeiros grupos humanos chegaram ao continente americano vindos da Ásia, há 12 mil anos[158]. Os primeiros registros da presença indígena no território brasileiro são de sítios arqueológicos costeiros da cultura sambaqui, de um período entre 5 e 8 mil anos atrás. *Sambaqui* é uma palavra tupi que significa "amontoados de conchas". Estes eram grupos que viviam da pesca de moluscos e da coleta de vegetais, construindo suas cabanas sobre os sambaquis, que chegavam a atingir trinta metros de altura e quarenta metros de comprimento. Ainda hoje há vestígios da cultura sambaqui na Baía da Guanabara[159].

Na época da chegada dos portugueses, estima-se que havia entre 3 e 5 milhões de indígenas no Brasil, de mil povos diferentes[160]. Os grupos tupis, também

---

153. LOPES, R.J. *O Brasil antes de Cabral*, p. 13.

154. CAMINHA, P.V. *Carta de Pero Vaz de Caminha*, p. 8.

155. CAMINHA, P.V. *Carta de Pero Vaz de Caminha*, p. 11: A feição deles é serem pardos, maneira de avermelhados, de bons rostos e bons narizes, bem-feitos. Andam nus, sem nenhuma cobertura. Nem estimam de cobrir ou de mostrar suas vergonhas; e nisso tem tanta inocência como em mostrar o rosto... Os cabelos seus são corredios. E andavam tosquiados, de tosquia alta, mais que de sobrepente, de boa grandura e rapados até por cima das orelhas.

156. SKIDMORE, T. *Uma História do Brasil*, p. 29.

157. CAMINHA, P.V. *Carta de Pero Vaz de Caminha*, p. 45.

158. SCHWARCZ, L.M.; STARLING, H.M. *Brasil*, p. 40.

159. ENDERS, A. *A História do Rio de Janeiro*, p. 14.

160. SCARANO, F.R. *Quando "todo dia era dia de índio"*, p. 29.

chamados tupinambás, habitavam todo o litoral brasileiro, do Norte até o atual estado de São Paulo. Os grupos guaranis habitavam a região da bacia do Rio Paraná. Devido à semelhança cultural e linguística, os historiadores os unem no grande grupo tupi-guarani. O outro grande grupo eram os tapuias. *Tapuia* é palavra tupi-guarani para designar os índios que falavam outra língua, tais como os Goitacazes, na foz do Rio Paraíba; os Aimorés, no sul da Bahia e no norte do Espírito Santo; e os Tremembés, na faixa entre o Ceará e o Maranhão[161].

Os indígenas viviam em aldeias de 600 a 2.000 pessoas, sobrevivendo da caça, da pesca e da agricultura, numa cultura de subsistência. Os índios abriam clareiras na mata para plantar, e a cada dois ou três anos, quando havia uma relativa exaustão do solo, deslocavam-se para outro local de mata virgem[162]. Assim, boa parte da Mata Atlântica que os portugueses encontraram no século XVI já era uma floresta secundária. Não havia dano ecológico permanente, pois a Mata Atlântica podia descansar e voltava a crescer, ao contrário do que aconteceu depois com as grandes queimadas. Tal atividade era a agricultura de coivara, que consistia na abertura de uma clareira na mata, sua secagem e queima. A base alimentar dos índios era muito saudável, constituída por alimentos como milho, feijão-preto, abóbora, amendoim, mandioca, batata-doce e palmito, cultivados da terra, além de frutas nativas como maracujá, pitanga, goiaba, mamão, caju e banana.

Além disso, a habilidade dos índios com o arco e flecha e seus conhecimentos dos ciclos naturais os tornavam exímios caçadores. Também, as tribos tinham uma sofisticada taxonomia vegetal, com profundo conhecimento das propriedades das plantas, e contavam os meses do ano observando a posição do Sol. Eles usavam os rios para fins pacíficos e bélicos: construíam canoas, jangadas, redes e demais instrumentos de pesca, além de suas próprias cabanas e redes de dormir, e a argila branca era utilizada para fabricar cerâmicas.

Os pajés, líderes locais, usavam seus conhecimentos de ervas e sementes como o tabaco, o cauim e o maracá para as pajelanças, que eram cerimônias de tratamento e cura medicinal. Os indígenas consideravam as sementes e bebidas fermentadas como uma ponte para o mundo espiritual[163]. Estas estavam presentes nas festas, também chamadas "cauinagens", que marcavam momentos significativos das tribos, os ritos de iniciação, colheitas, preparativos para a guerra e até funerais, com cantos, danças e pinturas corporais[164]. Os colonizadores portugue-

---

161. FAUSTO, B. *História do Brasil*, p. 38.
162. ENDERS, A. *A História do Rio de Janeiro*, p. 16.
163. SCARANO, F.R. *Quando "todo dia era dia de índio"*, p. 30-33.
164. MATOS, H.C.J. *Nossa história*, Tomo 1, p. 56.

ses tiveram um choque cultural com a poligamia, o canibalismo e as bebedeiras dos tupinambás, regadas por cervejas fermentadas de mandioca e de milho e os vinhos das frutas.

Os jesuítas classificaram estes costumes como "maus hábitos" da cultura indígena, embora fossem parte das crenças religiosas daqueles povos[165]. O canibalismo não era meramente um hábito alimentar: os indígenas acreditavam que ao devorar seus inimigos tomavam para si sua força vital. A antropofagia era um rito central dos tupinambás[166], mas sua cultura não era sombria: estes índios eram conhecidos como os melhores músicos e dançarinos de toda a costa do Brasil[167].

Assim que se passaram os primeiros momentos da chegada portuguesa ao Brasil, Pedro Álvares Cabral logo enviou uma das naus de volta a Portugal com a carta de Pero Vaz de Caminha a Dom Manuel I. Já em maio de 1501, o rei enviou uma nova expedição para o reconhecimento da costa da Terra de Santa Cruz. A expedição desta vez era comandada por Gonçalo Coelho, com a presença do navegador e cartógrafo Florentino Américo Vespúcio. As caravelas fizeram um registro desde o atual Rio Grande do Norte até a Ilha de Cananeia, no litoral de São Paulo. Provavelmente chegaram à entrada da Baia da Guanabara no dia 1º de janeiro de 1502[168].

Na época ainda não havia distinção entre rios e baías, por isso os portugueses chamaram a acolhedora enseada de "Rio de Janeiro[169]". Ao cruzarem a passagem de um quilômetro e meio, que se abre sob a proteção do Pão de Açúcar, os portugueses avistaram uma vasta baía, com cerca de 20 quilômetros de largura, com bons ancoradouros, ornada por belas praias, montanhas e pela mesma Mata Atlântica encontrada por Cabral em Porto Seguro[170].

Na Carta *Mundus Novus*, de 1503, dirigida a Lourenço de Médici, Américo Vespúcio escreve que se existe algum paraíso terrestre não deve estar muito longe daqueles lugares, com uma população "mansa e tratável", e também porque "todos dum e doutro sexo andam nus"[171]. À época, a população nativa na antiga Guanabara eram os índios Tupinambás[172].

---

165. VIVEIROS DE CASTRO, E. *O mármore e a murta*, p. 21-74.
166. FERNANDES, J.A. *Sobriedade e embriaguez*, p. 98-121.
167. SCARANO, F.R. *Quando "todo dia era dia de índio"*, p. 31.
168. ENDERS, A. *A História do Rio de Janeiro*, p. 13.
169. COARACY, V. *Memória da Cidade do Rio de Janeiro*, p. 1.
170. LAMEGO, A.R. *O homem e a Guanabara*, p. 3-4.
171. LINDO, L.A. *A carta Mundus Novus de Vespucci e a lenda do homem natural de Rousseau*, p. 279-297.
172. DEAN, W. *Indigenous populations of the São Paulo – Rio de Janeiro coast*, p. 3-25.

O primeiro nome dado ao monte que se ergue imponente na entrada da Baía da Guanabara foi "Pináculo da Tentação", numa referência ao episódio bíblico da tentação de Cristo (Mt 4,5). Esta denominação aparece nas cartas gráficas do século XVI, talvez por iniciativa de Américo Vespúcio[173]. A ideia era estabelecer um marco referencial para identificar a região nos mapas, pois o cartógrafo florentino considerava a beleza ao redor do monte uma referência ao lugar onde o demônio tentou Jesus com o esplendor e os prazeres do mundo. O "Pináculo da Tentação" foi um prenúncio para a construção da estátua do Cristo Redentor[174].

Mais tarde, já no século XVII, o monte passou a ser chamado "Corcovado", por sua forma que se assemelha a uma corcova[175]. Há ainda os que percebem nesta alcunha uma corruptela de uma expressão em latim, *cor quo vado*, que significa "coração, para onde vou?"[176]. O Monte Corcovado encanta os cariocas há mais de cinco séculos, e junto com o Pão de Açúcar é um dos traços naturais mais característicos da cidade.

No que diz respeito ao adjetivo que designa aqueles que nasceram na cidade do Rio de Janeiro, é importante ressaltar que o termo "carioca" é uma expressão de origem indígena. Para historiadores brasileiros como Pedro Doria[177] e Eduardo Bueno[178], além de estrangeiros como Armelle Enders[179], a expressão deriva da junção do termo do tupi *kari*, que significa "homem branco", a *oka*, que significa casa, ou seja, *karioka*, "casa de homem branco"[180].

Porém, para o historiador carioca Rafael Freitas da Silva, hoje não existem dúvidas de que o nome "carioca" se origina de uma das mais importantes aldeias tupinambás da região, a aldeia karióka, que atraía muito a atenção dos primeiros navegantes e colonizadores europeus. A aldeia ficava aos pés do atual outeiro da Glória, na foz do Rio Karióka. O termo é uma composição das palavras *kariós* e

---

173. MENDONÇA, L.L. *Estrada de Ferro do Corcovado*, p. 13.

174. TEIXEIRA, M. Prefácio ao livro *O Cristo do Rio*, p. 6.

175. AQUINO, M.L. *O Cristo do Corcovado*, p. 7: Mas o mais alto penhasco, além das areias, da lagoa, das primeiras matas que envolvem seus pés, teria recebido primeiro o nome sinistro de Pináculo da Tentação. Não se sabe quem o denominou Corcovado, por sua forma, como não se sabe quem primeiro viu no perfil de nossas montanhas um Gigante que dorme. O Rio e suas cercanias ganharam nomes náuticos: Urca, Leme, Gávea, Arpoador, Galeão; nomes herdados dos Tamoios, nomes de seus primeiros habitantes e dos que o sucederam. No século XVIII o Pináculo já era Corcovado e não deixava de receber o pasmo dos visitantes.

176. LIMA, M.C. *Cristo Redentor do Corcovado*, p. 15.

177. DORIA, P. *1565: enquanto o Brasil nascia*, p. 14.

178. BUENO, E. *Náufragos, traficantes e degredados*, p. 52.

179. ENDERS, A. *A História do Rio de Janeiro*, p. 5.

180. FERREIRA, A.B.H. *Novo Dicionário da Língua Portuguesa*, p. 353.

oka, ou seja, a "casa dos carijós", "a casa do índio". Esta é uma informação disponível desde a publicação do livro do francês Jean de Léry, *Viagem à terra do Brasil*, lançado em 1574. A outra versão, propagada pelo historiador brasileiro Francisco Adolpho de Varnhagen na obra *História Geral do Brasil*, publicada em 1857, privilegiava a ocupação portuguesa, desconsiderando que a população indígena era a verdadeira origem do povo carioca[181]. Esta concepção, por sua vez, não era apenas um erro linguístico, mas também uma concepção social equivocada, que subjugava os povos indígenas aos colonizadores portugueses.

O Pináculo da Tentação era um prelúdio para os perigos da ocupação portuguesa diante de tanta riqueza humana e natural, "porque tudo o que há no mundo – a concupiscência da carne, a concupiscência dos olhos e o orgulho da riqueza – não vem do Pai, mas do mundo" (1Jo 2,16). O amor a Deus que os cristãos portugueses traziam no peito deveria ser traduzido em cuidado maior com a nova terra e seus povos nativos. A população indígena diminuiu substancialmente ao longo dos anos, e hoje líderes, como o xamã ianomâmi Davi Kopenawa, unem-se à Encíclica *Laudato Si*"[182] para clamar por proteção a estes povos "menores", que ainda resistem à destruição imposta pelo descaso socioambiental da cultura ocidental[183].

1.2 A Igreja Católica no Brasil colonial

No século XVI, poucas pessoas conheciam o nome que Américo Vespúcio deu ao pico elegante e vertical na entrada da Baía da Guanabara: "Pináculo da Tentação". Aquela era uma denominação cartográfica para a montanha. A corcova traseira, no ângulo oposto, passou despercebida ao cartógrafo italiano. O nome do novo continente foi derivado do seu nome, "América", mas a montanha que ele batizou ficou conhecida como Monte Corcovado. Ainda assim, o "Pináculo da Tentação" foi um prenúncio tão acertado para a construção da estátua do Cristo Redentor "que nenhum novelista atreveria imaginar"[184].

No relato do Evangelho de São Mateus, o demônio transporta Jesus para um monte destacado, de onde "lhe mostrou todos os reinos do mundo com o seu esplendor" (Mt 4,8). Desde a primeira denominação, "Pináculo da Tentação", a estátua de Jesus parecia destinada a ser construída no alto do Monte Corcovado. Contudo, a imagem do Cristo ressuscitado, erguida séculos depois, representa

---

181. SILVA, R.F. *O Rio antes do Rio*, p. 97-101.
182. FRANCISCO, PP. LS 146.
183. KOPENAWA, D.; ALBERT, B. *A queda do Céu*, p. 15.
184. TEIXEIRA, M. Prefácio ao livro *O Cristo do Rio*, p. 15.

uma harmonia do Senhor com a natureza que os colonizadores portugueses não souberam respeitar. O "Pináculo da Tentação" também foi um prenúncio da devastação ambiental causada por homens que não souberam cultivar e guardar (Gn 2,15) a integridade do esplendor e da beleza que lhes foi confiada. Este desrespeito ao mandamento de Deus causou prejuízos na relação do homem com a natureza e com o próximo.

No Brasil Colonial, por vezes as novas terras foram comparadas à beleza do Jardim do Éden, mas este ideal edênico não se concretizou na prática. Assim, como no relato do Livro do Gênesis, o pecado dos colonizadores corrompeu as três relações fundamentais do ser humano[185]. Ao desobedecerem a Deus comendo o fruto da árvore do bem e do mal (Gn 3,3), os homens perceberam que estavam nus (Gn 3,7), a relação com a terra se tornou cheia de sofrimento e tribulação (Gn 3,17-19) e irmão matou irmão (Gn 4,8). No Brasil Colonial, o olhar dos portugueses logo notou a nudez dos índios, a relação com a terra deixou um rastro de devastação e a escravidão provocou a morte de muitos escravos negros e indígenas.

1.2.1 São Sebastião do Rio de Janeiro

Desde a chegada dos desbravadores portugueses, o catolicismo é uma das "Raízes do Brasil"[186], na famosa expressão de Sérgio Buarque de Holanda. Assim como a língua portuguesa, a fé católica foi fundamental para a formação da unidade e da cultura nacionais. Os sinais desta fé ainda estão presentes em todo o país, no nome de cidades como São Sebastião do Rio de Janeiro, São Paulo, Salvador, Aparecida e estados como Santa Catarina e Espírito Santo. O monumento ao Cristo Redentor, no alto do Monte Corcovado, é mais um destes sinais, sendo ela uma epifania dos mais de 500 anos de História da Igreja Católica no Brasil.

A primeira expedição exploratória da costa brasileira, comandada por Gonçalo Coelho, batizou os acidentes geográficos da Terra de Santa Cruz de acordo com os santos do calendário litúrgico. Então, a partir de 16 de agosto de 1501, navegando do norte ao sul da costa brasileira, os portugueses nomearam o Cabo de São Roque, o Cabo de Santo Agostinho, o Rio São Miguel, o Rio São Francisco, a Baía de Todos os Santos e o Cabo de São Tomé. Depois, em janeiro de 1502, batizaram o Rio de Janeiro, a Baía de Angra dos Reis, a Ilha de São Sebastião e a Ilha Cananeia[187]. Contudo, logo com os primeiros anos da dominação portuguesa, o

---

185. CANTALAMESSA, R. *Eu lhes dou a minha paz*, p. 6.
186. HOLANDA, S.B. *Raízes do Brasil*, p. 5.
187. MATOS, H.C.J. *Nossa história*, Tomo 1, p. 85.

principal título católico do novo território, "Terra de Santa Cruz", cedeu lugar ao nome "Brasil". Esta mudança de nome, embora fortuita, hoje tem um significado econômico, social, teológico e ambiental.

No início do século XVI, o principal interesse da coroa portuguesa era o comércio lucrativo de especiarias com as Índias. Por isso a importância das viagens de Vasco da Gama, em 1498, e Pedro Álvares Cabral, em 1500, para estabelecer aquela relevante rota marítima e comercial. Naquele momento, para os portugueses, a descoberta de novas terras a Oeste tinha importância secundária. Os primeiros contatos com a Terra de Santa Cruz, que os marinheiros também chamavam "Terra dos Papagaios", revelavam longas extensões de verde num solo em que "se plantando, tudo dá". Porém, a carta de Pero Vaz de Caminha não registrava a existência de metais preciosos que assegurariam a Portugal riqueza e lucro imediato[188].

Com esta mentalidade predatória e utilitarista, a atividade econômica que mais atraiu a atenção dos portugueses entre 1500 e 1530 foi a extração do pau-brasil. Já em 1503, o nome Brasil começou a aparecer associado ao novo território[189]. Para alguns autores católicos do século XVII, como Frei Vicente Salvador[190], a mudança de nome foi um mau presságio para o futuro econômico do país. Para eles, o nome "Terra de Santa Cruz" evocava um plano sustentável de desenvolvimento social para o novo território, sob as bênçãos de Cristo, enquanto o nome Brasil estava associado à busca de lucro fácil e imediato[191], nas mãos de poucos, pela extração mercantilista das riquezas da colônia[192]. Então teria sido um erro substituir "àquele madeiro vermelho com o sangue de Cristo, e preço da nossa redenção, por outro madeiro, que só tem de sangue a cor e de precioso o aparente da cobiça dos homens"[193].

---

188. CAMINHA, P.V. *A carta de Pero Vaz de Caminha*, p. 49: Nela, até agora, não pudemos saber que haja ouro, nem prata, nem coisa alguma de metal ou ferro; nem lho vimos. Porém a terra em si é de muito bons ares, assim frios e temperados como os de Entre-Douro e Minho, porque neste tempo de agora os achávamos como os de lá. Águas são muitas; infindas. E em tal maneira é graciosa que, querendo-a aproveitar, dar-se-á nela tudo, por bem das águas que tem.

189. FAUSTO, B. *História do Brasil*, p. 41.

190. SALVADOR, F.V. *História do Brasil*, p. 42: (o demônio) trabalhou para que se esquecesse o primeiro nome e lhe ficasse o de Brasil, por causa de um pau assim chamado de cor abrasada e vermelha.

191. FRANCISCO, PP. *LS* 5: São João Paulo II debruçou-se, com interesse sempre maior, sobre este tema. Na sua primeira encíclica, advertiu que o ser humano parece não se dar conta de outros significados do seu ambiente natural, para além daqueles que servem somente para fins de um uso ou consumo imediatos.

192. PÁDUA, J.A. *Um sopro de destruição*, p. 82.

193. VASCONCELOS, S. *Crônica da Companhia de Jesus do Estado do Brasil*, p. 137.

Na verdade, pode-se afirmar que não houve propriamente uma substituição, pois a primeira missa no novo território foi celebrada com uma cruz de madeira retirada da terra, que atrelava para sempre o Brasil à cruz de Cristo; e, o primeiro brasão de armas da colônia apresentava uma árvore ibirapitanga de cujos galhos brotava uma cruz[194], estabelecendo assim uma relação entre a natureza e o aspecto cristão presente neste mesmo contexto.

Por sua vez, o pau-brasil, abundante no território, é uma árvore que tem o cerne vermelho, "cor de brasa", que reduzido a pó fermentado era usado como corante para tingir tecidos. Os índios tupis a chamavam ibirapitanga[195], que significa "madeira vermelha", para eles uma árvore sagrada usada para fazer arcos e tingir seus ornamentos. A madeira da árvore, de grande resistência, também era utilizada para construção de móveis e navios. Os troncos vermelhos chegavam a medir 30 de metros de altura. Embora fosse menos valiosa do que os corantes naturais trazidos da Índia, o pau-brasil encontrado na nova colônia portuguesa era uma riqueza natural em crescente demanda no início da Europa moderna[196].

Em 1502, o rei de Portugal decide retomar o sistema de feitorias adotado anteriormente na costa africana da Guiné. À época, o Brasil foi arrendado por três anos a um consórcio de comerciantes de Lisboa liderado pelo cristão-novo Fernando de Noronha[197]. Ao final do contrato, a coroa portuguesa retomou o monopólio da exploração do pau-brasil, desenvolvendo a atividade em três regiões principais: em Pernambuco, no sul da Bahia e na região litoral entre o Rio de Janeiro e Cabo Frio. Havia alguns milhões de árvores de pau-brasil na época do descobrimento, especialmente na costa, mas elas não cresciam juntas, e os europeus recorriam à ajuda dos índios para derrubá-las.

Além das primeiras mestiçagens entre brancos e indígenas, havia um intenso comércio de troca: os índios forneciam a madeira por peças de tecido, quinquilharias, facas e canivetes, que eram objetos de pouco valor para os portugueses[198]. O ritmo de corte era acelerado, uma média de 20 mil árvores por ano. Sem nenhuma política de reflorestamento[199], não demorou para que as

---

194. DEAN, W. *A ferro e fogo*, p. 68.

195. ENDERS, A. *História do Rio de Janeiro*, p. 18.

196. BUENO, E. *Náufragos, traficantes e degredados*, p. 65.

197. BUENO, E. *Náufragos, traficantes e degredados*, p. 63: "Eram chamados de cristãos-novos os judeus convertidos ao cristianismo por força de decretos reais, assinados em Portugal a partir de 1497".

198. FAUSTO, B. *História do Brasil*, p. 42.

199. FRANCISCO, PP. *LS* 32: Os recursos da terra estão a ser depredados também por causa de formas imediatistas de entender a economia e a atividade comercial e produtiva. A perda de florestas e bosques

melhores árvores só pudessem ser encontradas no interior, a mais de 20 quilômetros da costa[200].

O ideal edênico sempre habitou o imaginário social brasileiro, como motivo de orgulho ufanista e de atração para o nosso país, desde as cartas de Pero Vaz de Caminha e Américo Vespúcio às declarações de admiração pela natureza de Machado de Assis e Nelson Rodrigues. As canções populares de Antonio Carlos Jobim e as pesquisas de opinião pública demonstram que este ideal edênico tem surpreendente vitalidade no Rio de Janeiro e no Brasil da atualidade[201]. O fascínio pela natureza brasileira, que inspirou obras renascentistas como a *Utopia*, de Tomas Morus, contrastava com a visão mercantilista do mundo, interessada em expandir o comércio e a riqueza das empresas e dos Estados nacionais[202].

Uma visão teológica equivocada da criação colaborava para fomentar esta sujeição predatória do mundo natural. A expressão "civilização humana" era sinônima de conquista e domínio da natureza. A Encíclica *Laudato Si'*[203] procura esclarecer que o mandato divino de dominar a terra (Gn 1,28) deve ser conciliado com o dever de cultivá-la e guardá-la (Gn 2,15). Como consequência da postura depredatória, foi rápida a decadência da exploração do pau-brasil. Em apenas 30 anos, os exploradores europeus haviam esgotado as melhores áreas da costa brasileira que continham esta árvore. Ainda assim, os portugueses continuaram a explorar esporadicamente o pau-brasil, até meados do século XIX, mas já sem nenhuma importância econômica. No final do século XVI, a coroa portuguesa finalmente passou a tentar controlar a extração de pau-brasil, mas a árvore, na exuberância do seu ambiente natural, já estava virtualmente extinta[204].

Diversos estudos apontam que o navegador espanhol Vicente Yañez Pinzon chegou ao Brasil antes de Pedro Álvarez Cabral, em algum lugar entre a Ponta do Mucuripe, no Ceará, e o Cabo de Santo Agostinho, no litoral de Pernambuco, em 26 de janeiro de 1500[205]. A chegada dos espanhóis antes de Cabral, porém, não teve efeitos sociais e políticos. Os espanhóis, até certo ponto, respeitavam o Trata-

---

implica simultaneamente a perda de espécies que poderiam constituir, no futuro, recursos extremamente importantes não só para a alimentação mas também para a cura de doenças e vários serviços. As diferentes espécies contêm genes que podem ser recursos-chave para resolver, no futuro, alguma necessidade humana ou regular algum problema ambiental.

200. BUENO, E. *Náufragos, traficantes e degredados*, p. 69.
201. CARVALHO, J.M. *O motivo edênico no imaginário social brasileiro*, p.1.
202. PADUA, J.A. *Natureza e projeto nacional*, p. 16.
203. FRANCISCO, PP. *LS* 66.
204. PRADO JÚNIOR, C. *História econômica do Brasil*, p. 27.
205. BUENO, E. *Náufragos, traficantes e degredados*, p. 11-12.

do de Tordesilhas, e estavam mais interessados nos metais preciosos encontrados nas terras americanas sob seu domínio. A principal ameaça à posse do Brasil, no início do século XVI, veio dos franceses, que não reconheciam o Tratado de Tordesilhas, sustentando o princípio do *uti possidetis*. Os franceses contrabandeavam com facilidade o pau-brasil, pois a costa brasileira era extensa demais para ser vigiada pelas patrulhas portuguesas[206]. A presença das frotas francesas no Brasil incitou a expedição colonizadora de Martim Afonso de Souza entre 1530 e 1533, para reforçar a autoridade e a soberania portuguesa no território.

Em 1534, a coroa portuguesa implantou no Brasil o sistema de capitanias hereditárias, que tivera sucesso nas Ilhas da Madeira e dos Açores. A costa brasileira foi dividida em 15 faixas paralelas de cinquenta léguas, estendendo-se do litoral até o meridiano imaginário do Tratado de Tordesilhas. O objetivo era a defesa e a valorização do território, com o povoamento e a economia de plantação[207]. Contudo, apenas as capitanias de São Vicente e Pernambuco tiveram relativo sucesso, combinando as plantações de açúcar a um relacionamento amistoso com as tribos indígenas. Os corsários franceses continuavam contrabeando pau-brasil, e a soberania portuguesa estava ameaçada.

Em 1549, o Rei D. João III decidiu estabelecer o governo-geral do Brasil, com sede em Salvador, sob o comando de Tomé de Souza. Além da ameaça estrangeira ao território, o comércio com a Índia estava em crise e Portugal havia sofrido importantes derrotas militares na África. Na Europa, havia intensas movimentações religiosas e políticas com a Reforma Protestante e a Contrarreforma Católica. Neste mesmo contexto, surge a Companhia de Jesus, fundada em 1534 por Inácio de Loyola, com o carisma missionário e educacional. Tal ordem foi reconhecida oficialmente pela Igreja em 1540. Com o novo governador-geral Tomé de Souza, chegou também ao Brasil a primeira missão jesuíta, liderada pelo Padre Manuel da Nóbrega[208]. As cartas enviadas por ele aos seus superiores são importantes documentos sobre o Brasil colonial.

Também, entre 1555 e 1570, os portugueses enfrentaram a tentativa de ocupação francesa do Rio de Janeiro. Com o apoio do índios Tamoios, os franceses comandados por Nicolas de Villegagnon estabeleceram uma colônia na região da Baía da Guanabara, que ficou conhecida como França Antártica. Todavia, apesar da tentativa de invasão francesa, no dia 1º de março de 1565, o português Estácio de Sá fundou a cidade de São Sebastião do Rio de Janeiro, sob as bênçãos do santo

---

206. FAUSTO, B. *História concisa do Brasil*, p. 18.
207. ENDERS, A. *A História do Rio de Janeiro*, p. 23.
208. FAUSTO, B. *História concisa do Brasil*, p. 20.

padroeiro do rei de Portugal, Dom Sebastião I. A fundação da cidade aconteceu numa faixa de areia entre o Pão de Açucar e o Morro Cara de Cão, na presença de Manuel da Nóbrega e José de Anchieta[209].

1.2.2 A escravidão dos índios e dos negros

O episódio da França Antártica foi mais um alerta à Coroa portuguesa sobre a necessidade de intensificar o processo de colonização. Segundo o relato, São Sebastião teria sido avistado na Batalha das Canoas, em 1566, ajudando os portugueses a vencer os índios Tamoios e os franceses. Em 20 de janeiro de 1567, dia de São Sebastião, Estácio de Sá foi ferido no olho direito por uma flecha envenenada, enfrentando novamente franceses e Tamoios na Batalha de Uruçu-mirim. O fundador da cidade faleceu um mês depois, vítima de uma infecção em decorrência do ferimento, e hoje está enterrado na Igreja de São Sebastião dos frades capuchinhos, na Tijuca. Por razões sanitárias, os portugueses se estabeleceram no Morro de São Januário, que logo passou a ser conhecido como Morro do Castelo, fortificado com casas de taipa e de pedra. À época, os jesuítas ergueram ali também um colégio em 1568, sob a direção do Padre Manuel da Nóbrega, que faleceu dois anos depois. Os pontos altos da cidade, os morros do Castelo, de Santo Antônio e de São Bento, logo se tornaram referências geográficas e espirituais para os cariocas, com a construção do colégio dos jesuítas e da Catedral de São Sebastião, do Convento de Santo Antônio e do Mosteiro de São Bento.

Quando os jesuítas chegaram ao Brasil, em 1549, a escravidão dos indígenas já estava enraizada entre os colonos[210]. Apesar de velar pelos direitos dos indígenas, o Padre Manuel da Nóbrega propunha ao rei de Portugal a sujeição do índio como condição da sua catequese[211]. Contudo, não seria correto afirmar

---

209. ENDERS, A. *A História do Rio de Janeiro*, p. 34.

210. COSTA, R.P. *As ordens religiosas e a escravidão negra no Brasil* – Anais: O Padre Manuel da Nóbrega teve que constatar que os únicos trabalhadores existentes no Brasil eram os escravos índios e africanos. [...] Os padres ou tinham que renunciar à sua missão ou aceitar as condições econômicas que a terra lhes oferecia. E a terra, como trabalhadores seguros, só lhes oferecia escravos.

211. NÓBREGA, M. *Apontamentos de Cousas no Brasil*, 8 de maio de 1558, p. 95: Primeiramente, o gentio se deve sujeitar e fazê-lo viver como criaturas que são racionais, fazendo-lhe guardar a lei natural, como mais largamente já apontei a Dom Leão o ano passado. [...] Este gentio é de qualidade que não se quer por bem, senão por temor e sujeição, como se tem experimentado, e por isso se Sua Alteza os quer ver todos convertidos mande-os sujeitar e deve fazer estender os cristãos pela terra dentro e repartir-lhes o serviço dos índios àqueles que os ajudarem a conquistar e senhorear. [...] Sujeitando-se ao gentio, cessarão muitas maneiras de haver escravos mal havidos e muitos escrúpulos, porque terão os homens escravos legítimos, tomados em guerra justa, e terão serviço e vassalagem dos índios e a terra se povoará e Nosso Senhor ganhará muitas almas e Sua Alteza terá muita renda nesta terra, porque haverá muitos engenhos já que não haja muito ouro e prata.

que as ordens religiosas não tinham qualquer respeito pela cultura indígena[212]. Um dos companheiros jesuítas do Padre Manuel da Nóbrega, o espanhol José de Anchieta, estabeleceu um fecundo diálogo com os índios, e escreveu a primeira gramática da língua tupi. O Padre José de Anchieta, conhecido como "Apóstolo do Brasil", foi beatificado pelo Papa João Paulo II em 1980, e canonizado pelo Papa Francisco em 2014[213].

Após a saída dos franceses do Rio de Janeiro, em 1570, a Coroa portuguesa intensificou a implantação do seu projeto de colonização, baseado no trabalho escravo e nas monoculturas em largas plantações. O modelo econômico de *plantation*[214], implantado nos engenhos brasileiros, tinha quatro características principais: monocultura, grandes latifúndios, mão de obra escrava e produção voltada para o mercado externo. Por sua vez, os pequenos proprietários autônomos não recebiam incentivos da coroa, pois tendiam a plantar para sua própria subsistência, vendendo apenas o excedente.

A descoberta do ouro nas Minas Gerais, em meados do século XVII, completava as dinâmicas do pacto colonial. Como aconteceu em toda a América Latina, o sentido do Brasil era exportar a Portugal gêneros alimentícios em larga escala e minérios preciosos. Naquele contexto, o Brasil não era uma colônia de povoamento[215], como acontecia na América do Norte, mas uma grande empresa mercantil colonial. Esta política, por sua vez, atendia às demandas de competição da economia europeia, pois os principais circuitos comerciais eram controlados pela França, Holanda, Espanha e Inglaterra[216]. A Encíclica *Laudato Si'* denuncia estas raízes econômicas da desigualdade planetária:

---

212. FAUSTO, B. *História do Brasil*, p. 49.

213. FRANCISCO, PP. Homilia na missa de ação de graças pela canonização do Padre José de Anchieta: São José de Anchieta soube comunicar o que ele mesmo experimentara com o Senhor, aquilo que tinha visto e ouvido dele; o que o Senhor lhe comunicava nos seus exercícios. Ele, juntamente com Nóbrega, é o primeiro jesuíta que Inácio envia para a América. Um jovem de 19 anos... Era tão grande a alegria que ele sentia, era tão grande o seu júbilo, que fundou uma nação: lançou os fundamentos culturais de uma Nação em Jesus Cristo. Não estudou teologia, também não estudou filosofia, era um jovem! No entanto, sentiu sobre si mesmo o olhar de Jesus Cristo e deixou-se encher de alegria, escolhendo a luz. Esta foi e é a sua santidade. Ele não teve medo da alegria. São José de Anchieta escreveu um maravilhoso hino à Virgem Maria à Qual, inspirando-se no cântico de Isaías 52, compara o mensageiro que proclama a paz, que anuncia a alegria da Boa Notícia. Ela, que naquela madrugada de Domingo sem sono por causa da esperança, não teve medo da alegria, nos acompanhe no nosso peregrinar, convidando todos a levantar-se, a renunciar às paralisias para entrar juntos na paz e na alegria que nos promete Jesus, Senhor Ressuscitado.

214. PRADO JR. *História Econômica do Brasil*, p. 33.

215. PRADO JÚNIOR, C. *História econômica do Brasil*, p. 22.

216. FAUSTO, B. *História do Brasil*, p. 47-48.

A desigualdade não afeta apenas os indivíduos, mas países inteiros, e obriga a pensar numa ética das relações internacionais. Com efeito, há uma verdadeira "dívida ecológica", particularmente entre o Norte e o Sul, ligada a desequilíbrios comerciais com consequências no âmbito ecológico e com o uso desproporcionado dos recursos naturais efetuado historicamente por alguns países[217].

O trabalho escravo desenvolvia-se no Brasil Colônia por razões econômicas. Portugal era um país relativamente pequeno, e não havia trabalhadores brancos suficientes para emigrar para o Brasil. Além disso, o trabalho assalariado não era conveniente para os grandes latifúndios. A iniciativa do trabalho escravo no Brasil começou com os índios, mas logo se voltou para o negro africano[218], por uma série de fatores. Os índios estavam acostumados a plantar, a caçar e a pescar para sua própria subsistência, e não se adaptavam ao modelo de produção compulsória do pacto colonial. As tentativas de escravização dos índios pelos colonos eram rechaçadas pelos próprios indígenas e pelas ordens religiosas.

Contudo, no seu esforço catequético, os jesuítas buscavam sujeitar os índios aos "hábitos cristãos" e ao modelo europeu de trabalho, em benefício da Coroa portuguesa. Os índios também eram suscetíveis às doenças trazidas pelos brancos, como o sarampo, a varíola e a gripe. Entre 1562 e 1563, uma violenta epidemia dizimou mais de 60 mil indígenas. Certamente, a palavra catástrofe é a mais apropriada para descrever a aguda redução dos povos indígenas no Brasil, que pereceram pelas guerras, pelas epidemias e pela escravidão[219]. Aos poucos a Coroa portuguesa abandonou a escravidão dos povos indígenas e promoveu a transição gradual para os africanos: "o ambiente humano e o ambiente natural degradam-se em conjunto; e não podemos enfrentar adequadamente a degradação ambiental, se não prestarmos atenção às causas que têm a ver com a degradação humana e social"[220].

Por sua experiência na África no século XV, os portugueses conheciam o valor mercantil do escravo negro, e sua utilização rentável na atividade açucareira. Estima-se que entre 1550 e 1855 cerca de quatro milhões de negros africanos te-

---

217. FRANCISCO, PP. LS 51.

218. PRADO JUNIOR, C. *História econômica do Brasil*, p. 22.

219. VAINFAS, R. *Ideologia e escravidão*, p. 80: de qualquer forma, à medida que a população nativa declinava no litoral, crescia sensivelmente a escravidão africana. E quanto mais se aprofundava o debate sobre a questão indígena, mais se afirmava na consciência social, sobretudo os jesuítas, a associação entre escravidão e africanos.

220. FRANCISCO, PP. LS 48.

nham sido trazidos como escravos para trabalhar nas lavouras brasileiras[221]. Nesse período, os grandes centros importadores foram Salvador e o Rio de Janeiro. Assim como os índios, os negros africanos não aceitaram a escravidão passivamente, mas eram separados arbitrariamente fora do seu território, o que dificultava sua reação.

Um forte sinal da resistência por parte das populações negras foram os quilombos, que eram agrupamentos de escravos negros fugitivos. O mais importante foi o Quilombo dos Palmares, formado no início do século XVII, no atual estado de Alagoas, com milhares de habitantes. Os negros do Quilombo dos Palmares resistiram aos ataques de portugueses e holandeses durante quase todo o século XVII. A morte do líder Zumbi dos Palmares, em 20 de novembro de 1695, é atualmente o evento-marco que originou o dia da Consciência Negra no Brasil[222].

No contexto colonial, os colonos europeus consideravam o escravo negro um ser humano inferior. Os escravos não tinham direitos, e juridicamente eram considerados coisas e não pessoas. Ainda assim, os negros se mostraram mais resistentes do que os índios aos maus tratos, às doenças e às epidemias, tornando-se também uma das raízes raciais do povo brasileiro[223].

Do ponto de vista teológico, havia uma associação entre a exploração da natureza e o descaso com o semelhante. O antropocentrismo desordenado considerava que o mundo foi criado estritamente para o bem do ser humano, e que as outras espécies devem ser subordinadas a seus desejos e necessidades. Alguns teólogos justificavam o modelo predatório da natureza sem considerar o Livro dos Provérbios, que apresenta o homem cuidando das necessidades dos seus animais: "o justo conhece as necessidades do seu gado" (Pr 12,10). E o Livro de Oseias, que deixa claro como os animais participam da aliança divina: "farei em favor deles, naquele dia, um pacto com os animais do campo, com as aves do céu e com os répteis da terra" (Os 2,20).

No que tange à pergunta de São Paulo na Primeira Carta aos Coríntios, "acaso Deus se preocupa com os bois?" (1Cor 9,9), a resposta destes comentadores bíblicos era não. Os animais não eram bem tratados pelos colonizadores portugueses, e os escravos negros e índios eram considerados seres humanos inferiores. O contraste entre o homem e os animais irracionais era uma analogia para o contraste entre a civilização cristã e aqueles que eram estranhos a ela.

---

221. VAINFAS, R. *Ideologia e escravidão*, p. 80: Neste Brasil, se há criado uma nova Guiné com a grande multidão de escravos vindos dela que nele se acham; em tanto que, em algumas capitanias, há mais deles que dos naturais da terra, e todos os homens que nele vivem tem metida quase toda a sua fazenda em semelhantes mercadorias.

222. GOMES, L. *Escravidão*, p. 403-433.

223. FAUSTO, B. *História do Brasil*, p. 48-54.

Já os séculos XVI, XVII e XVIII foram marcados por críticas à antropofagia selvagem dos índios, à sexualidade animalesca dos negros e à sua natureza brutal. A desumanização dos escravos foi um pré-requisito para os maus tratos dos colonizadores[224]. Aqui, percebe-se mais uma vez como a relação do ser humano com a natureza está ligada à sua relação com o próximo:

> Mas, hoje, não podemos deixar de reconhecer que uma verdadeira abordagem ecológica sempre se torna uma abordagem social, que deve integrar a justiça nos debates sobre o meio ambiente, para ouvir tanto o clamor da terra como o clamor dos pobres[225].

Nem todos os teólogos do início da Era Moderna concordavam que o mundo foi criado exclusivamente para o homem, que a natureza deve ser submetida, e que há seres humanos inferiores. Pelo contrário, a realidade era muito mais complexa[226]. Havia uma união entre o Estado português e a Igreja Católica no Brasil, na qual as ordens religiosas, como os beneditinos, estavam entre os grandes proprietários de escravos negros na colônia. Contudo, a declaração de que a Igreja Católica não se opôs à escravização do negro[227] é ambígua.

A Bula *Sicut Dudum*, publicada pelo Papa Eugênio IV em 1435, pedia a libertação dos escravos nas Ilhas Canárias. O Papa Paulo III, na Bula *Sublimus Dei*, de 1537, defendia que os indígenas são por natureza livres. O Papa Gregório XIV, na Bula *Cum Sicuti*, de 1591, condenava abertamente a escravidão. O mesmo fez o Papa Urbano VIII, na Bula *Comissum Nobis*, de 1639. E ainda no período colonial, o Papa Bento XIV pronunciou-se contra a escravidão na Bula *Immensa Pastorum*, de 1741[228]. O Papa Bento XVI, lembrando seu predecessor, justificou a oposição da doutrina cristã contra a escravidão:

> A recordação daquele magistério constitui uma ocasião extraordinária, que nos é oferecida para continuar a aprofundar a pastoral indígena e não cessar de interpretar cada realidade humana para impregná-la com a força do Evangelho (cf. Paulo VI, Exortação Apostólica *Evangelii Nuntiandi*, n. 20). Com efeito, a Igreja não considera alheia qualquer aspiração humana legítima, e faz suas as metas mais nobres daqueles povos, muitas vezes marginalizados ou incompreendidos, cuja dignidade não é inferior à de qualquer

---

224. THOMAS, K. *O homem e o mundo natural*, p. 60.
225. FRANCISCO, PP. LS 49.
226. THOMAS, K. *O homem e o mundo natural*, p. 68-69.
227. FAUSTO, B. *História do Brasil*, p. 52.
228. VIANA, M. *Documentos oficiais da Igreja Católica contra a escravidão*.

outra pessoa, uma vez que cada homem e cada mulher foram criados à imagem e semelhança de Deus (cf. Gn 1,26-27). E Jesus Cristo, que manifestou sempre a sua preferência pelas pessoas pobres e abandonadas, diz-nos que tudo o que fazemos, ou deixamos de fazer, "a um só destes meus irmãos mais pequeninos", é a Ele que o fazemos (cf. Mt 25,40). Portanto, ninguém que se orgulha do nome de cristão pode desinteressar-se do seu próximo ou diminuí-lo por motivos de língua, raça ou cultura. Neste sentido, é o próprio Apóstolo Paulo que nos oferece a luz oportuna, dizendo: "Todos nós fomos batizados num só Espírito, para formar um único corpo, judeus ou gregos, escravos ou livres" (1Cor 12,13) [229].

O Direito Romano, que influenciou o Direito Civil de diversas nações ocidentais, permitia a escravidão. O Novo Testamento apresenta passagens que demonstram a existência da escravidão nos primórdios do cristianismo. Jesus cita esta realidade em algumas parábolas e ensinamentos, por exemplo, no Evangelho de São Lucas (Lc 12,47-48) e no Evangelho de São Mateus (Mt 18,23-25). São Pedro menciona a escravidão nos seus ensinamentos (1Pd 2,18-20), e São Paulo também a aborda na Carta aos Colossenses (Cl 3,22-4,1), na Primeira Epístola a Timóteo (1Tm 6,1) e na Carta a Tito (Tt 2,9-10). Contudo, isso não significa que o cristianismo concordasse com a escravidão, como interpretaram alguns teólogos na Idade Média e na Era Moderna. O próprio Jesus deixa claro, no início do seu ministério público, que vinha para evangelizar os pobres e trazer a liberdade aos presos e aos oprimidos:

> O Espírito do Senhor está sobre mim, porque Ele me consagrou pela unção para evangelizar os pobres; enviou-me para proclamar a libertação aos presos e aos cegos a recuperação da vista, para restituir a liberdade aos oprimidos e para proclamar um ano de graça do Senhor (Lc 4,18-19).

Contudo, a presença da escravidão no Novo Testamento abria margem para justificar o tráfico de escravos na colônia. A aliança econômica e religiosa entre o Estado português e a Igreja Católica do século XVI ao século XVIII promovia a construção de uma mentalidade de "justa escravidão"[230]. De um lado, estava a busca do acúmulo de riquezas pela exploração econômica da colônia, e do outro, estava o impulso para difundir a fé católica no novo mundo[231].

---

229. BENTO XVI, PP. *Mensagem ao arcebispo de Bogotá*.

230. BILHEIRO, I. *A legitimação teológica do sistema de escravidão negra no Brasil*, p. 91-101.

231. AZZI, R. *A Igreja Católica na formação da sociedade brasileiria*, p. 28: [...] a instituição católica justificava o regime escravocrata, pois os próprios clérigos religiosos beneficiavam-se do trabalho dos negros.

Simbolicamente, alguns historiadores mencionam a aliança entre a cruz e a espada na Coroa portuguesa[232]. O expansionismo marítimo luso-espanhol tinha o sustentáculo do catolicismo para estruturar suas colônias no contexto da grande Cristandade: "em um regime de Cristandade, a Igreja procura assegurar sua presença e expandir seu poder na sociedade civil, utilizando antes de tudo a mediação do Estado"[233]. A escravidão no Brasil católico, mesmo com a orientação distinta do magistério pontifício, só pode ser compreendida dentro daquele contexto histórico, em que a religião e a vida social e política estavam interligadas[234].

Na prática, não houve um combate veemente e direto das ordens religiosas no Brasil colonial contra a escravidão dos negros. A questão que preocupava os jesuítas eram os limites morais que a posse dos cativos impunha aos senhores de engenho[235]. O Padre Antônio Vieira[236], jesuíta português, posicionou-se contra a escravização dos índios, e questionou as desumanidades contra os escravos negros[237], mas "com sermões endereçados tanto para os senhores, aos quais incentivava em função das desumanidades praticadas, quanto para os escravos, a quem apelava de forma geral para que aceitasse a escravidão"[238].

Infelizmente, a Companhia de Jesus também figurava entre os grandes proprietários de escravos negros do Brasil colonial[239]. Santo Agostinho ensinava, no livro *Cidade de Deus*, que "a causa primeira da escravidão é o pecado, que leva o homem ao domínio do seu semelhante, o que não acontece salvo pela vontade de Deus, no qual não há injustiça, e o qual sabe aplicar punições para todo tipo

---

232. BUENO, E. *A coroa, a cruz e a espada*.

233. RICHARD, P. *Morte das cristandades e nascimento da Igreja*, p. 9.

234. FERREIRA, M.B. *O papel da Igreja frente à escravidão indígena e africana nos séculos XVII e XVIII*, p. 16.

235. VAINFAS, R. *Ideologia e escravidão*, p. 80: "Ao contrário da indígena, a escravidão africana nunca chegou a ser questionada, nesta época, sendo objeto de simples observações, ou surgindo como solução para o trabalho na colônia, em face dos limites que a sujeição de nativos impunha aos Senhores".

236. CASIMIRO, A.P.B.S. *Quatro visões do escravismo colonial*, p. 147: é plausível que o Padre Antônio Vieira, com seu estilo retórico e seu conteúdo ideológico, resultantes dos arroubos e da sensibilidade da época barroca, extremamente dialético em suas convincentes metáforas bíblicas, tenha influenciado todo o sermonário colonial, tanto com relação à forma quanto ao conteúdo.

237. VIEIRA, P.A. *Sermão*, p. 148-149: Três religiões tendes neste estado, onde há tantos sujeitos de tantas virtudes e tantas letras: perguntai, examinai, informai-vos... que diga que um homem livre possa ser cativo. Há algum de vós só com o lume natural, que negue? Pois em que duvidais [...] vejo que me dizeis: bem estava nisso, se nós tivéssemos outro remédio; e como ao mesmo evangelho nos queremos defender [...] hão de ir nossas mulheres? Hão de ir nossos filhos? Primeiramente não são esses os apertos em que vos hei de por, como logo o vereis, mas quando a necessidade e a consciência obriguem a tanto. Digo que sim, e torno a dizer que sim, que vós e vossas mulheres, que vossos filhos e que todos nós nos sustentássemos dos nossos braços; porque é melhor sustentar-se do suor próprio, que do sangue alheio.

238. CASIMIRO, A.P.B.S. *Quatro visões do escravismo colonial*, p. 148.

239. FERREIRA, M.B. *O papel da Igreja frente à escravidão indígena e africana nos séculos XVII e XVIII*, p. 43.

de ofensas"²⁴⁰. A Encíclica *Laudato Si'* também ensina que o pecado é a razão da ruptura das três relações fundamentais do ser humano: com Deus, com a natureza e com o próximo²⁴¹.

No Brasil, onde o encontro dos brancos, dos negros e dos índios produziu uma nação miscigenada, não caberia considerar outras raças inferiores, pois somos todos devedores da mesma herança racial. Como jesuíta e sumo pontífice, o Papa Francisco estava munido de toda autoridade quando pediu perdão pelos excessos cometidos no processo de evangelização da América:

> Digamos assim NÃO às velhas e novas formas de colonialismo. Digamos SIM ao encontro entre povos e culturas. Bem-aventurados os que trabalham pela paz. E aqui quero deter-me num tema importante. É que alguém poderá, com direito, dizer: "Quando o Papa fala de colonialismo, esquece-se de certas ações da Igreja". Com pesar, vo-lo digo: Cometeram-se muitos e graves pecados contra os povos nativos da América, em nome de Deus. Reconheceram-no os meus antecessores, afirmou-o o Celam, o Conselho Episcopal Latino-Americano, e quero reafirmá-lo eu também. Como São João Paulo II, peço que a Igreja – e cito o que ele disse – "se ajoelhe diante de Deus e implore o perdão para os pecados passados e presentes dos seus filhos". E eu quero dizer-vos, quero ser muito claro, como foi São João Paulo II: Peço humildemente perdão, não só para as ofensas da própria Igreja, mas também para os crimes contra os povos nativos durante a chamada conquista da América. E junto com este pedido de perdão e para ser justos, também quero que lembremos a milhares de sacerdotes, bispos, que fizeram oposição à lógica da espada com a força da Cruz. Houve pecado, e pecado abundante, mas não pedimos perdão no passado. Por isso agora pedimos perdão, e peço perdão; mas também lá, onde houve pecado, onde abundou o pecado, superabundou a graça através destes homens que defenderam a justiça dos povos originários²⁴².

1.2.3 A crise do sistema colonial

Os historiadores costumam dividir o período colonial em três períodos: o primeiro, de 1500 até a instalação do Governo geral, em 1549; o segundo, do século XVI até as últimas décadas do século XVIII; e, por fim, o terceiro, da crise

---

240. AGOSTINHO. *Cidade de Deus*, capítulo 15.

241. FRANCISCO, PP. LS 66.

242. FRANCISCO, PP. *Discurso na Bolívia*.

do sistema colonial até a Independência do Brasil, em 1822[243]. No final do século XVIII, as ideias iluministas de pensadores como Jean Jaques Rousseau, Adam Smith, David Hume, Voltaire e Montesquieu colocavam em xeque as monarquias absolutistas europeias, e consequentemente o sistema colonial.

O pensamento liberal nascia em livros como o *Espírito das leis*, de Montesquieu, que estabelecia o princípio da tripartição de poderes. Também, a obra *A riqueza das nações*, de Adam Smith, criticava o modelo colonial, defendendo a mínima intervenção do Estado, a liberdade individual e a livre-concorrência. E ainda o livro *O contrato social*, de Rousseau, que defende a tese de que os indivíduos se reúnem num pacto de associação e não de submissão ao Estado. Diante desse contexto, não caberia mais o absolutismo de direito divino, mas sim o governo constitucional. Todavia, junto a esses ideais, o Iluminismo era uma corrente de pensamento de cunho marcadamente anticlerical, rejeitando os dogmas do cristianismo com uma forte defesa da separação entre a Igreja e o Estado.

Em 1750, o Tratado de Madri substituía as linhas de fronteiras do Tratado de Tordesilhas, consolidando as novas fronteiras brasileiras abertas pelos bandeirantes no Oeste e pelos criadores de gado e forças militares no Sudoeste. Neste período, o Marquês de Pombal assume o posto de secretário de Estado do Reino de Portugal. Inspirado nas ideias iluministas, o Marquês de Pombal desejava criar um Estado nacional forte e centralizado, recuperado economicamente do terremoto que praticamente destruiu Lisboa em 1755.

O Marquês de Pombal foi um dos principais responsáveis pela expulsão dos jesuítas de Portugal e de suas colônias em 1759, sob a alegação de administrarem "um Estado dentro do Estado"[244]. Nesse mesmo contexto, os jesuítas também foram expulsos da França em 1764, e da Espanha em 1767. Em 1773, com o breve *Dominus ac Redemptor*, o Papa Clemente XIV suprimiu a Companhia de Jesus, que só seria novamente autorizada em 1814, pelo Papa Pio VII[245].

Em 1776, as 13 colônias inglesas da América do Norte proclamaram sua independência do Império Britânico, firmando-se como os Estados Unidos da América, tendo por base política a constituição promulgada em 1787[246]. Em 1789, a Revolução Francesa pôs fim ao absolutismo monárquico naquele país, derrubando privilégios da nobreza, da aristocracia e do clero com os ideais iluministas da liberdade, igualdade e fraternidade. No Brasil, também surgiram movimentos

---

243. FAUSTO, B. *História do Brasil*, p. 41.
244. FAUSTO, B. *História do Brasil*, p. 111.
245. MATOS, H.C.J. *Nossa história*, Tomo 1, p. 291.
246. KARNAL, L. *História dos Estados Unidos*, p. 71-94.

de insatisfação social contra Portugal: a Inconfidência Mineira em 1789, a Conjuração dos Alfaiates na Bahia em 1789 e a Revolução Pernambucana de 1817[247]. Neste contexto de revoluções e de queda do Antigo Regime, a exploração colonial europeia do Novo Mundo entrava num período de crise terminal[248].

Por volta de 1780, ao mesmo tempo em que o Iluminismo inspirava revoluções socioeconômicas na Europa e ao redor do mundo, acontecia na Inglaterra a Revolução Industrial. Este era o princípio daquilo que o Papa Francisco chama "paradigma tecnocrático dominante"[249], que até hoje predomina no mundo. Ou ainda, o surgimento de um novo período geológico, o Antropoceno, em que as ações humanas começam a ter um impacto significativo sobre o clima e os ecossistemas do planeta.

Para Eric Hobsbawn, "este foi provavelmente o mais importante acontecimento na história do mundo, pelo menos desde a invenção da agricultura e das cidades, e foi iniciado na Grã-Bretanha"[250]. Esta mudança caracterizava-se pela multiplicação da capacidade de produção, pela utilização de novas fontes de energia, especialmente a energia a vapor, pela substituição da madeira e outros biocombustíveis pelo carvão, pela invenção de novas máquinas, especialmente para a indústria têxtil de algodão, por novos processos para a produção de ferro e pela fabricação de novos produtos químicos. Era uma etapa importante para a formação do capitalismo industrial e para a ascensão da burguesia. Esta capacidade de automação produtiva, somada ao poderio naval, alçou a Inglaterra à condição de maior potência mundial no início do século XIX.

O aumento da produção gerou demanda por novos mercados, tanto para comprar matérias-primas como para vender produtos manufaturados. A Inglaterra passou a pressionar o mundo pelo livre-comércio e pelo abandono dos princípios mercantilistas do sistema colonial, incluindo a diminuição e até a abolição da escravidão. Enquanto isso, a Coroa britânica protegia seu próprio mercado e de suas colônias com tarifas protecionistas. Por esta razão, Portugal tornou-se cada vez mais dependente da Inglaterra, abrindo brechas no seu monopólio comercial com o Brasil[251].

À época, era uma prática comum dos navios ingleses desembarcarem nos portos brasileiros do norte ao sul da costa carregando produtos como o açúcar,

---

247. SCHWARCZ, L.M.; STARLING, H.M. *Brasil*, p. 129-150.
248. NOVAIS, F.A. *Portugal e Brasil na crise do Antigo Sistema Colonial*, p. 139.
249. FRANCISCO, PP. *LS* 101.
250. HOBSBAWN, E. *A era das revoluções*, p. 60.
251. FAUSTO, B. *História do Brasil*, p. 108.

tabaco, anil, madeira, pimenta, cacau, ouro e diamantes e descarregando materiais manufaturados, como ferramentas, tecidos e aço[252]. A descoberta de ouro e diamantes no Brasil, entre os ciclos do açúcar e do café, ajudou a economia portuguesa, mas a dependência de Portugal em relação à Inglaterra já estava estabelecida. Logo, o mundo todo foi impactado pela Revolução Industrial, que progrediu para a construção das grandes ferrovias e navios a vapor, entre 1840 e 1870. As inovações do paradigma tecnocrático, iniciadas na virada do século XIX, continuam até hoje:

> A humanidade entrou numa nova era, em que o poder da tecnologia nos põe diante duma encruzilhada. Somos herdeiros de dois séculos de ondas enormes de mudanças: a máquina a vapor, a ferrovia, o telégrafo, a eletricidade, o automóvel, o avião, as indústrias químicas, a medicina moderna, a informática e, mais recentemente, a revolução digital, a robótica, as biotecnologias e as nanotecnologias. É justo que nos alegremos com estes progressos e nos entusiasmemos à vista das amplas possibilidades que nos abrem estas novidades incessantes, porque "a ciência e a tecnologia são um produto estupendo da criatividade humana que Deus nos deu"[253].

A Encíclica *Laudato Si'* também observa que "a tecnociência, bem orientada, pode produzir coisas realmente valiosas para melhorar a qualidade de vida do ser humano"[254]. Além disso, o Papa Francisco lembra que, numa época informática e nuclear, "nunca a humanidade teve tanto poder sobre si mesma, e nada garante que o utilizará bem, sobretudo se se considera a maneira como o está fazendo"[255]. Citando Romano Guardini, Francisco fala também sobre a necessidade de uma educação ambiental: "o homem moderno não foi educado para o reto uso do poder, porque o imenso crescimento tecnológico não foi acompanhado por um desenvolvimento do ser humano quanto à responsabilidade, aos valores, à consciência"[256]. É importante perceber, ao olhar o futuro do paradigma tecnocrático, os efeitos negativos da ação humana sobre a natureza no passado, de forma especial durante os cerca de 300 anos de sistema colonial no Brasil, "pois os efeitos da aplicação deste modelo a toda a realidade, humana e social, constatam-se na degradação do meio ambiente"[257].

---

252. DEL PRIORE, M.; VENÂNCIO, R. *Uma breve história do Brasil*, p. 144.
253. FRANCISCO, PP. *LS* 102.
254. FRANCISCO. PP. *LS* 103.
255. FRANCISCO, PP. *LS* 104.
256. FRANCISCO, PP. *LS* 105.
257. FRANCISCO, PP. *LS* 106.

Em termos gerais, os biomas são definidos por seu aspecto fisionômico e funcional, englobando as características do seu ecossistema, como o clima, a fauna e a flora. Dentre os sete biomas brasileiros, (a Amazônia, o Cerrado, os Pampas, a Caatinga, o Pantanal e o bioma marinho do mar territorial) aquele que mais sofreu a devastação ambiental nos três séculos de colonização portuguesa foi a Mata Atlântica. Segundo estudo conduzido pelo Instituto Nacional de Pesquisas Espaciais e pela Fundação SOS Mata Atlântica, a área verde deste bioma corresponde hoje a apenas 7,9% de sua área original[258]. A Floresta que hoje cobre o Monte Corcovado, o Pão de Açúcar e o Maciço da Tijuca abrangia 90% do atual Estado do Rio de Janeiro na época do descobrimento[259]. A devastação da Mata Atlântica, que originalmente ocupava cerca de 100 quilômetros na costa norte do Brasil, e por volta de 500 quilômetros na costa sul, abrangendo um total de quase um milhão de metros quadrados, é um alerta para a devastação da Floresta Amazônica[260].

A exploração acentuada do pau-brasil nos primeiros 100 anos de colonização não foi a causa principal da devastação da Mata Atlântica. Com a chegada dos portugueses foram introduzidos novos animais herbívoros na colônia, como os bois e os cavalos. A necessidade de pasto para estes animais também provocou a derrubada de grandes extensões da floresta, pela abertura de pastagens com capim-colonião e capim-gordura. Em última instância, os grandes ciclos de cana-de-açúcar e café foram os principais responsáveis pela devastação da Mata Atlântica[261].

O modelo econômico de *plantation* representava um sério perigo ecológico, pela necessidade da derrubada das árvores para o cultivo das monoculturas nos grandes latifúndios. Além disso, o emprego da mão de obra escrava, naquele modelo depredatório, não levava em conta a preservação do meio ambiente. Na economia colonial "a conservação dos recursos naturais iria mostrar-se irrelevante em uma sociedade na qual a conservação da vida humana era irrelevante"[262]. Para alguns autores, esta exploração econômica, sem preocupação com o ser humano e o meio ambiente, foi o fundamento do atraso e do subdesenvolvimento do Brasil[263].

De forma distinta, o clima da América do Norte não favorecia a produção de monoculturas em grandes latifúndios, mas sim uma produção diversificada de subsistência, que fazia com que os lucros permanecessem na colônia. Estas eram

---

258. AGÊNCIA BRASIL. Mata Atlântica está reduzida a 7,9% de sua área original, aponta estudo.

259. DRUMMOND, J.A. *Devastação e preservação ambiental no Rio de Janeiro*, p. 9.

260. DEAN, W. *A ferro e fogo*, p. 24-25.

261. DE OLIVEIRA, R.R. *Os recursos naturais que sustentaram os primeiros ciclos econômicos*, p. 35-36.

262. DEAN, W. *A ferro e fogo*, p. 75.

263. SCHWARTZ, S.B. Prefácio ao livro *A ferro e fogo*, p. 15.

também raízes do desenvolvimento norte-americano e da desigualdade norte-sul[264]. Por esta razão, a escravidão no Brasil estava diretamente ligada à devastação ambiental. No ensinamento do Papa Francisco, uma vez que tudo está interligado, os problemas do mundo exigem o desenvolvimento de uma "ecologia integral"[265]:

> É fundamental buscar soluções integrais que considerem as interações dos sistemas naturais entre si e com os sistemas sociais. Não há duas crises separadas: uma ambiental e outra social; mas uma única e complexa crise socioambiental. As diretrizes para a solução requerem uma abordagem integral para combater a pobreza, devolver a dignidade aos excluídos e, simultaneamente, cuidar da natureza[266].

1.3 A Igreja Católica no Brasil Imperial

A Independência do Brasil foi uma oportunidade de mudança nos velhos paradigmas de exploração socioambiental. Contudo, apesar do surgimento de uma crítica ambiental brasileira para refletir sobre o processo de destruição do nosso ambiente natural, as práticas econômicas continuaram essencialmente as mesmas. No Brasil Imperial, o modelo socioeconômico continuou baseado no velho tripé das monoculturas em grandes latifúndios com trabalho escravo. Alguns intelectuais abolicionistas como José Bonifácio, André Rebouças e Joaquim Nabuco acreditavam que enquanto vigorasse a escravidão no Brasil não seria possível estabelecer uma nova relação entre o homem e a terra.

Contudo, a abolição da escravatura só chegou setenta anos após a Independência, marcando a passagem da Monarquia para a República. A escravidão era o principal sinal de uma política de atraso no Brasil Imperial. A elite dirigente, da qual fazia parte a Igreja Católica, foi capaz de construir uma estrutura política estável, preservando a unidade de um imenso território, com a mesma língua e as mesmas raízes culturais. Entretanto, esta mesma elite dirigente foi incapaz de estabelecer uma nova relação de produção em que os interesses particulares estivessem subordinados ao bem coletivo[267].

A grande mudança desse período foi o declínio do ciclo do açúcar, do ciclo do algodão e da produção de cacau, dando lugar ao ciclo do café como princi-

---

264. FAUSTO, B. *História do Brasil*, p. 59.
265. FRANCISCO, PP. *LS* 137.
266. FRANCISCO, PP. *LS* 139.
267. MATOS, I. *O tempo Saquarema*, p. 195.

pal produto de exportação no Brasil Imperial. O prejuízo socioambiental foi o mesmo: as plantações deixavam para trás um sopro de destruição[268] em grandes extensões de áreas verdes, desmatadas a ferro e fogo[269]. Até mesmo o domínio colonial de uma nação estrangeira permaneceu, embora disfarçado, com a transição da nossa dependência econômica de Portugal para a Inglaterra. O Monte Corcovado era uma testemunha importante de todos estes acontecimentos, sofrendo as consequências sociais e ambientais de uma equivocada política nacional. Como indica a Encíclica *Laudato Si'*, a montanha experimentou ao mesmo tempo, no Brasil Imperial, o grito da terra e o grito dos pobres[270].

1.3.1 O processo de independência

A Independência do Brasil foi um processo iniciado com a crise do sistema colonial, no contexto do Iluminismo, da Revolução Francesa e da Revolução Industrial. Um fator determinante foi a vinda da família real portuguesa ao Brasil[271] em 1808, com a abertura dos portos brasileiros às nações amigas, ato que marcava o fim de 300 anos de pacto colonial[272]. Na prática, a quebra do monopólio comercial entre Brasil e Portugal tinha o objetivo de favorecer a Inglaterra[273].

No início do século XIX, a Europa era assolada pelas Guerras Napoleônicas, que se estenderam de 1804 até 1815. Em 1804, o senado francês proclamou Napoleão Bonaparte como imperador, e a França iniciou uma campanha militar de expansão pela Europa continental. O país impôs um bloqueio comercial à Inglaterra, por isso era necessário controlar também os portos portugueses. No final de 1807, quando o exército francês avançava em direção a Lisboa, o príncipe Dom João VI decidiu transferir a família real e a corte portuguesa para o Brasil, escoltados pela marinha britânica. Após um breve período em Salvador, a comitiva portuguesa chegou ao Rio de Janeiro em março de 1808, trazendo uma série de melhorias para a antiga colônia[274].

A chegada da família real trouxe mudanças administrativas, econômicas, culturais, sociais e urbanas. A cidade do Rio de Janeiro se tornava a sede admi-

---

268. PÁDUA, J.A. *Um sopro de destruição*.
269. DEAN, W. *A ferro e fogo*.
270. FRANCISCO, PP. LS 2.
271. PRADO JR. *História econômica do Brasil*, p. 127.
272. FAUSTO, B. *História do Brasil*, p. 122.
273. ENDERS, A. *A História do Rio de Janeiro*, p. 93.
274. GOMES, L. *1808*, p. 61-73.

nistrativa da monarquia portuguesa, e também a capital do Brasil, posto que ocuparia até 1960, com a inauguração de Brasília. Dom João VI criou a Biblioteca Nacional, o Banco do Brasil, o Jardim Botânico, um teatro municipal com orquestra, as faculdades médicas da Bahia e do Rio de Janeiro e também as primeiras tipografias brasileiras. O primeiro jornal brasileiro foi a *Gazeta do Rio de Janeiro*, de caráter oficial, mas o *Correio Brasiliense* era independente da Coroa portuguesa. Dentre os visitantes estrangeiros estava a Missão Artística Francesa, que trazia o urbanista Grandjean de Montigny e o pintor Jean Baptiste Debret. As inovações atraíram negócios e imigrantes, dobrando a população local de 50 mil para 100 mil habitantes[275].

Ademais, o monarca português também incentivou o nascimento de uma indústria local, revogando os decretos que restringiam as manufaturas no Brasil, isentando de tributos a importação de matérias-primas e oferecendo subsídios para a produção de lã, seda e ferro. Desse modo, o antigo modelo econômico colonial começava a ser substituído, permitindo que os proprietários rurais ficassem livres do monopólio português, podendo vender seus produtos livremente, especialmente o açúcar, o cacau e o algodão. Ainda assim, os grandes latifúndios, a escravidão e as monoculturas continuaram presentes no Brasil.

O Tratado de Aliança e Amizade, firmado por Inglaterra e Portugal com o Tratado de Navegação e Comércio, em 1810, obrigava a Coroa portuguesa a limitar o tráfico negreiro. Na Europa, Napoleão Bonaparte sofria derrotas militares na Rússia, em 1814, e depois na Batalha de Waterloo, em 1815. No Congresso de Viena, que trazia paz à Europa, Portugal assinou um novo tratado em que concordava com a proibição do tráfico negreiro ao norte do Equador, o que tecnicamente deveria interromper a vinda de escravos da África para o Brasil. Porém, mesmo com a fiscalização da marinha inglesa, a escravidão aumentou no Brasil no século XIX, juntamente com a produção de café[276].

Em 1815, D. João VI elevou o Brasil à condição de Reino Unido a Portugal e Algarves. Com o fim das Guerras Napoleônicas não havia mais razão aparente para o príncipe regente permanecer com a corte no Rio de Janeiro. No ano seguinte, com a morte de sua mãe, D. João VI tornou-se rei soberano por seu próprio direito. Em contrapartida, em 1820, eclodiu uma revolução liberal de cunho iluminista em Portugal, a Revolução Liberal do Porto[277]. Este movimento era motivado pela ausência do rei e dos órgãos de governo em Lisboa, pela liberdade de

---

275. SIKDMORE, T. *Uma história do Brasil*, p. 58.
276. FAUSTO, B. *História do Brasil*, p. 122-125.
277. SCHWARCS, L.M.; STARLING, H.M. *Brasil*, p. 204.

comércio no Brasil e pela presença de oficiais ingleses no exército português, e ao mesmo tempo que promovia os interesses da burguesia portuguesa, a Revolução Liberal pretendia voltar a submeter o Brasil a Portugal, possivelmente nos moldes do pacto colonial.

No Rio de Janeiro, havia duas correntes de opinião, a "facção portuguesa", alinhada à revolução liberal, e o "partido brasileiro", em defesa da emancipação do Brasil[278]. Em abril de 1821, temendo a perda do seu trono, D. João VI retornou a Lisboa, acompanhado de quatro mil portugueses. O rei nomeou seu filho Pedro príncipe regente para administrar o Brasil, com a recomendação de que se houvesse um rompimento entre os dois reinos, escolhesse o Brasil. Assim, mesmo pressionado pelas forças portuguesas, que também exigiam o seu retorno a Portugal, D. Pedro formalizou sua decisão de permanecer no Brasil no "Dia do Fico", a 9 de janeiro de 1822[279].

O partido brasileiro, liderado por políticos como José Bonifácio de Andrada e Silva, desejava estabelecer no país uma monarquia constitucional. Após a decisão de convocar uma assembleia constituinte, ficou insustentável a união com Portugal. As ordens de Lisboa revogavam os decretos do príncipe regente e determinavam mais uma vez sua saída do Brasil. No dia 7 de setembro de 1822, ao ser alcançado a caminho de São Paulo com as notícias de Lisboa, D. Pedro formalizou a independência do Brasil. Aclamado pelo povo carioca no Campo de Santana no dia do seu aniversário, a 12 de outubro, D. Pedro I foi coroado imperador do Brasil no dia 1º de dezembro. Caso único na América do Sul, o Brasil se tornava independente de Portugal mantendo o regime monárquico, governado por um rei português.

A consolidação da independência exigiu o enfrentamento com tropas portuguesas no sul do país e na Bahia, em 1823. No Rio de Janeiro, D. Pedro I desejava estabelecer pontos de observação para defender a costa. O Monte Corcovado, erguendo-se a 709 metros de altura, era um local privilegiado, com ampla vista para o Oceano Atlântico. A primeira expedição oficial ao cume, liderada pelo jovem monarca, aconteceu em 1824, registrada nas telas de Jean-Baptiste Debret[280].

---

278. FAUSTO, B. *História do Brasil*, p. 129-131.

279. SKIDMORE, T. *Uma história do Brasil*, p. 59-60.

280. DEBRET, J.B. *Viagem pitoresca através do Brasil*, p. 18: O jovem soberano, cercado de engenheiros militares, percorreu todas as montanhas vizinhas; mas uma delas, o Corcovado, inspirou-lhe o projeto de aplicar os conhecimentos recém-adquiridos na abertura de um caminho para um cavaleiro, através dos obstáculos de uma vegetação virgem.

Mais do que um ponto de observação militar, o cume do Corcovado logo se tornou um destino privilegiado de lazer para cariocas e turistas[281]. Havia, entretanto, algumas dificuldades para o turismo, pois indivíduos marginalizados usavam o Monte Corcovado como refúgio, e praticavam crimes como furtos e roubos a propriedades vizinhas. Este certamente já era um sinal da espiral crescente de violência provocada pela desigualdade social na cidade do Rio de Janeiro. Outro traço dessa desigualdade eram os pequenos assentamentos de escravos fugitivos, soldados desertores e colonos sem terra, que formaram posteriormente o Quilombo do Corcovado, destruído violentamente pela polícia em 1829, com mortes de adultos e de crianças[282].

Antes disso, em 1824, os Estados Unidos já haviam reconhecido formalmente a independência do Brasil. Todavia, a Inglaterra, que desejava preservar suas vantagens comerciais, retardou o reconhecimento da independência para tentar obter a extinção do tráfico negreiro no Brasil. Em 1825, os ingleses mediaram o tratado com Portugal, pelo qual o Brasil se comprometia a compensar Lisboa com dois milhões de libras e não se unir a qualquer outra colônia portuguesa. O valor pago a Portugal veio de um empréstimo contraído em Londres. O novo país independente já nascia com uma dívida externa, livre da longa dominação política portuguesa, mas submetido a uma subordinação econômica pela Inglaterra. Esta relação desigual, denunciada pela Encíclica *Laudato Si'*[283], prejudicou o desenvolvimento do Brasil:

> A dívida externa dos países pobres transformou-se num instrumento de controle, mas não se dá o mesmo com a dívida ecológica. De várias maneiras os povos em vias de desenvolvimento, onde se encontram as reservas mais importantes da biosfera, continuam a alimentar o progresso dos países mais ricos à custa do seu presente e do seu futuro. A terra dos pobres do Sul é rica e pouco contaminada, mas o acesso à propriedade de bens e recursos para satisfazerem as suas carências vitais lhes é vedado por um sistema de relações comerciais e de propriedade estruturalmente perverso. É necessário que os países desenvolvidos contribuam para resolver esta dívida, limitando significativamente o consumo de energia não renovável e fornecendo recursos aos países mais necessitados para promover políticas e programas de desenvolvimento sustentável[284].

---

281. MENDONÇA, L.L. *Estrada de Ferro do Corcovado*, p. 13-16.
282. RUBINSTEIN, M. *O Cristo do Rio*, p. 18.
283. ENDERS, A. *A História do Rio de Janeiro*, p. 115.
284. FRANCISCO, PP. *LS* 52.

A primeira constituição brasileira, outorgada pelo imperador, foi promulgada a 25 de março de 1824, permanecendo em vigência por 65 anos, até 1891. Por divergências políticas, D. Pedro I dissolveu a assembleia constituinte, impondo a constituição ao país. O governo foi definido como monárquico, hereditário, constitucional e representativo[285], ajudando a garantir a unidade do país, sem a instabilidade política das jovens repúblicas sul-americanas. Na constituição, havia importantes garantias individuais, mas elas não se aplicavam aos escravos, apenas à minoria de brancos e mestiços que tinham alguma participação política no país, especialmente os grandes proprietários rurais[286].

O imperador não desejava atuar como um monarca absoluto, mas também não seria uma mera presença figurativa[287]. D. Pedro I garantiu a separação dos três poderes[288], mas acompanhada do Poder Moderador, acima dos demais poderes, exercido pelo imperador[289]. A fé católica era mantida como religião oficial do Brasil Império, no regime do Padroado, preservando no país a tradicional união entre a Igreja e o Estado: "a Religião Católica Apostólica Romana continuará a ser a religião do Império. Todas as outras religiões serão permitidas com seu culto doméstico, ou particular, em casas para isso destinadas, sem forma alguma exterior de templo"[290].

O Padroado era uma relação de proteção, tutela ou patronato entre a Igreja Católica e a Coroa portuguesa, com aprovação do papa, tendo em vista a propagação da fé cristã no Novo Mundo. O termo latino *Ius patronatos*, ou Direito de Padroado, significava amplamente "uma combinação de direitos, privilégios e deveres concedidos pelo papado à Coroa de Portugal como patrona das missões e instituições católicas romanas em vastas regiões da África, da Ásia e do Brasil"[291]. Este patronato era como um contrato bilateral oneroso. Os monarcas portugueses tinham a prerrogativa de receber o dízimo dos fiéis e as rendas eclesiásticas, e, por sua vez, cabia-lhes garantir e tutelar a presença oficial da Igreja Católica nas novas terras, construir e manter os templos e designar os ministros para a confirmação das autoridades eclesiásticas[292].

---

285. CONSTITUIÇÃO POLÍTICA DO IMPÉRIO DO BRAZIL, Art. 3.
286. FAUSTO, B. *História do Brasil*, p. 149.
287. CONSTITUIÇÃO POLÍTICA DO IMPÉRIO DO BRAZIL, Art. 102.
288. HOLANDA, S.B. *O Brasil monárquico*, p. 184.
289. CONSTITUIÇÃO POLÍTICA DO IMPÉRIO DO BRASIL, Art. 98.
290. CONSTITUIÇÃO POLÍTICA DO IMPÉRIO DO BRASIL, Art. 5.
291. COSTA, R.P. As ordens religiosas e a escravidão negra no Brasil. *Anais*, p. 4.
292. LIMA, M.C. *Breve História da Igreja no Brasil*, p. 23.

O Padroado era um instituto típico da Idade Média e das monarquias absolutistas, que se estendeu à Era Moderna na Península Ibérica pela expansão ultramarina da Espanha e de Portugal. Assim, investido de um "poder divino", o rei de Portugal era ao mesmo tempo o soberano do Estado e a autoridade máxima da Igreja Católica no seu país, com a bênção do sumo pontífice.

Esta união entre a cruz e a espada estava inserida no conceito mais amplo da Cristandade. "Em um regime de Cristandade, a Igreja procura assegurar sua presença e expandir seu poder na sociedade civil, utilizando antes de tudo a mediação do Estado"[293]. Era a utopia religiosa e política de criar uma sociedade integralmente cristã como realização do Reino de Deus na terra.

Esta relação entre Igreja e Estado remonta às origens da Cristandade ao ano 313, quando o imperador Constantino, buscando garantir a *Pax Romana*, publicou o Edito de Milão, que concedia liberdade de culto aos cristãos. Em 380, o Imperador Teodósio tornou o cristianismo a religião oficial do Estado romano. Mais tarde, o modelo de união entre a Igreja e o Estado consolida-se no governo de Carlos Magno, que foi coroado imperador do Sacro Império Romano pelo Papa Leão III, em Roma, no Natal do ano 800.

Por sua vez, as raízes do Padroado português estão na Ordem de Cristo, que surgiu em 1319, com o espólio da Ordem militar dos Templários, extinta em 1312. Através da Bula *Inter Coetera*, publicada em 13 de março de 1456, o Papa Calixto III concedeu à Ordem de Cristo jurisdição espiritual sobre as novas terras portuguesas. Em 1551, através da Bula *Praeclara Charissimi*, do Papa Júlio III, o rei de Portugal é reconhecido como grão-mestre da Ordem de Cristo, passando a exercer simultaneamente o poder civil e o poder eclesiástico sobre os domínios da coroa.

Em termos práticos no Brasil, o regime do Padroado criava uma relação de dependência da Igreja em relação ao Estado, favorecendo uma postura de conformismo e acomodação dos religiosos e dos fiéis diante do sistema colonial. Se por um lado o Padroado favoreceu a expansão do catolicismo no Novo Mundo, por outro limitou o anúncio do Evangelho nas bases da justiça e da fraternidade. No Padroado, no caso específico da escravidão dos negros, a Igreja Católica se viu conformada ao modelo mercantilista colonial em submissão aos interesses da Coroa portuguesa[294].

A influência do colonialismo sobre o Brasil e a América Latina continuou muito depois do processo de independência. O modelo econômico e social bra-

---

293. RICHARD, P. *Morte das cristandades e nascimento da Igreja*, p. 9.
294. MATOS, H.C.J. *Nossa história*, Tomo 1, p. 97-114.

sileiro, em muitos aspectos, permanecia o mesmo, ao passar da influência portuguesa à dependência da Inglaterra. A Encíclica *Laudato Si'* denuncia este modelo de dependência entre as nações desenvolvidas do Norte e os países em desenvolvimento do Sul, que logo veio a incluir os Estados Unidos como nova potência hegemônica[295].

No Brasil colônia, a maneira de fazer teologia era marcada não apenas pelo contexto histórico da época, mas também pela conformidade ao modelo europeu de dominação. O Padre Antônio Vieira, apesar de lutar contra a escravização dos índios e as crueldades da escravidão dos negros, defendia a legitimidade do uso da mão de obra africana pela Coroa portuguesa. Os escravos negros deveriam se conformar ao seu destino, pois ao derramar seu sangue imitavam a paixão de Cristo[296]. Ao afirmar que os escravos não tinham direitos, o padre jesuíta João Antônio Andreoni demonstrava de forma explícita que os preceitos missionários da Companhia de Jesus sucumbiam aos interesses do Estado: a salvação das almas ficava subordinada ao êxito da colonização portuguesa.

Para o Padre Andreoni, os escravos precisavam apenas de pau, pão e pano. O pau servia para os muitos castigos corporais, que eram válidos porque, além dos açoites no madeiro, Deus provinha aos escravos o pão e a vestimenta de forma igualmente abundante[297]. Infelizmente, havia certa ambiguidade dos jesuítas em relação aos negros. O Padre Antônio Vieira defendia uma forma mais humana de escravidão dos negros, no sentido de mitigar seus sofrimentos, mas o Padre Antonil os considerava como coisas, meros instrumentos de trabalho para o sucesso econômico do modelo colonial.

A escravidão dos negros africanos perdurou no Brasil durante todo o período imperial, e novas formas de exploração das nações do Norte sobre os países do Sul permanecem até hoje. Por isso, vários autores contemporâneos vão além do pensamento pós-colonial para sugerir um giro decolonial[298], que alcance as humanidades e a teologia como um todo. O objetivo é depurar ou decolonizar os diversos campos do saber, para que surja um pensamento livre das influências coloniais de exploração do Norte, a partir das necessidades de paz e de justiça social do Sul, que incluem o âmbito ecológico de preservação ambiental. O Papa Francisco, com a Encíclica *Laudato Si'*, é uma das vozes importantes deste movimento socioambiental em defesa da Terra, nossa casa comum.

---

295. FRANCISCO, PP. LS 51.
296. VAINFAS, R. *Ideologia e escravidão*, p. 101.
297. CASIMIRO, A.P.B.S. *Quatro visões do escravismo colonial*, p. 155.
298. BALLESTRIN, L. *América Latina e o giro decolonial*, p. 89-117.

1.3.2 A crise da água e a recuperação da Floresta da Tijuca

D. Pedro I substituiu as antigas capitanias hereditárias por 18 províncias, cada uma governada por um presidente designado pelo próprio imperador. A intenção do governo era desenvolver uma administração centralizada, capaz de manter a unidade do novo país continental. Contudo, os atos discricionários de dissolução da assembleia constituinte e a outorga da Constituição de 1824 reacenderam no Nordeste ideias republicanas opostas à centralização do poder e ao rei português.

A Confederação do Equador, por exemplo, foi uma revolta que eclodiu em 1824, inspirada da Doutrina Monroe, "a América para os americanos". Liderada pelo Frei Caneca, a Confederação do Equador buscava reunir as províncias de Pernambuco, Paraíba, Rio Grande do Norte, Piauí e Pará sob a forma federativa e republicana. Todavia, esmagada pelo poder central, a revolta seria a primeira de várias insurreições nordestinas contra a monarquia até meados de 1850[299].

A situação política do imperador se deteriorou rapidamente com a guerra entre Brasil e Buenos Aires pela posse da Província Cisplatina, em 1825. O conflito terminou em 1827 com a intervenção da Inglaterra e a criação do Uruguai como nação independente. As forças militares brasileiras estavam despreparadas e o país terminou o conflito com graves problemas financeiros, desvalorizando a moeda e aumentando o custo das importações em favor da Inglaterra. Naquele momento, D. Pedro I enfrentava fortes pressões no Brasil e em Portugal.

Com a morte de D. João VI, em 1826, abriu-se a possibilidade de que D. Pedro I assumisse também o trono português. A oposição entre brasileiros e portugueses favoráveis e contrários ao imperador culminou na "Noite das Garrafadas" no Rio de Janeiro, em março de 1831. D. Pedro I decidiu abdicar do trono em favor de seu filho, D. Pedro II, em 7 de abril de 1831. Como o novo imperador tinha apenas cinco anos de idade, iniciou-se o período regencial, marcado por diversas revoltas populares, como a Cabanagem no Pará, a Guerra dos Cabanos em Pernambuco, a Sabinada na Bahia, a Balaiada no Maranhão e a Guerra dos Farrapos no Rio Grande do Sul. Por isso, a antecipação da maioridade de D. Pedro II, em 1840, buscou reforçar a centralização política e garantir a unidade nacional. Além disso, o fortalecimento do exército, a escravidão dos negros e a economia cafeeira foram fundamentais para a unidade do Império

---

299. SKIDMORE, T. *Uma história do Brasil*, p. 64-65.

no Segundo Reinado, mas acarretaram graves danos socioambientais, especialmente no Vale do Paraíba e no atual Estado do Rio de Janeiro[300].

Por volta de 1500, a Mata Atlântica cobria entre 92% e 95% do atual território fluminense. Os 5% a 8% restantes eram cobertos por restingas e mangues. Esta enorme cobertura florestal em nada devia à Floresta Amazônica em diversidade biológica e riqueza ambiental. A Mata Atlântica foi a maior extensão contínua de florestas tropicais destruídas pela ação humana, especialmente pela lavoura cafeeira no século XIX. Nas palavras do historiador Warren Dean, a plantação do café desalojou a floresta atlântica[301].

O café, ou *Coffea arábica*, é uma pequena árvore oriunda do planalto da Etiópia, cujas sementes produziam uma bebida muito apreciada na Europa. Os franceses teriam recebido sementes de café dos holandeses e introduzido o cultivo na Guiana Francesa no início do século XVIII. Atribui-se a Francisco Melo Palheta a introdução das primeiras sementes de café no Brasil, especificamente no Pará, em meados de 1727[302]. Assim como o pau-brasil no início do século XVI, a cana-de-açúcar nos séculos XVI e XVII, o ouro e os diamantes no século XVIII, o café seria a principal atividade econômica no Brasil no século XIX.

As montanhas verdes do Rio de Janeiro não acomodaram o plantio comercial da cana-de-açúcar, pois não possuíam grandes extensões de terras de aluvião. Porém, a nova cultura de café adequava-se perfeitamente ao solo e ao clima tropical das montanhas cariocas, mais doce e fresco. O café exige um nível ideal de chuvas entre 1300 e 1800 milímetros por ano, precipitação típica da província do Rio de Janeiro. A semente de café é mesial, se adequando bem a solos que não sejam nem secos nem alagados, como os terrenos íngremes do Maciço da Tijuca. A vegetação da Mata Atlântica era abundante nestas áreas, com um solo raso e moderadamente fértil.

O café é uma planta perene, que leva quatro anos para atingir a maturidade, mas que pode permanecer produtiva por cerca de trinta anos, num regime agrícola relativamente estável e conservador. Acreditava-se que a semente precisava ser plantada em mata virgem, sem aproveitar as antigas plantações, que eram sim-

---

300. FAUSTO, B. *História do Brasil*, p. 154-188.

301. DEAN, W. *A ferro e fogo*, p. 206: A queimada da floresta para plantar cafezais foi a principal causa, mas não a única, do desflorestamento no século XIX. O comércio de café induziu o crescimento demográfico, a urbanização, a industrialização e a implantação de ferrovias. Consequências indiretas da prosperidade febril baseada numa única mercadoria de exportação, exerceram pressões sobre uma área mais ampla da Mata Atlântica, dando início ao que agora pode ser considerado como danos irreversíveis a paisagens antropomorfizadas.

302. FAUSTO, B. *História do Brasil*, p. 186.

plesmente abandonadas sem reflorestamento. O corte das árvores e a queimada do solo eram a maneira mais rápida e barata de iniciar a produção.

A mão de obra ficava por conta dos escravos, que trabalhavam com seus machados a partir da base das encostas em direção ao cume. Para a produção de café, longas extensões de florestas primárias de Mata Atlântica foram desmatadas "a ferro e fogo". As sementes eram plantadas em fileiras perpendiculares às linhas de altura dos morros, contando 30 mil, 60 mil ou mais mudas de café. Assim, já na segunda metade do século XIX, o verde da Mata Atlântica estava desaparecendo nas encostas do Rio de Janeiro[303].

O Maciço da Tijuca foi por vários séculos o principal fornecedor de água potável da cidade do Rio de Janeiro. Sem a proteção das árvores, os mananciais de água do Maciço da Tijuca começaram a secar, especialmente o Rio Carioca e o Rio Maracanã, que abasteciam a cidade através de um sistema de chafarizes. Quando as chuvas de verão reabasteciam o fluxo dos rios, suas águas claras se tornavam barrentas e turvas, cheias de sedimentos dos morros devastados. O esgotamento de um recurso natural fundamental como a água era um indicador da crise socioambiental[304]. Nesse contexto, eram os pobres que mais sofriam pela escassez e pela má qualidade da água no Rio de Janeiro[305].

"A água potável e limpa constitui uma questão de primordial importância, porque é indispensável para a vida humana e para sustentar os ecossistemas terrestres e aquático[306]." O empreendimento mercantil da lavoura cafeeira não só devastava o meio ambiente, mas também privava a população do acesso à água potável, um bem coletivo que pertence a toda a humanidade. Como bem definiu a Carta dos Direitos Humanos da ONU, o acesso à água doce é um direito humano fundamental, que não pode ser privatizado por nenhuma empresa comercial ou nação[307].

Sobre este tópico, o Papa Francisco afirma que "o acesso à água potável e segura é um direito humano essencial, fundamental e universal, porque determina a sobrevivência das pessoas e, portanto, é condição para o exercício dos outros direitos humanos"[308]. O direito fundamental à vida será valorizado se o acesso universal à água também for assegurado.

---

303. DEAN, W. *A ferro e fogo*, p. 195-197.

304. FRANCISCO, PP. *LS* 27.

305. FRANCISCO, PP. *LS* 29.

306. FRANCISCO, PP. *LS* 28.

307. LIBÂNIO, J.B. *Ecologia, vida ou morte?*, p. 73.

308. FRANCISCO, PP. *LS* 30.

No Antigo e no Novo Testamento, a Sagrada Escritura ressalta a importância da água como fonte de vida. Por exemplo, no início do Livro do Gênesis, quando um sopro de Deus agitava a superfície das águas (Gn 1,1), ou no episódio do dilúvio (Gn 6,5-9,17), na travessia do Mar Vermelho (Ex 14,15-31), no batismo de Jesus (Lc 3,21-22), no encontro do Senhor com Nicodemos (Jo 3,1-12), no encontro com a Samaritana (Jo 4,1-30), no sangue e na água que jorraram do seu lado na Cruz (Jo 19,34).

Os Padres da Igreja fazem a associação entre água e vida[309], água e Espírito Santo[310]. Para eles, tais elementos são promessas de vida em abundância que não condizem com a desigualdade social, exigindo a atuação de fé do povo cristão (Mt 25,31-46). Ainda hoje, no Brasil, existem regiões com abundância de água potável no Sul e no Sudeste, enquanto outras áreas, como o Nordeste, sofrem grave escassez de água[311]. A crise de abastecimento de água no Rio de Janeiro no século XIX, em consequência do desmatamento da Floresta da Tijuca, foi o prenúncio de uma ameaça atual no século XXI, a escassez de água potável, apresentada pela Encíclica *Laudato Si'*:

> Uma maior escassez de água provocará o aumento do custo dos alimentos e de vários produtos que dependem do seu uso. Alguns estudos assinalaram o risco de sofrer uma aguda escassez de água dentro de poucas décadas, se não forem tomadas medidas urgentes. Os impactos ambientais poderiam afetar milhares de milhões de pessoas, sendo previsível que o controle da água por grandes empresas mundiais se transforme em uma das principais fontes de conflitos deste século[312].

---

309. RABANO MAURO. *Sobre o universo*, p. 104: O Espírito Santo é denominado água no próprio Evangelho, onde o Senhor exclama: "Quem tiver sede, venha a mim e beba. Quem crê em mim [...], do seu interior correrão rios de água viva". E o evangelista apressa-se a explicar o sentido, acrescentando: "Referia-se ao Espírito (Santo) que haviam de receber aqueles que cressem nele" (Jo 7,37-39). Mas uma coisa é a água do sacramento, outra a água com que se indica o Espírito Santo. A primeira é uma água visível, mas a segunda invisível; a primeira, lavando o corpo, indica aquilo que acontece na alma, ao passo que por obra do Espírito Santo é a própria alma que é lavada e nutrida.

310. AMBRÓSIO. *Sobre o Espírito Santo*, I, 133-160: Entendemos como fonte não esta água criada, mas a fonte da graça divina, isto é: o Espírito Santo, que é a água viva. [...] Portanto, o Espírito Santo é um rio, e um rio caudaloso e de grande ímpeto. [...] Se o rio sai fora das margens, depois de ter superado a parte mais alta das barrancas, quanto mais o Espírito, que é superior a toda criatura, [...]. Portanto, o Espírito Santo é fonte de vida.

311. FRANCISCO, PP. *LS* 28.

312. FRANCISCO, PP. *LS* 31.

Assim como o desmatamento da Floresta da Tijuca foi um sinal negativo, sua recuperação foi um exemplo positivo de preservação socioambiental[313]. A escassez de água na cidade do Rio de Janeiro, agravada pelas secas da primeira metade do século XIX, levaram as autoridades a concluir sobre a urgência do reflorestamento do Maciço da Tijuca. Por essa razão, em dezembro de 1861, o Imperador D. Pedro II nomeou o Major Manuel Gomes Archer "administrador da Floresta da Tijuca", com a missão de restaurar sua área verde.

Natural da cidade de Santos, o Major Archer era fazendeiro em Guaratiba, a 50Km do Rio de Janeiro. Sabe-se que ele não era oficial do Exército, talvez tenha sido membro da Guarda Nacional, o que justificaria a confiança do imperador. Aparentemente, este homem carecia de educação formal em botânica ou em manejo florestal, mas era considerado um perito na vegetação nativa fluminense. Com a ajuda fundamental de seis escravos negros, o Major Archer replantou na Floresta da Tijuca mais de 70 mil mudas nativas trazidas de diferentes partes das florestas do Rio de Janeiro. A colocação das mudas nas encostas mais desgastadas, cobrindo-as com certas combinações de espécies vegetais, buscava imitar a complexidade biológica original da Mata Atlântica. Era uma técnica ainda hoje pouco desenvolvida, que visava o rápido enriquecimento biológico das áreas desmatadas. As mudas foram trazidas do Maciço da Pedra Branca, da Serra do Mendanha, da Floresta das Paineiras, do Jardim Botânico e também de um criadouro da fazenda do Major Archer em Guaratiba[314].

A maior parte das mudas utilizadas no reflorestamento da Floresta da Tijuca era de espécies nativas da Mata Atlântica. Porém, a equipe do Major Archer também introduziu espécies não nativas no reflorestamento, como jaqueiras vindas da Índia e eucaliptos importados da Austrália. Estas espécies hoje fazem parte da paisagem e da grande diversidade biológica do Maciço da Tijuca. As palmeiras imperiais no Jardim Botânico e no Parque Lage são exemplos ainda presentes de plantas não nativas aclimatadas ao Rio de Janeiro.

O número de mudas plantadas foi restrito, mas o sucesso do reflorestamento é indiscutível: o Maciço da Tijuca logo recuperou o esplendor de sua vegetação original e os rios Carioca e Maracanã voltaram a abastecer a cidade com água potável[315]. Entre 1862 e 1874, quando pediu demissão, o Major Archer conduziu a primeira e ainda hoje uma das mais importantes iniciativas de reflorestamento tropical com espécies nativas no mundo. Um dos motivos de sua demissão foi

---

313. FRANCISCO, PP. LS 58.

314. DRUMMOND, J.A. *Devastação e preservação ambiental no Rio de Janeiro*, p. 216.

315. GARAY, I.E.G.; ROCHA, F.S. *Florestas e biodiversidade*, p. 88-90.

supostamente a falta de trabalhadores e de recursos, com os quais poderia ter feito um trabalho ainda mais extenso. Honrado por D. Pedro II, o Major Archer assumiu a administração do Palácio Imperial de Petrópolis[316].

Ainda hoje, o problema do abastecimento de água do Rio de Janeiro requer um planejamento mais eficaz por parte dos governantes. Como é possível notar, a cidade sofre com a contaminação da água proveniente do Rio Guandu, que se soma à poluição crônica da Baía da Guanabara, das lagoas e dos rios da cidade[317], trazendo graves prejuízos à população.

1.3.3 A abolição da escravatura e a crítica socioambiental

Com os sinais evidentes da devastação ambiental no Brasil, foi surgindo, a partir do século XVIII, um movimento intelectual de crítica ambiental. Existia um consenso na época sobre a necessidade de modificar as técnicas agrícolas, eliminando as queimadas e o desmatamento. Um dos líderes ambientais era o político luso-brasileiro José Bonifácio de Andrada e Silva, que já demonstrava, por volta de 1823, como o desmatamento da Mata Atlântica dizimava importantes fontes de energia.

Em 1837, o fazendeiro e ensaísta Carlos Augusto Taunay recomendava que os agricultores não abusassem dos recursos naturais, em nome das futuras gerações, pela conservação da terra e pelo bom funcionamento da atmosfera. Carlos Taunay era filho de Nicolas Taunay, um dos membros da Missão Artística Francesa trazida ao Rio de Janeiro em 1816[318]. Cerca de cento e cinquenta anos antes da Encíclica *Laudato Si'*, os ambientalistas brasileiros já alertavam acerca da influência das florestas sobre o clima[319]. Tal influência hoje é evidente na mitigação ou no acentuamento das mudanças climáticas, seja pela conservação ou pela devastação dos grandes mantos florestais[320].

Durante o Brasil Império, a crítica ambiental dividiu-se entre as vertentes não abolicionista e abolicionista. José Bonifácio de Andrada e Silva, líder da independência e da assembleia constituinte, influenciou ambas vertentes, alertando sobre o desmatamento das florestas, as secas e o perigo de desertificação do país[321].

---

316. DRUMMOND, J.A. *Devastação e preservação ambiental no Rio de Janeiro*, p. 220.
317. FRANCISCO, PP. *LS* 29.
318. PÁDUA, J.A. *Um sopro de destruição*, p. 237.
319. GARAY, I.E.G.; ROCHA, F.S. *Florestas e biodiversidade*, p. 90.
320. FRANCISCO, PP. *LS* 24.
321. ANDRADA E SILVA, J.B. *Representação à Assembleia Constituinte e Legislativa do Império do Brasil sobre a escravatura*, p. 129: A natureza fez tudo a nosso favor, nós, porém, pouco ou nada temos feito a favor

A crítica ambiental brasileira era um reconhecimento da grandeza da natureza, a aceitação de que ela poderia ser fonte benéfica de uma atividade econômica e ao mesmo tempo uma revolta contra sua destruição.

De modo geral, a vertente não abolicionista não considerava a escravidão como problema. A crítica voltava-se contra a imprevidência e o descaso do governo e dos grandes latifundiários, assim como contra as técnicas agrícolas atrasadas. Logo após a independência, a Inglaterra pressionava o Brasil pelo fim do tráfico negreiro. Contudo, a maioria dos políticos, dos latifundiários e da população livre estava convencida de que a abolição da escravatura provocaria um colapso da sociedade brasileira. Não havia, portanto, uma alternativa viável à mão de obra escrava e a demanda por trabalhadores negros tornava-se crescente nas grandes lavouras de café[322].

Assim, nas primeiras décadas do Império, houve uma expansão do tráfico negreiro ao invés de sua abolição. Neste sentido, a crítica ambiental não abolicionista desenvolveu-se sob a chancela de D. Pedro II nas grandes associações culturais e profissionais do Império: o Instituto Histórico e Geográfico Brasileiro, a Sociedade Auxiliadora da Indústria Nacional, a Academia Nacional de Medicina, a Academia Nacional de Belas Artes, o Museu Nacional e o Instituto de Agricultura. A maior realização desta vertente da crítica ambiental foi a restauração da Floresta da Tijuca no Rio de Janeiro[323].

O grande líder da vertente abolicionista da crítica ambiental foi o jurista católico Joaquim Nabuco. Era um homem educado numa família escravocrata no Recife, mas que optou pela luta a favor do abolicionismo, percebendo a relação íntima de atraso entre a escravidão e a destruição ambiental[324]. Depois de devastar as florestas das montanhas do Rio de Janeiro, o modelo predatório das lavouras de café avançava sobre as encostas do Vale do Paraíba. No entanto, os grandes la-

---

da natureza. Nossas terras estão ermas, e as poucas que temos roteado são mal cultivadas, porque o são por braços indolentes e forçados. Nossas numerosas minas, por falta de trabalhadores ativos e instruídos, estão desconhecidas ou mal aproveitadas. Nossas preciosas matas vão desaparecendo, vítimas do fogo e do machado destruidor da ignorância e do egoísmo. Nossos montes e encostas vão-se escalvando diariamente, e com o andar do tempo faltarão as chuvas fecundantes que favoreçam a vegetação e alimentem nossas fontes, rios, sem o que o nosso belo Brasil, em menos de dois séculos, ficará reduzido aos páramos e desertos áridos da Líbia. Virá então este dia (dia terrível e fatal), em que a ultrajada natureza se ache vingada de tantos erros e crimes cometidos.

322. FAUSTO, B. *História do Brasil*, p. 192-194.

323. PÁDUA, J.A. *Um sopro de destruição*, p. 162-225.

324. NABUCO, J. *O Abolicionismo*, p. 5: A cada passo encontramos e sentimos os vestígios deste sistema que reduz um belo país tropical ao aspecto das regiões onde se esgotou a força criadora da terra... Onde quer que se estude, a escravidão passou sobre o território e os povos que a acolheram como um sopro de destruição.

tifúndios de café logo se voltariam para a terra roxa do Paraná e do oeste paulista, onde a topografia plana permitia a plantação em grandes extensões de terra.

A demanda por mão de obra continuava crescente, mas a crítica abolicionista clamava por um novo modelo econômico que preservasse o meio-ambiente. A modernização dos meios de transporte na segunda metade do século XIX, caracterizada pela introdução das ferrovias, seria apenas uma intensificação dos meios de devastação se não viesse acompanhada de uma verdadeira mudança do modelo agrícola. Nesse sentido, era necessário que houvesse uma passagem do trabalho escravo para o trabalho assalariado, do desmatamento para o cultivo contínuo da terra, da lavoura extensiva pela intensiva, dos grandes latifúndios para a pequena propriedade.

Naquele contexto, a escravidão era apresentada como uma prática tão atrasada como as técnicas agrícolas rudimentares. A vertente abolicionista entendia que as reformas sociais deveriam ser uma condição para a transformação do modelo agrícola. Assim, pensadores como André Rebouças e Joaquim Nabuco retomavam o pensamento de José Bonifácio pela superação do trabalho servil e da cultura de destruição. Esta postura de planejamento e desenvolvimento propôs a criação de áreas de preservação ambiental e fomento ao turismo no Brasil, inspirado na experiência bem-sucedida do Parque Nacional de Yellowstone, nos Estados Unidos[325]. Contudo, apesar da recomendação dos ambientalistas, o primeiro parque nacional brasileiro, o de Itatiaia, só seria criado em 1937 e o Parque Nacional da Tijuca em 1961[326]. Assim como a Encíclica *Laudato Si'*, os ambientalistas da vertente abolicionista faziam uma conexão entre o meio ambiente e a sociedade, elaborando uma verdadeira crítica socioambiental[327].

1.4 A Igreja Católica no Brasil republicano

A maioria dos registros historiográficos sobre a Igreja Católica na República Velha transmite uma perspectiva pessimista daquele momento, devido à separação entre a Igreja e o Estado. O fim do regime do Padroado teria dado início a um "período de trevas", no qual o catolicismo se apresenta na defensiva até o renascimento institucional da nova Cristandade, na gestão centralizadora do Cardeal Leme[328].

---

325. PÁDUA, J.A. *Um sopro de destruição*, p. 228-280.
326. DRUMMOND, J.A. *Devastação e preservação ambiental no Rio de Janeiro*, p. 135-137.
327. FRANCISCO, PP. LS 49.
328. MICELI, S. *A elite eclesiástica brasileira: 1890-1930*, p. 160.

Esta perspectiva é incompleta quando não leva em consideração o processo de reestruturação institucional da Igreja naquele período, sob a liderança do Cardeal Joaquim Arcoverde, arcebispo do Rio de Janeiro, então capital do Brasil. O Cardeal Arcoverde foi o formador e predecessor direto do Cardeal Leme na Arquidiocese do Rio de Janeiro. Naquele período de mudança para a Igreja, surgiu uma oportunidade de reinvenção do catolicismo nacional, que só foi percebido por homens atentos aos sinais de seu tempo.

Entre as figuras daquele tempo estava o Padre Júlio Maria, primeiro brasileiro da Ordem dos Redentoristas, para o qual a união entre a Igreja e o Estado havia representado a decadência da religião. Ao adotar uma postura de abertura e diálogo com o novo regime[329], denunciando o saudosismo estéril em relação aos privilégios da Igreja no Império, o Padre Júlio Maria ficou conhecido como o "apóstolo da cristianização da República"[330]. Os discursos deste orador, formado em Direito e com experiência anterior em cargos públicos[331], apontavam os erros e excessos das novas leis republicanas, mas louvavam os pontos e vantagens para a Igreja num nascente regime democrático[332].

Guardadas as devidas proporções, as Forças Armadas também precisaram passar por um período de reestruturação nesse período. Sob a liderança do Cardeal Joaquim Arcoverde, a Igreja reestruturou o seu material humano no Brasil, começando pela chegada dos missionários redentoristas alemães, e moralizando também os quadros nacionais; recuperou, estabilizou e ampliou e fontes de receita, antes sob domínio do Império; diversificou sua rede de ensino escolar, que se tornaram predominantemente católicas em todo o país.

Sobretudo, o marco característico da reestruturação da Igreja Católica na República Velha foi a promoção nacional da devoção a Nossa Senhora Aparecida. Estas iniciativas culminaram na proclamação de Nossa Senhora Aparecida como padroeira do Brasil em 1930, e na construção do monumento ao Cristo Redentor em 1931, momento em que a Igreja Católica voltou ao centro da vida política nacional"[333].

---

329. LUSTOSA, O.F. A Igreja Católica no Brasil-República, p. 23.

330. GUIMARÃES, F. Homem, Igreja e sociedade no pensamento de Júlio Maria.

331. MATOS, H.C.J. Nossa História, Tomo 3, p. 19.

332. MARIA, J. A Igreja e o povo, p. 40; 55: O vinho forte do Evangelho não quer mais os odres velhos dos governos absolutos, dos reis por delegação direta divina, das aristocracias de sangue, de poder e de riqueza, dos privilégios de família ou monopólios de classe. Ele quer o vaso novo da democracia; ele já encheu até a borda; e eis que a democracia no mundo inteiro se move e se agita... Sim, podemos e devemos combater todos os erros da República em matéria de religião; não podemos, porém, negar, direta ou indiretamente, ao regime democrático e à causa pública o nosso esforço, o nosso trabalho, a nossa sincera e leal cooperação.

333. MICELI, S. A elite eclesiástica brasileira, p. 161.

1.4.1 A separação entre Igreja e Estado

A abolição da escravatura no Brasil foi um processo gradual, fadado a iniciar a transição da Monarquia para a República. Em 1826, a Inglaterra obteve um tratado pelo qual o governo brasileiro se comprometia a declarar ilegal o tráfico negreiro. A "Lei Feijó", assinada em 1831, não teve eficácia, era uma "lei para inglês ver". Em 1845, o parlamento inglês firmou uma resolução que ficou conhecida como "Bill Aberdeen", autorizando a marinha britânica a apreender os navios negreiros.

Logo depois, foi promulgada também a "Lei Eusébio de Queirós", firmada em 1850, que proibiu a entrada de escravos africanos no Brasil. O mercado brasileiro de escravos já estava abastecido, tamanha a intensidade do tráfico negreiro naquele momento[334]. No âmbito interno, políticos como José Bonifácio e o próprio D. Pedro II projetavam uma abolição gradual da escravatura, mas se batiam contra um modelo econômico estabelecido há mais de 300 anos.

Na Guerra do Paraguai, travada entre 1864 e 1870 pela Tríplice Aliança do Brasil, Argentina e Uruguai contra o Paraguai, os escravos negros eram alforriados para se alistarem como "voluntários da pátria". Muitos soldados negros morreram como brasileiros livres na Guerra do Paraguai. A Encíclica *Laudato Si'* explica que a guerra, na qual há perda de vidas humanas, também é um pecado contra a criação[335].

Naquela altura, a "Lei dos Sexagenários", firmada em 1865, propunha a alforria dos escravos negros com mais de 60 anos. Já a "Lei do Ventre Livre", assinada em 1871, declarava livres os filhos de escravas. Finalmente, em 13 de maio de 1888, a "Lei Áurea", assinada pela Princesa Isabel, proclamava a abolição da escravatura[336]. O Papa Leão XIII, que havia se encontrado com o abolicionista Joaquim Nabuco em fevereiro daquele ano, agraciou a Princesa Isabel com a Rosa de Ouro, concedida àqueles que lutam pelo bem do próximo imbuídos do amor cristão.

Durante todo o Segundo Reinado, o caminho para o Monte Corcovado foi-se tornando uma atração cada vez mais popular, até que D. Pedro II decidiu construir uma estrada de ferro para o cume. A Estrada de Ferro do Corcovado foi a primeira ferrovia construída no Brasil e na América Latina por motivos turísticos. Um decreto imperial de janeiro de 1882 concedia aos engenheiros Francisco Pereira Passos e João Teixeira Soares o privilégio para a construção e a exploração, por um período de 50 anos, de uma estrada de ferro do sistema "Riggenbach".

---

334. FAUSTO, B. *História do Brasil*, p. 196.

335. FRANCISCO, PP. LS 8.

336. MATOS, H.C.J. *Nossa história*, Tomo 2, p. 156-166.

Quatro estações deveriam ser construídas: a primeira na Rua do Cosme Velho; a segunda na junção com a caixa d'água da Carioca, local posteriormente chamado de Silvestre; a terceira nas Paineiras, onde também seria construído um hotel e restaurante; e a quarta no final da ferrovia, a 40 metros do cume. Na ocasião, os construtores concordavam em não usar escravos na construção e no funcionamento da estrada de ferro, a não ser que fossem remunerados.

Por sua vez, o preço do transporte deveria ser fixado em tarifas, e se os dividendos ultrapassassem 12%, o governo teria o direito de exigir sua redução. Ao término do prazo, todo o material fixo e rodante deveria ser revertido para a Câmara Municipal, sem direito à indenização, exceto em relação às propriedades imóveis e de raiz. No início, havia apenas duas locomotivas de 12 toneladas, dois carros para cerca de 50 passageiros cada e dois vagões de carga. Este foi o projeto da menor estrada de ferro do mundo em sistema de cremalheira, mas com enorme potencial para o turismo, pois só no primeiro ano de funcionamento a ferrovia transportou 31.885 passageiros[337].

A inauguração da Estrada de Ferro do Corcovado aconteceu no dia 9 de outubro de 1884, com a abertura das três primeiras estações e do hotel-restaurante nas Paineiras. Toda a família imperial estava presente na viagem inaugural, que durou cerca de quarenta minutos[338]. A estação do Corcovado, que era a mais íngreme, só foi inaugurada em 1º de julho de 1885.

Depois de percorrer a pé os últimos passos de escada, os visitantes adentravam o "Chapéu do Sol", a 710 metros de altura. Era um pavilhão circular de ferro pesando 46 toneladas, com 13,5 metros de diâmetro. A estrutura foi planejada e construída na Bélgica, sendo montada no cume do Monte Corcovado. De lá, os visitantes podiam contemplar a natureza com todo conforto, às vezes com acompanhamento de músicos, podiam também fazer um piquenique no alto do Corcovado, que era um evento social. De modo bem costumeiro, as pessoas subiam o monte para "ver a cidade" e "tomar ares"[339].

A Estrada de Ferro e o mirante tinham evidente valor ecológico[340]: a primeira vocação do Monte Corcovado era a contemplação da natureza. O artigo sobre a inauguração da ferrovia, publicado no *Jornal do Commercio* em 2 de julho de 1885, é um registro do absoluto encantamento dos passageiros ao percorrer os

---

337. MENDONÇA, L.L. *Estrada de ferro do Corcovado*, p. 18-29.
338. RUBINSTEIN, M. *O Cristo do Rio*, p. 20.
339. SEMENOVITCH, J.S. *A conquista da montanha de Deus*, p. 17-23.
340. FRANCISCO, PP. LS 58.

3.829 metros de extensão do trajeto[341]. O traçado escolhido para a ferrovia foi tão satisfatório que, quase cem anos depois, nas obras de restauração realizadas entre 1977 e 1979, nenhuma mudança foi realizada[342].

A concessão da Estrada de Ferro do Corcovado foi transferida em 1903 para Rodrigo Otávio Langard. Já em 1906, o Governo Federal a repassou para a "Light", empresa de eletricidade, que a transformou na primeira ferrovia eletrificada do país. Apesar das dificuldades financeiras, a Estrada de Ferro do Corcovado continuou a funcionar nas décadas seguintes. Sua estrutura foi fundamental para a construção do monumento ao Cristo Redentor, permitindo o transporte de todo o pessoal envolvido e dos materiais, como ferro, aço, pedras, madeira e água[343].

A ideia para a construção do monumento partiu de um missionário lazarista francês, o Padre Pierre Marie Boss. Nascido em 1834, ele chegou ao Rio de Janeiro em fevereiro de 1859, aos 25 anos de idade, para assumir a capelania do Colégio da Imaculada Conceição, criado por solicitação do Imperador D. Pedro II às Filhas da Caridade de São Vicente de Paulo. A Congregação da Missão, cujos membros também são chamados "lazaristas", fazia parte do esforço de reforma do clero no Brasil Imperial.

A Igreja da Imaculada Conceição, ainda hoje existente, está localizada na enseada de Botafogo, com vista privilegiada do Monte Corcovado. A Princesa Isabel, filha do imperador, era uma das frequentadoras desta igreja. Ali, ela tomou conhecimento da ideia do Padre Boss para a construção da estátua do Cristo Redentor. Desde sua chegada ao Rio de Janeiro, o Padre Boss ficou encantado com a vista do Monte Corcovado, percebendo que a montanha era um pedestal único no mundo, ideal para a construção de um monumento religioso. Observado de Botafogo, o Monte Corcovado realmente assume o seu ângulo mais imponente, vertical.

---

341. MENDONÇA, L.L. *Estrada de ferro do Corcovado*, p. 27: É singular a impressão que se sente, quando o trem, depois de ter subido uma rampa de 30%, desemboca de repente numa planície que deixa avistar um panorama talvez único no mundo: ao longe, o mar e toda a sua grandeza; em baixo, um precipício de 600 metros de altura. Passado o primeiro momento, que é como de terror, começam a distinguir-se uma a uma as belezas e, quanto mais se fitam, mais se admiram. De repente, todo este panorama desaparece numa curva da estrada; o espetáculo é à esquerda, donde se avistam a cidade com suas casas, que não parecem ter mais de um metro de altura, e o porto, cheio de embarcações, que se diriam cascas de noz. Chega-se logo à estação terminal; [...] e é então que o panorama se torna verdadeiramente imponente, descortinando-se todo o horizonte em redor. Em suma, a Estrada de Ferro do Corcovado é uma obra grandiosa que, sejam quais forem os seus resultados, servirá, ao menos, para atestar o adiantamento da engenharia brasileira.

342. NORONHA, M.I. *Redentor*, p. 54.

343. MENDONÇA, L.L. *Estrada de ferro do Corcovado*, p. 56.

O Padre Boss faleceu em 1916, sem ver realizado o seu sonho, mas sua ideia esteve próxima de ser concretizada com o sacerdote ainda em vida. Quando a Princesa Isabel proclamou a abolição da escravatura, em 1888, propuseram a construção de sua estátua no alto do Corcovado, pois negros, mulatos e ex-escravos a tinham como protetora. Foi o líder mulato José do Patrocínio quem lhe deu o título de "Redentora", com o qual Isabel ainda hoje é lembrada pelos brasileiros[344].

Todavia, a princesa regente, que era uma católica fervorosa, determinou que fosse erguida no Corcovado uma estátua do Sagrado Coração de Jesus, que para ela era "o verdadeiro redentor dos homens"[345]. A ordem da Princesa Isabel, escrita com a grafia da época, está preservada até hoje:

> Manda Sua Alteza a Princesa Imperial Regente em Nome de Sua Magestade o Imperador agradecer a oferta da Commição Organizadora constituída da Sociedade Brasileira de Beneficência de Paris, da Cia. Estrada de Ferro do Cosme Velho ao Corcovado e do jornal *O Paiz*, para erguer huma estatua em sua honra pela extinção da escravidão no Brasil, e faz mudar a dita homenagem e o projecto, pelo officio de 22 de julho do corrente anno, por huma estatua do Sagrado Coração de Nosso Senhor Jezus Christo, verdadeiro redemptor dos homens, que se fará erguer no alto do Morro do Corcovado[346].

Atendendo à determinação da Princesa Isabel, os viscondes de Mauá e Santa Vitória viajaram a Paris. O objetivo era encomendar à Casa Raffl Verrebout o projeto e a execução da imagem em bronze do Sagrado Coração de Jesus, com 15m de altura, bem próxima daquela que viria a ser construída no século seguinte. O projeto, porém, nunca foi executado.

Isto se deu devido à abolição da escravatura, que rompeu as últimas bases de sustentação da monarquia, precipitando a Proclamação da República pelo Marechal Deodoro da Fonseca, em 15 de novembro de 1889. A insatisfação dos grandes proprietários de terra e dos militares derrubou o governo imperial[347]. A

---

344. GOMES, L. *1889*, p. 233.

345. LIMA, M.C. *Cristo Redentor do Corcovado*, p.16.

346. PRINCESA ISABEL, DECRETO IMPERIAL.

347. DEL PRIORE, M.; VENÂNCIO, R. *Uma breve história do Brasil*, p. 210: O impacto da abolição foi devastador na relação entre o governo imperial e uma legião de proprietários rurais, pois, na época em que foi sancionada, a indenização era impossível: os 700 mil escravos existentes (sendo quase 500 mil deles localizados em São Paulo, Rio de Janeiro e Minas Gerais) valiam, no mínimo, 210 milhões de contos de réis. A Lei Áurea rompeu, dessa forma, com o gradualismo dos emancipacionistas, sendo resultado das lutas de escravos e de homens livres engajados no movimento abolicionista. Para os escravistas, a abolição repre-

nova constituição, de cunho positivista, promulgada a 24 de fevereiro de 1891, determinou a separação entre a Igreja e o Estado, depois de quase quatro séculos de Padroado. Estava revogada, portanto, a construção da imagem do Sagrado Coração de Jesus no alto do Corcovado.

A relação entre a Igreja e o Estado já apresentava sinais de deterioração nas últimas décadas do Segundo Reinado. D. Pedro II era oficialmente católico, mas aceitava quase a contragosto o papel constitucional de "patrono" da Igreja Católica. Os interesses do imperador estavam mais voltados para o campo cultural e científico do que para o religioso[348]. A união entre "trono e altar", prevista na constituição de 1824, viveu uma grave crise em 1872.

O jovem bispo de Olinda, Dom Vital Maria Gonçalves de Oliveira, decidiu expulsar os maçons das irmandades de sua diocese. Apesar de ser numericamente pequena, a maçonaria tinha grande influência no Império. O Visconde do Rio Branco, presidente do Conselho de Ministros, era abertamente maçon. Apesar de Dom Vital estar seguindo as orientações da Santa Sé em relação à maçonaria, as irmandades de Olinda recorreram ao imperador, que deu ganho de causa aos maçons. A partir daí, o governo ordenou que o bispo reconsiderasse sua posição, e ele se recusou. Na ocasião, Dom Vital foi preso e condenado junto com outro colega no episcopado, Dom Macedo Costa, da Diocese do Pará.

A "Questão Religiosa" foi resolvida por um arranjo que substituiu o gabinete do Visconde do Rio Branco, anistiou os dois bispos condenados e suspendeu as proibições aplicadas aos maçons[349]. A maçonaria brasileira articulava-se contra a Princesa Isabel e seu marido, o francês Gastão de Orleans, Conde d'Eu. Para os maçons não era conveniente que uma católica "obcecada" pela educação religiosa e casada com um príncipe estrangeiro assumisse o trono[350].

Por esse motivo, as ideias positivistas de Auguste Comte consideravam que a ditadura republicana era a melhor forma de governo, com a plena separação entre a Igreja e o Estado. No dia 7 de janeiro de 1890, Rui Barbosa apresentou o

---

sentou uma traição, um confisco da propriedade privada. A reação deste grupo não tardou a acontecer. Um ano após o 13 de Maio, à oposição dos militares somou-se a de numerosos ex-senhores de escravos. A monarquia estava com seus dias contados.

348. NABUCO, J. *Um estadista do Império*, p. 259-260: Dom Pedro II tinha o espírito fortemente imbuído de preconceito anti-sacerdotal. Ele não era propriamente anticlerical, não via nenhum perigo da parte do clero; o que não lhe inspirava interesse era a própria vocação religiosa. Evidentemente, o padre e o militar eram, aos olhos do estudioso insaciável de ciência, se não duas futuras inutilidades sociais, duas necessidades que ele quisera utilizar melhor: o padre, fazendo-o também mestre-escola, professor de Universidade; em vez do militar, um matemático, astrônomo, químico, engenheiro.

349. FAUSTO, B. *História do Brasil*, p. 229-230.

350. GOMES, L. *1889*, p. 233.

Decreto 119-A, que extinguia o Padroado, estabelecia a liberdade de culto e reconhecia às diversas denominações religiosas a capacidade jurídica de possuir bens. Havia um espírito laicista de indiferença à Igreja e ao cristianismo que preocupava o episcopado brasileiro.

Oficialmente, a República inaugurava no Brasil o Estado secularizado, neutro em assuntos religiosos[351]. Apesar dos apelos de Dom Macedo Costa, a Constituição de 1891 ratificou os princípios positivistas, adotando o princípio de "Igreja livre em Estado livre". A frase inserida na nova bandeira, com os dizeres "Ordem e Progresso", era um lema positivista, cujas ideias foram muito difundidas entre os militares por Benjamim Constant, grande admirador de Auguste Comte. Na ocasião, o então bispo do Rio de Janeiro recusou-se a abençoar a nova bandeira, por trazer esta abreviação do lema da Igreja positivista: "O amor por princípio, a ordem por base e o progresso por fim".

Na nova constituição, os membros de ordens religiosas foram privados de seus direitos políticos. Somente os casamentos civis eram legalmente reconhecidos, com total indiferença para os casamentos religiosos. Os cemitérios foram secularizados e entregues à administração municipal, e o clero não gozava mais de imunidade política. A educação em estabelecimentos públicos foi laicizada, e o ensino religioso foi eliminado do currículo. Além disso, tornou-se proibido subvencionar escolas convencionais[352]. Alguns católicos consideraram a Carta Magna de 1891 "o ato de apostasia oficial do Brasil", uma "ilusão projetada por alguns intelectuais", que negligenciava a religião da maioria da população[353].

1.4.2 A Revolta da Vacina

Um artigo do jornalista Aristides Lobo observava que o movimento republicano de 1889 não teve participação popular. Os cidadãos do Rio de Janeiro eram "os bestializados"[354], expressão que caracterizou a reação atônita da população: "O povo assistiu àquilo bestializado, atônito, surpreso, sem conhecer o que significava [...]. Muitos acreditavam sinceramente estar vendo uma parada. Era um fenômeno digno de ver-se"[355].

---

351. MATOS, H.C.J. *Nossa história*, Tomo 2, p. 256.
352. CONSTITUIÇÃO DE 1891, Arts. 70 e 72.
353. MATOS, H.C.J. *Nossa história*, Tomo 2, p. 269.
354. CARVALHO, J.M. *Os bestializados*, p. 9.
355. LOBO, A. *Diário Popular*, p. 87.

Neste artigo, o Ministro do Interior do Governo Provisório explicava que a queda da monarquia tinha teor puramente militar. A única reação significativa ocorreu na Bahia, onde o general Hermes da Fonseca, irmão do marechal Deodoro, declarou que permaneceria fiel a D. Pedro II. Ele mudou de ideia ao saber que o próprio irmão liderava a Proclamação da República, e que o Imperador e sua família já haviam recebido ordem de exílio[356]. A falta de apoio popular era o "pecado original" do novo regime republicano.

A República deveria ser a representação do povo na política, um governo baseado na vontade popular, mas o que se notou nos dez anos seguintes foi o oposto: "os militares [...] julgaram-se donos e salvadores da República, com o direito de intervir assim que lhes parecesse conveniente"[357]. Esta situação de "ausência de cidadania", na qual o Estado aparece quase como vilão e a sociedade como vítima, remete-nos à dicotomia clássica de Santo Agostinho, em que a Cidade de Deus é sustentada no amor e na cooperação, e não por um Estado baseado na repressão[358].

O novo governo tentou ganhar "corações e mentes" para o ideário republicano, renomeando estradas, ruas, praças, escolas e repartições públicas. Apenas no Rio de Janeiro, 46 logradouros públicos mudaram de nome com a Proclamação da República[359]. Joaquim José da Silva Xavier, o Tiradentes, mártir da Inconfidência Mineira, que até então estava relegado à obscuridade, ressurgiu como símbolo do movimento republicano. A primeira comemoração da sua morte aconteceu no Rio de Janeiro, no dia 21 de abril de 1890, em cumprimento do decreto que também transformava o dia 15 de novembro feriado nacional. A nova iconografia associava a imagem de Tiradentes à de Jesus Cristo, com barba, cabelos compridos e túnica branca, tendo ao fundo a estrutura da forca lembrando a cruz do calvário. Assim, o governo que se afastava da religião, inspirava-se no catolicismo em busca de apoio popular[360].

Apesar dos esforços do novo governo republicano, a população veio a se manifestar publicamente dando sinais de insatisfação. A Revolta da Vacina, ocorrida no Rio de Janeiro entre 10 e 16 de novembro de 1904, foi motivada por uma lei de vacinação obrigatória contra a varíola, mas também por causas mais profundas, como a exclusão social e a insalubridade urbana da capital. Era uma situa-

---

356. MAGALHÃES JÚNIOR, R. *Deodoro*, p. 93: Eu sou republicano desde o dia 15 de novembro, mas o meu irmão Hermes é de 16.

357. CARVALHO, J.M. *Os bestializados*, p. 22.

358. DEANE, H.A. *The political and social ideas of St. Augustine*, p. 116-153.

359. GOMES, L. *1889*, p. 315.

360. CARVALHO, J.M. *A formação das almas*, p. 55-73.

ção em que a poluição literalmente causava dano contra o meio-ambiente e contra os pobres, numa clara demonstração de que tudo está interligado, como ensina a Encíclica *Laudato Si*[361].

A sociedade brasileira contemporânea, diante dos desafios da pandemia do novo coronavírus e da necessidade de vacinação, consegue se relacionar com aquele momento histórico. A abolição da escravatura não eliminou os problemas sociais do negro no Brasil. Ao contrário, no Rio de Janeiro, os capoeiristas eram alvo de repressão do governo republicano. A opção pelo trabalhador assalariado imigrante para substituir a mão de obra escrava gerou situações de racismo, preconceito e desigualdade social. Nas regiões de forte imigração, por exemplo, o negro muitas vezes continuou a ser considerado um ser inferior, insolente e propenso ao crime.

O destino dos ex-escravos variou de acordo com a região do país. No Maranhão, muitos negros instalaram-se em terras desocupadas como posseiros. No Vale do Paraíba, os antigos escravos viraram parceiros nas fazendas de café em decadência, atuando como pequenos sitiantes e peões para cuidar do gado. No Rio Grande do Sul, houve um agudo "embranquecimento" da população, com a substituição dos escravos pelos imigrantes nas oportunidades de trabalho regular. Em São Paulo, os imigrantes europeus ocuparam 83% dos empregos na indústria. No Rio de Janeiro, onde foi menor o peso da imigração, os negros ocupavam cerca de 30% das oportunidades nas oficinas artesanais e manufaturas[362].

Ao longo do século XIX, o Rio de Janeiro ganhou reputação internacional de cidade muito poluída, especialmente na área do porto. As estatísticas nos primeiros anos da República eram mórbidas: a taxa de mortalidade superava a de natalidade na capital. Os efeitos da degradação ambiental estavam claramente ligados à degradação social[363]. Entre 1890 e 1906, a população do Rio de Janeiro cresceu de 500 mil para aproximadamente 800 mil habitantes, em decorrência da imigração nacional e estrangeira.

Naquele contexto, grupos de imigrantes europeus e ex-escravos estabeleceram-se no Rio de Janeiro, que passava por um processo de industrialização. As péssimas condições sanitárias favoreciam a proliferação de doenças, justificando a fama de cidade empestada e mortífera. A febre amarela já era uma mazela na cidade desde 1849, quando uma epidemia dizimou cerca de 4.000 pessoas. Os esforços de saneamento não impediram surtos de cólera, tuberculose, tifo e

---

361. FRANCISCO, PP. LS 16.

362. FAUSTO, B. *História do Brasil*, p. 220-221.

363. FRANCISCO, PP. LS 43.

rubéola[364]. O crescimento urbano descontrolado e a poluição no centro provocaram movimentos migratórios para as áreas puras da cidade[365], com o surgimento de favelas ao lado dos novos grupos habitacionais. Esta era uma espiral contínua de desigualdade social e violência[366], em mais uma evidência de que a crise ambiental está ligada à crise social[367].

A Encíclica *Laudato Si'* oferece um subsídio sobre como devemos analisar este tipo de deslocamento demográfico sobre as áreas verdes, explicando que, uma vez que todas criaturas estão interligadas[368], existe uma relação íntima entre a pobreza e os pecados contra o planeta, que se alimentam mutuamente num círculo vicioso. Este movimento, se não é interrompido, gera ainda mais violência contra a Terra e contra o pobre. O tráfico de drogas na cidade do Rio de Janeiro, por exemplo, "provêm de regiões empobrecidas, onde se corrompem comportamentos, se destroem vidas e se acaba por degradar o meio ambiente"[369].

De forma acertada, o Papa Francisco defende uma ecologia integral, que inclua as dimensões humanas e sociais[370]. Sendo assim, para ser eficaz, uma abordagem ecológica sempre se torna uma abordagem social[371]. Neste sentido, a Encíclica *Laudato Si'* insere-se no importante magistério da Doutrina Social da Igreja, para iluminar as mazelas brasileiras desde a colônia até os dias atuais.

Quando Rodrigues Alves assumiu a presidência da República em novembro de 1902, declarou que os problemas do Rio de Janeiro prejudicavam o desenvolvimento do país como um todo, comprometendo-se com o saneamento da área do porto[372]. O engenheiro Pereira Passos, prefeito do Distrito Federal, determinou demolições impopulares de casas para abrir a Avenida Central. Todavia, o grande estopim da crise foi a revolta da população contra a lei de vacinação obrigatória imposta pelo governo, por recomendação do médico Oswaldo Cruz.

---

364. ENDERS, A. *A história do Rio de Janeiro*, p. 206-209.

365. FRANCISCO, PP. LS 44.

366. FRANCISCO, PP. LS 149: [...] está provado que a penúria extrema vivida em alguns ambientes privados de harmonia, magnanimidade e possibilidade de integração facilita o aparecimento de comportamentos desumanos e a manipulação das pessoas por organizações criminosas. Para os habitantes de bairros periféricos muito precários, a experiência diária de passar da superlotação ao anonimato social, que se vive nas grandes cidades, pode provocar uma sensação de desenraizamento que favorece comportamentos antissociais e violência.

367. FRANCISCO, PP. LS 139.

368. FRANCISCO, PP. LS 42.

369. FRANCISCO, PP. LS 142.

370. FRANCISCO, PP. LS 137.

371. FRANCISCO, PP. LS 49.

372. SEVCENKO, N. *A Revolta da Vacina*, p. 30-33.

Naquela ocasião, o atestado de vacina era exigido para matrícula em escolas, empregos, hospedagem em hotéis, viagens e casamentos. Por esse motivo, a reação da população foi violenta. A partir disso, o governo decretou estado de sítio, e o Exército e a Marinha contiveram os manifestantes. Um dos principais líderes da revolta era um capoeirista e estivador, Horácio José da Silva, conhecido como Prata Preta, que ficou à frente das barricadas do Bairro da Saúde[373]. O balanço dos seis dias da Revolta da Vacina foi de 23 mortos, 67 feridos e 700 prisioneiros, acarretando, além disso, o cancelamento da vacinação obrigatória e a evidência de que a estrutura urbana da cidade não conseguiria absorver o crescimento demográfico e a desigualdade social[374].

1.4.3 Nossa Senhora Aparecida, Rainha do Brasil

Após a Proclamação da República, o episcopado brasileiro manifestou desconfiança em relação ao novo regime. Os bispos criticavam abertamente a nivelação da Igreja Católica aos demais credos. Havia o receio de que o governo republicano, de cunho positivista, adotasse uma forma de "ateísmo social"[375]. Por isso, em dezembro de 1889, antes do decreto de separação entre a Igreja e o Estado, Dom Luís Antônio, arcebispo da Bahia, escreveu uma carta ao Marechal Deodoro da Fonseca, advertindo-o sobre as consequências negativas desta separação[376].

O Núncio Apostólico, Francisco Spolverini, ao contrário, apontava para os efeitos positivos, porque a Igreja obteria plena liberdade de ação. Contudo, quando o Governo Provisório baixou o Decreto 119-A, extinguindo o Padroado, a Santa Sé deplorou o rompimento da antiga e tradicional harmonia entre a Igreja e o Estado, pois "embora tenham fins diferentes, encontram na mútua colaboração apoio e força para atingir a respectiva missão que lhe é confiada por Deus"[377].

Sob a liderança de Dom Macedo Costa, bispo do Pará, o episcopado brasileiro reuniu-se em 19 de março de 1890, em São Paulo, para emitir a primeira Carta Pastoral Coletiva após a Proclamação da República. A Igreja no Brasil, na visão dos bispos, deveria apreciar positivamente a liberdade garantida pelo

---

373. CARVALHO, J.M. *Os bestializados*, p. 110-111.

374. ENDERS, A. *A história do Rio de Janeiro*, p. 206-209.

375. MATOS, H.C.J. *Nossa história*, Tomo 2, p. 256.

376. BARBOSA, M. *A Igreja no Brasil*, p. 286-287: V. Exa. conhece de ciência própria o que é a fé no coração dos nossos compatrícios. Tocar nesse dom precioso que Deus nos deu será um justo motivo de desgosto, que certamente fará nascer qualquer desconfiança da parte dos brasileiros para com V. Exa. e que foi penhor de segurança e de ordem que o povo reconheceu na nova ordem de coisas [...] Não deixe V. Exa. que o desviem do caminho edificante que toda sua família tem seguido na Igreja de Deus...

377. PIVA, E. *Transição republicana*, p. 627.

novo regime e lutar para que esta liberdade se tornasse efetiva. Apesar de autônomos, existe afinidade entre o poder espiritual e temporal, que não devem opor-se entre si. A Carta Pastoral explicava que o Estado não deve prescindir do âmbito religioso para governar, e nem a Igreja possui jurisdição exclusiva sobre os cidadãos[378].

Apesar da postura conciliatória da Carta Pastoral de 1890, havia duas tendências no catolicismo em respeito à República. De um lado estavam aqueles que apreciavam a liberdade concedida à Igreja, numa postura de abertura e diálogo. Já do outro, estavam aqueles que lamentavam a perda dos privilégios que a Igreja gozava no Período Imperial[379]. A Igreja, de fato, perdia privilégios e destaque político junto ao governo, mas ganhava autonomia administrativa, financeira e pastoral. Assim, havia uma necessidade de reestruturação da Igreja no Brasil para permanecer relevante junto à sociedade e recuperar o espaço político perdido com o fim do Padroado[380].

Esta iniciativa, iniciada com a proclamação da República, ia de encontro ao movimento de romanização que já estava em curso desde o Segundo Reinado, impulsionado pelo Concílio Vaticano I, que ressaltava o primado do papa e proclamava o Dogma da Infalibilidade Papal. Neste período, vários seminaristas brasileiros foram enviados a Roma para concluir sua formação sacerdotal. Esta tendência, conhecida como Ultramontanismo, era uma doutrina política que buscava em Roma sua principal referência, e que no Brasil teve um forte caráter tridentino e clerical[381].

Na proclamação da República, havia apenas uma arquidiocese e onze dioceses no Brasil, para uma população de cerca de 13 milhões de habitantes. Com a Bula *Ad Universas Orbis Ecclesias*, promulgada em 27 de abril de 1892, o Papa Leão XIII deu início à reorganização da Igreja no Brasil, com a ereção de quatro novas dioceses: Amazonas, Paraíba, Niterói e Curitiba. Em 1895, foi criada a Diocese do Espírito Santo. Surgiram ainda duas províncias eclesiásticas, ao redor das duas principais arquidioceses do país: a do Norte, com sede na Bahia, e a do

---

378. RODRIGUES, A.M.M. *A Igreja na República*, p. 23-24: Exigir que o Estado legisle para os cidadãos, prescindindo do religioso respeito devido à autoridade da Igreja, a que estão sujeitos os mesmos cidadãos; e vice-versa, querer que a Igreja exerça a sua jurisdição sobre os fiéis sem olhar sequer para o Estado de que são igualmente súditos os mesmos fiéis, é um sistema este, aos olhos do senso comum e da mais vulgar equidade, injusto em si e impossível na prática.

379. MATOS, H.C.J. *Nossa história*, Tomo 3, p. 19-26.

380. RABELLO, J.M.M. *Rainha do Brasil*, p. 20-21.

381. MICELI, S. *A elite eclesiástica brasileira*, p. 17-18.

Sul, com sede no Rio de Janeiro. Cada uma destas províncias tinha sete bispados sufragâneos, subordinados ao arcebispo metropolitano[382].

Dom Joaquim Arcoverde teve uma importante função de liderança neste momento de transição. Em 1892, ele foi nomeado bispo auxiliar da Arquidiocese de São Paulo, buscando dirimir os conflitos da Igreja com o governo republicano, especialmente em relação à extinção do ensino religioso nas escolas públicas. Dom Joaquim Arcoverde viajou à Europa para organizar a vinda de missionários religiosos para incrementar a educação católica no Brasil. Em agosto de 1894, na Europa, ele recebeu a notícia do falecimento de Dom Lino de Carvalho, a quem sucedeu no mês seguinte como arcebispo de São Paulo. Ainda em setembro de 1894, 13 padres redentoristas alemães embarcaram numa viajem rumo ao Santuário de Aparecida.

Em 1897, nomeado pelo Papa Leão XIII como arcebispo metropolitano do Rio de Janeiro, Dom Joaquim Arcoverde buscou promover a devoção a Nossa Senhora Aparecida no âmbito nacional. Como arcebispo da capital do Brasil, Dom Arcoverde tinha importante papel de liderança no catolicismo do país. Em 1905, por decisão do Papa Pio X, tornou-se o primeiro Cardeal do Brasil e da América Latina. Esta nomeação deveu-se em parte à diplomacia vitoriosa do Barão do Rio Branco, que mudou o eixo diplomático brasileiro.

Ao afastar o país da Inglaterra, o Barão do Rio Branco buscou alinhamento político com os Estados Unidos, e promoveu a liderança do Brasil na América Latina[383]. Assim, com o cardinalato de Dom Joaquim Arcoverde, o Brasil era reconhecido pela Santa Sé como maior nação católica do mundo, e, internamente, o governo republicano reconhecia a relevância da Igreja Católica no cenário político nacional.

No ano anterior, no dia 8 de setembro de 1904, um dia após o feriado da independência, no cinquentenário da proclamação do dogma da Imaculada Conceição, a Igreja Católica promoveu a coroação de Nossa Senhora da Conceição Aparecida como Rainha do Brasil, com grande apoio popular. Era uma clara demonstração da força da fé católica e dos sentimentos cristãos do povo brasileiro diante do Estado[384].

Assim como o governo republicano fizera com a iconografia de Tiradentes e da bandeira nacional, a Igreja Católica fez uso do simbolismo da imagem de Nossa Senhora Aparecida para "reinventar" sua relevância política e social no

---

382. MATOS, H.C.J. *Nossa história*, Tomo 3, p. 33-34.
383. CERVO, A.L.; BUENO, C. *História da política exterior do Brasil*, p. 163-167.
384. ALVAREZ, R. *Aparecida*, p. 181.

Brasil republicano[385]. A segunda Carta Pastoral Coletiva do episcopado brasileiro, publicada em janeiro de 1900, denunciava que o regime laicista imposto ao país, à revelia da vontade do povo, era essencialmente antidemocrático. O documento apontava para um vínculo indissolúvel entre o catolicismo e o patriotismo, para demonstrar a importância da Igreja Católica no processo de formação da identidade nacional do Brasil[386].

A coroação de Nossa Senhora Aparecida em plena república, com uma coroa de ouro e diamantes doada pela princesa Isabel, era uma mensagem eloquente da Igreja Católica ao governo republicano. A imagem de Nossa Senhora da Conceição, encontrada em 1717 nas águas do Rio Paraíba do Sul, amada de forma crescente pelo povo brasileiro, era ao mesmo tempo um símbolo de ruptura e continuidade, um elo entre o passado e o futuro do catolicismo no Brasil[387]: ruptura com as amarras dos vínculos coloniais com Portugal, pois a devoção a Nossa Senhora da Conceição, padroeira dos portugueses, ganhava uma dimensão brasileira local; e continuidade, pois a imagem morena de Nossa Senhora da Conceição Aparecida demonstrava que a fé católica permanecia relevante no Brasil, apesar das mudanças políticas e sociais no país.

A imagem quebrada da padroeira de Portugal, enegrecida pelo lodo do rio, reapareceu na rede dos pescadores acompanhada por uma pesca abundante. Os milagres alcançados por sua intercessão desde o século XVIII, além de sua cor miscigenada, faziam de Nossa Senhora Aparecida um importante símbolo do Brasil. O povo brasileiro, de várias raízes raciais, identificava-se com esta devoção mariana.

O crescimento constante do Santuário de Aparecida, a partir de 1889, foi também um sinal importante da nova independência financeira e administrativa da Igreja Católica ao final do Padroado. Atendendo aos apelos do episcopado e do povo católico brasileiro, em 16 de junho de 1930, o Papa Pio XI proclamou Nossa Senhora da Conceição Aparecida como padroeira do Brasil. O monumento ao Cristo Redentor foi inaugurado no ano seguinte, justamente no dia da festa litúrgica da nova padroeira, 12 de outubro de 1931.

---

385. CARVALHO, J.M. *A formação das almas*, p. 93.

386. MATOS, H.C.J. *Nossa história*, Tomo 3, p. 30: Se deveras amamos nossa Pátria, se a queremos ver próspera, respeitada, tranquila e uma, trabalhemos a todo nosso poder para a restituir a Jesus Cristo. Procuremos que Jesus seja reconhecido e adorado pela sociedade, e não só pelos indivíduos; pública e oficialmente, e não só no interior das casas, no recinto dos templos e junto aos altares. Esforcemo-nos por cancelar do nosso código fundamental essas leis de apostasia que são a desgraça da nação brasileira.

387. RABELLO, J.M.M. *Rainha do Brasil*, p. 20-21.

1.5 A construção do monumento ao Cristo Redentor

Ainda hoje, muitas pessoas imaginam que a estátua do Cristo Redentor foi um presente do governo da França para o Brasil. Este erro é consequência de dois fatos reais: a relação com a Estátua da Liberdade e a participação de uma equipe francesa na construção do monumento brasileiro.

A Estátua da Liberdade foi projetada pelo escultor francês Frederic Bartholdi e também por outro famoso compatriota, o engenheiro Gustave Eiffel, autor do projeto da Torre Eiffel. O monumento foi oferecido pelo governo francês ao povo dos Estados Unidos para comemorar o centenário da independência do país americano. A estátua de cobre em estilo neoclássico foi concluída em Paris em 1884, e enviada em partes numeradas para Nova York, sendo inaugurada em 1886.

A estátua do Cristo Redentor, por outro lado, foi projetada por um brasileiro, financiada por doações do povo brasileiro e construída no Brasil para comemorar o centenário de nossa independência. Após a primeira campanha de arrecadação para a construção, houve uma etapa em Paris, onde foram realizados os cálculos estruturais, uma maquete de quatro metros e as esculturas em tamanho real da cabeça e das mãos do monumento. Estas partes numeradas foram enviadas de navio da França para o Brasil, mas isso não significa que a estátua tenha sido um presente do governo francês para o povo brasileiro.

Como sinal da sua verdadeira origem, a estátua do Cristo Redentor é recoberta por triângulos de esteatita retirados de uma mina da cidade de Carandaí, no estado de Minas Gerais. A "pele" que reveste a estátua é uma amálgama do tecido social do povo brasileiro, um sinal de cada pessoa que colaborou para sua construção[388]. Esta união dos triângulos de pedra-sabão reflete também a união das pedras vivas que compõem a Igreja, o corpo de Cristo. A estátua é um modelo de fraternidade e união de um povo que busca construir uma nova sociedade, mais justa e pacífica, iluminada pela luz de Cristo, enquanto caminha para a pátria celeste onde Deus será tudo em todos (1Cor 15,28).

1.5.1 A nova Cristandade

Dom Sebastião Leme deu continuidade ao processo de "reconstrução institucional" da Igreja Católica no Brasil ao longo da República Velha, conciliando as diretrizes da Santa Sé e os desafios internos da sociedade brasileira[389]. Sebastião

---

388. METSAVAH, O. *Divina geometria*, p. 25.
389. MICELI, S. *A elite eclesiástica brasileira*, p. 17.

Leme da Silveira Cintra nasceu em 20 de janeiro de 1882, no dia de São Sebastião, na cidade de Espírito Santo do Pinhal. Filho de uma família pobre, mas com sólida formação cristã, recebeu dos pais o nome do padroeiro do Rio de Janeiro, cidade onde exerceria a parte mais importante do seu ministério.

Em 1894, entrou no Seminário de São Paulo, e foi enviado por Dom Joaquim Arcoverde para concluir seus estudos em Roma, sendo ordenado sacerdote em 1904. Em 1911, foi nomeado bispo-auxiliar do Rio de Janeiro, sendo transferido como arcebispo de Recife e de Olinda em 1916. Naquele momento, Dom Sebastião Leme publicou uma carta pastoral que iniciou uma nova etapa na história da Igreja no Brasil. O objetivo era instaurar uma nova Cristandade diante do governo secularizado da República.

Em 1921, Dom Leme retornou ao Rio de Janeiro como arcebispo-coadjutor do Cardeal Joaquim Arcoverde, que estava enfermo. Ao sucedê-lo, em 1930, com o falecimento de seu predecessor, Dom Sebastião Leme tornou-se o segundo Cardeal do Rio de Janeiro e do Brasil, exercendo importante papel de liderança no episcopado nacional até o seu falecimento, em 1942. Em todo este período, o Cardeal Leme permaneceu unido às orientações da Santa Sé, especialmente durante o pontificado do Papa Pio XI, que tinha como lema "Restaurar todas as coisas em Cristo"[390].

Dom Leme reconhecia que o Brasil era um país tradicionalmente católico, de evidente no nome das nossas cidades, rios e estados, assim como na religiosidade popular dos brasileiros. Ao mesmo tempo, o prelado percebia que a influência pública do catolicismo era limitada no âmbito social, na política e na produção intelectual do país. A Igreja institucional estava fragilizada: faltavam padres, a educação religiosa era precária, a intelectualidade católica não era engajada e a situação financeira geral estava depauperada[391].

Apesar de ser a religião da maioria do povo brasileiro, o catolicismo não atingia as lideranças políticas do país. Por esta razão, Dom Sebastião Leme desejava que a Igreja Católica voltasse a ter influência na vida pública do Brasil, através de uma "recristianização" do governo. A nova Cristandade restabeleceria a aliança entre a Igreja e o Estado, para benefício de ambos[392]. A carta pastoral de 1916, escrita no Rio de Janeiro, observava a ausência do catolicismo na engrenagem oficial do governo, nas leis e na educação pública.

---

390. PHILIPE, A.P. *Uma neocristandade no Brasil*, p. 163.

391. MAINSWARING, S. *A Igreja Católica e a política no Brasil*, p. 41.

392. BRUNEAU, T.C. *Catolicismo brasileiro em época de transição*, p. 74.

Na primeira parte do documento, Dom Leme indicava que os católicos eram uma maioria ineficaz no país, devido à ausência de uma militância católica consciente dos seus deveres sociais. Na segunda parte, o bispo apontava que as raízes do problema estavam na ignorância religiosa da população, ressaltando o mal causado pelo positivismo e fazendo um apelo aos intelectuais católicos. Na terceira parte, o bispo propôs a instrução religiosa como uma solução básica para a reinserção da Igreja Católica na vida pública[393].

Mesmo após a publicação da Encíclica *Rerum Novarum*, do Papa Leão XIII, em 1891, os católicos brasileiros tinham dificuldade em assimilar a Doutrina Social da Igreja. As pessoas preferiam cultivar um contato devocional com Jesus, com Nossa Senhora e com os santos, a ter um engajamento social. Até as manifestações públicas da fé tinham um cunho devocional: a missa, a observância dos sacramentos, o dízimo e a moral católica. Naquela concepção religiosa, o mundo era essencialmente maligno (1Jo 2,5-17), corrompendo a fé devota ao encorajar a busca pela glória, o dinheiro, a fama e o poder.

Neste sentido, havia um antagonismo entre a fé católica e a participação na sociedade secular. A maioria dos católicos entendia a salvação pela fé em Cristo como uma elevação acima do mundo, ao invés de um engajamento no mundo. As ações públicas que acompanhavam a fé, como um compromisso político, não eram tão importantes quanto a devoção pessoal. A concepção de fé da neocristandade era diferente: voltar a Cristo era retornar à vida pública, política e social, sem reduzir o catolicismo à missa, aos sacramentos e às procissões. O objetivo era cristianizar a sociedade, imbuindo o governo e as instituições de um espírito católico. Em resumo, a Igreja da neocristandade era triunfalista, desejando conquistar o mundo moderno para Cristo.

A década de 1920, quando Dom Sebastião Leme assumiu a Arquidiocese do Rio de Janeiro, foi um período propício para esta reaproximação oficial entre a Igreja e o Estado. O Brasil passava por um período de profunda crise, com grande descontentamento e reivindicações populares, associados às mudanças socioeconômicas. Os líderes católicos trabalharam diretamente com os governos do presidente Epitácio Pessoa, Artur Bernardes e Getúlio Vargas. Por um lado, a Igreja desejava que o Estado reinstituísse de forma informal alguns aspectos do favorecimento perdido ao fim do Padroado. Por outro lado, o Estado buscava se beneficiar do apoio político e popular da Igreja, num momento de grande instabilidade social[394].

---

393. MATOS, H.C.J. *Nossa história*, Tomo 3, p. 48-49.
394. MAINSWARING, S. *A Igreja Católica e a política no Brasil*, p. 44-47.

Nesse período, Dom Sebastião Leme teve oportunidade para implementar seu projeto de uma nova Cristandade, abrindo espaço para a atividade de intelectuais católicos leigos. Em 1921, Jackson Figueiredo fundou a revista *A Ordem*, de cunho apologético. O nome sugestivo buscava demonstrar, em referência ao lema positivista da bandeira nacional, que a verdadeira ordem social passava pelo catolicismo. Em 1922, também por iniciativa de Jackson Figueiredo, foi criado o Centro Dom Vital, no qual militou uma influente geração de intelectuais leigos católicos como Alceu Amoroso Lima, Durval de Moraes, Gustavo Corção, Jonathas Serrano, Eugênio Vilhena de Morais e Heráclito Sobral Pinto.

Este modelo de associação de intelectuais difundiu-se por outros estados, como semente para a fundação das primeiras universidades católicas do país. Ainda em 1922, no centenário da independência, Dom Sebastião Leme conduziu um Congresso Eucarístico no Rio de Janeiro, em mais uma demonstração da força social do catolicismo. O grande sinal visível do movimento da neocristandade católica, verdadeiro símbolo da Igreja triunfante, foi a construção do monumento ao Cristo Redentor, cuja pedra fundamental foi lançada no cume do Monte Corcovado, pelo Cardeal Joaquim Arcoverde, em outubro de 1922[395]. O projeto levou 10 anos para ser concluído, desde as primeiras iniciativas, em 1921, até a inauguração, em 1931.

1.5.2 Jesus, a cruz e o mundo

Em 1921, nos preparativos para a celebração do centenário da independência, um grupo de leigos chamado "Círculo Católico", liderado pelo general Pedro Carolino de Almeida, lançou novamente a ideia da construção do monumento religioso sugerido inicialmente pelo Padre Pierre Marie Boss e depois pela Princesa Isabel[396]. A ideia foi divulgada à imprensa e logo ganhou apoio popular.

Em seguida, o projeto foi acolhido pela Arquidiocese do Rio de Janeiro, sob a liderança de Dom Sebastião Leme, bispo-coadjutor do Cardeal Joaquim Arcoverde, que estava enfermo[397]. Uma votação sobre o lugar da construção colocou em pauta três opções de pontos destacados da capital: o Pão de Açúcar, o Monte Corcovado e o Morro do Castelo. Por unanimidade de votos foi escolhido o Monte Corcovado, "pedestal único no mundo", como vislumbrara o Padre Boss.

---

395. PHILIPE, A.P. *Uma neocristandade no Brasil*, p. 164-167.

396. RODRIGUES, A.E.M. *Cristo Redentor*, p. 48.

397. RUBINSTEIN, M. *O Cristo do Rio*, p. 36.

Logo depois foi lançado um concurso arquitetônico, com três projetos candidatos. O primeiro era de José Agostinho Reis: uma imensa cruz, sobre uma capela de dez metros em estilo ogival, com imagens do Sagrado Coração de Jesus, da Imaculada Conceição, de São José e de São Sebastião. O segundo era de Adolpho Morales de los Rios: uma capela de quatro lados, cada qual aberto em arco ornamentado, com uma imagem de Cristo de braços abertos no topo, sobre um pequeno globo. Contudo, o projeto vencedor foi do engenheiro e arquiteto carioca Heitor da Silva Costa: uma imensa imagem de Jesus Cristo sobre um pedestal, segurando uma grande cruz com a mão esquerda e o globo terrestre com a mão direita. Assim, a construção da estátua do Cristo Redentor seria a grande obra da vida de Heitor da Silva Costa[398].

Ocorre ressaltar que, de forma embrionária, o projeto vencedor antecipava o alicerce de grandes temas teológicos através de um símbolo com profundo significado para a relação entre a criação e a redenção. "Na Bíblia, o Deus que liberta e salva é o mesmo Deus que criou o universo, e estes dois modos de agir divino estão íntima e inseparavelmente ligados"[399]. Ora, por um princípio teológico, para a doutrina cristã, a Sagrada Escritura deve ser interpretada segundo a unidade entre o Antigo e o Novo Testamento[400].

Assim, tomando a revelação de Cristo como critério, percebemos que as palavras do Livro do Gênesis sobre a criação (Gn 1,1) esvaziam-se de sentido sem o que vem a ser transmitido no prólogo do Evangelho de São João (Jo 1,1-3). Neste sentido, compreendemos que o Verbo eterno criador do Universo fez-se carne, morreu na cruz e ressuscitou para nossa redenção: o Deus que cria é o Deus que salva. O simbolismo do monumento apresentava Jesus, acertadamente, como Senhor, Juiz e Sustentáculo do mundo. A cruz, por sua vez, expressava a salvação universal em Cristo, o seu sacrifício de perdão pelos homens e pela criação, um sacrifício redentor desde a *kenosis* da sua encarnação (Fl 2,6-11) até a glória da sua ressurreição (Jo 20,19-20).

Em fevereiro de 1922, um grupo de mais de 20.000 mulheres, sob a liderança da escritora Laurita Lacerda, apresentou um abaixo-assinado ao presidente Epitácio Pessoa, pedindo a autorização para as obras. Na primeira página da petição estava o poema de 1904 do Padre Pierre Marie Boss. O presidente Epitácio

---

398. SILVA COSTA, H. *Analogias divinas do monumento*, p. 28: Fazer uma imagem de Cristo é uma alta aspiração e uma grande responsabilidade. Fazê-la em proporções descomunais seria, sem dúvida, a aspiração e responsabilidade máximas de uma vida.

399. FRANCISCO, PP. LS 73.

400. CONCÍLIO VATICANO II. DV 16.

Pessoa autorizou a construção, e o governo federal cedeu o cume do Monte Corcovado à Arquidiocese do Rio de Janeiro. Na ocasião, houve protestos da ala protestante, especialmente do *Jornal Batista*, órgão oficial da Convenção Batista Brasileira, criticando a idolatria e o triunfalismo do catolicismo romano. Houve também fortes críticas de movimentos anticlericais, mas a maioria da população apoiava a construção. Os protestantes, embora em tom de crítica, reconheceram a grande movimentação popular pela construção do monumento[401]. Vencidas as oposições, em setembro de 1922, na semana do centenário da Independência, o Cardeal Joaquim Arcoverde desfraldou uma flâmula no cume do Monte Corcovado, com os dizeres "Salve Redentor". O Cardeal Arcoverde também abençoou a pedra fundamental do monumento no mês seguinte.

O croqui do projeto vencedor foi exposto na movimentada vitrine da Chapelaria Watson, na esquina da Avenida Rio Branco com a Rua do Ouvidor, mas os seus símbolos tornaram-se de difícil reconhecimento pelos cariocas, que o apelidaram como "o Cristo da Bola"[402]. O Professor José Flexa Ribeiro, da Escola Nacional de Belas Artes, escreveu um artigo no jornal *O Paiz*, em 1923, criticando a concepção artística geral do projeto, especialmente a sua exequibilidade e visibilidade a grandes distâncias.

Dom Sebastião Leme solicitou que Heitor da Silva Costa elaborasse um novo projeto, que pudesse ser visto de longe, com maior significado religioso[403]. O engenheiro acolheu a solicitação com modéstia e humildade, e pôs-se a trabalhar no novo projeto. Havia no alto do Corcovado uma antena de radiotelefonia de quarenta metros de altura, em forma de cruz, para comunicação entre o Rio de Janeiro e os Estados Unidos. Inspirado nesse formato, Heitor da Silva Costa elaborou um segundo projeto no qual o simbolismo substituiu o realismo, mantendo intactos os signos da criação e da redenção: a cruz projetava-se pelo tronco ereto e pelos braços abertos da imagem de Jesus, e o mundo foi trazido para debaixo dos seus pés como na cena do Calvário, no qual, dessa vez, a floresta, a cidade,

---

401. RODRIGUES, A.E.M. *Cristo Redentor*, p. 50: Uma avalanche de senhoras, de moças, de raparigas e de homens vem à rua, de sacola em punho, a mendigar, nas esquinas, nas casas comerciais, nas repartições públicas, nos bancos, por toda a parte, transformando a grande população do Rio num verdadeiro Cristo.

402. SEMENOVITCH, J.S. *A conquista da montanha de Deus*, p. 45.

403. SILVA COSTA, H. *Analogias divinas do monumento*, p. 36: Nesta grandiosa tarefa, que me empolgou por cerca de 10 anos, não posso deixar de citar, e o faço com a maior satisfação e veneração, o nome de quem, por seu entusiasmo constante, dedicação insuperável e superior orientação dada a todos os trabalhos, foi, verdadeiramente, a alma deste monumento: Sua Eminência, o Senhor Cardeal Dom Sebastião Leme. Sem ele nada teria sido feito e tudo não passaria, apesar dos melhores esforços despendidos, de um belo sonho.

o oceano e tudo a se perder no horizonte uniam-se como testemunhas daquele amor redentor infinito[404].

1.5.3 A divina geometria

Heitor da Silva Costa solicitou ao pintor Carlos Oswald que fizesse o novo esboço do projeto, que foi prontamente aceito pelas autoridades[405]. Os cálculos foram cuidadosos, e tiveram como referência a praia de Botafogo, onde morava o pai do engenheiro. Foi quando surgiu a convicção de que a obra deveria ser realizada em concreto armado, por razões econômicas e funcionais. A construção em armação metálica era mais cara e de difícil manutenção. Havia também a preocupação de que uma estrutura metálica pudesse ser desmontada num esforço de guerra.

Em 1923, Dom Sebastião Leme criou a Comissão Organizadora do Monumento, lançando uma grande campanha de arrecadação para a construção, que seria financiada por doações do povo brasileiro, especialmente das paróquias do Rio de Janeiro. Até mesmo os índios Bororos enviaram contribuições[406]. Heitor da Silva Costa compreendeu que a obra exigiria a perfeita harmonia entre a arte e a engenharia: sua execução combinaria a cabeça e as mãos como esculturas, e o corpo e os braços como um edifício. Para escolher um escultor capacitado, Heitor da Silva Costa viajou a Paris em 1924.

A escolha recaiu sobre Maximiliam Paul Landowski, especialista no estilo *art déco*, por seu mérito e equilíbrio artístico, sem os exageros modernistas que a obra não comportava. O artista francês foi contratado por Heitor da Silva Costa por 130 mil francos. A única exigência de Paul Landowski, dentro do projeto de engenharia e arquitetura elaborado por Heitor da Silva Costa, era a liberdade artística para trabalhar, com traços e linhas de sua escolha, a estátua em forma de cruz desenhada por Carlos Oswald. Heitor da Silva Costa, Carlos Oswald e Paul Landowski são, portanto, considerados os criadores do monumento ao Cristo Redentor. Ao final, todos eles cederam seus direitos autorais sobre o monumento à Arquidiocese do Rio de Janeiro.

---

404. SILVA COSTA, H. *Analogias divinas do monumento*, p. 10.

405. OSWALD, C. *Como me tornei pintor*, p. 83: Surgiu então a ideia da Cruz. Uma enorme Cruz que, como farol, iluminasse a Guanabara. Esta concepção, se não me engano, era adotada pelo arquiteto Morales de los Rios que fez neste sentido, projetos e propostas de construção. Uma simples cruz era simples demais. Foi então que resolvemos dar à figura de Cristo o aspecto da Cruz estendendo o mais possível os braços, aprumando verticalmente o corpo, para obter, olhado de grande distância, uma cruz plantada no granito. Tornei a estudar, a estudar com o modelo, até obter a exata posição que hoje se vê no monumento.

406. RUBINSTEIN, M. *O Cristo do Rio*, p. 38.

O estilo *art déco* floresceu em Paris na década de 1920, e logo se espalhou pelo mundo. Suas formas sóbrias e simétricas representavam elegância e funcionalidade. O Empire State Building, o Chrysler Building e o Rockefeller Center, em Nova Iorque, são exemplos de construções em art deco da mesma época. Na escultura, Paul Landowski foi um de seus principais expoentes. Com este grande artista, e com o engenheiro francês Albert Caquot, responsável pelos cálculos estruturais, Heitor da Silva Costa estudou o projeto para a execução em grandes dimensões, com a preocupação de não sacrificar a estabilidade nem a parte artística[407].

Seu princípio fundamental era a "divina geometria", orientando as funções da arquitetura e da escultura na construção do monumento. Na união de duas retas, em forma de cruz, Heitor da Silva Costa apontava para a terra, para o horizonte e para o céu. Em carta enviada de Paris, já durante a construção do monumento, Paul Landowski relatava a Heitor da Silva Costa sua admiração pela qualidade do projeto[408].

Entre 1924 e 1926, Paul Landowski executou uma maquete de quatro metros no seu atelier em Paris, além das esculturas em tamanho real da cabeça e das mãos do monumento. As mãos da escultora Margarida Lopes de Almeida, que era estagiária de Landowski, serviram-lhe de modelo[409]. Assim, as mãos da estátua do Cristo Redentor seriam inspiradas em formas femininas[410]. O manto do Cristo foi simplificado nas sucessivas maquetes, adquirindo as linhas retas do estilo *art déco*.

Havia também uma inscrição do Sermão da Montanha no pedestal, depois substituído pelos dizeres *Christus vincit, regnat, imperat*. Estas inscrições, assim como as cenas da vida de Cristo ao redor do pedestal, sumiram na maquete final[411]. Graças ao primoroso trabalho de Paul Landowski, o rosto da estátua adquiriu a expressão de bondade autêntica, que é sua característica principal. Os modelos em gesso utilizados na imagem foram trazidos para o Brasil em partes numeradas. O escultor fez os moldes em tamanho real: a cabeça em cinquenta partes, e as mãos em oito partes.

---

407. SILVA COSTA. Prêmio Dr. Paulo de Frontin, p. 78.

408. LANDOWSKI, M.P. Carta a Heitor da Silva Costa: Recebi com prazer a sua carta e as fotografias, por onde verifico que V. conduz o seu trabalho com uma segurança e uma maestria magníficas. Será um exemplo e uma grande lição para todos os escultores e arquitetos que desejem empreender trabalhos monumentais desta ordem. Seu processo era certamente excelente; a matemática será sempre a rainha da arquitetura e mesmo da escultura.

409. AQUINO, M.L. *O Cristo do Corcovado*, p. 51.

410. OSWALD MONTEIRO, M.I. *Carlos Oswald*, p. 166.

411. RUBINSTEIN, M. *O Cristo do Rio*, p. 42.

Antes de retornar ao Rio de Janeiro, a preocupação de Heitor da Silva Costa voltou-se para o revestimento externo da estátua. O concreto armado era um material inovador na época, com uma armadura interna metálica para resistir aos esforços de tração, mas oferecia dificuldade para ter um acabamento verdadeiramente artístico. No início de 1927, ao entrar na Galeria Arcades, no Champs-Elisées, Heitor da Silva Costa deparou-se com uma fonte de água revestida de mosaico prateado, e decidiu usar a mesma técnica na estátua do Cristo Redentor[412].

O estado de Minas Gerais tinha uma jazida abundante de esteatita, popularmente conhecida como pedra-sabão. Era uma escolha simples e genial, pois apesar de maleável, a pedra-sabão não racha, não dilata e é impermeável. É um material resistente às mudanças de temperatura, ao vento e à erosão. Além disso, é um revestimento muito bonito, em tonalidade verde e cinza, utilizado com sucesso nas obras do escultor Aleijadinho.

Depois de alguns estudos, chegou-se ao formato triangular, com pedras de três centímetros de lado e sete milímetros de espessura cobrindo toda a estátua[413]. Para Heitor da Silva Costa, os elementos que compuseram o revestimento externo da estátua eram repletos de significados cristãos: a forma triangular, no arranjo estrutural da estátua e no seu revestimento, refulgia a doutrina cristã de candura e amor; os tacos triangulares, símbolos da Trindade, eram feitos da terra brasileira; e, por fim, as pedras justapostas lembravam a união do povo, o valor de cada contribuição humilde, que unidas davam forma à estátua[414].

Na ocasião, as senhoras da sociedade realizaram o trabalho de mosaico, colocando as pedras lado a lado em largas faixas de pano, para depois serem aplicadas à estátua por pastilheiros. As mulheres aproveitavam para escrever no verso das pedras os nomes de seus familiares e entes queridos[415].

A construção do monumento deu-se entre 1926 e 1931. Heitor da Silva Costa estava na coordenação dos trabalhos, com apoio do arquiteto Heitor Levy, como mestre de obras, e de Pedro Fernandes Viana como engenheiro fiscal. Havia um grupo relativamente pequeno de 12 operários. A estátua foi projetada para resistir a ventos de até 250 quilômetros por hora, pressão quatro vezes superior à média registrada no Rio de Janeiro na época, o que lhe daria um bom coeficiente de segurança.

---

412. NORONHA, M.I. *Redentor*, p. 88.
413. SEMENOVITCH, J.S. *A conquista da montanha de Deus*, p. 49.
414. SILVA COSTA, P. *Analogias divinas do monumento*, p. 52.
415. LIMA, M.C. *Cristo Redentor do Corcovado*, p. 23.

Por volta de 1929, em meio aos preparativos para uma segunda campanha de arrecadação, Dom Sebastião Leme pediu que Heitor da Silva Costa incluísse o Sagrado Coração de Jesus no projeto, em consonância com a Encíclica *Miserentissimus Redemptor*, publicada pelo Papa Pio XI em 1928. Para tal, um discreto coração foi moldado no peito da estátua, tornando-a uma imagem estilizada do Sagrado Coração de Jesus. Esta era, portanto, a única parte interna revestida de pedra-sabão, onde o coração também é visível, na altura do 8° platô[416].

O Sagrado Coração de Jesus completava o simbolismo da estátua do Cristo Redentor: sua posição elevada no alto da montanha, como criador e redentor do mundo, soberano sobre toda a natureza; a forma em cruz, símbolo da redenção; as mãos chagadas, sinal da ressurreição; e a capela na base do monumento, com a imagem de Nossa Senhora Aparecida e a presença permanente da Eucaristia[417].

Não houve nenhuma morte ou acidente grave durante os cinco anos da construção, mas o arquiteto Heitor Levy escapou ileso de sofrer uma queda que seria fatal. De credo judaico, Levy converteu-se ao catolicismo, e deixou uma carta num cilindro de vidro na parte interna do coração da estátua, com a árvore genealógica da sua família, como prova de fé e devoção.

A Revolução de 1930 atrasou parcialmente a inauguração do monumento. A data escolhida foi 12 de outubro de 1931, dia de Nossa Senhora Aparecida, padroeira do Brasil, a quem era dedicada a capela do monumento. Às 10 horas da manhã, bispos e arcebispos estavam reunidos aos pés do Cristo Redentor, com o presidente Getúlio Vargas e todo o seu ministério. Nesta ocasião, Dom Sebastião Leme consagrou o Brasil ao Sagrado Coração de Jesus. Após a oração inicial, o arcebispo do Rio de Janeiro benzeu a base da estátua com água benta, pronunciando as palavras: "Cristo vence! Cristo reina! Cristo impera! Cristo proteja o Brasil contra todos os males!" Chegando a noite, o monumento foi iluminado, completando a inauguração, que repercutiu em todo o mundo[418].

1.5.4 De monumento a santuário

O projeto da neocristandade, que se estendeu entre 1916 e 1945, teve seu sinal triunfante com a inauguração do monumento ao Cristo Redentor. A construção da estátua foi uma grande demonstração de força política e popular da Igreja Católica no Brasil, com apoio do governo federal. O discurso do arcebispo

---

416. CORREA, M.S. *Christo Redemptor*, p. 15.
417. LIMA, M.C. *Cristo Redentor*, p. 9-14.
418. NORONHA, M.I. *Redentor*, p. 113-115.

de Porto Alegre, Dom João Becher, após a bênção e a missa solene, ressaltava as intenções ideológicas que sustentaram a construção[419].

Desde a Revolução de 1930, havia uma aproximação entre a Igreja Católica e o governo de Getúlio Vargas. A revolução aconteceu sem derramamento de sangue graças à intervenção de Dom Sebastião Leme. A Igreja deu apoio popular ao novo governo, que em troca favoreceu o catolicismo no campo político[420]. Com a proximidade das eleições para a Assembleia Constituinte, em 1932, o Cardeal Leme criou a Liga Eleitoral Católica. Não se tratava de um partido político, mas de um grupo de interesse com o objetivo de incorporar as reivindicações católicas no texto da nova constituição. Eram três postulados essenciais: o ensino religioso facultativo nas escolas públicas, a indissolubilidade do casamento e a assistência religiosa facultativa nas forças armadas[421].

A iniciativa teve grande sucesso. Em 1933, quase todos os candidatos da LEC foram confirmados na Assembleia Constituinte. As reivindicações católicas foram incorporadas pela Constituição de 1934, selando a reaproximação entre a Igreja e o Estado. Embora os intelectuais do Centro Dom Vital fossem os leigos de maior destaque na restauração católica, a Igreja da neocristandade também mobilizou a classe média urbana, com destaque para a Ação Católica Brasileira, criada em 1935[422].

Nesse mesmo período, houve uma radicalização das forças políticas. Uma tentativa de golpe militar comunista, em 1935, abriu caminho para medidas repressivas autoritárias, que culminaram na implantação de uma ditadura militar pelo governo de Getúlio Vargas, em 1937. A nova constituição, de cunho nacionalista, suprimiu liberdades fundamentais, na concepção de que caberia ao Estado definir o que seria melhor para a nação. Embora a nova constituição de 1937 não reconhecesse os direitos católicos incorporados na carta magna anterior, Getúlio Vargas garantiu a Dom Sebastião Leme a manutenção do pacto moral entre a Igreja e o Estado, não mais como garantia constitucional, mas como concessão do governo autoritário.

---

419. BECKER, J. Discurso de inauguração, p. 58: No centro do país, sobre o altar da Pátria, levanta-se este grandioso monumento, em sinal de que Cristo deverá ser o Redentor da nação, mormente na época difícil que estamos atravessando. O povo brasileiro, para ser feliz, precisa organizar suas instituições sociais e políticas, de acordo com as leis divinas. Pois, fora e acima de qualquer lei ou ordenação do Estado, existe a vontade de Deus.

420. FAUSTO, B. *História do Brasil*, p. 333.

421. LUSTOSA, O.F. *A presença da Igreja no Brasil*, p. 68.

422. MAINSWARING, S. *A Igreja Católica e a política no Brasil*, p. 47.

Neste sentido, a ditadura do Estado Novo era justificada como alternativa para contornar o caos social, com o apoio tácito da Igreja, para benefício de ambos. O Concílio Plenário Brasileiro, realizado em 1939, selou o apoio mútuo entre a Igreja e o Estado Novo, numa consolidação do projeto da neocristandade[423].

A presença da Força Expedicionária Brasileira na Itália, enfrentando o nazismo e o fascismo em 1944 e 1945, era um sinal de contradição para o regime ditatorial de Getúlio Vargas. O Estado Novo, que deveria durar muitos anos, teve um período de vida que acompanhou a duração da Segunda Guerra Mundial. O posicionamento do país nas relações internacionais, alinhado aos Estados Unidos, provocou rachaduras no interior do regime autoritário[424].

A transição democrática, que levou à eleição do presidente Eurico Gaspar Dutra e à promulgação de uma nova constituição em 1946, marcou também o declínio do modelo da neocristandade. A Igreja brasileira sempre foi heterogênea, e havia vozes que criticavam o alinhamento com o governo, por gerar comportamentos acomodados e anestesiados pelos privilégios políticos. Alguns líderes católicos acreditavam que a Igreja deveria renunciar aos privilégios e se alinhar com os pobres. Apesar dos seus esforços, a Igreja não conseguia conter o crescente fenômeno da secularização, nem manter sua hegemonia religiosa no país, mesmo com apoio político do Estado.

A sociedade brasileira modificava-se rapidamente, e a postura antimodernista da Igreja da neocristandade tornava-se anacrônica. A expansão do protestantismo e do espiritismo era um sinal de que a Igreja não estava atingindo as massas. Além disso, a aliança da Igreja com o Estado nos governos democráticos, entre 1945 e 1964, era incerta e deficiente.

Neste contexto, movimentos populares e a expansão do Partido Comunista, após a Segunda Guerra Mundial, também estimularam a Igreja a repensar a sua missão. As encíclicas *Mater et Magistra*, de 1961, e *Pacem in Terris*, de 1963, do Papa João XXIII, desenvolveram uma nova concepção da Igreja em sintonia com o mundo secularizado moderno, para promover a justiça social. Esta visão foi confirmada pelo Concílio Vaticano II, realizado entre 1962 e 1965, que estabeleceu um modelo de Igreja em diálogo com a sociedade[425], para que "a luz de Cristo, refletida na face da Igreja, ilumine todos os homens, anunciando o Evangelho a toda criatura"[426].

---

423. MATOS, H.C.J. *Nossa história*, Tomo 3, p. 79-87.
424. FAUSTO, B. *História do Brasil*, p. 382-383.
425. MAINSWARING, S. *A Igreja Católica e a política no Brasil*, p. 52-62.
426. CONCÍLIO VATICANO II. LG 1.

Desde sua inauguração, em 1931, o monumento ao Cristo Redentor acompanhou as profundas transformações na Igreja no Rio de Janeiro, no Brasil e no Mundo. Se a cruz do Monte Corcovado nos remeteu inicialmente à colonização católico-portuguesa, e depois à afirmação do modelo triunfante da nova Cristandade, hoje, a Igreja Católica está em busca de um renovado diálogo com a sociedade, através de uma "nova evangelização, com novo ardor, novos métodos, novas formas"[427].

A falta de diálogo com a cultura ao longo dos anos não trouxe à Igreja bons resultados. Por exemplo, em 1989, a consequência da censura à imagem do Cristo Redentor para o desfile da escola de samba Beija-Flor, do carnavalesco Joãozinho Trinta, entre os foliões vestidos de mendigos, denotava desde os limites do diálogo até a fragmentação da experiência religiosa em seus elementos institucionais clássicos, enquanto os seus símbolos, inequívocos desta vez, embora encobertos, ainda se impunham para dar vez à voz de quem dizia: "mesmo proibido, rogai por nós". Naquele episódio, surgiu o retrato equivocado de uma Igreja distante, que ignorava a miséria social e se afastava dos pobres.

Hoje aprendemos que a extensão do conceito de pobre passa a incluir também o cuidado com a Terra, nossa Casa Comum: "Em verdade vos digo: cada vez que o fizestes a um desses meus irmãos mais pequeninos, a mim o fizestes" (Mt 25,40). Seguindo os conselhos evangélicos de Jesus, a Igreja renova a sua opção preferencial pelos pobres, com a Encíclica *Laudato Si'*. Não se trata de esquecer o homem em prol do restante da criação, mas sim de reafirmar o valor intrínseco do homem, feito da própria terra, à imagem e semelhança de Deus (Gn 1,26), para guardar e cultivar a criação (Gn 2,15).

Ao ferir a natureza, a humanidade acaba por ferir a si mesma. Esta é uma preocupação clara desde a Encíclica *Pacem in Terris*, do Papa João XXIII, que inicia a guinada mais forte da Doutrina Social da Igreja em direção à Casa Comum. Nesse sentido, Leonardo Boff afirma, com precisão, que a Encíclica *Laudato Si'*, do Papa Francisco, não é verde, mas integral[428]. O documento é destinado a atingir a humanidade em todas as suas dimensões, ambiental, econômica, social, cultural e cotidiana[429].

No limiar do século XXI, um século depois da pandemia do vírus influenza, que dizimou milhões de pessoas no mundo, a humanidade enfrenta a pandemia do novo coronavírus. Mais uma vez, são milhões de infectados, milhares de mor-

---

427. JOÃO PAULO II, PP. *Discurso em Porto Príncipe*.
428. BOFF, L. A encíclica do Papa Francisco não é "verde", é integral, p. 20.
429. FRANCISCO, PP. *LS* 137.

tos. O Papa Francisco declarou que a humanidade não atentou para as catástrofes parciais da natureza, e precisou sentir a morte humana de perto, para perceber a necessidade da mudança do velho paradigma de produção e consumo[430].

Ao menos por alguns meses, a economia mundial volta-se para a preservação das vidas, contrariando a cultura do descarte socioambiental. Em cidades como o Rio de Janeiro, por exemplo, as condições sanitárias das favelas favorecem a proliferação do novo coronavírus. Em tom metafórico, o sumo pontífice lembrou-nos que Deus sempre perdoa, os seres humanos às vezes perdoam, mas a natureza nunca perdoa os danos causados. Para o Papa Francisco, a pandemia foi uma resposta da natureza às agressões socioambientais da humanidade, um grito doloroso da Terra. Desse modo, ficou claro que o destino da humanidade e dos ecossistemas está relacionado, ao percebermos nossa fragilidade e a necessidade de relações mais fraternas entre pessoas e países.

Embora seja um acontecimento trágico, o Papa Francisco entende que a pandemia representa uma oportunidade de conversão para a Igreja e para o mundo (Rm 12,21). A crise do novo coronavírus é uma oportunidade para a educação e a espiritualidade ecológicas[431], uma chance para compreender, cultivar e contemplar a criação[432]. Por conta dessa terrível pandemia, o cardeal arcebispo do Rio de Janeiro consagrou o Brasil à intercessão da Virgem Maria, no domingo de Páscoa, aos pés da estátua do Cristo Redentor, conforme solicitação do Conselho Episcopal Latino-Americano.

Diante de tantos novos desafios, numa sociedade que deixou de ser predominantemente católica, o cume do Monte Corcovado encontrou um novo significado. Por um decreto do Cardeal Eusébio Oscar Scheidt, em 12 de outubro de 2006, o Cristo Redentor passou de monumento a santuário, tornando-se destino oficial de peregrinações do Brasil e do mundo inteiro: "e quando eu for levantado da terra, atrairei todos os homens a mim" (Jo 12,32).

Anualmente, o Santuário Cristo Redentor acolhe dois milhões de pessoas, tornando-se chave hermenêutica para o texto que diz: "assim é necessário que seja levantado o Filho do Homem, a fim de que todo aquele que crer tenha nele a vida eterna" (Jo 3,14-15). O Cristo do Corcovado tornou-se um sinal de esperança nas agruras do Rio de Janeiro, do Brasil e onde mais a sua imagem alcançar, pois "Deus quer que todos os homens se salvem e cheguem ao conhecimento da verdade" (1Tm 2,4).

---

430. FRANCISCO, PP. LS 191.

431. FRANCISCO, PP. LS 203-208.

432. IVEREIGH, A. Pope Francis says pandemic can be a "place of conversion".

Portanto, o complexo da Montanha do Corcovado e a bela imagem do Redentor formam um santuário ecológico, a céu aberto, em contemplação perene de Deus, da natureza e do próximo. O Santuário Cristo Redentor é um lugar teológico, onde Deus fala com a humanidade e onde a humanidade pode falar com Deus:

> Saudação, Paz e Bênção no Senhor! CONSIDERANDO o sentimento religioso com que foi inaugurada a imagem do Cristo Redentor do Corcovado, aos 12 de outubro de 1931, com grande participação dos fiéis e empenho da população do Rio de Janeiro, então capital do Brasil; CONSIDERANDO que o monumento ao Cristo Redentor é um símbolo nacional dos sentimentos cristãos do páis; CONSIDERANDO a mensagem evangélica permanente que traz consigo o Cristo Redentor do Corcovado, que provém do Amor de Deus que é a razão da nossa fé, e que começa com sua própria denominação, por todos referida: Cristo Redentor; CONSIDERANDO, finalmente, a grande afluência e as necessidades espirituais de todas as pessoas e todos os povos que vêm a este lugar, originalmente sagrado, HAVAMOS POR BEM criar, como de fato por este decreto criamos, O SANTUÁRIO ARQUIDIOCESANO DO CRISTO REDENTOR DO CORCOVADO[433].

A ereção do Santuário do Cristo Redentor preservou o sentido original do monumento, unindo o aspecto turístico ao religioso, renovando a presença da Igreja no cume do Monte Corcovado. O decreto estabeleceu o Santuário oficialmente como lugar de peregrinações, de celebrações cultuais, de evangelização, caridade, cultura, diálogo ecumênico e inter-religioso[434].

Na perspectiva da Encíclica *Laudato Si'*, o Santuário Cristo Redentor é um lugar teológico de encontro, onde o ser humano pode estar em harmonia com Deus, com a natureza e com o próximo[435]. O simbolismo e a localização do monumento permitem à Igreja a transmissão da fé cristã e do cuidado pela Terra numa perspectiva universal, por estar inserido na maior floresta urbana do mundo, com belíssima vista da cidade maravilhosa.

Assim, a combinação da natureza com o aspecto urbano deu ao Rio de Janeiro o título de Patrimônio da Humanidade como Paisagem Cultural Urbana, uma categoria criada pela Unesco apenas para a cidade maravilhosa[436]. Neste sentido, o Rio de Janeiro pode ser apontado como capital natural do Brasil e do

---

433. SCHEIDT, E.O. Decreto de criação do Santuário Arquidiocesano do Cristo Redentor do Corcovado.
434. CONGREGAÇÃO PARA O CULTO DIVINO E A DISCIPLINA DOS SACRAMENTOS. *Diretório sobre piedade popular e liturgia*, p. 241-251.
435. FRANCISCO, PP. LS 70.
436. MEDEIROS, R.; VIANNA, S.B. *Rio de Janeiro capital natural do Brasil*, p. 14.

mundo, justificando também a análise do Santuário Cristo Redentor a partir da Encíclica Laudo *o Si'*, em defesa da Casa Comum.

O simbolismo do monumento possibilita uma reflexão de ecoteologia sobre o tratado da criação e o tratado da redenção, iluminados pela Encíclica *Laudato Si'*. O documento representa o ponto alto do itinerário da ecologia em direção à ecoteologia[437], para a construção de um novo estilo de vida[438] em comunhão com Deus, com a natureza e com o próximo.

Cercado pelo verde da Mata Atlântica, o Santuário Cristo Redentor permite a contemplação da paisagem da cidade maravilhosa, e ao mesmo tempo da pobreza e da desigualdade social do Rio de Janeiro, confirmando o aspecto socioambiental da crise ecológica e a inserção da *Laudato Si'* no âmbito da Doutrina Social da Igreja.

O Santuário Cristo Redentor é ainda um instrumento de diálogo entre a fé e a cultura e entre a Igreja e a sociedade, para o anúncio de uma soteriologia universal e de uma ecologia integral. Como vislumbrou o Padre Pierre Marie Boss, o Monte Corcovado é um "pedestal único no mundo" para o anúncio do Evangelho, para a celebração do culto cristão e a contemplação da beleza da criação, renovada pela redenção que nos foi conquistada por Jesus, o Cristo Redentor.

Na conclusão deste capítulo, percebemos que esta teologia da história do Brasil colocou em evidência as raízes de três temas atuais para a Igreja e para o mundo inteiro: a pandemia da covid-19, o racismo e a devastação ambiental. De fato, as mortes provocadas pelo novo coronavírus, os protestos do movimento "Black Lives Matter" e as queimadas das florestas são sinais da mesma crise socioambiental.

---

437. MURAD, A. Da ecologia à ecoteologia, p. 65-97.
438. GURIDI, R. *Ecoteologia*, p. 22.

Capítulo | 2 A cristologia e a soteriologia da Encíclica *Laudato Si'*

"Eu não posso respirar", dizia o negro americano George Floyd, algemado no chão, enquanto um oficial branco mantinha o joelho sobre o seu pescoço. Floyd já não se movia, mas ainda assim o policial manteve a pressão sobre o seu corpo. O homem negro foi declarado morto momentos depois. A morte de George Floyd provocou protestos contra o racismo e a violência policial nos Estados Unidos e ao redor do mundo com o *slogan* "eu não posso respirar".

Esta é a mesma sensação de milhões de pessoas diante da pandemia do novo coronavírus, usando máscaras, incapazes de respirar normalmente para se proteger do contágio. A situação é gravemente mais dramática para aqueles pacientes que, sem poder respirar por causa do novo coronavírus, lotam os CTIs dos hospitais em busca de respiradores. De modo similar, a densa fumaça das queimadas nas florestas provoca o mesmo efeito sobre as pessoas e sobre a própria Terra: "eu não posso respirar".

Com a Encíclica *Laudato Sí'*, a Igreja Católica volta-se para estes graves problemas compreendendo que "tudo está interligado. Por isso, exige-se uma preocupação pelo meio ambiente, unida ao amor sincero pelos seres humanos e a um compromisso constante com os problemas da sociedade"[439]. À luz das narrações da criação, o Papa Francisco ensina que este desequilíbrio nas relações dos seres humanos com a natureza e com o próximo é consequência da negligência de nossa relação com Deus[440].

O Papa Francisco ensina ainda que nenhuma forma de sabedoria pode ser negligenciada na busca de soluções para a crise socioambiental. Embora o termo "teologia" não seja citado diretamente, o "estudo sobre Deus" está implícito no diálogo com a ciência nas noções de "espiritualidade", "vida interior" e "sabedoria

---

439. FRANCISCO, PP. LS 91.
440. FRANCISCO, PP. LS 66.

religiosa"⁴⁴¹. Por isso, a cristologia está no centro da Encíclica *Laudato Si'*, como está no centro de todo texto verdadeiramente cristão.

A cristologia é o fio condutor do evangelho da criação e a chave de leitura de toda a Encíclica *Laudato Si'*. No decorrer do documento, o Santo Padre deixa transparecer temas cristológicos atuais como a relação entre o Jesus histórico e o Cristo da fé, a cristologia ascendente e descendente, a relação entre os tratados cristológico e trinitário, a unidade entre a cristologia e a eclesiologia e o problema antropológico[442]. O estudo sobre o Santuário Cristo Redentor traz esta perspectiva para a realidade latino-americana da cidade do Rio de Janeiro, numa abordagem socioambiental.

2.1 A Gênese da *Laudato Si'*

Neste momento histórico da pandemia, muitas pessoas buscam consolação e direcionamento em sua fé cristã. As reflexões teológicas sobre o novo coronavirus tornam-se necessárias, portanto, para enfrentar a crise e para pensar o mundo pós-pandemia. A covid-19 fez o mundo inteiro parar e nos deu a oportunidade de refletir sobre nossas vidas e sobre a situação global. A pandemia está inserida no contexto de uma crise global mais ampla, que para alguns é consequência da maior crise existencial da nossa era, isto é, a mudança climática do planeta terra[443].

A mensagem da Encíclica *Laudato Si'*, cinco anos após a sua publicação, permanece extremamente atual: a covid-19 coloca em evidência os desafios da crise socioambiental. O Papa Francisco ensina que não podemos permanecer os mesmos após este período tão difícil. Para o Santo Padre, a humanidade vive um momento de escolha sobre aquilo que lhe é realmente importante[444].

Enquanto os protestos raciais nos Estados Unidos insistem que "as vidas negras importam", o Papa Francisco explica que sim, a vida de cada ser humano é importante, assim como o equilíbrio biológico da nossa casa comum. A violência contra a natureza e contra o ser humano não deve ser tolerada. Ao mesmo tempo em que combatemos as queimadas em florestas como a Amazônia, a Mata Atlântica e o Pantanal, somos chamados a combater o racismo e qualquer tipo de

---

441. FRANCISCO, PP. LS 63.
442. CIOLA, N. *Introdução à Cristologia*, p. 5-6.
443. THE ELDERS. *Five reasons climate change is the greatest existential threat of our time.*
444. FRANCISCO, PP. *Our moral imperative to act on climate change.*

exclusão, mas sem violência, pois esta iniciativa só causa mais sofrimento, morte e destruição[445].

Nesse sentido, a Igreja não está em silêncio diante da pandemia, do racismo e da devastação ambiental. A Encíclica *Laudato Si'* nasce desse grito interligado da terra e dos pobres, escutado de forma crescente neste período antropoceno.

2.1.1 O Papa Francisco e o Concílio Vaticano II

A *Laudato Si'* tem várias influências importantes, mas destacamos inicialmente o encontro entre a formação teológica do Papa Francisco e a proposta doutrinária do Concílio Vaticano II. A eleição do Cardeal Jorge Mario Bergoglio foi um momento inédito na História da Igreja. Um jesuíta argentino tornou-se o primeiro papa latino-americano, escolhendo para si o nome de São Francisco de Assis, o santo amante da natureza e dos pobres.

Desde sua primeira aparição na Praça de São Pedro, o novo bispo de Roma trazia uma mudança de linguagem. Ao definir-se como "o papa vindo do fim do mundo", Francisco prenunciava um pontificado em busca das periferias existenciais, em nome de uma Igreja universal marcada pela caridade e pela fraternidade[446].

O lema do Papa Francisco *miserando atque eligendo*, não é tão óbvio como o do Papa João Paulo II, *totus tuus*, ou do Papa Bento XVI, *cooperatoris veritatis*. A frase foi retirada de uma homilia de São Beda sobre a vocação de São Mateus, o cobrador de impostos que colaborava com o domínio do Império Romano. São Beda esclarecia que Jesus veio salvar os pecadores, citando São Paulo: "Cristo Jesus veio a este mundo para salvar os pecadores, dos quais eu sou o primeiro" (1Tm 1,15).

Foi justamente na festa de São Mateus que Jorge Mario Bergoglio descobriu sua vocação religiosa. A leitura da homilia de São Beda na liturgia das horas chamava-o a uma entrega total ao Senhor. Após a leitura, o jovem foi à sua paróquia

---

445. FRANCISCO, PP. *Audiência Geral* de 3 de junho de 2020: Amados irmãos e irmãs dos Estados Unidos, acompanho com grande preocupação as dolorosas desordens sociais que nestes dias se verificam na vossa nação, após a trágica morte do senhor George Floyd. Caros amigos, não podemos tolerar nem fechar os olhos diante de qualquer tipo de racismo ou de exclusão, e devemos defender a sacralidade de cada vida humana. Ao mesmo tempo, devemos reconhecer que a violência das últimas noites é autodestrutiva e autolesiva. Nada se ganha com a violência e muito se perde. Hoje uno-me à Igreja de Saint Paul e Minneapolis, bem como de todos os Estados Unidos, para rezar pelo descanso da alma de George Floyd, e por todos os outros que perderam a vida devido ao pecado do racismo. Oremos pela consolação das famílias e dos amigos consternados, e rezemos pela reconciliação nacional e pela paz a que aspiramos. Nossa Senhora de Guadalupe, Mãe da América, interceda por quantos labutam pela paz e pela justiça na vossa terra e no mundo. Deus abençoe todos vós e as vossas famílias!

446. GRIMALDI, C.M. *Eu era Bergoglio, agora sou Francisco*, p. 65-71.

e decidiu se confessar, entendendo que Jesus o olhava com misericórdia e o elegia para que se consagrasse a Ele. Jorge conta que esta frase sobre a misericórdia sempre o impressionou, de modo que a escolheu como seu lema sacerdotal[447].

Nascido em 1936, Bergoglio era filho de imigrantes italianos. O rapaz acostumou-se a uma vida de trabalho, com desprendimento dos bens materiais. Aos 21 anos, uma infecção pulmonar obrigou os médicos a retirar a parte superior de seu pulmão direito. Esta experiência de sofrimento converteu-se para ele em um profundo sentido sobrenatural, ajudando-o a entender melhor as dores da existência humana.

Jorge Bergoglio ingressou no noviciado da Companhia de Jesus em 1958. Nesse período de formação, ele teve contato aprofundado com a cristologia dos Exercícios Espirituais de Santo Inácio, aprendendo a seguir o Jesus histórico nos Evangelhos e a aplicar os seus ensinamentos no tempo presente[448]. Na intuição de Santo Inácio, o acesso ao Reino de Deus dá-se pela renúncia ao pecado, seguindo os passos do mestre numa vida de desprendimento, amor e serviço[449].

Nessa perspectiva, compreende-se a decisão do Papa Francisco de residir na simplicidade da Casa Santa Marta, em lugar da suntuosidade do Palácio Apostólico. Naquele período de formação, Bergoglio também teve contato aprofundado com a Suma Teológica de Santo Tomás de Aquino[450]. Desde então já era clara para Jorge a noção da alegria na pobreza[451].

A alegria da salvação, explícita na Constituição *Gaudium et Spes*, transparece nos documentos do seu pontificado: a alegria da fé, a alegria do Evangelho, a alegria do amor, a alegria da criação, a alegria da santidade e a alegria da fraternidade. Estes são os temas interligados da *Lumen Fidei*, *Evangelii Gaudium*, *Amoris Laetitia*, *Laudato Si'*, *Gaudete et Exultate* e, mais recentemente, da *Fratelli Tutti*.

No magistério do Papa Francisco, o Concílio Vaticano II mantém-se como um acontecimento fundamental para entender e interpretar os sinais dos tempos à luz do Evangelho[452]. A chave hermenêutica mostra-se constante no fato de dever relacionar a Revelação de Deus na história com o mundo contemporâneo[453] e vi-

---

447. FRANCISCO, PP. *MV* 8.

448. SOBRINO, J. *El Cristo en los Ejercícios de San Ignácio*.

449. INÁCIO DE LOYOLA. *Exercícios espirituais*, n. 167: Eu quero e escolho mais pobreza com Cristo pobre do que riqueza; injúrias com Cristo cheio delas que honras; e desejo mais ser estimado como ignorante e louco por Cristo, que primeiro foi tratado assim, do que por sábio ou prudente neste mundo.

450. BORGHESI, M. *Jorge Mario Bergoglio*, p. 29-30.

451. TOMÁS DE AQUINO. *Summa Theologica* I-11, q.28.

452. CONCÍLIO VATICANO II. *GS* 4.

453. CONCÍLIO VATICANO II. *DV* 1.

ce-versa. Cabe aos cristãos estabelecer uma relação fecunda entre o Evangelho e o tempo presente[454].

Assim, diante de problemas atuais como a pandemia do novo coronavírus, o racismo e a devastação das florestas, a Igreja Católica volta-se para o desafio da crise socioambiental: "o urgente desafio de proteger a casa comum inclui a preocupação de unir toda a família humana na busca de um desenvolvimento sustentável e integral"[455]. Inspirado no texto conciliar, o Papa Francisco exorta a Igreja ao diálogo com o mundo, relacionando a noção da Igreja em saída e o cuidado com a casa comum[456].

Do ponto de vista cristológico, a proposta conciliar era de correspondência à encarnação do Verbo segundo a dimensão kenótica para salvar o mundo a partir de dentro. Era uma mudança fundamental da postura eclesiológica anterior, de se salvar do mundo, que estava perdido. A Igreja, antes considerada o único espaço de salvação, voltava a compreender a si mesma como sinal de Deus no mundo e para o mundo.

A constituição *Sacrosanctum Concilium* sintetizou este espírito de abertura e diálogo no seu proêmio[457]. O *aggiornamento* introduzido pelo Concílio Vaticano II concretizava a historicidade da fé, entrelaçando as fontes da vida cristã com o mundo moderno[458]. Esta nova postura eclesial encarnada na história reflete-se no cuidado com a casa comum[459]. De forma geral, o pensamento do Papa Francisco

---

454. CONCÍLIO VATICANO II. PO 9.

455. FRANCISCO, PP. LS 13.

456. PASSOS, J.D. A Igreja em saída e a casa comum, p. 9.: A programática do pontificado do Papa Francisco lançada na Exortação *Evangelii Gaudium* e a grande chamada a todos os católicos, cristãos e homens de boa vontade para se unirem em prol da vida planetária na Encíclica Laudato Si' retiram a Igreja de sua autorreferencialidade e a colocam em outros epicentros: o coração do Evangelho, onde se encontra o Reino, e o coração do mundo, onde se encontra a vida humana situada no conjunto do sistema terra. A Igreja em saída se renova pela força do Evangelho e pela acolhida ao dom da vida a ser preservado e promovido, sobretudo àqueles mais necessitados: os pobres e sofredores. Com esses dois documentos, Francisco lança dois desafios gigantescos para si mesmo e para todos os membros da comunidade eclesial.

457. CONCÍLIO VATICANO II. SC 1: O sagrado Concílio, propondo-se fomentar sempre mais a vida cristã entre os fiéis, adaptar melhor às exigências do nosso tempo aquelas instituições que são suscetíveis de mudanças, favorecer tudo o que pode contribuir à união dos que creem em Cristo, e revigorar tudo o que contribui para chamar a todos ao seio da Igreja, julga ser sua obrigação ocupar-se de modo particular também da reforma e do incremento da liturgia.

458. JOSAPHAT, C. *Laudato Si'*, na perspectiva da doutrina social da Igreja, p. 27.

459. CONCÍLIO VATICANO II. GS 1: As alegrias e as esperanças, as tristezas e as angústias dos homens de hoje, sobretudo dos pobres e de todos aqueles que sofrem, são também as alegrias e as esperanças, as tristezas e as angústias dos discípulos de Cristo; e não há realidade alguma verdadeiramente humana que não encontre eco no seu coração. Porque a sua comunidade é formada por homens, que, reunidos em Cristo, são guiados pelo Espírito Santo na sua peregrinação em demanda do Reino do Pai, e receberam a mensagem da salvação para comunicá-la a todos. Por este, a Igreja sente-se real e intimamente ligada ao gênero humano e à sua história.

é uma expressão atualizada do Concílio Vaticano II. Assim, o sumo pontífice desenvolve sua abordagem teológica e pastoral a partir da eclesiologia, da cristologia e da espiritualidade conciliar[460].

Apesar de não ter participado diretamente do Vaticano II, Jorge Bergoglio é um legítimo herdeiro da tradição latino-americana de recepção do Concílio. Ao ser ordenado sacerdote em 1969, Bergoglio acompanhou a recepção conciliar na Argentina, que teve como referência a *Declaración de San Miguel* da Conferência Episcopal da Argentina, embrião inicial da *Teologia del Pueblo*[461].

O grande expoente da teologia do povo foi o padre argentino Juan Carlos Scannone, professor de Bergoglio. O Padre Scannone incentivava a Igreja local a deixar-se penetrar pelas ideias conciliares para aperfeiçoar sua forma comunitária e suas estruturas colegiadas, de modo a fomentar uma maior abertura aos problemas sociais, num espírito de pobreza e serviço[462]. Apenas quatro anos depois da sua ordenação, Bergoglio foi eleito Superior Geral da Companhia de Jesus na Argentina, nomeando seus melhores sacerdotes para trabalhar nas periferias do país.

Durante seu ministério, o futuro pontífice atuou como professor, provincial, diretor de escola, fez estudos de doutorado sobre Romano Guardini e foi ordenado bispo de Buenos Aires. Enquanto isso, a teologia pastoral do Concílio Vaticano II era encarnada na história sofrida do nosso continente, sendo expressa ao longo de 50 anos nas Conferências Gerais do Episcopado Latino-Americano e do Caribe, reunidas em Medellín em 1968, Puebla em 1979, Santo Domingo em 1992 e Aparecida em 2007.

Nesta última, o arcebispo de Buenos Aires atuou como coordenador da comissão de redação do documento final[463]. Em 2013, o Cardeal Bergoglio aceitou o ofício de bispo de Roma. Apesar de não ter concluído o doutorado, o Papa Francisco teve a obra de Romano Guardini como referência para apresentar a dimensão social da evangelização[464], a tragédia da situação socioambiental[465],

---

460. TRIGO, P. *Papa Francisco*, p. 11-18.

461. MÜLLER, P.E. *A cristologia na Evangelii Gaudium*, p. 27.

462. LUCIANI, R. *Pope Francis and the theology of the people*, p. 41.

463. BEOZZO, J.O. Prefácio, p. 11-15.

464. FRANCISCO, PP. EG 224: O único padrão para avaliar justamente uma época é perguntar-se até que ponto, nela, se desenvolve e alcança uma autêntica razão de ser a plenitude da existência humana, de acordo com o caráter peculiar e as possibilidades da dita época.

465. FRANCISCO, PP. LS 204: A situação atual do mundo gera um sentido de precariedade e insegurança, que, por sua vez, favorece formas de egoísmo coletivo.

a crise do antropocentrismo moderno[466] e para exortar a humanidade à ação conjunta na busca de soluções[467].

2.1.2 Ecologia e Doutrina Social da Igreja

A pandemia do novo coronavírus, os protestos raciais e a devastação ambiental confirmam a intuição da Encíclica *Laudato Si'* de que existe uma ligação entre o grito da terra e o grito dos pobres[468]. O Papa Francisco esclarece que o texto sobre a casa comum insere-se no pensamento social católico[469], chamado "a enriquecer-se cada vez mais a partir de novos desafios"[470], como a crise ecológica e social.

Assim, as etapas particulares do desenvolvimento do conceito de ecologia na Doutrina Social da Igreja, a ecologia criacional, a ecologia ambiental, a ecologia humana e a ecologia integral[471], não são excludentes, mas complementares. Como surgiram estes conceitos, como se complementam e como se aplicam na relação entre a Igreja e a sociedade? Ao buscar estas respostas, iremos abordar, com os documentos pontifícios, as vertentes de teoria, da prática e da espiritualidade ecológicas, englobando-as de forma integral na vida cristã.

A fé cristã exorta a Igreja a trabalhar para que todos tenham vida e a tenham em abundância (Jo 10,10). Na construção do Reino de Deus, a prática do amor está associada à promoção da justiça e da paz (Tg 2,17). A dimensão social é inseparável para os valores cristãos, pois "o ensino e a difusão da doutrina social fazem parte da missão evangelizadora da Igreja"[472]. Desse modo, o pensamento social católico, explícito no duplo mandamento de amor (Mt 28,37-40), nasce como um "corpo de doutrina sistemático" com a publicação da Encíclica *Rerum Novarum*, em 1891.

O pontificado de Leão XIII estava inserido no contexto da revolução industrial, quando movimentos sociais apresentavam alternativas aos efeitos nega-

---

466. FRANCISCO, PP. LS 115: Este ser humano já não sente a natureza como norma válida nem como um refúgio vivente. Sem pôr qualquer hipótese, vê-a, objetivamente, como espaço e matéria onde realizar uma obra em que se imerge completamente, sem se importar com o que possa suceder a ela.

467. FRANCISCO, PP. LS 219: As exigências desta obra serão tão grandes, que as possibilidades das iniciativas individuais e a cooperação dos particulares, formados de maneira individualista, não serão capazes de lhes dar resposta. Será necessária uma união de forças e uma unidade de contribuições.

468. FRANCISCO, PP. LS 2

469. FRANCISCO, PP. LS 15

470. FRANCISCO, PP. LS 63.

471. BRIGHENTI, A. *A evolução do conceito de ecologia no ensino social da Igreja*, p. 53.

472. JOÃO PAULO II, PP. SRS 41.

tivos do capitalismo. A *Rerum Novarum* condenava o socialismo e o comunismo, defendia a legitimidade da propriedade privada e buscava humanizar a pobreza do proletariado, exortando os católicos a colaborar na construção de um mundo mais justo e solidário[473].

A *Rerum Novarum* pregava a concórdia entre patrões e operários, propondo uma relação regida não pelas leis do mercado, mas pelas regras cristãs de fraternidade e de humanidade[474]. Apesar de defender a propriedade privada como direito natural, a Igreja exortava a sociedade à caridade na posse e no uso das riquezas[475], "atendendo aqueles que estão, pela maior parte, numa situação de infortúnio e de miséria imerecida"[476].

A Encíclica *Rerum Novarum* apresentava, portanto, uma "ecologia criacional", na qual "a terra fornece ao homem com abundância as coisas necessárias para a conservação da sua vida e ainda para o seu aperfeiçoamento"[477]. Após um intervalo de quarenta anos, o Papa Pio XI escreveu a segunda grande encíclica social, *Quadragesimo anno*[478], apresentando a noção da "justiça social"[479]. Ainda no contexto de uma ecologia criacional, era ressaltado o princípio do destino universal dos bens[480]. Ainda assim, a ecologia criacional falhava em perceber que os recursos da terra poderiam desaparecer, se a própria terra não fosse cuidada.

O conceito de ecologia desenvolveu-se acentuadamente nas últimas décadas. A situação ecológica deteriorou-se tão rapidamente no último século, que o historiador Eric Hobsbawn se sentiu compelido a declará-lo "A Era dos Extremos"[481]. Foi o início de uma era nuclear, na qual o planeta pode ser destruído diversas vezes ao simples apertar de um botão.

As explosões atômicas de Hiroshima e Nagasaki causaram uma destruição sem precedentes. Cerca de 200 mil japoneses morreram, e as consequências da

---

473. LEÃO XIII, PP. *RN* 8.
474. LEÃO XIII, PP. *RN* 9.
475. LEÃO XIII, PP. *RN* 12.
476. LEÃO XIII, PP. *RN* 2.
477. LEÃO XIII, PP. *RN* 6.
478. PIO XI, PP. *QA* 1.
479. PIO XI, PP. *QA* 57.
480. PIO XI, PP. *QA* 45: A natureza ou o próprio Criador deram ao homem o direito de domínio particular, não só para que ele possa prover às necessidades próprias e de sua família, mas para que sirvam verdadeiramente aos seus fins os bens destinados pelo Criador a toda a família humana.
481. HOBSBAWN, E. *A Era dos Extremos*, p. 4-7.

contaminação ultrapassam gerações[482]. A Crise dos Mísseis de Cuba, em 1961, entre a URSS e os Estados Unidos, levou o mundo a um impasse que o haveria podido condicionar a uma destruição muito maior. É neste tempo que surge a necessidade de uma teologia para uma era ecológica e nuclear[483].

A visão da Terra do espaço, na perspectiva dos astronautas, tem o poder de transformar nossos sentimentos mais profundos, quando percebemos que este belo planeta azul, que podemos destruir, é a nossa casa comum[484]. Naquela altura, o Papa João XXIII publicava duas importantes encíclicas sociais, *Mater et Magistra*[485], em 1961, e *Pacem in Terris*[486], em 1963, inaugurando a concepção da ecologia ambiental.

A *Mater et Magistra* ressaltava que os bens da terra são destinados à subsistência digna de todos os seres humanos, devendo-se "repartir equitativamente a riqueza produzida entre as nações"[487]. O Papa João XXIII denunciava a exploração dos países ricos sobre os países mais pobres como uma nova forma de colonialismo, "à qual, por mais habilmente que se disfarce, não deixará de ser menos dominadora que a antiga, que muitos povos deixaram recentemente"[488].

A *Pacem in Terris*, por sua vez, ressaltava a ecologia ambiental, indicando que "o progresso da ciência e as intervenções da técnica evidenciam uma ordem maravilhosa nos seres vivos e nas forças da natureza"[489]. Já a *Gaudium et Spes* lembrava que, na relação do ser humano com a natureza, não se deve olhar apenas para o consumo imediato, mas também para as necessidades das futuras gerações[490].

---

482. FRANCISCO, PP. *FT* 248: Não se devem esquecer os bombardeamentos atômicos de Hiroxima e Nagasaki. Uma vez mais, "aqui faço memória de todas as vítimas e inclino-me perante a força e a dignidade das pessoas que, tendo sobrevivido àqueles primeiros momentos, suportaram nos seus corpos durante muitos anos os sofrimentos mais agudos e, nas suas mentes, os germes da morte que continuaram a consumir a sua energia vital. [...] Não podemos permitir que a atual e as novas gerações percam a memória do que aconteceu, aquela memória que é garantia e estímulo para construir um futuro mais justo e fraterno".

483. McFAGUE, S. *Modelos de Deus*: Teologia para uma era ecológica e nuclear, p. 7.

484. JOHNSON, E. *La búsqueda del Dios vivo*, p. 233.

485. JOÃO XXIII, PP. *MM* 1: Mãe e mestra de todos os povos, a Igreja Universal foi fundada por Jesus Cristo, a fim de que todos, vindo no seu seio e no seu amor, através dos séculos, encontrem a plenitude de vida mais elevada e penhor seguro de salvação. A esta Igreja, coluna e fundamento da verdade (cf. 1Tm 3,15), o seu Fundador santíssimo confiou uma dupla missão: de gerar filhos, e de os educar e dirigir, orientando, com solicitude materna, a vida dos indivíduos e dos povos.

486. JOÃO XXIII, PP. *PT* 1: A paz na terra, anseio profundo de todos os homens de todos os tempos, não pode se estabelecer nem consolidar senão no pleno respeito da ordem instituída por Deus.

487. JOÃO XXIII, PP. *MM* 167.

488. JOÃO XXIII, PP. *MM* 171.

489. JOÃO XXIII, PP. *PT* 2.

490. CONCÍLIO VATICANO II. *GS* 70.

Os documentos sociais publicados nos anos seguintes assumiram a renovação, inaugurada pelo Concílio Vaticano II, de uma Igreja inserida no mundo, a serviço da humanidade[491], fazendo despontar a perspectiva de uma ecologia humana. Em 1967, o Papa Paulo VI publicou a Encíclica *Populorum Progressio*, influenciada pelo humanismo integral de Jaques Maritain[492], partindo da vocação individual de cada pessoa ao desenvolvimento e a vida plena em Cristo[493].

Além do ser humano, buscava-se a promoção do desenvolvimento e da justiça social no âmbito nacional e internacional, entre as nações desenvolvidas e os povos do terceiro mundo. Cada ser humano pertence ao corpo social do seu povo e da humanidade inteira, também chamada ao pleno desenvolvimento[494]. O Papa Paulo VI afirmava que "o desenvolvimento integral do homem não pode realizar-se sem o desenvolvimento integral da humanidade"[495].

A Constituição Apostólica *Octogesima Adveniens*, publicada em 1971, também apresentava um enfoque prático da Doutrina Social da Igreja[496], a fim de evitar que a humanidade promovesse sua própria extinção: "de um momento para o outro, o homem toma consciência que por motivo de uma exploração inconsiderada da natureza, começa a correr o risco de destruir e de vir a ser, também ele, vítima desta degradação"[497].

O Papa João Paulo II publicou três encíclicas de cunho social: *Laborem Exercens*, em 1981, *Sollicitudo Rei Socialis*, em 1987, e *Centesimus Annus*, em 1991. Desde a Encíclica *Redemptor Hominis*, seu magistério indicava que o ser humano é a primeira e fundamental via da Igreja[498]. Era um humanismo integral cristológico, pois

---

491. CONCÍLIO VATICANO II. *GS* 3.

492. MARITAIN, J. *Humanismo integral*, p. 13.

493. PAULO VI, PP. *PP* 16: Este crescimento da pessoa humana não é facultativo. Como toda a criação está ordenada em relação ao Criador, a criatura espiritual é obrigada a orientar espontaneamente a sua vida para Deus, verdade primeira e soberano bem. Assim o crescimento humano constitui como que um resumo dos nossos deveres. Mais ainda, esta harmonia pedida pela natureza e enriquecida pelo esforço pessoal e responsável, é chamada a ultrapassar-se. Pela sua inserção em Cristo vivificante, o homem entra num desenvolvimento novo, num humanismo transcendente que o leva a atingir a sua maior plenitude: tal é a finalidade suprema do desenvolvimento pessoal.

494. PAULO VI, PP. *PP* 17: A solidariedade universal é para nós não apenas um fato e um benefício, mas também um dever.

495. PAULO VI, PP. *PP* 43.

496. PAULO VI, PP. *OA* 48: No campo social, a Igreja sempre teve a preocupação de assumir um duplo papel: o de iluminar os espíritos, para os ajudar a descobrir a verdade e a discernir o caminho a seguir no meio das diversas doutrinas que os solicitam; e o de entrar na ação e difundir, com uma real solicitude de serviço e eficácia, as energias do Evangelho.

497. PAULO VI, PP. *OA* 21.

498. JOÃO PAULO II, PP. *RH* 14.

em Cristo aprendemos o que realmente significa ser humano[499]. Por sua vez, a *Laborem Exercens* lembrava que o ser humano, criado à imagem e semelhança de Deus, recebe o mandato de trabalhar a terra, refletindo a própria ação do Criador[500]. Já a *Sollicitudo Rei Socialis* ressaltava que existem limites para este domínio humano, expresso simbolicamente na proibição de comer o fruto da árvore do bem e do mal[501].

A Encíclica *Centesimus Annus*, por sua vez, lembrava que, além da destruição do ambiente natural, não se deve esquecer a degradação do ambiente humano[502]. Ainda no contexto da "ecologia humana", o Papa Bento XVI demonstrava que uma compreensão integral do Evangelho, em sua dimensão divina, pessoal, comunitária e social, vai ao encontro dos valores humanos da igualdade, da solidariedade, da responsabilidade e da corresponsabilidade[503].

O Papa Bento XVI ressaltava que quando "a ecologia humana é respeitada dentro da sociedade, também a ecologia ambiental é favorecida"[504]. Finalmente, a Encíclica *Caritas in Veritate* abordava a necessidade de um desenvolvimento humano integral da sociedade, na caridade e na verdade[505].

A seu modo, a Encíclica *Laudato Si'* aprofunda o humanismo integral e o desenvolvimento integral, apresentando o conceito inovador da ecologia integral. A questão ecológica é abrangente, levando-nos a refletir sobre o mau uso dos bens naturais e da economia, sobre a promoção da desigualdade social, sobre a emergência de se introduzir nas escolas e nas universidades uma educação comprometida com o futuro do planeta e sobre os aspectos mais vastos onde tal reflexão compromete a cultura e a vida cotidiana.

A evolução do conceito de ecologia na Doutrina Social da Igreja mostra-nos que vivemos um momento de mudanças e de aprendizado. Nosso aparente empobrecimento teológico, na área da ecologia, conduz-nos agora a um enriquecimento neste mesmo campo, tão necessário para enfrentar as questões do nosso tempo. Em atenção à história e à sociedade, a ecologia é um assunto eclesial ur-

---

499. JOÃO PAULO II, PP. *RH* 8.

500. JOÃO PAULO II, PP. *LE* 4.

501. JOÃO PAULO II, PP. *SRS* 29.

502. JOÃO PAULO II, PP. *CA* 38: Empenhamo-nos demasiado pouco em salvaguardar as condições morais de uma autêntica ecologia humana. Não só a terra foi dada por Deus ao homem, que a deve usar respeitando a intenção originária de bem, segundo a qual lhe foi entregue; mas o homem é doado a si mesmo por Deus, devendo por isso respeitar a estrutura natural e moral, de que foi dotado.

503. JOSAPHAT, C. *Laudato Si' na perspectiva da doutrina social da Igreja*, p. 45.

504. BENTO XVI, PP. *CV* 51.

505. BENTO XVI, PP. *CV* 1: A caridade na verdade, que Jesus Cristo testemunhou com sua vida terrena e sobretudo com sua morte e ressurreição, é a força propulsora principal para o verdadeiro desenvolvimento de cada pessoa e da humanidade inteira.

gente. "Poderemos assim propor uma ecologia que, nas suas várias dimensões, integre o lugar específico que o ser humano ocupa neste mundo e as relações com a realidade que o rodeia"[506].

Além da ecologia criacional, da ecologia ambiental, e da ecologia humana, a ecologia integral é também econômica, social, cultural e da vida cotidiana[507]. A *Laudato Si'* demonstra que não há cuidado com a criação sem justiça social, destacando a relação entre a pobreza e a fragilidade do planeta[508]. No âmbito da justiça social, a ecologia integral aborda também o problema do racismo. O ambiente humano e o ambiente natural se degradam juntos[509], devendo ser abordados de forma integrada, não como parte de duas crises separadas, mas de uma única e desafiadora crise socioambiental[510]. Para o teólogo Leonardo Boff, a Encíclica *Laudato Si'* não é verde, é integral[511].

2.1.3 Ver, julgar e agir

Uma característica fundamental do pontificado do Papa Francisco, que se reflete na Encíclica *Laudato Si'*, é o diálogo com a ciência, com a cultura, com as diferentes denominações cristãs e com as outras religiões. O Papa Francisco entende que a postura de diálogo é intrínseca à Igreja em sua identidade humana e religiosa. O modelo é o próprio Deus Uno e Trino, com sua natureza relacional nas três pessoas divinas, o Pai e o Filho e o Espírito Santo.

A Trindade relaciona-se com o mundo e com a história humana, continuamente, na criação, na encarnação, na vida pública de Jesus, na sua morte e na sua ressurreição. A Igreja, como sacramento de Deus na história humana, também deve promover um diálogo *ad intra*, pela sua natureza de participação e comunhão, e *ad extra*, em sua missão evangelizadora[512]. Na concepção do Papa Francisco, a Igreja em saída[513] propõe uma "cultura que privilegie o diálogo como forma de encontro, a busca de consenso e de acordos"[514].

---

506. FRANCISCO, PP. *LS* 15.

507. FRANCISCO, PP. *LS* 138-155.

508. FRANCISCO, PP. *LS* 16.

509. FRANCISCO, PP. *LS* 48.

510. FRANCISCO, PP. *LS* 139.

511. BOFF, L. A Encíclica do Papa Francisco não é "verde", é integral, p. 19-20.

512. WOLFF, E. *Igreja em diálogo*, p. 7-10.

513. FRANCISCO, PP. *EG* 20-23.

514. FRANCISCO, PP. *EG* 239.

Na *Laudato Si'*, o Papa Francisco realiza este diálogo de várias formas, por exemplo, citando importantes iniciativas socioambientais como a Carta da Terra, o Documento de Haia e a Declaração do Rio sobre o Meio Ambiente e o Desenvolvimento. Além de utilizar os documentos publicados pelos episcopados locais, o Papa Francisco convida pensadores de fora do catolicismo e tenta acolher os resultados das investigações de vários campos do saber que contribuem para compor o seu pensamento[515].

A encíclica sobre a casa comum cita interlocutores fundamentais como o patriarca ecumênico Bartolomeu, o mestre sufi Ali Al-Khawwas, Dante Alighieri, Romano Guardini, Paul Ricoeur, Juan Carlos Scannone, Marcelo Perine, Pierre Teilhard de Chardin, São Justino, São Bento de Núrsia, Tomás de Celano, Vicente de Lerins, São Francisco de Assis, São Boaventura, Santo Tomás de Aquino e São Basílio Magno.

Além disso, fica também implícita a influência dos teólogos Jurgen Moltmann e Leonardo Boff. Este último participou ativamente da comissão de redação da Carta da Terra[516], tendo sido um pioneiro na preocupação com a crise socioambiental, com livros como *Ecologia: Grito da Terra, grito dos pobres*, cujos princípios foram acolhidos na Encíclica *Laudato Si'*[517].

O conceito de Igreja sinodal, adotado pelo Papa Francisco, desenvolve-se em consequência da noção de povo de Deus como descrita na constituição dogmática *Lumen Gentium*[518]. Entre as mudanças eclesiais propostas pelo Concílio Vaticano II estavam a colegialidade episcopal e a valorização das igrejas locais. Etimologicamente, o termo "sinodalidade" significa "caminhar juntos", abrangendo todas as relações dos fiéis no interior da Igreja, como povo de Deus[519].

Esta descentralização simbólica, mais do que um distanciamento da centralização romana, pode ser compreendida como uma verdadeira integração da Igreja universal. Neste sentido, a Encíclica *Laudato Si'* menciona documentos de diferentes conferências episcopais do mundo inteiro. Nesse ínterim, o Papa Francisco cita o episcopado brasileiro, japonês, português, canadense, continental asiático, filipino, neozelandês, paraguaio, sul-africano, australiano, argentino, mexicano, patagônio argentino, dominicano, norte-americano, o episcopado bolivia-

---

515. PASSOS, J.D. *Aspectos metodológicos da encíclica Laudato Si'*, p. 85.

516. RIBEIRO DE OLIVEIRA, P.A.; AGUIAR DE SOUZA, J.C. *Consciência planetária e religião*: desafios para o século XXI, p. 8.

517. FRANCISCO, PP. LS 2.

518. CONCÍLIO VATICANO II. LG 9.

519. MIRANDA, M.F. *Igreja sinodal*, p. 7-11.

no por duas vezes, o episcopado alemão duas vezes e o episcopado continental da América Latina e Caribe por duas vezes.

Ora a teologia do Papa Francisco é um diálogo, que por vezes parte da doutrina para chegar à realidade, e por outras, parte da realidade para buscar luzes na doutrina. As duas abordagens são complementares, a fim de apresentar a teologia como lugar da presença de Deus. No pensamento do Papa Francisco, mais do que um estudo sobre Deus, a teologia é experiência de Deus, ressaltando o aspecto encarnatório da fé cristológica, de um Deus que se deixa tocar pelo ser humano na história, chamando-o à sensibilidade e à solidariedade[520].

A partir da fórmula inaciana *contemplaviti in actione*, o Papa Francisco conjuga a união com Deus ao serviço da Igreja no mundo, seguindo o modelo da união hipostática, em que a divindade e a humanidade estão unidas no Verbo encarnado. Em Santo Inácio de Loyola, o conhecimento do Evangelho se junta ao discernimento no Espírito, descobrindo na missão de Cristo a ação da Igreja a serviço da humanidade. Nesse sentido, o magistério do Papa Francisco sustenta a opção preferencial pela terra e pelos pobres, em sintonia com a tradição eclesial latino-americana de Medellín a Aparecida[521].

Por isso, a Encíclica *Laudato Si'* é um marco histórico, pois rompe uma longa tradição de textos eurocêntricos, valorizando as vozes do sul[522], e apresentando esta nova chave de leitura da Doutrina Social da Igreja, isto é, a ecologia integral[523]. Na *Laudato Si'*, o Papa Francisco aborda o princípio do bem comum, o destino universal dos bens, o princípio da subsidiariedade, a participação do cidadão, o princípio de solidariedade e os valores fundamentais da vida social, que são a verdade, a liberdade, a justiça e a via da caridade[524].

O método *ver, julgar e agir* caracterizava a tradição eclesial latino-americana ainda antes do Concílio Vaticano II, articulando a fé cristã e a realidade histórica do continente. "Ver" significa observar os movimentos, situações e atitudes locais, procurando descobrir suas causas e consequências; "julgar" significa confrontar esta realidade com os valores do Evangelho e da Doutrina Social da Igreja; e "agir" significa organizar iniciativas que busquem solucionar estes problemas sociais.

Apesar de ser consagrado na América Latina, a origem deste método é europeia, por influência do sacerdote belga Joseph Cardjin, que fundou a Juventude

---

520. PASSOS, J.D. *Método teológico*, p. 7.

521. CARNEIRO DE ANDRADE, P.F. A dimensão social da Evangelii Gaudium. In: AMADO, J.P.; FERNANDES, L.A. *Evangelii Gaudium em questão*: aspectos bíblicos, teológicos e pastorais, p. 232.

522. MAÇANEIRO, M. Ecologia e solidariedade, p. 254.

523. BRIGHENTI, A. *A Laudato Si' no pensamento social da Igreja*, p. 47-63.

524. PONTIFÍCIO CONSELHO JUSTIÇA E PAZ, CDSI, p. 519.

Operária Católica em 1923. O movimento inspirava-se no pensamento de grandes teólogos católicos como Dominique Chenu, Jaques Maritain, Henri de Lubac, Emmanuel Mounier e Pierre Teilhard de Chardin. Em 1961, o método *ver, julgar e agir* foi recomendado para toda a Igreja universal pelo Papa João XXIII na Encíclica *Mater et Magistra*[525], sendo adotado posteriormente no Concílio Vaticano II e em outros documentos do magistério.

De forma sintética, a Encíclica *Laudato Si'* "vê" o que está acontecendo no mundo na introdução do documento e no seu capítulo I[526], no qual o Papa Francisco faz uma ligação direta entre a poluição e as mudanças climáticas[527]. Pessoas, empresas e países têm se convertido em verdadeiros agentes poluidores em busca do lucro, esquecendo que o clima é um bem comum, um bem de todos e para todos[528], devendo ser preservado agora e para as futuras gerações.

Os capítulos II, III e IV correspondem ao "julgar", apresentando as luzes que vêm da fé cristã e da ciência pela superação do antropocentrismo desordenado e do paradigma tecnocrático. Aqui, há uma crítica à interpretação limitada da mensagem do Livro do Gênesis, que convida o ser humano somente a dominar a terra (Gn 1,28), esquecendo que a Sagrada Escritura também nos convida a cultivar e guardar (Gn 2,15) o jardim do mundo[529].

Já os capítulos V e VI correspondem ao "agir", propondo linhas de orientação, diálogo, educação e espiritualidade ecológicas, direcionando a humanidade para outro estilo de vida[530]. Uma verdadeira cidadania ecológica[531] só será possível através de uma conversão ecológica que deriva de uma espiritualidade para alimentar uma paixão pelo cuidado do mundo[532].

A *Laudato Si'* recorda constantemente o modelo de São Francisco de Assis, para propor uma sã relação com a criação, como dimensão da conversão integral

---

525. JOÃO XXIII, PP. *MM* 235: Para levar a realizações concretas os princípios e as diretrizes sociais, passa-se ordinariamente por três fases: estudo da situação; apreciação da mesma à luz desses princípios e diretrizes; exame e determinação do que se pode e deve fazer para aplicar os princípios e as diretrizes à prática, segundo o modo e no grau que a situação permite ou reclama. São os três momentos que habitualmente se exprimem com as palavras seguintes: ver, julgar e agir.

526. FRANCISCO, PP. *LS* 61: Basta, porém, olhar a realidade com sinceridade, para ver que há uma grande deterioração da nossa casa comum.

527. FRANCISCO, PP. *LS* 22: Estes problemas estão intimamente ligados à cultura do descarte, que afeta tanto os seres humanos excluídos como as coisas que se convertem rapidamente em lixo.

528. FRANCISCO, PP. *LS* 23.

529. FRANCISCO, PP. *LS* 67.

530. FRANCISCO, PP. *LS* 200.

531. FRANCISCO, PP. *LS* 211.

532. FRANCISCO, PP. *LS* 216.

da pessoa[533]. Este caminho de comunhão com Deus, com a natureza e com o próximo encontra seu ponto alto na Eucaristia, sempre celebrada, de certo modo, sobre o altar do mundo[534]. Assim, o Papa Francisco convida a humanidade a contemplar a beleza do mundo no louvor à Trindade que nos criou[535].

2.2 A Teologia da criação

Em abril de 2020, a Organização Mundial de Saúde publicou um artigo indicando que o vírus da covid-19 pode ter tido uma fonte zoonótica no mercado de frutos do mar da cidade chinesa de Huanan[536]. A mistura de pessoas com a água, o sangue, a carne de peixes, aves e outros animais pode ter sido o condutor da transmissão do vírus para os seres humanos[537]. Entretanto, esta teoria sobre a origem zoonótica do coronavírus ainda não goza de reconhecimento científico universal.

Contrário a essa teoria, o vírus da covid-19 pode ter se originado em outro local, e o mercado de Huanan pode ter apenas colaborado com a transmissão[538]. A resposta para estas indagações está na natureza[539]: "fala à terra, ela te dará lições, os peixes dos mares hão de narrar: quem não haveria de reconhecer que tudo isso é obra da mão de Deus? Em sua mão está a alma de todo ser vivo e o espírito de todo homem carnal" (Jó 12,8-10).

A pandemia do novo coronavírus convida a teologia e a ciência a olhar de forma equilibrada para o mundo criado. Uma das críticas ambientais à tradição judaico-cristã está no fato de que, por seu foco antropológico exacerbado, raramente essa tradição pergunta à terra alguma coisa. Para o historiador americano Lynn White Jr. este erro de método seria uma das raízes históricas da crise socioambiental[540]. A Encíclica *Laudato Si'* ajuda-nos, portanto, a redescobrir o amor ao mundo natural como parte intrínseca de nossa fé cristã, com consequências práticas de preservação e cuidado[541].

---

533. FRANCISCO, PP. LS 218.
534. FRANCISCO, PP. LS 236.
535. FRANCISCO, PP. LS 238.
536. WORLD HEALTH ORGANIZATION. Coronavirus Disease 2019 (COVID-19) *Situation Report-94*.
537. MARON, D.F. Wet markets likely launched the coronavirus. Here's what you need to know.
538. KNOX, P. Climate change and Covid 19.
539. JOHNSON, E. *Ask the Beasts*, p. 1.
540. WHITE JR. L. The historical roots of our ecological crisis, p. 1.203-1.207.
541. FRANCISCO, PP. LS 62-66.

O Livro de Jó sugere que, ao perguntar à terra sobre nossas questões existenciais, encontramos o Deus criador como fonte e sustento de nossas vidas. O Papa Francisco ressalta ainda o papel de Jesus Cristo como princípio e consumação de toda esta obra da criação[542]. Neste sentido, o relato conclusivo das Sagradas Escrituras sobre a criação não é o início do Livro do Gênesis (Gn 1,1), mas o prólogo do Evangelho de São João[543] (Jo 1,1-18): "No princípio era o Verbo e o Verbo estava com Deus e o Verbo era Deus. No princípio, ele estava com Deus. Tudo foi feito por meio dele e sem ele nada foi feito" (Jo 1,1-3).

2.2.1 O Deus que cria é o Deus que salva

As pandemias gêmeas que assolam a humanidade, a covid-19 e a praga do racismo, fazem ressoar o eco de uma interpretação equivocada da teologia da criação, que apresenta o ser humano superior aos animais, ao mundo criado e a outras raças humanas[544]. Em dezembro de 1966, o historiador Lynn White fez uma palestra em Washington, na Associação Americana para o Avanço da Ciência, com o título "As raízes históricas de nossa crise ecológica", publicada depois como artigo no *Jornal Science*. Na perspectiva de Lynn White, o Livro do Gênesis estabelece o domínio do ser humano sobre a natureza numa modalidade exacerbada de antropocentrismo.

A tradição judaico-cristã teria feito uma distinção fundamental entre o ser humano criado à imagem de Deus e o resto da criação, que não é dotada de alma e razão. Esta perspectiva está alinhada à noção de que os escravos negros não tinham alma, apesar de serem dotados de razão. Assim, o Livro de Jó indica que Deus dá origem à alma de todos os seres humanos, portanto também aos negros e a todas as raças (Jó 12,10). Desse modo, as pandemias gêmeas do racismo e do novo coronavírus podem nos demonstrar profundamente que todos nós respiramos juntos, pois é o Deus criador que nos dá o sopro da vida, tanto para os seres humanos quanto para a própria terra, interligados na mesma casa comum.

A crise socioambiental deixa claro que a humanidade e a natureza florescerão juntas, como criação de Deus, ou então entrarão em colapso juntas. A ideia de que Deus cria não apenas o ser humano, mas todo o universo, é central na doutrina cristã, no Antigo e no Novo Testamento. "No princípio, Deus criou o céu e

---

542. FRANCISCO, PP. *LS* 99-100.

543. RATZINGER, J. In the beginning, posição 179.

544. BAÑUELAS, A.J.; DÁVILA, M.T.; DÍAZ, M.H.; NANKO-FERNANDEZ, C. We breathe together.

a terra" (Gn 1,1), diz o primeiro verso da Bíblia, e os últimos versos declaram "vi então um céu novo e uma nova terra" (Ap 21,1).

Santo Ireneu e Santo Agostinho incluem a natureza no seu entendimento integral da História da Salvação[545]. Nesta perspectiva de unidade, o Espírito Santo que pairava sobre as águas na aurora da criação (Gn 1,1) foi derramado sobre os apóstolos após a ressurreição de Cristo. Por isso, a frase de protesto "eu não consigo respirar", fruto da violência contra a terra e contra as raças, encontra redenção no sopro vital de Jesus sobre os seus apóstolos (Jo 20,22): "a paz esteja convosco" (Jo 20,19).

Também a perspectiva cristológica da criação traz implicações éticas para a conduta humana como a crise do novo coronavírus e a praga do racismo. São Paulo escreve que o conhecimento de Deus nos traz entendimento e sabedoria espiritual para que vivamos uma vida digna do Senhor em nossas ações, "dando frutos em boas obras e crescendo no conhecimento de Deus" (Cl 1,10). Ao contrário de fundamentar uma cultura de domínio, preconceito, desigualdade e exploração, o relato da criação, numa perspectiva cristológica e escatológica, torna-se material para a construção de uma ética cristã socioambiental.

No Livro do Gênesis, o domínio dos seres humanos sobre o mundo está atrelado à noção de que somos criados à imagem e semelhança de Deus. Nesse sentido, domínio não significa dominação e nem exploração, mas senhorio responsável sobre a criação (Gn 1,26-29), na qual tudo é *muito bom* (Gn 1,31). Nesta perspectiva integral, dominar o mundo (Gn 1,29) está sempre conjugado com cultivar e guardar (Gn 2,15) a terra da qual somos feitos, animados pelo Espírito de Deus que, respirando, deu-nos a vida (Gn 2,7).

Este entendimento fundamental de que somos corpo e espírito criados por Deus da terra e do sopro divino convida-nos a respirarmos todos juntos, pois é uma iniciativa de relação e comunhão que parte de Deus para a terra e, enfim, para os seres humanos, direcionando a história à sua consumação em Cristo. Assim como as vítimas hospitalizadas pelo novo coronavírus e o negro ameriano George Floyd, o próprio Jesus experimentou na cruz a sensação asfixiante de não poder respirar, entregando livremente sua vida pela nossa redenção quando suspirou dizendo "está consumado" (Jo 19,30). Cristo não queria que a terra e os seres humanos deixassem de respirar por causa do pecado, e nos devolveu, com a sua ressurreição, o dom original do sopro da vida[546]. Por essa razão, o relato do

---

545. SANTMIRE, P. *The travail of nature*, capítulos 3 e 4.
546. ARABOME, A. I can't breathe because God can't breathe.

pecado original (Gn 3,15) não é fechado em si, mas conduz a criação à salvação, prefigurando a unidade entre o Antigo e o Novo Testamento.

No plano de Deus, a obra da redenção realizada em Cristo necessita da colaboração dos seres humanos, lutando contra suas más inclinações, como o racismo e a devastação ambiental, para direcionar a terra e a humanidade à vida em plenitude (Jo 10,10). Ao apresentar o mistério de Cristo encarnado na história, a hermenêutica bíblica do Papa Francisco faz uma conjugação essencial entre o prólogo do Evangelho de São João (Jo 1,1-18) e a Carta de São Paulo aos Colossenses (Cl 1,15-20). Aqui, o axioma teológico clássico afirma acertadamente: o Deus que cria é o Deus que salva.

Na Encíclica *Laudato Si'*, o Papa Francisco apresenta este mesmo axioma: "na Bíblia, o Deus que liberta e salva é o mesmo que criou o universo, e estes dois modos de agir divino estão íntima e inseparavelmente ligados"[547]. Para nós cristãos, o marco bíblico inicial sobre a doutrina da criação é a soteriologia e não a cosmologia. A compreensão de que somos salvos em Cristo, no Novo Testamento, precede o entendimento de que somos criados por Deus. O mesmo acontecia no Antigo Testamento com o povo hebreu, que libertado da escravidão por Iahweh rendeu graças ao Deus criador todo-poderoso.

Todavia, aqui está o ponto de distinção entre a doutrina cristã e a perspectiva judaica sobre a criação: o evento Jesus. Em Cristo, a teologia da criação está incluída na doutrina da redenção, e a teologia da redenção está baseada na doutrina da criação, de modo que, em nossa opinião, não existe possibilidade de olhar com mais atenção para o Cristo Redentor sem chegar à verdade do Verbo criador ou, como diz o Papa Bento, apenas se Jesus for o Verbo criador poderá também ser chamado Cristo Redentor[548].

A literatura joanina e a literatura paulina conjugam suas afirmações pós-pascais para afirmar que "tudo foi feito por meio dele e sem Ele nada foi feito" (Jo 1,3), e que "tudo foi criado por Ele e para Ele" (Cl 1,16b). As duas fontes deixam claro que Cristo, no qual temos a redenção (Cl 1,13), é também o criador do mundo. A novidade é que, a causalidade final, antes reservada a Deus Pai, aparece aplicada também ao Filho encarnado, o que confere ao mundo uma unidade cristológica de origem e destino.

Cristo está na consumação da história, como redentor, porque está no início da história, como criador. Estas duas funções de Cristo, a salvífica e a cria-

---

547. FRANCISCO, PP. LS 73
548. RATZINGER, J. *In the beginning*, posição 672.

dora, apresentam-se em unidade[549]. O Verbo encarnado revela-nos o agir e o ser de Deus, dizendo, sobre si mesmo: *"quem me vê, vê o Pai"* (Jo 14,9). São Paulo explica ainda que Jesus é a imagem do Deus invisível (Cl 1,15), possibilitando ao ser humano, ainda mais do que no Antigo Testamento (Sb 13,1), a capacidade do conhecimento de Deus (Rm 1,19-20).

Além de criador, o Verbo encarnado é também o sustentáculo de toda a criação (Cl 1,17). O eixo sobre o qual o cosmo se movimenta é Cristo e não o ser humano, como afirma o antropocentrismo, e nem a vida natural, como defende o biocentrismo[550]. Em Cristo nós vivemos, nos movemos e existimos (At 17,28). Por esse motivo, a Encíclica *Laudato Si'* ressalta a presença de Deus na criação, mas ao mesmo tempo afirma que a criação é distinta de Deus, pois depende do Criador para se manter na existência[551].

São Paulo também apresenta Cristo como *telos*, isto é, a finalidade e a consumação de toda a criação (Cl 1,18-19). Em nossa cultura antropocêntrica, é difícil compreender que a criação não foi feita para o homem, mas vem de Cristo e para Cristo. No Livro do Gênesis, o ponto alto do relato da criação não é a chegada do ser humano no sexto dia, mas o descanso de Deus no sábado[552]. Deus é a origem e o fim da criação, a quem o ser humano e todas as criaturas, por sua mera existência, devem prestar adoração. Por isso, na união entre a criação e a salvação, o universo recebe uma dupla cunhagem cristológica: a primeira, pela criação, e a segunda pela ressurreição, que é a consumação da nova criação.

Assim, nos hinos cristológicos, reconhecemos Cristo como revelação de Deus, criador, sustentáculo, finalidade/consumação e redentor de toda a criação[553]. Aqui está de tal fundamentada ética socioambiental cristã, que compreendemos como a unidade entre a criação e a redenção traz consequências práticas bem definidas. O fiel cristão não precisa fazer uma escolha entre Cristo e o mundo, pois o mundo foi criado em Cristo, que o sustenta, nele veio habitar pela sua encarnação e o redimiu, reconciliando a terra e toda a humanidade com Deus (Jo 3,16), para a vida plena de todo ser humano[554].

---

549. RUIZ DE LA PEÑA, J.L. *Teologia da Criação*, p. 62.

550. FRANCISCO, PP. LS 118: Um antropocentrismo desordenado não deve necessariamente ser substituído por um biocentrismo, porque isto implicaria introduzir um novo desequilíbrio que não só não resolverá os problemas existentes, mas acrescentará outros.

551. FRANCISCO, PP. LS 74.

552. SHEPERD, A. *Creation and Christology*, p. 7.

553. SHEPERD, A. *Creation and Christology*, p. 9.

554. RUIZ DE LA PEÑA, J.L. *Teologia da Criação*, p. 73-75.

A compreensão da preexistência de Cristo deriva da experiência dos apóstolos com o Mistério Pascal. A mais antiga expressão de fé cristã é o *kerygma* apostólico: Jesus morreu, Jesus ressuscitou, Jesus é o Senhor. Todavia, logo os cristãos perceberam a evolução do *kerygma* como uma declaração de fé no Deus Criador, pois apenas um Criador eterno, totalmente diferente do mundo, pode ser verdadeiramente Deus.

A escatologia, que se fundamenta tecnicamente na ressurreição de Cristo, passa a basear-se também na encarnação do Verbo, pois a certeza da ressurreição baseia-se na crença de que Deus assumiu a carne humana. O mesmo Verbo divino que criou o mundo, como protologia da história, fez-se carne (Jo 1,18) e ressuscitou, para nossa salvação[555]. A tradição judaico-cristã afirma que Deus cria o universo *ex nihilo*, do nada[556], na contramão do pensamento filosófico que não conseguia admitir uma intervenção divina no instante da criação sem que essa concluísse total ou parcialmente em um panteísmo.

Para a doutrina cristã, o universo não existia, e teve um princípio no tempo, com origem divina (Gn 1,1). Deus é eterno (Jo 1,1-3), e se revela na história por amor, como manifestação da sua glória[557]. Esta é uma verdade de fé, que não pode ser demonstrada pela razão humana sem o auxílio da Revelação divina (Hb 11,13). "O amor de Deus é a razão fundamental de toda a criação"[558], pois Deus não tem necessidade de criar[559], e não o faz, numa ação contínua (At 17,27), por imperfeição ou por uma carência de sua parte[560].

O Criador atua movido pelo Bem, que é Ele próprio, numa doação gratuita e livre do seu amor (1Jo 4,16). O mundo e os seres corporais e espirituais falam-nos do Amor e da Bondade infinita do Criador (Rm 1,19-20). Santo Ireneu de Lião explica que Deus age através de suas duas mãos, o Filho (Jo 10,8) e o Espírito Santo (Sl 119,73). As mãos pertencem ao ser de Deus, por isso não são três deuses distintos, mas o mesmo e único Deus, o Pai, o Filho e o Espírito Santo[561]. A ação

---

555. CANTALAMESSA, R. *Dal kerygma al dogma*, p. 21-22.

556. CEC 296.

557. CEC 293: Eis uma verdade fundamental que a Escritura e a Tradiçao não cessam de ensinar e de celebrar: "O mundo foi criado para a glória de Deus" (Concílio Vaticano I: ds 3025).

558. FRANCISCO, PP. *LS* 77.

559. TOMÁS DE AQUINO. *Livro das sentenças* 1-2, n.1: (Deus criou) não para aumentar a sua glória, mas para manifestá-la e comunicar.

560. CEC 295: Cremos que Deus criou o mundo segundo sua sabedoria. O mundo não é o produto de uma necessidade qualquer, de um destino cego ou do acaso. Cremos que o mundo procede da vontade livre de Deus, que quis fazer as criaturas participarem de seu ser, de sua sabedoria e de sua bondade.

561. IRENEU DE LIÃO. *Contra as Heresias*, IV, 20, 1.

de Deus na criação manifesta sua própria identidade. Ao entrar no tempo, o Filho revela o ser e o agir da Trindade[562], deixando em tudo que existe um sinal claro do Deus vivo que cria e que salva[563].

A Encíclica *Laudato Si'* ensina que a criação é uma obra da Trindade, cujo reflexo pode ser reconhecido em cada criatura, numa trama de relações em que se entrelaçam todas as coisas e ao mesmo tempo tendem para Deus. Apesar das ressalvas à reciprocidade do seu axioma, o teólogo Karl Rahner ensinava que a Trindade econômica, que se revela em Jesus Cristo, é a Trindade imanente e vice--versa[564]. Cada pessoa da Trindade realiza esta obra comum segundo sua própria identidade, o Pai, o Filho e o Espírito Santo[565].

Portanto, partindo da obra da redenção, os primeiros cristãos compreenderam o papel de Cristo na obra da criação. O mundo e as criaturas foram criados no amor de Deus e para o amor de Deus, num caminho progressivo de maturação, que em Cristo têm origem e consumação divinas (Cl 1,16), para que Deus seja tudo em todos (1Cor 15,28). Assim, o amor de Deus é a razão da criação, bem como é também o fundamento da redenção[566], pois o Deus que cria é o Deus que salva.

2.2.2 Imago Dei: para cultivar e guardar

O Papa Francisco recorda-nos[567] que os seres humanos foram feitos da terra (Gn 2,7), criados por amor, à imagem e semelhança de Deus (Gn 1,26), não apenas para dominar, mas para cultivar e guardar a criação (Gn 2,15). O ponto de en-

---

562. CONCÍLIO VATICANO II. *DV* 2: A verdade profunda, tanto a respeito de Deus como da salvação dos homens, manifesta-se-nos por esta revelação na pessoa de Cristo, que é simultaneamente o mediador e a plenitude de toda a revelação.

563. CEC 287: Para além do conhecimento natural que todo homem pode ter do Criador, Deus revelou progressivamente a Israel o mistério da criação. Ele, que escolheu os patriarcas, que fez Israel sair do Egito e que, ao escolher Israel, o criou e o formou, se revela como Aquele a quem pertencem todos os povos da terra, e a terra inteira, como o único que fez o céu e a terra (Sl 115,15; 124,8; 134,3).

564. RAHNER, K. *Curso fundamental da fé*, p. 168-170.

565. FRANCISCO, PP. *LS* 238: O Pai é a fonte última de tudo, fundamento amoroso e comunicativo de tudo o que existe. O Filho, que O reflete e por Quem tudo foi criado, uniu-Se a esta terra, quando foi formado no seio de Maria. O Espírito, vínculo íntimo de amor, está intimamente presente no coração do universo, animando e suscitando novos caminhos.

566. FRANCISCO, PP. *LS* 207: Deus, que nos chama a uma generosa entrega e a oferecer-lhe tudo, também nos dá forças e a luz de que necessitamos para prosseguir. No coração deste mundo, permanece presente o Senhor da vida que tanto nos ama. Não nos abandona, não nos deixa sozinhos, porque se uniu definitivamente à nossa terra e o seu amor sempre nos leva a encontrar novos caminhos. Que Ele seja louvado!

567. FRANCISCO, PP. *LS* 65.

contro entre a reflexão anterior, sobre o Deus criador, e o discurso sobre os seres humanos criados à imagem e semelhança de Deus é a beleza da criação.

Em seu discurso catequético, São Cirilo de Jerusalém fala sobre a beleza das plantas, dos animais e das maravilhas da natureza. Era como se ele adentrasse no Jardim do Éden, apontasse para as flores e para os pássaros e ao mesmo tempo apontasse para Deus: "Veja a beleza da criação de Deus! O Criador não é digno de ser glorificado?"[568] Assim, na perspectiva patrística, a admiração da natureza conduz à adoração do criador. Os cristãos não vivem simplesmente num mundo maravilhoso que surgiu ao acaso. Ao desfrutar das coisas criadas, das quais nós mesmos fazemos parte, e que nos foram confiadas como um dom de Deus, nós desfrutamos da comunhão com o criador.

Já o Livro do Gênesis ensina que os animais, também modelados da terra como os seres humanos, foram conduzidos ao homem para que lhes desse nome (Gn 2,19-20). Ao invés de representar a superioridade do ser humano sobre a natureza e os animais, esta passagem ressalta uma relação de profunda intimidade com o mundo criado. Esta capacidade de observar atentamente a natureza e nomear individualmente os animais, de acordo com as suas características, não é resultado de controle ou hierarquia, mas sim de conhecimento do mundo natural[569].

A Encíclica *Laudato Si'* lembra-nos que nossa condição especial entre as criaturas e as coisas criadas não nos torna seus dominadores absolutos, como a própria Sagrada Escritura poderia dar a entender (Gn 1,28). Apesar de sermos criados à imagem e semelhança de Deus, cada criatura tem uma importância singular[570], numa contínua manifestação do amor divino[571]. Por exemplo, a maravilhosa paisagem da cidade do Rio de Janeiro, com suas múltiplas *nuances* interligadas, demonstra a riqueza inesgotável de Deus[572].

Isto não significa igualar os seres humanos às demais criaturas, retirando sua dignidade particular e sua responsabilidade sobre a criação[573]. Ao ser criado à imagem e semelhança de Deus, o ser humano está a serviço da natureza e do próximo, e não numa relação de superioridade que fundamente, por exemplo, o racismo, a desigualdade social, a devastação ambiental. Ao contrário, o pensamento judaico-cristão admira a maravilha da criação, não como se a natureza

---

568. CIRILO DE JERUSALÉM. Discursos catequéticos 9, n. 14.
569. SHEPERD, A. Creation and Christology, p. 3.
570. FRANCISCO, PP. LS 84.
571. FRANCISCO, PP. LS 85.
572. FRANCISCO, PP. LS 86.
573. FRANCISCO, PP. LS 90.

fosse divina, mas como um sinal do Deus criador[574]. A natureza, em si, não é onipotente, mas seus equilíbrios são frágeis; precisam ser de tal modo cuidados que Deus atribui esta tarefa aos seres humanos[575].

Na *Laudato Si'*, o Papa Francisco expõe novamente as três relações humanas fundamentais, com Deus, com a natureza e com o próximo, porque ninguém poderá administrar bem a natureza se descuidar da fraternidade com os demais seres humanos. Esta fraternidade universal com a terra e com o próximo só pode ser vivida num profundo sentido de filiação com Deus[576], que conduz o ser humano à paz consigo mesmo[577].

A recuperação desta visão bíblica integrada do ser humano é fundamental para a superação dos reducionismos imediatistas e reducionistas da salvação cristã, possibilitando a conciliação entre o corpo e o espírito, o eterno e o temporal, a graça e a natureza humana, a oração e a ação social[578]. Apesar da responsabilidade do ser humano sobre a criação não raramente se tornar um peso para as pessoas diante da atual crise socioambiental, quando ela é vivida com a liberdade que é característica da vida cristã[579], torna-se uma grande satisfação. Cuidar e guardar a terra conduz-nos à comunhão com Deus, fundamento da vida humana, princípio e o fim de toda a criação[580]. Assim, o amor especial de Deus por cada ser humano confere-nos esta dignidade infinita de seres em relação[581].

Assim diz o Livro do Gênesis: "Então Iahweh Deus modelou o homem com a argila do solo, insuflou em suas narinas um hálito de vida e o homem se tornou um ser vivente" (Gn 2,7). Partindo dessa afirmação bíblica, a Encíclica *Laudato Si'* recorda-nos que o ser humano é constituído pelos elementos do planeta, para onde nossos corpos um dia irão retornar[582]. O Padre Antônio Vieira também apresentou este tema bíblico no Sermão de Quarta-feira de Cinzas[583], um texto

---

574. FRANCISCO, PP. LS 78
575. FRANCISCO, PP. LS 90.
576. FRANCISCO, PP. LS 91.
577. FRANCISCO, PP. LS 70.
578. GARCÍA RUBIO, A. Apresentação, p. 8-9.
579. VAN DE BEEK, A. *Christ and creation*, p. 386.
580. JOÃO CRISÓSTOMO. Sermão sobre o Gênesis 2,1, p. 113: Qual é, pois, o ser que surge na existência rodeado de semelhante consideração? É o homem, grande e admirável figura vivente, mais valioso aos olhos de Deus do que toda a Criação; é o homem para quem existem o céu e a terra e o mar e a totalidade da Criação, e Deus deu tanta importância à sua Salvação que não poupou o seu Filho único por causa dele. Porque Deus não cessa de fazer todo o possível para que o homem suba até Ele e se sente à sua direita.
581. FRANCISCO, PP. LS 65.
582. FRANCISCO, PP. LS 2.
583. ANTONIO VIEIRA. Sermão de Quarta-feira de Cinzas.

clássico da língua portuguesa que hoje serve de prenúncio para a consciência socioambiental: *"pulvis es et in pulverem reverteris"* (Gn 3,19).

Esta é, portanto, uma verdade que nos faz humildes e nos consola. A humildade está no fato de que somos limitados, feitos do húmus da terra, mas o consolo está no fato de que, criados por Deus e para Deus, sabemos de onde viemos e para onde vamos. Pela nossa própria constituição biológica e espiritual, não podemos ocupar o lugar de Deus[584]. Contudo, ao agredir a natureza e o próximo, como consequência de um antropocentrismo desordenado, agredimos a nós mesmos[585].

A doutrina da criação traz à tona estes temas atuais de nossa sociedade, isto é, a pandemia, o racismo e a devastação ambiental. De certa forma, estas situações são fruto do desrespeito do ser humano às suas três relações fundamentais. "Quando todas estas relações são negligenciadas, quando a justiça deixa de habitar a terra, a Bíblia diz-nos que toda a vida está em perigo"[586]. Desse modo, a peste negra no século XIV, o surto da gripe espanhola no século passado e a pandemia do novo coronavírus demonstram que nós todos morremos e voltamos à terra, sem distinções de valor entre ricos e pobres, homens e mulheres (Gn 1,27), índios, brancos e negros. Assim, entendemos que somos parte da mesma humanidade, criada por Deus da mesma terra.

No plano original de Deus, como nos é apresentado no Livro do Gênesis, não há lugar para o racismo, para as guerras, para a falta de solidariedade e para as divisões. Documentos civis como a Declaração Universal dos Direitos Humanos da ONU[587], a Declaração de Independência dos Estados Unidos[588] e a Constituição do Brasil[589] reafirmam o princípio fundamental de que todos os seres humanos são criados com igual dignidade. Porém, como demonstram os recentes protestos raciais nos Estados Unidos e ao redor do mundo, nem sempre estes princípios são colocados em prática.

---

584. FRANCISCO, PP. LS 67

585. FRANCISCO, PP. LS 69.

586. FRANCISCO, PP. LS 70.

587. DECLARAÇÃO UNIVERSAL DOS DIREITOS HUMANOS: Todos os seres humanos nascem livres e iguais em dignidade e em direitos. Dotados de razão e de consciência, devem agir uns para com os outros em espírito de fraternidade.

588. DECLARATION OF INDEPENDENCE: *We hold these truths to be self-evident, that all men are created equal, that they are endowed by their creator with certain unalienable rights, that among these are life, liberty and the pursuit of happiness.*

589. CONSTITUIÇÃO DA REPÚBLICA FEDERATIVA DO BRASIL, Art 5°: Todos são iguais perante a lei, sem distinção de qualquer natureza, garantindo-se aos brasileiros e aos estrangeiros residentes no país a inviolabilidade do direito à vida, à liberdade, à igualdade, à segurança e à propriedade.

A igualdade entre os seres humanos, tão desejada por Deus, continua um sonho a ser colocado em prática. Martin Luther King Jr. fez este discurso[590] ao final da marcha pelos direitos civis em Washington, em 1963, diante do Memorial de Abraham Lincoln, presidente americano que, cem anos antes, assinara o Ato de Emancipação dos escravos negros. Como exemplo vivo para os dias atuais, Lincoln tentou evitar a sangrenta guerra civil de secessão entre os estados americanos do Norte e do Sul, motivada por interesses políticos, econômicos e raciais[591].

Na América Latina, conflitos eclodiram no contexto da Guerra Fria, por exemplo, a guerra civil na Nicarágua e em El Salvador, com gritantes violações aos direitos humanos. O bispo salvadorenho Oscar Romero denunciou as torturas, os assassinatos, a pobreza e a injustiça social em seu país, e foi morto por um atirador de elite enquanto celebrava a missa, em 24 de março de 1980. No dia anterior ele fizera um apelo para que as forças políticas de esquerda e de direita em conflito cessassem as atrocidades: "Em nome de Deus e desse povo sofredor, cujos lamentos sobem ao céu todos os dias, peço-lhes, suplico-lhes, ordeno-lhes: cessem a repressão"[592].

Em 16 de novembro de 1989, na Universidade Centro-americana de El Salvador, seis padres jesuítas foram assassinados por militares do exército salvadorenho, além da cozinheira e sua filha. O corpo inerte do Padre Ramon Moreno foi levado pelos soldados para o quarto do Padre Jon Sobrino, que estava ausente substituindo Leonardo Boff num curso de cristologia na Tailândia. Ali jogado, o cadáver do Padre Moreno fez cair o livro *El Dios crucificado*, de Jürgen Moltmann, cujas páginas ficaram manchadas em sangue.

Sem dúvidas, isso demonstra que o Cristo de fato continua a derramar o seu sangue em tantas vítimas das desigualdades, injustiças e violências sociais. O assassinato de Dom Oscar Romero provocou protestos e pressões internacionais pelos Direitos Humanos em El Salvador. Anos mais tarde, em 2010, a ONU proclamou o dia 24 de março como o Dia Internacional pelo Direito à Verdade acerca das Graves Violações dos Direitos Humanos e à Dignidade das

---

590. KING Jr., M.L. *I have a dream: I have a dream that one day this nation will rise up and live out the true meaning of its creed: "We hold these truths to be self-evident, that all men are created equal"*.

591. LINCOLN, A. *First Inaugural Adress: I am loath to close. We are not enemies, but friends. We must not be enemies. Though passion may have strained it must not break our bonds of affection. The mystic chords of memory, stretching from every battlefield and patriot grave to every living heart and hearthstone all over this broad land, will yet swell the chorus of the Union, when again touched, as surely they will be, by the better angels of our nature.*

592. ROMERO, O. Pronunciamento no dia 23 de março de 1980. In: GUTIÈRREZ, G. *Romero, o bispo que morreu pelos pobres.*

Vítimas[593]. O dia 24 de março também se tornou a festa litúrgica de Santo Oscar Romero, canonizado pelo Papa Francisco em 2018. No Rio de Janeiro, a vereadora Marielle Franco, defensora dos direitos humanos, que denunciava abusos de autoridade de policiais contra moradores de comunidades carentes, também foi assassinada a tiros em 14 de março de 2018.

Estas declarações de direitos humanos, oriundas de leis que fundamentam a vida em sociedade, reverberam uma lei divina: "Deus disse: Façamos o homem à nossa imagem, como nossa semelhança" (Gn 1,26). Nossa origem é divina não só pelo corpo, criado da terra, mas também pela alma imortal, que vem do sopro vital de Deus. Em cada ser humano, Deus consegue penetrar sua própria criação, fazendo com que o céu toque a terra, nos chamando pelo nome (Is 43,1) para comunhão consigo.

Quando a dignidade do ser humano é desrespeitada, seja pelo racismo, pela miséria ou pela desigualdade social, isso infringe diretamente a lei divina, porque toda vida humana, desde a concepção até sua consumação, pertence a Deus (Gn 9,5). No paradigma tecnocrático globalizado é difícil viver este elevado chamado moral e espiritual de abertura ao transcendente, porque o modelo reinante "procura controlar os elementos da natureza e, conjuntamente, os da existência humana"[594].

Ao ser criado à imagem e semelhança de Deus, o ser humano é dotado de liberdade e razão para cultivar e guardar a criação, respeitando as três relações fundamentais com Deus, com a terra e com o próximo. Santo Ireneu faz uma interessante distinção entre a noção de imagem, *methexis* em grego, que significa participação ontológica, e semelhança, do termo *mimêsis*, que denota uma transformação moral[595]. Os seres humanos tendem para o amor divino, cuja manifestação definitiva é Jesus Cristo. Este é o ponto de encontro entre a antropologia e a cristologia[596]: a dignidade do ser humano encontra sua plenitude em Cristo, que é a imagem perfeita de Deus. Desse modo, como *imago Dei*, a tarefa de cada ser humano é se conformar à *imago Christi*[597], à imagem de Deus invisível (Cl 1,15). Por

---

593. PILLAY, N. *Declaração da Alta Comissária de Direitos Humanos das Nações Unidas, Nav Pillay, para o Dia Internacional para o Direito à Verdade para as Vítimas de Graves Violações dos Direitos Humanos*: De fato, esta data foi escolhida para relembrar um destes defensores dos direitos humanos, Monsenhor Óscar Arnulfo Romero, baleado e morto em 1980 enquanto celebrava uma missa numa capela em El Salvador. Monsenhor Romero foi assassinado por sua franca condenação às violações cometidas contra a população mais vulnerável em seu país.

594. FRANCISCO, PP. LS 108.

595. IRENEU. Adversus Haeresis, V,6,1; v,8,1; v,16,2.

596. CTI. Communion and Stewardship: Human Persons Created in the Image of God, n. 24.

597. CTI. Communion and Stewardship: Human Persons Created in the Image of God, n. 11-12.

isso, a existência humana é definida por este esforço de configuração a Jesus[598], que nos restitui a imagem de Deus[599].

A antropologia teológica estuda quem são os seres humanos em suas relações com Deus, mas isto não significa que nossas relações se desenvolvam apenas com o criador. Isso é demonstrado quando vemos que a escuta do grito da terra e do grito dos pobres é uma das grandes conquistas da Encíclica *Laudato Si'*. Nela é demonstrado que as pessoas se tornam verdadeiramente humanas, em sua plenitude, quando são capazes de sair de si e de viver em harmonia com Deus, com a natureza e com o próximo.

Em última instância, a vivência destas relações é a base para a paz interior, pois "o homem está em relação também consigo mesmo e pode refletir sobre si próprio"[600]. Por isso, o Santo Padre apresenta o modelo alegre e autêntico de São Francisco de Assis para nos orientar no caminho da ecologia integral[601].

São Francisco "era um místico e um peregrino que vivia com simplicidade e em uma maravilhosa harmonia com Deus, com os outros, com a natureza e consigo mesmo"[602]. Assim, Francisco de Roma lembra-nos de que o testemunho de Francisco de Assis põe-nos em contato com a essência do ser humano[603]. Nesse sentido, o modelo de São Francisco nos exorta a mudar as antigas práticas do racismo e da exploração imediata dos recursos naturais, para assumir a linguagem da fraternidade e da beleza em relação ao meio ambiente e ao próximo[604]: "o mundo é mais do que um problema a resolver; é um mistério gozoso que contemplamos na alegria e no louvor"[605].

---

598. CTI. Communion and Stewardship: Human Persons Created in the Image of God, n. 52-55.

599. CONCÍLIO VATICANO II. *GS* 22: Ele é o homem perfeito, que restituiu aos filhos de Adão a semelhança divina, deformada desde o primeiro pecado. Já que, nele, a natureza humana foi assumida, e não destruída, por isso mesmo, também em nós foi elevada a sublime dignidade.

600. PONTIFÍCIO CONSELHO JUSTIÇA E PAZ. *CDSI*, 114.

601. FRANCISCO, PP. *LS* 10.

602. FRANCISCO, PP. *LS* 10.

603. FRANCISCO, PP. *LS* 11.

604. FRANCISCO, PP. *LS* 11: Se nos aproximarmos da natureza e do meio ambiente sem esta abertura para a admiração e o encanto, se deixarmos de falar a língua da fraternidade e da beleza na nossa relação com o mundo, então as nossas atitudes serão as do dominador, do consumidor ou de um mero explorador dos recursos naturais, incapaz de por um limite aos seus interesses imediatos. Pelo contrário, se nos sentirmos intimamente unidos a tudo o que existe, então brotarão de modo espontâneo a sobriedade e a solicitude. A pobreza e a austeridade de São Francisco não eram simplesmente um ascetismo exterior, mas algo mais radical: uma renúncia a fazer da realidade um mero objeto de uso e domínio.

605. FRANCISCO, PP. *LS* 12.

Para São Francisco, a criação era uma janela para o divino[606]. Ele afirmava que era necessário tomar com a mesma reverência os dois livros escritos por Deus, o da Bíblia e o do mundo criado, que se iluminam e se explicam mutuamente[607]. O segredo da santidade de São Francisco era sua configuração a Cristo, que o levou a amar também a terra e os pobres[608]. O *poverello* de Assis era, portanto, um homem com profundo amor por Jesus e pelo Evangelho.

Criados à imagem e semelhança de Deus, somos chamados à comunhão com a Trindade para partilhar com o Criador a importante missão de cultivar e guardar a criação. Ao mesmo tempo grande e humilde[609], "a interpretação correta do conceito de ser humano como senhor do universo é entendê-lo no sentido de administrador responsável"[610]. A doutrina da *imago Dei* oferece-nos, deste modo, "motivações importantes para cuidar da natureza e dos irmãos mais frágeis"[611].

É evidente, portanto, que existe uma ética socioambiental escrita na nossa essência de criaturas, que nos orienta para o amor a Deus, à natureza e ao próximo. A imagem de Deus no ser humano pode ser ferida, mas nunca destruída pelo pecado. Nesse sentido, a redenção humana é a restauração da imagem de Deus no homem, reconfigurada a Jesus Cristo, que é a imagem perfeita do Pai. Assim, a criação do ser humano à imagem e semelhança de Deus está no centro da revelação bíblica, como chave de interpretação para toda a antropologia teológica: o mistério do homem só pode ser compreendido plenamente a partir do mistério de Deus[612].

2.2.3 O pecado socioambiental

A teologia da criação estaria incompleta se não apresentasse o mistério do pecado, que diante do grito da terra e dos pobres adquire uma perspectiva socioambiental. Por vezes, os cristãos procuram anunciar o Evangelho de uma forma atraente aos homens do seu tempo, e lhe retiram este componente fundamental, que é a necessidade de transformação pessoal, de acordo com o apelo

---

606. HAYES, Z. *A Window to the Divine*.
607. CANTALAMESSA, R. *O canto do Espírito*, p. 17.
608. CANTALAMESSA, R. *Apaixonado por Cristo*, p. 18.
609. CTI. Comunhão e serviço, n. 95.
610. FRANCISCO, PP. LS 116.
611. FRANCISCO, PP. LS 64.
612. CTI. Comunhão e Serviço, n. 7.

evangélico: "cumpriu-se o tempo e o Reino de Deus está próximo. Arrependei-vos e crede no Evangelho" (Mc 1,15).

Dessa maneira, o anúncio do Evangelho não pode ser dissociado da conscientização da humanidade sobre o pecado, pois a comunhão com Deus e a configuração a Jesus Cristo pedem mudanças de atitudes e de pensamentos (Fl 2,5), que na perspectiva da Encíclica *Laudato Si'* se refletem no cuidado pela casa comum e pelo próximo. A partir daí, o Papa Francisco explica que o pecado socioambiental se manifesta nas agressões contra a natureza, no racismo, nas guerras e dissenções, na desigualdade social, na falta de harmonia e paz interior.

A Conferência Episcopal dos Estados Unidos[613] concorda que o racismo é o pecado original dos Estados Unidos[614], com consequências nefastas para a unidade e o desenvolvimento do país. A discriminação aos índios e aos negros acompanha os Estados Unidos desde sua fundação, e ainda hoje se faz sentir na sociedade e no sistema criminal norte-americano[615]. De certa maneira, este *pecado original* do racismo também se traduz na colonização portuguesa do Brasil, embora com características mais incisivas de miscigenação para a formação da identidade nacional.

A diversidade de raças expressa a dignidade de uma só família humana criada à imagem e semelhança de Deus, na qual todos gozam da mesma natureza e origem, dotados de corpo e alma racional redimidos em Cristo[616]. A paternidade de Deus implica a fraternidade universal entre todos os seres humanos[617]. Ao abordar o regime de segregação racial do Apartheid da África do Sul, o Papa

---

613. CONFERÊNCIA EPISCOPAL DOS ESTADOS UNIDOS. *Forming Consciences for Faithful Citizenship – A Call to Political Responsibility from the Catholic Bishops of the United States*, n. 85: *It is important for our society to continue to combat any unjust discrimination, whether based on race, religion, sex, ethnicity, disabling condition, or age, as these are grave injustices and affronts to human dignity. Where the effects of past discrimination persist, society has the obligation to take positive steps to overcome the legacy of injustice, including vigorous action to remove barriers to education, protect voting rights, support good policing in our communities, and ensure equal employment for women and minorities.*

614. WALLIS, J. *America's Original Sin*.

615. FRANCISCO, PP. FT 227: Com efeito, "a verdade é uma companheira inseparável da justiça e da misericórdia. Se, por um lado, são essenciais – as três todas juntas – para construir a paz, por outro, cada uma delas impede que as restantes sejam adulteradas [...]. De facto, a verdade não deve levar à vingança, mas antes à reconciliação e ao perdão. A verdade é contar às famílias dilaceradas pela dor o que aconteceu aos seus parentes desaparecidos. A verdade é confessar o que aconteceu aos menores recrutados pelos agentes de violência. A verdade é reconhecer o sofrimento das mulheres vítimas de violência e de abusos. [...] Cada ato de violência cometido contra um ser humano é uma ferida na carne da humanidade; cada morte violenta 'diminui-nos' como pessoas. [...] A violência gera mais violência, o ódio gera mais ódio, e a morte mais morte. Temos de quebrar esta corrente que aparece como inelutável".

616. CONCÍLIO VATICANO II. *GS* 29.

617. PAULO VI, PP. *Address to the Diplomatic Corps accredited to the Holy See*, january 14th.

João Paulo II ensinava que toda forma de discriminação racial é *absolutamente inaceitável*[618].

Diante da morte de George Floyd, o Papa Francisco denunciou os males causados pelo *pecado do racismo*[619], preenchendo uma lacuna dos manuais de moral, de doutrina social da Igreja[620] e do Catecismo[621], que ainda não incluíam o pecado do racismo como matéria de confissão sacramental, por ferir a dignidade da pessoa humana e a paz social.

Malcolm X, líder nacionalista negro nos Estados Unidos, afirmava que o cristianismo falhou com os negros americanos e com as demais identidades raciais ao não abordar efetivamente o problema do racismo. Na percepção deste líder negro norte-americano, o cristianismo ajudou na manutenção do privilégio branco nos Estados Unidos, apresentando um "embranquecimento" da figura e da mensagem de Jesus, conformada ao pensamento colonial europeu[622]. Ao adotar a estética europeia ocidental como padrão das suas expressões culturais, o cristianismo teria se afastado da injusta realidade encarnada que afeta os negros e as minorias raciais.

Apesar da controvérsia retórica, o radicalismo negro representa a convicção de que os negros e todas as pessoas de cor são plenamente humanas, algo que um sistema baseado num Deus "branco" não consegue abraçar[623]. Ao denunciar o pecado do racismo, em meio aos protestos pelo assassinato de George Floyd, o Papa Francisco criticou também toda postura violenta contra o racismo, por ser *autodestrutiva e autolesiva*, pois "nada se ganha com a violência e muito se perde"[624]. Ao pedir a intercessão de Nossa Senhora de Guadalupe, mãe da América, pela paz nos Estados Unidos e em todo o mundo, o Papa Francisco reverbera as palavras do Apóstolo Paulo: *"não te deixes vencer pelo mal, mas vence o mal com o bem"* (Rm 12,21).

Nessa direção, a Encíclica *Laudato Si'* expõe a necessidade de uma *conversão ecológica*[625], que é pressuposto para que reine a alegria e a paz[626] no mundo.

---

618. JOÃO PAULO II, PP. *Allocution to the U.N. Special Committee against Apartheid*, July 7th.

619. FRANCISCO, PP. *Audiência Geral*, 3 de junho de 2020.

620. PONTIFÍCIO CONSELHO JUSTIÇA E PAZ. *CDSI*, n. 433.

621. CEC 1935.

622. MALCOLM X. *The autobiography of Malcolm X*, p. 425.

623. MASSINGALE, B.N. Toward a Catholic Malcol X?, p. 8-11.

624. FRANCISCO, PP. *Audiência Geral*, 3 de junho de 2020.

625. FRANCISCO, PP. LS 216-221.

626. FRANCISCO, PP. LS 222-227.

Aos olhos do mundo, porém, o pecado é uma das pedras de tropeço do discurso cristão, que o torna anacrônico e fora da realidade. Ainda assim, em momentos de crise, as pessoas compreendem a necessidade de mudança pessoal e social e, neste ponto, o anúncio do Evangelho encontra espaço para o diálogo.

Um exemplo desta necessidade de anunciar o Evangelho aos homens está certamente diante do problema do mal, evidente no holocausto de Aushwitz[627], nos ataques terroristas de 11 de setembro, nas vítimas soterradas pelo rompimento da barragem do fundão em Brumadinho, nos atos desenfreados de corrupção daqueles que desviaram os recursos públicos para a edificação e manutenção dos hospitais de campanha para pacientes com covid-19, entre outros tantos, que acabam levando os homens a se questionar sobre a existência de Deus.

Entretanto, a doutrina cristã assevera-nos que Deus é essencialmente bom, e que dele não pode vir o mal. Portanto, o pecado dos homens é o mal radical do mundo, a origem de todos os males, como a morte, as guerras, a dor, o sofrimento, a aflição, a tristeza, a inveja e a corrupção[628]. Por essa razão, assim como a doutrina da redenção está ligada à teologia da criação, a salvação de Jesus Cristo não pode ser explicada sem referência ao pecado da humanidade (Jo 1,29), que fica sob o poder do mal (1Jo 5,19) ao abusar da sua própria liberdade. Por isso, as Escrituras afirmam que uma das tarefas do Espírito Santo é convencer o mundo a respeito do pecado (Jo 16,8).

Por sua vez, a Encíclica *Laudato Si'* explica que o pecado distorceu o mandato divino[629]. Numa linguagem técnica, a sustentabilidade cedeu lugar à exploração ambiental. Na sabedoria do ensinamento bíblico, o Jardim de Éden é uma imagem do mundo como dom divino, como uma casa que nos abriga, nos alimenta e nos sustenta. Ao contrário do que poderíamos imaginar, não somos os donos do mundo, mas seus administradores, de acordo com a ordem biológica e espiritual bem estabelecida por Deus: "podes comer de todas as árvores do jardim. Mas da árvore do conhecimento do bem e do mal não comerás, porque no dia em que dela comeres terás que morrer" (Gn 2,17).

---

627. FRANCISCO, PP. FT 247: A *Shoah* não deve ser esquecida. É o "símbolo dos extremos aonde pode chegar a malvadez do homem, quando, atiçado por falsas ideologias, esquece a dignidade fundamental de cada pessoa, a qual merece respeito absoluto seja qual for o povo a que pertença e a religião que professe". Ao recordá-la, não posso deixar de repetir esta oração: "Lembrai-vos de nós na vossa misericórdia. Dai-nos a graça de nos envergonharmos daquilo que, como homens, fomos capazes de fazer, de nos envergonharmos desta máxima idolatria, de termos desprezado e destruído a nossa carne, aquela que Vós formastes da lama, aquela que vivificastes com o vosso sopro de vida. Nunca mais, Senhor, nunca mais!"

628. CEC 407-409.

629. FRANCISCO, PP. LS 66.

Assim, Deus explica ao ser humano que negar sua condição de criatura que vive em comunhão seria como perder a vida da graça. Neste contexto, entra em cena a figura da serpente, representação do demônio, que também havia sido criado por Deus, mas que recusou irrevogavelmente o seu reino[630]. A astuta serpente começa provocando a dúvida no coração humano – "então Deus disse: Vós não podeis comer de todas as árvores do jardim?" (Gn 3,1). Como pai da mentira (Jo 8,44), o demônio promete ao ser humano que poderá ocupar o lugar de Deus – "vós sereis como deuses"; "a mulher então tomou o fruto da árvore e o comeu. E o deu também ao seu marido, e ele o comeu" (Gn 3,5-6).

Em sua exegese sobre o relato da criação, o Papa Francisco expõe que os seres humanos, ao querer ocupar o lugar de Deus, romperam exterior e interiormente a harmonia original, pois "esta ruptura é o pecado"[631]. Nós o chamamos *pecado socioambiental* porque, na perspectiva da Encíclica *Laudato Si'*, as três relações fundamentais são intimamente ligadas[632]. Quando falamos sobre a paz, vislumbramos apenas o entendimento horizontal entre os homens e entre as nações, mas em primeiro lugar está o entendimento vertical com Deus[633]. Ao ser quebrado este vínculo, a consciência socioambiental da humanidade também entra em desarmonia, ferindo a relação com a natureza e com o próximo.

Isto ocorre porque antes da ruptura, os seres humanos viviam num estado de plena comunhão, felizes na graça divina[634], gozando da justiça e da santidade para a qual foram criados[635]. Todas as dimensões da vida humana eram fortalecidas pela graça de Deus, num prelúdio para a ecologia integral[636].

Originalmente, havia plena harmonia entre a carne e o espírito, pois estavam nus "e não se envergonhavam" (Gn 2,25), bem como harmonia entre o homem e a mulher, que Adão chama de "carne da minha carne" (Gn 2,23). Havia en-

---

630. CEC 392: A Escritura fala dum pecado destes anjos (2Pd 2,4). A "queda" consiste na livre opção destes espíritos criados, que radical e irrevogavelmente recusaram Deus e o seu Reino. Encontramos um reflexo desta rebelião nas palavras do tentador aos nossos primeiros pais: "sereis como Deus' (Gn 3,5).

631. FRANCISCO, PP. LS 66.

632. FRANCISCO, PP. LS 66.

633. CANTALAMESSA, R. *Eu lhes dou a minha paz*, p. 6.

634. CEC 374: O primeiro homem não só foi criado bom, como também foi constituído num estado de amizade com o seu Criador, e de harmonia consigo mesmo e com a Criação que o rodeava; amizade e harmonia tais, que só serão ultrapassadas pela glória da nova Criação em Cristo.

635. CONCÍLIO VATICANO II. LG 2.

636. FRANCISCO, PP. LS 70: Nestas narrações tão antigas, ricas de profundo simbolismo, já estava contida a convicção atual de que tudo está inter-relacionado e o cuidado autêntico da nossa própria vida e das nossas relações com a natureza é inseparável da fraternidade, da justiça e da fidelidade aos outros.

tendimento igualmente entre o ser humano e toda a criação, pois "o homem deu nomes a todos os animais, às aves do céu e a todas as feras selvagens" (Gn 2,20).

Todavia, depois da ruptura do pecado, essas relações entraram em conflito, pois carne rebelou-se contra o espírito – "abriram-se os olhos dos dois e perceberam que estavam nus" (Gn 3,7); o homem contra sua esposa – "a mulher que puseste junto de mim me deu da árvore, e eu comi" (Gn 3,11); e, por fim, a natureza contra o homem – "maldito é o solo por causa de ti! Com sofrimentos dele te nutrirás todos os dias da tua vida" (Gn 3,17). Em consequência, como exemplo de todas as guerras e dissensões entre os seres humanos, Caim mata seu irmão Abel – "onde está o teu irmão Abel?" (Gn 4,9).

Tais rompimentos eram, todavia, consequências da ruptura fundamental entre o ser humano e Deus – "o homem e sua mulher se esconderam da presença de Iahweh Deus, entre as árvores do jardim" (Gn 3,8). Contudo, Deus, que é bom, e não pode se contradizer, vem à procura do homem – "onde estás?" (Gn 3,9) – e o encontra; e eternamente constante no seu amor (Rm 5,20), decide abrir um caminho de salvação para a terra e a humanidade[637].

Nesse sentido, o protoevangelho traz em si o anúncio de uma boa notícia, pois a humanidade vencerá novamente, graças à geração da mulher (Gn 3,15). Jesus Cristo, o novo Adão (Rm 5,12-21), por sua encarnação, morte e ressurreição, restaura a imagem de Deus no ser humano. A cruz é a nova árvore da vida que redime a humanidade, restaurando assim suas três relações fundamentais.

Apesar de restaurados à imagem de Cristo, a revelação cristã ensina que o ser humano permanece inclinado ao pecado[638]. A configuração a Cristo exige a colaboração do ser humano com a graça. Repetidas vezes na Encíclica *Laudato Si'*[639], o Papa Francisco usa o exemplo de São Francisco de Assis para propor uma sã relação com a criação, como dimensão da conversão integral da pessoa[640]. Apaixonado por Cristo, São Francisco de Assis lutou contra o pecado e viveu a essência do Evangelho, no amor a Deus, a terra e aos pobres[641]. Para o teólogo Yves Congar, a busca de São Francisco pela santidade é um exemplo luminoso para a Igreja[642].

Embora não seja citada diretamente no texto da encíclica, fica implícita a contemplação da passagem da purificação do templo, quando Jesus toma um chi-

---

637. FRANCISCO, PP. *LS* 71.
638. FRANCISCO, PP. *LS* 71.
639. FRANCISCO, PP. *LS* 66.
640. FRANCISCO, PP. *LS* 218.
641. CANTALAMESSA, R. *Apaixonado por Cristo*.
642. CONGAR, Y. *Vera e falsa riforma nella Chiesa*, p. 194.

cote e expulsa os cambistas, dizendo: "o zelo por tua casa me devorará" (Jo 2,17). Para os judeus, Jesus estava preservando a santidade do Templo. Para os cristãos, Jesus falava da Ressurreição de seu corpo (Jo 2,18).

Para nós, todavia, que vivemos a crise socioambiental, Jesus englobava as interpretações anteriores, zelando como Filho de Deus não apenas pela santidade do templo, mas também pela preservação da nossa casa comum. Ao assumir o nome do santo patrono da natureza e dos pobres, o Papa Francisco busca aquela mesma configuração a Cristo que conduzia o *poverello* a ouvir as palavras do Mestre: "Francisco, reconstrói a minha casa, que como você pode ver, está em ruínas"[643].

2.3 A teologia da encarnação

A encarnação do Verbo é um dos pontos mais importantes da cristologia do Papa Francisco, ressaltando que uma Pessoa da Santíssima Trindade tenha se inserido no mundo criado, sem com isso afetar a sua autonomia[644]. O Santo Padre explica que o Verbo se fez carne assumindo não apenas a nossa humanidade, mas também a terra da qual somos feitos[645]. Assim como a teologia da criação foi por vezes interpretada de forma equivocada para justificar o domínio humano sobre a natureza, nem sempre a doutrina da encarnação foi abordada corretamente, de forma universal[646].

A Encíclica *Laudato Si'* recorda-nos que o Verbo encarnado assumiu não apenas o povo semita, mas toda a humanidade, e também a terra, nossa casa comum[647]. A encarnação do Filho de Deus confirma o ensinamento de que todos os homens são criados iguais[648], à imagem e semelhança de Deus (Gn 1,27). Por isso, "não há judeu nem grego, não há escravo nem livre, não há homem nem mulher; pois todos vós sois um só em Cristo Jesus" (Gl 3,28).

---

643. SÃO BOAVENTURA. *Leggenda maggiore*, p. 1.038.

644. FRANCISCO, PP. *LS* 99.

645. FRANCISCO, PP. *LS* 207: Deus, que nos chama a uma generosa entrega e a oferecer-lhe tudo, também nos dá forças e a luz de que necessitamos para prosseguir. No coração deste mundo, permanece presente o Senhor da vida que tanto nos ama. Não nos abandona, não nos deixa sozinhos, porque se uniu definitivamente à nossa terra e o seu amor sempre nos leva a encontrar novos caminhos. Que Ele seja louvado!

646. CONGREGAÇÃO PARA A DOUTRINA DA FÉ. *DI* 1: A missão universal da Igreja nasce do mandato de Jesus Cristo e realiza-se, através dos séculos, com a proclamação do mistério de Deus, Pai, Filho e Espírito Santo, e do mistério da encarnação do Filho, como acontecimento de salvação para toda a humanidade.

647. FRANCISCO, PP. *LS* 99: Uma Pessoa da Santíssima Trindade inseriu-Se no universo criado, partilhando a própria sorte com ele até à cruz. Desde o início do mundo, mas de modo peculiar a partir da encarnação, o mistério de Cristo opera veladamente no conjunto da realidade natural.

648. PONTIFÍCIO CONSELHO JUSTIÇA E PAZ. *CDSI* 144.

Desse modo, apenas uma doutrina baseada na encarnação universal do Verbo, que se fez humano, abraçando todas as raças, pode abordar efetivamente a questão do racismo, promovendo verdadeiras mudanças nas estruturas sociais, políticas e econômicas do mundo. Na Encíclica *Laudato Si'*, assim como em todo o seu pontificado, o Papa Francisco olha com atenção para as periferias existenciais, dando voz aos países do sul, empregando a cristologia da encarnação para fazer uma crítica à desigualdade planetária, que tem entre suas consequências interligadas a miséria, as mudanças climáticas e a deterioração ambiental da nossa casa comum.

2.3.1 Solidariedade de Cristo

Na Carta Apostólica *Admirabile Signum*, o sumo pontífice apresenta o mistério da Encarnação na perspectiva de São Francisco de Assis[649]. Na representação do presépio, Cristo faz-se alimento para o sustento dos seres humanos e de todo o mundo criado. Assim, contemplamos na manjedoura o pequeno menino deitado no mesmo lugar onde os animais se alimentavam, ressaltando a pobreza e a humildade de Jesus, num apelo para que os homens pudessem encontrá-lo entre os mais necessitados, como a terra e os pobres (Mt 25,31-46). Por outro lado, vemos contemplado também na cena do Natal, os reis magos que lhe trouxeram ouro, honrando sua realeza, incenso, por sua divindade e, mirra, por sua humanidade[650].

Por isso, a inclusão dos pastores (Lc 2,15), dos reis magos (Mt 2,1-12), dos anjos, das estrelas, das montanhas, dos rios, do jumento e das ovelhas no presépio aponta para a certeza de que toda a criação louvava a chegada do Senhor[651], pois no nascimento de Jesus, "a Vida manifestou-se" (1Jo 1,5), alterando o curso da história e das suas injustiças sociais. A simplicidade do presépio ajuda a equilibrar a ênfase nos aspectos ontológicos da encarnação, que por vezes reduzem a vinda de Jesus a categorias distantes do entendimento do povo[652]. Assim, inspirado no *poverello* de Assis, o Papa Francisco elabora uma cristologia que conjuga a humanidade de Deus (Jo 1,1-14) com sua humildade e sua pobreza (Fl 2,5-11), retornando à pureza do Evangelho.

Em ambos os casos, a encarnação do Verbo é um movimento de solidariedade da parte de Deus em relação à humanidade, que serve de exemplo para

---

649. FRANCISCO, PP. AS 1.
650. FRANCISCO, PP. AS 9.
651. FRANCISCO, PP. AS 5
652. CANTALAMESSA, R. *Apaixonado por Cristo*, p. 80-81.

a ética socioambiental[653]. Na perspectiva joanina, o Verbo era Deus (Jo 1,1) e se fez carne. Na perspectiva paulina, embora fosse rico, o Cristo se fez pobre (2Cor 8,9). Por esta razão, a Encarnação do Verbo é o ponto alto da História da Salvação, dentro da história da humanidade.

O Papa Francisco explica que, apesar do afastamento pelo pecado após a criação, Deus decidiu abrir um caminho de salvação para os seres humanos[654]. Por isso, a História da Salvação também pode ser compreendida como História da Solidariedade. O princípio da solidariedade é fundamental na Doutrina Social da Igreja, especialmente no que tange às desigualdades entre pessoas e países[655], sendo ressaltado pelo Papa Francisco no cuidado com a casa comum[656].

A criação está orientada para a salvação, pois a obra criadora é o início da comunhão das criaturas com Deus, destinada à consumação em Cristo (Cl 1,16). As duas imagens bíblicas fundamentais da salvação são a saúde[657] e a liberdade[658]. O pecado, como ruptura da comunhão com Deus, provocou a doença e a servidão que geram a morte. A salvação, por outro lado, vem nos trazer a saúde e a liberdade que geram a vida[659]. Deus vem à procura do homem no Jardim do Éden, e continua a procurá-lo na História da Salvação, que acontece na história da humanidade (Gl 4,40). Para o teólogo Edward Schillebeeckx, fora do mundo não há salvação[660], mas a fonte da salvação vem de Deus (Jo 3,16).

---

653. PONTIFÍCIO CONSELHO JUSTIÇA E PAZ. *CDSI* 193: As novas relações de interdependência entre homens e povos, que são de fato formas de solidariedade, devem transformar-se em relações tendentes a uma verdadeira e própria solidariedade ético-social.

654. FRANCISCO, PP. *LS* 71.

655. PONTIFÍCIO CONSELHO JUSTIÇA E PAZ. *CDSI* 192: Em face do fenômeno da interdependência e da sua constante dilatação, subsistem, por outro lado, em todo o mundo, desigualdades muito fortes entre países desenvolvidos e países em desenvolvimento, alimentadas também por diversas formas de exploração, de opressão e de corrupção, que influem negativamente na vida interna e internacional de muitos Estados. O processo de aceleração da interdependência entre as pessoas e os povos deve ser acompanhado com um empenho no plano ético-social igualmente intensificado, para evitar as nefastas consequências de uma situação de injustiça de dimensões planetárias, destinada a repercutir muito negativamente até nos países atualmente mais favorecidos.

656. FRANCISCO, PP. *FT* 117: Quando falamos em cuidar da casa comum, que é o planeta, fazemos apelo àquele mínimo de consciência universal e de preocupação pelo cuidado mútuo que ainda possa existir nas pessoas. De fato, se alguém tem água de sobra mas poupa-a pensando na humanidade, é porque atingiu um nível moral que lhe permite transcender-se a si mesmo e ao seu grupo de pertença. Isto é maravilhosamente humano! Requer-se este mesmo comportamento para reconhecer os direitos de todo ser humano, incluindo os nascidos fora das nossas próprias fronteiras.

657. Sl 6; 30; 38; 41; 102.

658. Mt 9,22; Mc 3,4; 5,23.24.28; 6,56.

659. SESBOÜÉ, B. *Gesù Cristo l'único mediatore*, p. 16-17.

660. SCHILLEBEECKX, E. *História humana: revelação de Deus*, p. 21.

Na obra *The Two Basic Types of Christology*[661], Karl Rahner explica que a cristologia descendente se refere ao Logos eterno que se fez carne e habitou entre nós, privilegiando a divindade do Verbo e a encarnação como fundamento da fé trinitária. A cristologia ascendente, por sua vez, afirma que Jesus, morto e ressuscitado, é proclamado *Kýrios*, o Senhor, por todas as criaturas.

Já o teólogo Antônio Manzatto[662] entende que o Papa Bento XVI tenha desenvolvido uma cristologia do alto, a partir da realidade do Verbo, enquanto o Papa Francisco esteja fazendo uma cristologia de baixo, privilegiando a humanidade e a historicidade de Cristo. Não há oposição entre estes dois tipos de cristologia, como infelizmente pregam as tendências que não conseguem estabelecer uma relação complementar entre a história e a fé[663].

Ambos os modelos podem se encontrar, pois o Verbo encarnado na história é o Cristo da fé, morto e ressuscitado. A cristologia ascendente pressupõe a cristologia descendente e vice-versa, como *exigências inclusivas e imprescindíveis*[664]. A soteriologia cristã conjuga a mediação salvífica descendente, que vem em busca do homem na história, com a mediação ascendente que o eleva ao encontro de Deus[665]. A Encíclica *Laudato Si'* apresenta esta cristologia integral, inserida na história, na qual o Deus que cria é também o Deus que salva[666].

A História da Salvação, na Encíclica *Laudato Si'*, apresenta um itinerário progressivo da revelação de Deus, em que os seres humanos têm uma nova oportunidade para respeitar os ritmos inscritos na natureza pela mão do Criador[667]. Basta um homem justo para Deus renovar sua aliança com a humanidade: através de Noé o Criador inicia a restauração da humanidade (Gn 9,12).

Poucas passagens da História da Salvação expressam tão bem a perspectiva de solidariedade socioambiental como a história de José do Egito (Gn 37-50). Embora não esteja mencionada no texto da *Laudato Si'*, sua mensagem é inerente à encíclica, ajudando a ilustrar a visão econômica do Papa Francisco. A atitude invejosa dos irmãos de José, incomodados pelo carinho especial que lhe dedicava seu pai, reflete a crise do antropocentrismo moderno[668], na qual o ser humano

---

661. RAHNER, K. The Two Basic Types of Christology, p. 213-223.
662. MANZATTO, A. *Jesus Cristo*, p. 15.
663. BULTMANN, R. New Testament and mythology.
664. CIOLA, N. *Introdução a cristologia*, p. 53.
665. SESBOÜÉ, B. *Gesù Cristo l'único mediatore*, p. 6.
666. CEC 287.
667. FRANCISCO, PP. LS 71.
668. FRANCISCO, PP. LS 115-121.

busca satisfazer egoisticamente seus interesses imediatos, esquecendo-se do que "foi doado a si mesmo por Deus, devendo por isso respeitar a estrutura natural e moral de que foi dotado"[669].

Vendido como escravo a mercadores madianitas, José vive a dura realidade de imigrante[670] nas terras do Egito. A sucessão de eventos que lhe acontece é um exemplo de que a providência divina[671] não abandona sua própria criação[672], mantendo-a e sustentando-a apesar do pecado[673]. Acusado falsamente pela mulher de seu senhor, José acaba na prisão, onde interpreta os sonhos dos oficiais do Faraó. Sua fama chega ao próprio Faraó, que tem um sonho recorrente, pedindo a interpretação de José: o Egito passaria por sete anos de abundância e sete anos de fome.

Estabelecido como administrador do Faraó, José armazena as provisões no tempo da abundância, para que pudessem alimentar a população nos anos de fome. E quando a fome assolou toda a terra, as nações vieram a José para comprar mantimentos. Do mesmo modo, no momento em que falta o vinho nas Bodas de Caná, Nossa Senhora intercede ao seu Filho, reconhecendo nele a missão de um dos maiores patriarcas do Pentateuco, citando literalmente Gn 41,55.

O Messias Davídico é inquestionavelmente proclamado como Salvador logo após a introdução feita no prólogo joanino que, não à toa, explicita o poder e a intervenção do Verbo encarnado no primeiro sinal realizado. A falta da comida no Pentateuco e a falta do vinho no Evangelho de João alertam para uma situação que se transpõe para os dias atuais, pois "sabemos que se desperdiça aproximadamente um terço dos alimentos produzidos, e a comida que se desperdiça é como se fosse roubada da mesa do pobre" [674].

O Papa Francisco lembra que é preciso revigorar a consciência de que somos uma única família humana[675]. A pandemia do novo coronavírus recorda-nos

---

669. FRANCISCO, PP. LS 115.

670. FRANCISCO, PP. FT 37-41.

671. CEC 303: A solicitude da divina providência é concreta e direta, toma cuidado de tudo, desde as mínimas coisas até os grandes acontecimentos do mundo e da história.

672. CEC 301. Com a criação, Deus não abandona sua criatura a ela mesma. Não somente lhe dá o ser e a existência, mas também a sustenta a todo instante no ser, dá-lhe o dom de agir e a conduz a seu termo. Reconhecer esta dependência completa em relação ao Criador é uma fonte de sabedoria e liberdade, alegria e confiança.

673. CEC 306: Deus é o Senhor soberano de seus desígnios. Mas, para a realização dos mesmos, serve-se também do concurso das criaturas. Isso não é sinal de fraqueza, mas da grandeza e da bondade do Deus todo-poderoso. Pois Deus não somente dá às suas criaturas o existir, mas também a dignidade de agirem elas mesmas, de serem causas e princípios umas das outras e de assim cooperarem no cumprimento de seu desígnio.

674. FRANCISCO, PP. LS 50.

675. FRANCISCO, PP. LS 52.

de que os seres humanos estão todos interconectados entre si e dependentes da terra, nossa casa comum. As mudanças climáticas e devastação ambiental atestam a necessidade do surgimento de uma economia criativa, que integre a produção e a distribuição dos víveres com a atenção aos impactos ambientais e às desigualdades sociais.

Assim, José do Egito personifica o administrador responsável por toda a criação, enquanto Maria estende sua mão para indicar aquele que pode nos livrar dos sonhos prometeicos, nos quais os aproveitadores tiram vantagens dos necessitados[676]. A fartura do Egito e a penúria das nações vizinhas era um exemplo da desigualdade planetária[677], na qual algumas nações têm fartura de bens econômicos, enquanto outras estão num estado de miséria e subdesenvolvimento.

A política econômica de José é um exemplo de uma ética das relações internacionais[678], e de como o destino comum dos bens[679], iluminado pelo princípio do bem comum[680], pode servir à justiça entre as gerações[681], quando a política e a economia estão em diálogo[682]. Na visão do Papa Francisco, não apenas a Igreja, mas também o Estado deve fazer uma opção preferencial pelos mais pobres, numa exigência ética fundamental para a efetiva realização do bem comum[683].

O respeito à dignidade da pessoa humana e das futuras gerações, garantido pela política econômica de José, reflete-se no momento em que seus parentes, que viajam como imigrantes em busca de provimentos, são recebidos pelo administrador do Egito como verdadeiros irmãos e não como servos. O Papa Francisco entende que a terra pode garantir a nutrição de todos os seres humanos, se forem desenvolvidas práticas agrícolas não destrutivas adaptadas ao ciclo de produção e distribuição. O respeito à dignidade do ser humano e das futuras gerações passa também pela transição gradual, mas sem atraso, dos combustíveis fósseis para fontes de energia limpa que preservem o meio ambiente, de modo a garantir a melhora e não a destruição da casa comum[684].

---

676. FRANCISCO, PP. LS 116.
677. FRANCISCO, PP. LS 48-52.
678. FRANCISCO, PP. LS 51.
679. FRANCISCO, PP. LS 93-95.
680. FRANCISCO, PP. LS 156-158.
681. FRANCISCO, PP. LS 158-162.
682. FRANCISCO, PP. LS 189-198.
683. FRANCISCO, PP. LS 158.
684. FRANCISCO, PP. *Our moral imperative to act on climate change*.

Estes princípios da Encíclica *Laudato Si'* podem ser aplicados ao Brasil, onde o crescimento da produção agrícola não contribui para a superação da fome, mas infelizmente acompanha os números de uma estatística crítica e desumana sobre a fome, agravados pela degradação ambiental. Dados da Organização das Nações Unidas para Alimentação e Agricultura indicam que o Brasil passou a ser o 3º maior exportador agrícola do mundo, abarcando 5,7% do mercado global, atrás apenas dos Estados Unidos, com 11%, e da Europa, com 41% da produção mundial[685].

Ainda assim, o IBGE informa que a fome voltou a crescer no Brasil, atingindo 5% da população, ou 10,2 milhões de brasileiros. A situação é consequência da recessão econômica, agravada na pandemia pela alta do desemprego. São dados que evidenciam a expansão das desigualdades e a má distribuição de renda, sendo a escassez de alimentos mais frequente nas famílias chefiadas por negros[686].

A fome no Brasil é uma situação incompatível com a capacidade de produção agrícola do país[687]. Como Cardeal Arcebispo de Buenos Aires, Jorge Bergoglio testemunhou o colapso financeiro da Argentina em 2001, que levou metade da população para baixo da linha da pobreza. A solução do Papa Francisco é o desenvolvimento integral e sustentável do ser humano, com uma distribuição justa de recursos baseada no princípio do bem comum. Esta posição foi corroborada pelo recente documento da Congregação para a Doutrina da Fé, *Oeconomicae et pecuniariae quaestiones*, publicado pelo Dicastério para o Serviço do Desenvolvimento Humano Integral[688].

Ao estimular a solidariedade na distribuição da riqueza, o Papa Francisco está promovendo um melhor crescimento equitativo para retirar milhões de pessoas da miséria. A diminuição do consumo em partes mais ricas do mundo permite o crescimento saudável em partes mais pobres[689]. O Santo Padre esclarece

---

685. CHADE, J. Brasil passa a ser 3º maior exportador agrícola, mas clima ameaça futuro: Os dados são da Organização das Nações Unidas para Alimentação e Agricultura (FAO, na sigla em inglês).

686. SARAIVA, A.; VILLAS BOAS, B. Fome volta a crescer no Brasil e atinge 10,3 milhões, aponta IBGE.

687. JORNAL O GLOBO, Editorial, p. 2.

688. CONGREGAÇÃO PARA A DOUTRINA DA FÉ. OPQ, 1: As temáticas econômicas e financeiras, nunca como hoje, atraem a nossa atenção, pelo motivo da crescente influência exercitada pelo mercado em relação ao bem-estar material de boa parte da humanidade. Isto requer, de uma parte, uma adequada regulação de suas dinâmicas, e, de outra, uma clara fundamentação ética, que assegure ao bem-estar conseguido uma qualidade humana das relações que os mecanismos econômicos, sozinhos, não podem produzir. Semelhante fundamentação ética é hoje pedida por muitos especialmente por aqueles que operam no sistema econômico-financeiro. Especificamente neste âmbito, torna-se evidente a necessária harmonia entre o saber técnico e a sabedoria humana, sem a qual todo agir humano termina por deteriorar-se. Ao contrário, só com esta harmonia, pode-se progredir numa via de um bem-estar para o homem que seja real e integral.

689. FRANCISCO, PP. LS 193.

que esta atenção à dimensão social da Igreja[690] não é comunismo, mas representa a pureza do Evangelho[691].

Iluminando os temas econômicos e científicos, a Encíclica *Laudato Si'* contém ensinamentos morais importantes, como solidariedade, fraternidade, responsabilidade, que são de importância vital para a sobrevivência de todo o planeta. O Papa Francisco dirige o seu apelo à solidariedade a todos os que trabalham para garantir a proteção da terra, aos que lutam para resolver as consequências da degradação ambiental, aos pobres, que são os mais afetados por esta crise e aos jovens, que esperaram um futuro melhor[692]. Todos estes e o mundo inteiro são convidados pelo Papa Francisco a fim de que promovam uma nova solidariedade universal[693].

Também, a solidariedade de Cristo para com as dores dos seres humanos brilha nos Evangelhos como um exemplo luminoso a ser seguido. Por exemplo, Jesus cura a febre da sogra de Pedro (Mc 1,30), a mulher hemorroísa (Mc 5,29) e o homem com a mão atrofiada (Mt 12,13). Nos relatos evangélicos, as multidões acorriam a ele "trazendo coxos, cegos, aleijados, mudos e muitos outros, e os puseram a seus pés e ele os curou" (Mt 15,30).

Jesus também se preocupava sobre como alimentar aquelas pessoas, pois não era possível comprar comida na montanha, e os discípulos tinham apenas sete pães e alguns peixes. Cristo fez com que todos se sentassem, deu graças sobre os pães e peixes e fez com que os discípulos os distribuíssem à multidão. Todos ficaram satisfeitos e os discípulos ainda puderam recolher sete cestos com o que sobrou (Mt 15,32-37). A compaixão de Jesus pelas necessidades dos homens é, nesse sentido, modelo para a solidariedade entre os países ricos e pobres.

Igualmente, Cristo restaurou a vida à filha de Jairo (Mc 5,41), ao filho da viúva de Naim (Lc 7,13) e ao seu amigo Lázaro (Jo 11,43-44). Estas eram atitudes que contrastavam com o egoísmo de Pedro no Monte das Oliveiras, incapaz de vigiar ao lado do mestre em seu momento de agonia (Mt 26,40). Mesmo quando experimentou o maior sofrimento na cruz, Jesus estendeu o seu perdão àqueles que o crucificavam (Lc 23,34), salvou o bom ladrão (Lc 23,43) e entregou a humanidade à intercessão de sua mãe (Jo 19,27), amando-nos até o fim (Jo 13,1).

---

690. FRANCISCO, PP. EG 258.
691. *L'Osservatore Romano*, 21/09/2013.
692. FRANCISCO, PP. LS 13.
693. FRANCISCO, PP. LS 14.

2.3.2 Cur Deus Homo

Tecnicamente o conceito da solidariedade divina se expressa com grande eloquência na encarnação do Verbo de Deus, que o Papa Francisco apresenta em perspectiva socioambiental, em relação à humanidade e em relação à nossa casa comum. Santo Atanásio de Alexandria explicava que Jesus nos redimiu, fazendo desaparecer os obstáculos entre nós e Deus, vencendo a morte como palha no fogo e afirmando que "Deus se fez homem para que nos tornássemos Deus"[694].

Todavia, era mesmo conveniente a encarnação do Verbo? Por que Deus se fez homem? Na perspectiva *da Laudato Si'*, a encarnação, assim como a criação, pertence à ordem do Amor[695]. A luz (1Jo 1,5) e o amor (1Jo 4,8) são bens difusivos que Deus comunica livremente, num ato de bondade, com o homem e com toda a criação. A necessidade da salvação para recuperar nossa saúde e liberdade é um dado antropológico[696], já que o pecado afetou nossa natureza tão profundamente que o ser humano não foi capaz de reverter o processo por si mesmo. Apenas Deus, autor da natureza humana, pode recriar a humanidade. Entretanto, convém que nos perguntemos por que Deus simplesmente não perdoou nossos pecados, nos oferecendo a graça da penitência ou por que Deus quis redimir a humanidade pela encarnação e pela morte de seu Filho.

No livro *Cur Deus Homo*, Santo Anselmo afirma que a encarnação do Verbo se deveu em vista do pecado. A ruptura da comunhão com Deus era uma dívida que a humanidade deveria reparar. Contudo, a criatura humana limitada seria incapaz de reparar esta ofensa, pois, uma vez que Deus se tornara o objeto de tal ofensa, exigiu-se uma satisfação de valor infinito. Nesse sentido, somente um sujeito de valor infinito poderia oferecer a reparação adequada a Deus.

Assim, a encarnação do Verbo divino era necessária para a reparação da ofensa feita a Deus[697]. Não se pode negar que a teoria da satisfação de Santo Anselmo captou aspectos fundamentais da revelação divina: a encarnação e a crucificação de Cristo se deram por nós[698], pelos nossos pecados[699] e para nossa salvação (Hb 5,9; Hb 7,25; Tg 6,51). Não é difícil perceber outras ramificações bíblicas positivas: Deus se encarnou e morreu na cruz por amor (Jo 15,13), em nosso favor

---

694. SANTO ATANÁSIO. Sobre a encarnação do Verbo 8,4; 54,3.

695. FRANCISCO, PP. LS 65.

696. SESBOÜÉ, B. *Gesù Cristo l'único mediatore*, p. 16.

697. SESBOÜE, B. *Gesù Cristo l'único mediatore*, p. 369-390.

698. Mt 20,28; Mc 10,45; Lc 22,19; Lc 22,20; Gl 2,20; Gl 3,13; Rm 5,6; Rm 5,8; Rm 8,32; Rm 14,15; 1Cor 1,13; 1Cor 11,24; 2Cor 5,15; 2Cor 5,21; 2Cor 8,5; Ef 5,2; 1Tm 2,6; Tt 2,14; Hb 5,1; Hb 9,24; 1Pd 2,21; Tg 11,50-52.

699. Gl 1,3-4; Rm 4,25; 1Cor 15,3; Hb 5,1; Hb 10,12; 1Pd 3,18.

(1Tm 1,15) e em nosso lugar (Is 53,40). Contudo, a concepção de Santo Anselmo, em sua lógica jurídica de reparação, que distorcia a imagem amorosa de Deus, que apesar de justo também é misericordioso. Esta linguagem jurídica da redenção muitas vezes não é bem recebida no mundo contemporâneo[700].

O teólogo João Duns Escoto desvinculou a encarnação do pecado. Na opinião do teólogo franciscano, o Verbo haveria de se ter encarnado mesmo se o homem não tivesse pecado, como culminância da autodoação de Deus. Esta concepção é elegante, mas carece de fundamentação mais profunda na Bíblia e na Tradição, na qual encontramos diversas afirmações que supõem o pecado para a vinda de Cristo[701].

Além disso, ao justificar a encarnação em si, esta perspectiva não considera a dimensão fundamental de Cristo como único mediador entre Deus e os homens (1Tm 2,3-6). A perspectiva de Santo Tomás de Aquino aceita a concepção de Santo Anselmo, mas a suaviza em seu aspecto jurídico. Na concepção tomista, a misericórdia de Deus fundamenta a encarnação mais do que a satisfação da justiça pelo pecado. O Verbo agiu na criação, mas o processo de redenção envolve a divindade e a humanidade de Cristo.

Desse modo, para Santo Tomás, se o redentor não fosse divino, não poderia oferecer o perdão que vem de Deus, e se não fosse humano, não poderia reparar o pecado em nome da humanidade. Neste sentido, o primado do Verbo surge mais glorioso do que o pecado, uma *felix culpa*[702] que se torna ocasião para um bem maior, para uma nova criação[703]. Embora o magistério não condene a posição de Duns Escoto, a perspectiva tomista da encarnação é a que prevalece nos documentos do Concílio Vaticano II[704].

Teólogos contemporâneos, como Karl Rahner e Mário França Miranda, mudam o enfoque da necessidade do homem de reparação pelo pecado para a liberdade absoluta de Deus. Assim, a unidade entre a criação e a salvação se deve ao amor de Deus, e não ao nosso pecado, de acordo com nossas necessidades[705].

---

700. RATZINGER, J. *Introdução ao cristianismo*, p. 174.

701. MIRANDA, M.F. *A salvação de Jesus Cristo*, p. 45-46.

702. Hino Exsultet da liturgia da Vigília Pascal. In: *RH* n.1.

703. TOMÁS DE AQUINO. *Suma Teológica III*, qu 20, a. 4 ad 1: Deus ama a Cristo mais do que a todo o gênero humano, e até mais do que ao universo inteiro, pois quis para Ele o maior de todos os bens, dando-lhe o nome que está acima de todo nome... Essa excelência em nada é diminuída pelo fato de o ter destinado à salvação do gênero humano, pelo contrário. Ele assim se torna o Vencedor glorioso.

704. CONCÍLIO VATICANO II. UR 2: Nisto se manifestou a caridade de Deus para conosco, a saber, que o Filho Unigênito de Deus foi enviado ao mundo pelo Pai, a fim de que, feito homem, remisse todo o gênero humano e assim o regenerasse e unificasse.

705. CTI. *Algumas questões sobre a teologia da redenção*, n. 2-3.

Segundo esta perspectiva, Deus cria o ser humano e o mundo para manifestar a sua glória, e a encarnação é o ponto alto da comunicação da existência trinitária. Assim, a criação e a encarnação são duas etapas da mesma comunicação de Deus na história, vocacionando o ser humano a participar de sua vida e de sua felicidade.

A tal propósito, só no mistério do verbo encarnado, que cria e salva, esclarece-se verdadeiramente o mistério do homem[706]. A comunicação deste amor infinito é o desígnio absoluto de Deus, sendo a reparação do pecado um desígnio relativo, que se subordina ao primeiro. Nesta visão de unidade, a criação preparava os interlocutores para a encarnação[707], que assume uma dimensão salvífica diante do pecado. O amor de Deus é infinitamente maior do que o pecado, pois "onde abundou o pecado, a graça superabundou" (Rm 5,20).

Numa cristologia integral, não há necessidade de se opor a encarnação como reparação pelo pecado à encarnação como ápice da autodoação de Deus. O Verbo assumiu tudo o que é humano e o divinizou, fazendo do homem uma nova criatura (2Cor 5,17), capaz de praticar o bem pela graça e pelos exemplos de Jesus. O Papa Francisco ensina que o amor de Deus, manifestado na criação, na encarnação e na redenção, estende-se ao ser humano e a todo o mundo natural, pois "Deus amou tanto o mundo, que entregou o seu Filho único, para que todo que nele crê não pereça, mas tenha vida eterna" (Jo 3,16).

A teoria da satisfação de Santo Anselmo abrange não apenas a encarnação do Verbo, mas a razão pela qual era necessário que Jesus morresse na cruz para que Deus perdoasse os nossos pecados. O foco principal era o significado da encarnação e da crucificação para os seres humanos, e não para a terra e para a totalidade da criação. Esta concepção foi certamente influenciada pela sociedade do seu tempo, pois no sistema de justiça feudal do século XI, na ausência da autoridade do Estado, a lei era ditada pelos senhores feudais. Assim, quando havia uma desobediência à lei, a ofensa à dignidade do senhor feudal precisava ser restaurada.

Para reestabelecer a ordem social, o ofensor deveria ser punido ou pagar uma multa proporcional à sua falta. Esta restituição pecuniária, chamada de satisfação, reparava a honra do senhor feudal, que por sua vez restaurava a paz social. Desse modo, Santo Anselmo empregou a prática da satisfação feudal na sua explicação teológica sobre a morte de Jesus, que por vezes transpareceu a noção de um Deus colérico ofendido pelo pecado, preocupado com a satisfação de sua própria honra, com o sangue de seu próprio Filho.

---

706. CONCÍLIO VATICANO II. GS 22.
707. RAHNER, K. *Curso fundamental da fé*, p. 266-271.

Apesar da reparação de justiça por nossos pecados ser fundamentada na revelação, os evangelhos também apresentam Jesus reparando os pecados gratuitamente, sem necessidade de satisfação. Por exemplo, as parábolas do filho pródigo (Lc 15,11-32), da ovelha (Lc 15,4-7) e da moeda perdidas (Lc 15,8-10), o paralítico curado com seus pecados perdoados (Jo 5,1-9), a oração do fariseu e do publicano (Lc 18,9-14), o ladrão que ganhou o paraíso na cruz (Lc 23,42), o perdão final de Jesus destinado aos seus executores (Lc 23,34) são exemplos da misericórdia gratuita de Deus em relação aos pecados dos homens, sem necessidade de satisfação.

No livro *Cur Deus Homo*, Santo Anselmo foca sua atenção na encarnação e na morte de Jesus na cruz, sem a qual ainda estaríamos em nossos pecados, mas não argumenta sobre a misericórdia no seu ministério e na força gratuita da sua ressurreição. A cruz de Jesus, sem a ressurreição – "e, se Cristo não ressuscitou, ilusória é a vossa fé; ainda estais nos vossos pecados" (1Cor 15,17) – muitas vezes foi utilizada ao longo da história como justificativa para que as pessoas sofressem situações de injustiça, como a escravidão e o racismo, de forma resignada, sem lutar por mudanças sociais. A ressurreição de Jesus, no entanto, representa a vitória da ação de Deus sobre a injustiça, num exemplo vivo para os homens. Sem a ressurreição gratuita e misericordiosa de Jesus, sem a perspectiva misericordiosa do seu ministério, a reparação de justiça da crucificação se torna vazia[708].

Um milênio distante da sociedade atual, a teoria da satisfação de Santo Anselmo ainda silencia sobre a questão ecológica. A força da redenção, nas Sagradas Escrituras, atinge não apenas o pecado dos homens, mas também as outras espécies vivas e todo o mundo criado. Esta perspectiva ecológica surge da noção de que o Deus que cria o universo é também o Deus que o salva. Assim, o Antigo e o Novo Testamento apresentam um Deus justo, mas também amoroso, que vem trazer consolo para toda a sua criação (Is 40,1). No Livro do Profeta Isaías, a casa de Israel é figura da criação e da salvação misericordiosa de toda a casa comum. Deus se fez homem para salvar a humanidade e toda a criação, por justiça, pela reparação de nossos pecados, mas também pelo seu amor misericordioso, fundamento da existência de todo mundo criado:

> Ouvi-me, vós, da casa de Jacó, tudo o que resta da casa de Israel, vós, a quem carreguei desde o seio materno, a quem levei desde o berço. Até a vossa velhice continuo o mesmo, até vos cobrirdes de cãs continuo a carregar-vos: eu vos criei e eu vos conduzirei, eu vos carregarei e vos salvarei (Is 46,3-4).

---

708. JOHNSON, E. Creation and the Cross.

2.3.3 Encarnação profunda

Ao examinar os argumentos do livro *Cur Deus Homo*, nosso objetivo era apresentar uma via atual da redenção, baseada na Sagrada Escritura e na Tradição, capaz de destacar que não apenas o ser humano, mas toda a criação está incluída na teologia da salvação, pois "Jesus é o primogênito de toda criatura, porque nele foram criadas todas as coisas" (Col 1,15-16).

O Santo Padre expõe a contradição dos maus tratos ao planeta, quando nós mesmos somos constituídos da terra: o corpo humano é basicamente composto de água, oxigênio, carbono e sais minerais[709]. Sendo assim, cuidar da terra, mais do que um dever filial para com uma mãe (Sl 139,13-15), é cuidar de nós mesmos. A terra foi dada ao ser humano por Deus, assim como o ser humano foi dado a si mesmo, para orientar-se num caminho de bem[710]: "os cristãos, em particular, advertem que a sua tarefa no seio da criação e os seus deveres em relação à natureza e ao Criador fazem parte da sua fé"[711].

O Papa Francisco fala-nos sobre a certeza de que Cristo assumiu em si mesmo este mundo material[712]. Tertuliano afirmava que "a carne é o eixo da encarnação, *caro salutis est cardo*"[713]. Se a carne é feita da terra, o Verbo também assumiu a terra ao se fazer carne, possibilitando que a terra faça parte da redenção. Assim, o argumento soteriológico impõe-se pelas tradições patrísticas que afirmam que "aquilo que não foi assumido pelo Verbo não foi redimido"[714]. Agora isso pode ser estendido a todas as formas de vida, conectando a humanidade ao solo da terra e às demais criaturas.

Esta perspectiva, conhecida como *encarnação profunda*[715], nasce do prólogo do Evangelho de São João e do conhecimento científico do mundo. Aqui se anuncia que tudo foi feito por meio do Verbo, o ser humano, o mundo natural e cada criatura, sem exceções (Jo 1,3). Na encarnação, este Deus criador se uniu à carne da terra e habitou entre nós (Jo 1,14). O evangelista não afirma que o Verbo se tornou um ser humano, *anthropos*, ou um homem, *aner*, mas diz que se tornou carne, o que no grego se diz com a palavra *sarx*, que é uma realidade mais ampla.

---

709. FRANCISCO, PP. *LS* 2.
710. FRANCISCO, PP. *LS* 115.
711. FRANCISCO, PP. *LS* 64.
712. FRANCISCO, PP. *LS* 221.
713. TERTULIANO. De carnis resurrection In: BENTO XVI. *Audiência Geral*, 5 de janeiro de 2002
714. GREGÓRIO DE NAZIANZO, ep. 101,32: Aquilo que não foi assumido pelo Verbo não foi redimido.
715. GREGERSEN, N. The Cross of Christ in an Evolutionary World, p. 192-207.

Na Sagrada Escritura, a carne tem significados positivos e negativos, mas neste versículo a ênfase está na entrada de Deus no mundo material. No relato joanino da encarnação, a carne expressa a noção de que o mundo material é finito, limitado, frágil, transitório e vulnerável. Ao mesmo tempo, afirma que o Verbo de Deus adentrou fisicamente este âmbito mortal da existência terrena material (Ex 33,7-11). De fato, a *sarx* que o Verbo assumiu é a carne humana (Jo 1,17), mas tudo está interligado, a carne humana e o mundo criado.

Distanciando-nos de toda forma de panteísmo, exclusivamente nesse sentido, é útil e necessário dizer que homem e natureza foram assumidos na encarnação, que se torna em consequência um evento cósmico[716]. Esta perspectiva já era apresentada pelo Papa João Paulo II na Encíclica *Dominum et Vivificantem*[717]. Após os mistérios pascais da sua morte e ressurreição, e do envio do Espírito Santo, os discípulos entenderam que a proclamação do Reino de Deus está próximo (Mc 1,14), identificando a pessoa de Jesus com o Emanuel, o que traduzido significa "Deus está conosco" (Mt 1,23).

Já os primeiros cristãos usam termos oriundos do judaísmo para descrever a divindade e a humanidade de Jesus, como Messias, Filho de Davi, Filho de Deus, Filho do Homem, Sabedoria e Verbo. Nesse sentido, Jesus de Nazaré era identificado com o Deus de Israel que cria e que salva, governando o mundo e orientando a humanidade para um caminho de vida.

São Paulo afirma que Jesus se tornou para nós "sabedoria proveniente de Deus, justiça, santificação e redenção" (1Cor 1,30). Na perspectiva paulina, os termos redenção, divinização, justificação, sacrifício, expiação ou satisfação são qualificações da pessoa e da ação de Jesus. Assim como a teologia da criação, o ponto de partida da cristologia é a salvação, da qual surge a questão sobre a identidade de Jesus.

No início do Novo Testamento, São Mateus apresenta o nome de Jesus, que significa "o Senhor salva, pois ele salvará o seu povo dos seus pecados" (Mt 1,21). Assim como o Novo Testamento, a soteriologia inicia sua reflexão a partir do nome de Jesus e para ele deve voltar. Jesus é o Cristo, o Messias, palavra que significa "o Ungido". A tradição bíblica afirma que "não há, debaixo do céu, outro nome dado aos homens pelo qual devemos ser salvos" (At 4,12).

---

716. JOHNSON, E. *Ask the beasts*, p. 195-198.

717. JOÃO PAULO II, PP. *DEV* 50: A Encarnação de Deus-Filho significa que foi assumida à unidade com Deus não apenas a natureza humana, mas também, nesta, em certo sentido, tudo o que é carne: toda a humanidade, todo o mundo visível e material. A Encarnação, por conseguinte, tem também um significado cósmico, uma dimensão cósmica. O "gerado antes de toda criatura", ao encarnar-se na humanidade individual de Cristo, une-se, de algum modo, com toda a realidade do homem, que também é carne e, nela, com toda a carne, com toda a criação.

Tais expressões manifestam a identidade do Senhor e o que ele faz por nós. Jesus Cristo, único mediador entre Deus e os homens, é ao mesmo tempo humano e divino[718]. O mistério da encarnação é a fonte e o centro desta mediação[719]. Pela encarnação, a identidade de Jesus torna-se inteligível para os seres humanos. Pela encarnação, a identidade do ser humano também se torna inteligível para si mesmo, "já que, nele, a natureza humana foi assumida e não destruída, por isso mesmo, também em nós foi ela elevada à sublime dignidade"[720].

Por esta razão, a Igreja, que não pode se separar de Cristo como o corpo de sua cabeça, ensina a *união hipostática* das naturezas humana e divina na única pessoa de Jesus Cristo. Esta presença salvífica de Deus junto ao seu povo, que altera ontologicamente toda a criação, se torna cósmica com sua ressurreição, conduzindo todas as criaturas para um destino de plenitude[721]: "estou convosco todos os dias, até a consumação dos séculos!" (Mt 28,20).

Ao pontuar a identidade de Jesus, surgem as consequências para a vida dos fiéis, pois se Cristo é verdadeiramente o criador e o redentor não podemos deixar de segui-lo (1Cor 2,9). Nesse esforço de configuração a Jesus, os cristãos apresentam ao mundo a identidade do Cristo Redentor. Num mundo marcado pela beleza e pela bondade da criação, a humanidade se descobre marcada pelo pecado, mas orientada para a salvação[722].

Desse modo, *Jesus Cristo* não é um nome aposto ao seu sobrenome, mas é a declaração de uma confissão pela qual se reconhece que o Jesus da história é o Messias prometido da tradição judaica, o ungido de Deus Pai. Sua *kénosis* é um movimento de despojamento com importantes reverberações para a ética de cuidado com os pobres e com a casa comum (Fl 2,5-11). Num movimento contrário ao pecado de Adão, Jesus livremente se esvaziou da condição divina, iluminando-nos com sua atitude de amor e serviço. Por isso, uma das formas essenciais de configuração a Cristo é exercer o domínio sobre a criação nesta atitude de serviço, sabendo guardar e cultivar a natureza no modo humilde de despojamento apresentado por Jesus.

---

718. SESBOÜÉ, B. *Gesù Cristo l'único mediatore*, p. 11-12.

719. CONGREGAÇÃO PARA A DOUTRINA DA FÉ. *DI* 11: Do mesmo modo, deve-se crer firmemente na doutrina de fé sobre a unicidade da economia salvífica querida por Deus Uno e Trino, em cuja fonte e em cujo centro se encontra o mistério da encarnação do Verbo, mediador da graça divina do plano da criação e da redenção (cf. Cl 1,15-20), recapitulador de todas as coisas (cf. Ef 1,10), tornado para nós justiça, santificação e redenção (1Cor 1,30).

720. CONCÍLIO VATICANO II. *GS* 22.

721. FRANCISCO, PP. *LS* 100.

722. CTI. Algumas questões sobre a teologia da redenção, n. 13-16.

Assim, a humanidade deve aprender a controlar o seu poder, ao modo do próprio Criador, pois Deus estabeleceu um limite à sua atividade ao descansar no sétimo dia (Gn 2,2). A ação humana também deve conhecer limites éticos e morais, sabendo respeitar o lugar das demais criaturas no plano divino da criação (Gn 2,17). O arco-íris que aparece no céu ao final do relato bíblico sobre o dilúvio é o sinal visível desta aliança entre Deus e todos os seres vivos (Gn 9,15):

> Quando o arco estiver na nuvem, eu o verei e me lembrarei da aliança eterna que há entre Deus e os seres vivos com toda a carne que existe sobre a terra. Deus disse a Noé: Este é o sinal da aliança que estabeleço entre mim e toda a carne que existe sobre a terra (Gn 9,16-17).

No Antigo Testamento, a palavra hebraica usada para designar a carne, *basar*, representa inicialmente a matéria da qual as criaturas terrestres são feitas. Apesar de bela, forte e agradável, a carne também representa a finitude, a vulnerabilidade e o caráter transitório dos seres criados. Por vezes, a carne indica que os homens são pecadores, representando hostilidade em relação ao espírito e ao próprio Deus.

O Livro do Gênesis, no entanto, indica que Deus criou o mundo carnal, com todas as suas criaturas, e constatou que tudo *era muito bom* (Gn 1,31). Ao mesmo tempo em que Deus dotou o homem de um espírito que o torna semelhante a si, criou e amou toda a carne, desejando salvá-la, como na instrução a Noé no contexto do dilúvio: "de tudo o que vive, de tudo o que é carne, farás entrar na arca dois de cada espécie, um macho e uma fêmea, para os conservares em vida contigo" (Gn 6,19).

Desse modo, é evidente que todas as criaturas fazem parte da promessa de salvação a Israel: "derramarei o meu Espírito sobre toda a carne" (Jl 3,1). O Profeta Jeremias nos dá esta definição integral sobre o próprio Deus: "Eis que sou o Senhor, o Deus de toda a carne" (Jr 32,27). Portanto, a redenção abrange não apenas os seres humanos, mas todas as criaturas carnais: "Então a glória do Senhor *há de revelar-se e toda carne, de uma só vez, o verá*" (Is 40,5).

No entanto, na Carta aos Gálatas, São Paulo apresenta o contraste entre a vida na carne e a vida no espírito. Os frutos da carne incluem a luxúria, a embriaguez, o ódio, a inveja e o egoísmo, que prejudicam a vida em comunidade, enquanto os frutos do espírito são o amor, a alegria, a bondade, a generosidade, a paz, a fidelidade e o autocontrole, que constroem a unidade (Gl 5,13-26). Aqui, São Paulo não está afirmando que a carne seja pecaminosa, mas indica as características da vida redimida em Cristo, na qual comportamentos virtuosos acompanham o derramamento do Espírito sobre a carne. Por esta razão, sempre que interpretações dualistas queiram contrapor a carne e o espírito, devemos nos lembrar do sinal da aliança no dilúvio.

Em contrapartida, o Livro do Gênesis revela a bondade intrínseca da criação e de toda a matéria, assumidas pelo Verbo na encarnação. Jesus estava integrado ao mundo, e não separado dele. "Todavia, ao longo da história, estes dualismos combalidos tiveram influência em alguns pensadores cristãos e desfiguraram o Evangelho"[723]. Assim, a Encíclica *Laudato Si'* reafirma o frescor da doutrina sobre a encarnação do Verbo, que conecta Deus não apenas com os seres humanos, mas com toda a vida biológica do planeta[724].

2.4 A teologia da misericórdia

A misericórdia é um tema central no pontificado do Papa Francisco, como expressão do ser de Deus, revelado nas palavras e ações salvíficas de Jesus. Em 2015, através da Bula Papal *Misericordiae Vultus*, o santo padre anunciou o Jubileu Extraordinário da Misericórdia, como um ano para a remissão dos pecados e o perdão universal concentrado na misericórdia de Deus, com início no dia 8 de dezembro, fazendo memória do 50° aniversário de encerramento do Concílio Vaticano II.

O espírito desta convocação a toda Igreja está fundamentado no Verbo que se fez carne para participar da vida social dos homens[725], como manifestação visível do rosto da misericórdia do Pai[726]. Nesse sentido, a Igreja em saída é chamada a anunciar a alegria do Evangelho[727] vivendo a alegria da misericórdia[728], de modo particular nas obras de caridade corporais e espirituais, fundamentadas nos ensinamentos e nos exemplos de Jesus, o juiz justo e misericordioso que um dia pedirá contas das nossas ações (Mt 25,31-33): "felizes os misericordiosos, porque encontrarão misericórdia" (Mt 5,7).

Desse modo, somos chamados a praticar a misericórdia, porque Deus é misericordioso conosco (Mc 5,19), pois as obras de misericórdia comunicam a graça de Deus a quem as exerce (Lc 6,38), abrandam as penas pelos nossos pecados e nos configuram a Jesus misericordioso. Assim, o Papa Francisco nos convida a re-

---

723. FRANCISCO, PP. LS 98.
724. JOHNSON, E. *Creation and the Cross*, p. 2.997.
725. CONCÍLIO VATICANO II. GS 32.
726. FRANCISCO, PP. EG 1.
727. FRANCISCO, PP. MV 1.
728. FRANCISCO, PP. MV 2.

fletir e viver as obras de misericórdia[729] corporais, tais como dar de comer a quem tem fome, dar de beber a quem tem sede, dar pousada aos peregrinos (Mt 25,35), vestir os nus, visitar os enfermos, visitar os presos (Mt 25,36), enterrar os mortos (Jo 19,38-42; 1Cor 6,19).

Do mesmo modo, é preciso viver as obras de misericórdia espirituais que são: ensinar os ignorantes (Dn 12,3b; Mc 6,34; 2Tm 2,24), dar bom conselho (Cl 3,16; Rm 15,14; Tt 1,9), corrigir os que erram (Mt 19,15-17; Tg 5,20), perdoar as injúrias (Mt 6,14-16; Lc 26,34), consolar os tristes (Is 61,2; Lc 7,12-16), sofrer com paciência as fraquezas do nosso próximo (Rm 15,1; Ef 4,12; 1Cor 13,7), rezar a Deus por vivos e defuntos (2Mc 12,46; 1Tm 2,2-3). A essas obras, segue-se a promessa do próprio Jesus: "em verdade vos digo: cada vez que o fizestes a um desses meus irmãos mais pequeninos, a mim o fizestes" (Mt 25,40).

Nestes tempos de emergência sanitária, vivemos um momento de isolamento social, mas não estamos sozinhos. Encarnado na história humana, o Deus Emanuel está conosco (Mt 1,23), e não envia a pandemia como punição por nossos pecados[730]. A conversão ecológica passa pela mudança desta imagem religiosa que atribui a Deus a responsabilidade pelo mal que acontece no mundo. O criador respeita nossa liberdade e a ordem da natureza[731] que, oprimida e devastada[732], geme e se debate "como que em dores de parto" (Rm 8,22).

Por causa de nosso modo pernicioso de habitar a casa comum, a própria terra se rebela contra o ser humano em autodefesa[733]. Mas "nem seria suficiente afirmar que o dano causado à natureza acaba por se cobrar dos nossos atropelos"[734]. Deus não é a causa do mal no mundo, e quando o permite é "para fazer resultar o bem do próprio mal"[735]. Assim, quando o modo de viver do ser humano na terra o destina à extinção, cada momento de pausa e de reflexão, como este em que vivemos, apesar de doloroso, torna-se uma oportunidade de conversão.

Ao contrário do que se pensa, Deus não está mudo, mas a pandemia é um tempo de silêncio para que a humanidade possa mudar os seus rumos, tomando consciência de que o mundo não nos pertence, mas é criação de Deus. Por isso, nossa fragilidade permanece evidente na pandemia, levando-nos a reconhecer que

---

729. FRANCISCO, PP. *MV* 15.

730. FRANCISCO, PP. *FT* 34.

731. VICINI, A. La vida em tempos de coronavirus, p. 63-64.

732. FRANCISCO, PP. *LS* 2.

733. BOFF, L. Coronavirus, p. 38-42.

734. FRANCISCO, PP. *FT* 34.

735. AGOSTINHO. De libero arbítrio, I, 1,2.

o único poderoso e imutável é o Deus que nos criou (Gn 1,1; Jo 1,1-3). Nesse sentido, o respeito à terra e ao próximo passa pelo entendimento de que somos corpo e espírito (Gn 2,7; 1Ts 5,3), e de que temos uma alma imortal doada por Deus[736].

Como na parábola do Filho pródigo, Jesus nos mostra que o Pai permitiu que gastássemos os seus bens no mundo, para percebermos que, sem Ele, não somos nada (Lc 15,11-32). Aos olhos da fé, este é um tempo favorável de cura e salvação para a humanidade e para toda a criação. Nesta perspectiva cristã, vivemos um tempo providencial de misericórdia para voltarmos à comunhão com Deus. Ainda assim, diante de tanto sofrimento, perguntamo-nos onde está Deus[737]. O Evangelho responde-nos que Jesus está com todo aquele que sofre, com todas as vítimas da pandemia e das injustiças sociais. Jesus está com aqueles que socorrem o próximo, rezam e trabalham em busca de soluções (Mt 25,31-46), e está também com a terra, aguardando que a humanidade se levante e tome posse da sua promessa: *Eu sou a ressurreição. Quem crê em mim, ainda que morra, viverá. E quem vive e crê em mim jamais morrerá* (Jo 11,25-26).

2.4.1 O olhar do Cristo Redentor

Desde o início do seu pontificado, o Papa Francisco anuncia a misericórdia divina ao mundo. O seu modelo é o olhar do próprio Jesus[738], pleno de afeto pela humanidade[739] e pleno de amor e de misericórdia pelos pecadores[740]. No lema do seu pontificado, "Miserando atque eligendo", o Papa Francisco nos recorda que Jesus olhou o cobrador de impostos com misericórdia e o elegeu: *segue-me* (Mt 9,9).

Questionado pelos fariseus sobre o motivo de se aproximar dos pecadores, Jesus respondeu: "não são os que têm saúde que precisam de médico, e sim os doentes. Ide, pois, e aprendei o que significa: Misericórdia quero, e não o sacrifício. Com efeito, eu não vim chamar justos, mas pecadores" (Mt 9,12-13). Já no primeiro Angelus após a sua eleição, em março de 2013, o Papa Francisco refletiu sobre o episódio da mulher adúltera (Jo 8,1-11), dizendo-se impressionado pelo comportamento de Jesus, "com palavras de amor, de misericórdia, que convidam à conversão"[741].

---

736. PAGOLA, J.A. *Una puerta aberta*, p. 43-44.

737. CODINA, V. *Por qué Dios permite la pandemia e calla*, p. 9-12.

738. FRANCISCO, PP. *EG* 141.

739. FRANCISCO, PP. *EG* 268.

740. FRANCISCO, PP. *EG* 269.

741. FRANCISCO, PP. Angelus de 17 de março de 2013.

Em 2015, o Santo Padre proclamou um Ano Santo da Misericórdia com a bula *Misericordiae Vultus*, exortando-nos a contemplar e a vivenciar este grande mistério de salvação[742]. Em 2016, uma entrevista concedida pelo Papa Francisco ao vaticanista Andrea Tornielli abordou o mesmo tema, sendo publicada com o título *O nome de Deus é misericórdia*, e na conclusão do Jubileu Extraordinário da Misericórdia, em 2016, o Santo Padre publicou a Carta Apostólica *Misericordia et misera*, que tem como título as palavras do comentário de Santo Agostinho sobre o episódio da mulher adúltera, a misericórdia que se aproxima da nossa miséria[743]. Assim, a misericórdia é o princípio fundamental de interpretação do pontificado do Papa Francisco[744].

Na Encíclica *Laudato Si'*, o Papa Francisco dedica um tópico para tratar das três relações fundamentais do ser humano na perspectiva de Jesus[745]. Em primeiro lugar, o Santo Padre ressalta um dos temas fundamentais da pregação de Jesus, o anúncio de que Deus é Pai (Mt 11,25). Também o papa afirma que a revelação do Deus criador está ligada à misericórdia, pois "das obras criadas pode-se subir à sua amorosa misericórdia"[746].

Para o Papa Francisco, a revelação da misericórdia de Jesus está no coração do Evangelho[747]. Ao revelar aos discípulos com o seu ser e com seu agir[748] que Deus é misericórdia[749], Jesus apresenta o amor misericordioso do Pai como nor-

---

742. FRANCISCO, PP. MV 2: Precisamos sempre de contemplar o mistério da misericórdia. É fonte de alegria, serenidade e paz. É condição da nossa salvação. Misericórdia: é a palavra que revela o mistério da Santíssima Trindade. Misericórdia: é o ato último e supremo pelo qual Deus vem ao nosso encontro. Misericórdia: é a lei fundamental que mora no coração de cada pessoa, quando vê com olhos sinceros o irmão que encontra no caminho da vida. Misericórdia: é o caminho que une Deus e o homem, porque nos abre o coração à esperança de sermos amados para sempre, apesar da limitação do nosso pecado.

743. FRANCISCO, PP. *MeM* 1: Esta página do Evangelho pode, com justa razão, ser considerada como ícone de tudo o que celebramos no Ano Santo, um tempo rico em misericórdia, a qual pede para continuar a ser *celebrada e vivida* nas nossas comunidades. Com efeito, a misericórdia não se pode reduzir a um parêntese na vida da Igreja, mas constitui a sua própria existência, que torna visível e palpável a verdade profunda do Evangelho. Tudo se revela na misericórdia; tudo se compendia no amor misericordioso do Pai.

744. GALLI, C.M. Líneas teológicas, pastorales y espirituales del Magisterio del Papa Francisco, p. 105.

745. FRANCISCO, PP. LS 96-100.

746. FRANCISCO, PP. LS 77.

747. FRANCISCO, PP. GE 97: O Senhor deixou-nos bem claro que a santidade não se pode compreender nem viver prescindindo destas suas exigências, porque a misericórdia é o coração pulsante do Evangelho.

748. CONCÍLIO VATICANO II. DV 4.

749. FRANCISCO, PP. MV 1: Jesus Cristo é o rosto da misericórdia do Pai. O mistério da fé cristã parece encontrar nestas palavras a sua síntese. Tal misericórdia tornou-se viva, visível e atingiu o seu clímax em Jesus de Nazaré. O Pai, "rico em misericórdia" (Ef 2,4), depois de ter revelado o seu nome a Moisés como "Deus misericordioso e clemente, vagaroso na ira, cheio de bondade e fidelidade" (Ex 34,6), não cessou de dar a conhecer, de vários modos e em muitos momentos da história, a sua natureza divina. Na "plenitude do tempo" (Gl 4,4), quando tudo estava pronto segundo o seu plano de salvação, mandou

ma para o comportamento individual e social dos cristãos: "sede misericordiosos como vosso Pai é misericordioso" (Lc 6,36). A misericórdia é, pois, parte intrínseca da ação criadora e redentora de Deus[750]: "Jesus afirma que a misericórdia não é somente o agir do Pai, mas se torna o critério para entender quem são os seus verdadeiros filhos"[751].

Na encarnação do Verbo, um Deus rico em misericórdia (Ef 2,4) fez-se pobre para nos enriquecer (2Cor 8,9). A palavra misericórdia, composta pelos termos "miséria" e "coração", denota a capacidade do amor de Deus se voltar para as misérias humanas[752]:

> Poderia existir misericórdia maior para conosco, infelizes, do que a que induzisse o Criador do céu a descer do céu e o Criador da terra a revestir-se de um corpo mortal? Ele que na eternidade permanece igual ao Pai se fez igual a nós na natureza mortal. Aquela mesma misericórdia induziu o Senhor do mundo a revestir-se da natureza do servo[753].

O ponto de partida da cristologia é a crença de que Jesus é o Messias prometido da tradição[754], "o Cristo, o filho do Deus vivo" (Mt 16,16). Assim como a confissão de São Pedro revela sua fé no Messias, o encontro de São Paulo com o Cristo ressuscitado deu-lhe a certeza de que Jesus é o Filho de Deus (At 9,20). Para ambos (Gl 1,15-16), aquela era uma revelação que não vinha dos homens, mas do Pai celestial (Mt 16,17). Assim como não existe cristianismo sem a ressurreição, a fé cristã baseia-se no fato de que Jesus é o Filho de Deus.

A certeza de que Deus enviou o seu Filho ao mundo (Jo 3,16) dá à profissão de fé em Cristo o sentido interno de unidade ressaltado pela Encíclica *Laudato*

---

o seu Filho, nascido da Virgem Maria, para nos revelar, de modo definitivo, o seu amor. Quem O vê, vê o Pai (cf. Jo 14,9). Com a sua palavra, os seus gestos e toda a sua pessoa, Jesus de Nazaré revela a misericórdia de Deus.

750. FRANCISCO, PP. *MeM* 16: Querer estar perto de Cristo exige fazer-se próximo dos irmãos, porque nada é mais agradável ao Pai do que um sinal concreto de misericórdia. Por sua própria natureza, a misericórdia torna-se visível e palpável numa ação concreta e dinâmica. Uma vez que se experimentou a misericórdia em toda a sua verdade, nunca mais se volta atrás: cresce continuamente e transforma a vida. É, na verdade, uma nova criação que faz um coração novo, capaz de amar plenamente, e purifica os olhos para reconhecerem as necessidades mais ocultas. Como são verdadeiras as palavras com que a Igreja reza na Vigília Pascal, depois da leitura da narração da criação: "Senhor nosso Deus, que de modo admirável criastes o homem e de modo mais admirável o redimistes...!"

751. FRANCISCO, PP. *MV* 9.

752. CASULA, L. *A cristologia do Papa Francisco*, p. 21.

753. AGOSTINHO. Sermão 207, 1.

754. SCHONBORN, C. *God sent his son – A Contemporary Christology*, p. 11.

Si[755]: a pré-existência do Verbo, sua encarnação, vida pública, morte e ressurreição. O título *Filho de Deus* pressupõe uma relação vertical com o Pai e uma relação horizontal em direção à criação. Neste sentido, o Verbo encarnado revela-nos Deus e é também o modelo perfeito para a nossa humanidade[756]. Portanto, o ministério de Jesus convida-nos a sermos misericordiosos como o Pai, não apenas com os outros seres humanos[757], mas também com a natureza e com todas as demais criaturas, que também são objeto da ternura paterna de Deus[758].

A relação de intimidade de Jesus com Deus Pai fica evidente na sua oração, chamando-o *Abbá* (Rm 8,3), paizinho. Esta invocação aramaica representa o abandono confiante de Jesus em Deus Pai durante todo o seu ministério, e sua consciência particular de filiação, que está na origem desta oração. Ao proclamar a chegada do Reino de Deus, Jesus ensina aos seus discípulos um novo modo de orar (Rm 8,15; Gl 4,6), para que também tenham uma relação de intimidade com Deus Pai[759], que se reflita nas relações com a terra e com o próximo.

Esta dimensão social do Reino de Deus está expressa nas parábolas da misericórdia (Lc 15), no acolhimento gratuito de Jesus aos sofredores e excluídos e na sua relação harmoniosa com a natureza. Na perspectiva do Papa Francisco, a misericórdia tem dois aspectos interligados: "dar, ajudar, servir os outros, mas também perdoar, compreender"[760]. Desse modo, a santidade cristã, que é configuração a Jesus Cristo, reflete-se em olhar a realidade e agir com esta mesma misericórdia[761]. Ao nos revelar Deus Pai misericordioso com seus ensinamentos e atos redentores, Jesus inaugura a presença do Reino entre nós, restaurando o equilíbrio das três relações humanas fundamentais[762].

---

755. FRANCISCO, PP. *LS* 99-100.

756. O'COLLINS, G. *Christology*, p. 120.

757. CONSELHO PONTIFÍCIO PARA A FAMÍLIA. Sexualidade humana, n. 8: O ser humano, enquanto imagem de Deus, é criado para amar. Esta verdade foi-nos revelada plenamente no Novo Testamento, juntamente com o mistério da vida intratrinitária: "Deus é amor (1Jo 4,8) e vive em si mesmo um mistério de comunhão pessoal de amor. Criando-a à sua imagem..., Deus inscreve na humanidade do homem e da mulher a vocação, e, assim, a capacidade e a responsabilidade do amor e da comunhão. O amor é, portanto, a fundamental e originária vocação do ser humano". Todo o sentido da própria liberdade, do autodomínio consequente, é assim orientado ao dom de si na comunhão e na amizade com Deus e com os outros.

758. FRANCISCO, PP. *LS* 96.

759. COSTA, P.C. Dimensão cristológica da *Evangelii Gaudium*, p. 173-180.

760. FRANCISCO, PP. *GE* 80.

761. FRANCISCO, PP. *GE* 82.

762. FRANCISCO, PP. *GE* 106: Não posso deixar de lembrar a questão que se colocava São Tomás de Aquino ao interrogar-se quais são as nossas ações maiores, quais são as obras exteriores que manifestam melhor o nosso amor a Deus. Responde sem hesitar que, mais do que os atos de culto, são as obras de misericórdia.

Nos Evanvelhos, Jesus nos mostra que os pobres, os pecadores e os excluídos são os preferidos de Deus (Mt 20,16), tornando evidente a toda a humanidade que não somos salvos por mérito, mas por graça. A misericórdia é, portanto, o caminho escolhido por Deus para a salvação de toda a criação, sendo apresentado ao mundo, a partir da encarnação, morte e ressurreição de Jesus, através dos atos de misericórdia dos cristãos e de todos os homens e mulheres de boa vontade.

Assim sendo, a revelação e a salvação acontecem de uma só vez na existência misericordiosa de Jesus, que é ao mesmo tempo o salvador da terra e da humanidade e o revelador de Deus e do próprio ser humano[763]. Para Jesus, a verdadeira religião é a misericórdia (Lc 10,25-37), e não as falsas aparências exteriores (Mt 21,31) daqueles que excluem o próximo do acesso ao Reino de Deus (Lc 13,27). Movido por compaixão (Mt 9,36), o Cristo acolhe os pecadores e os doentes excluídos naquele sistema injusto, fundamentando as relações humanas na fraternidade (Mt 23,8), e, por isso, senta-se à mesa com os pecadores (Mt 9,11; Lc 5,29-32.), perdoa suas faltas (Mc 2,5; Jo 8,10-11), cura os doentes (Lc 17,11-19), acolhe os estrangeiros (Mt 8,5-17), critica o farisaísmo dos líderes religiosos (Mt 3,9; Lc 18,9-14) e de todos aqueles que pretendem alcançar a salvação por mérito próprio (Mt 6,7; Lc 17,10), não pela misericórdia (Mt 5,7; 9,13).

Nesse sentido, o Reino de Deus não está no cumprimento externo de normas religiosas ou de prescrições legais (Mt 7,21), mas em ações que espelham a misericórdia divina (Mt 18,23-35) e que brotam do coração de Deus[764]. Jesus condena a cultura que descarta os pobres (Lc 9,13) e que faz da posse do dinheiro o seu Deus (Mt 6,24; 19,22-33). Cristo renega o sistema econômico de desigualdade e exploração que está na origem da crise socioambiental (Lc 13,31-35), indicando a fraternidade entre os homens e a terra (Jo 18,36), com base na misericórdia de Deus (Mt 5,3-12).

Em suma, Jesus mostra-nos que, além dos seres humanos, o Pai também olha com misericórdia para cada uma de suas criaturas (Lc 12,6), protegidas e alimentadas pelo amor de Deus (Mt 6,26). O Senhor nos convida a contemplar amorosamente a criação, porque Ele próprio "prestava-lhe uma atenção cheia de carinho e admiração, e quando percorria os quatro cantos da terra, detinha-se a contemplar a beleza semeada por seu Pai"[765]. Na Encíclica *Laudato Si'*, o

---

763. MANZATTO, A. *Jesus Cristo*, p. 67.

764. FRANCISCO, PP. *AL* 296: Derramar a misericórdia de Deus sobre todas as pessoas que a pedem com coração sincero [...]. Porque a caridade verdadeira é sempre imerecida, incondicional e gratuita.

765. FRANCISCO, PP. *LS* 97.

Papa Francisco mostra-nos a síntese entre o ser misericordioso de Deus Pai, a ação salvadora de Jesus e a prática concreta dos cristãos em defesa da terra, nossa casa comum[766].

2.4.2 Oração do Pai-nosso pela casa comum

No dia 29 de outubro de 2020, em meio a novas medidas de distanciamento social devido à segunda onda da pandemia do novo coronavírus na Europa, um ataque à faca de um muçulmano deixou três mortos na Basílica de Notre Dame de Nice, na França. Entre os mortos estavam o sacristão da basílica, de 55 anos, uma mulher de 60 anos e uma brasileira de 44 anos. Segundo testemunhas, o suspeito, de origem tunisiana, antes de ser baleado e de ser preso gritou várias vezes *Allahu Akbar*, o que significa "Deus é grande" em árabe. O presidente francês Emmanuel Macron considerou o ataque um ato terrorista islâmico.

A França também sofreu uma série de ataques desde a morte do professor Samuel Paty, no dia 16 de outubro de 2020, decapitado por outro extremista islâmico por ter apresentado uma charge do Profeta Maomé numa aula sobre a liberdade de expressão. A charge mostrada pelo Professor Paty era da revista satírica *Charlie Hebbo*, cuja sede, em Paris, também foi alvo de um ataque terrorista islâmico em janeiro de 2015, com 12 mortos e 11 feridos[767]. Não foi a primeira vez que a cidade de Nice, na Riviera Francesa, foi palco de ataques terroristas. Esta mesma localicalidade já havia sido alvo de um ataque terrorista com 84 mortos em 2016, quando um caminhão atropelou dezenas de pessoas que assistiam à queima de fogos em comemoração ao dia 14 de julho, a cerca de um quilômetro da Basílica de Notre Dame.

Poucos dias antes dos ataques na França, em quatro de outubro de 2020, o Papa Francisco publicou a Encíclica *Frattelli Tutti*, endereçada a todos os homens e mulheres de boa vontade. Na encíclica, o Santo Padre explica que 800 anos atrás, em 1219, São Francisco de Assis realizou uma viagem apostólica em visita ao sultão do Egito, Malik-al-Kamil, desejando expressar a todos o amor misericordioso de Deus[768]: "com efeito, São Francisco, que se sentia irmão do sol, do mar e do vento, sentia-se ainda mais unido aos que eram da sua própria carne"[769].

---

766. MANZATTO, A. *Jesus Cristo*, p. 45.

767. O GLOBO. G1, Ataque a faca deixa três mortos em Nice, na França; uma vítima foi decapitada.

768. FRANCISCO, PP. *FT* 3: É impressionante que, há oitocentos anos, Francisco recomende evitar toda a forma de agressão ou contenda e também viver uma "submissão" humilde e fraterna, mesmo com quem não partilhasse a sua fé.

769. FRANCISCO, PP. *FT* 2.

Neste ínterim, o diálogo ecumênico com o Patriarca ortodoxo Bartolomeu já havia impulsionado o Papa Francisco a escrever a Encíclica *Laudato Si'*, e agora o documento conjunto assinado com o Imã Ahmad Al-Tayyeb[770], celebrando o aniversário da viagem de São Francisco ao Egito, o estimulou a escrever a encíclica sobre a fraternidade universal[771]. Enquanto preparava a encíclica, irrompeu a dolorosa pandemia do novo coronavírus, que deixou ainda mais evidente a necessidade do renascimento de um anseio mundial de fraternidade. Conduzido por este objetivo, em meio a milhares de mortes que aconteciam na Europa, o Papa Francisco convocou todos os cristãos a se unirem na oração do Pai-nosso no dia 25 de março de 2020, na festa da Anunciação do Senhor, a fim de implorar a misericórdia divina para a humanidade neste tempo de provação.

> Queridos irmãos e irmãs, hoje, marcamos um encontro, todos os cristãos do mundo, a fim de rezar juntos o Pai-nosso, a oração que Jesus nos ensinou. Como filhos confiantes, nos voltamos para o Pai. Fazemos isso todos os dias, várias vezes ao dia, mas agora queremos implorar misericórdia pela humanidade provada duramente pela pandemia do coronavírus. E fazemos isso juntos, cristãos de todas as Igrejas e comunidades, de todas as idades, línguas e nações. Rezemos pelos doentes e suas famílias, pelos profissionais de saúde e aqueles que os ajudam, pelas autoridades, pelos policiais e voluntários, e pelos ministros de nossas comunidades. Hoje, muitos de nós celebram a Encarnação do Verbo no ventre da Virgem Maria, quando em seu "Eis-me aqui", humilde e total, refletiu-se o "Eis-me aqui" do Filho de Deus. Nós também nos entregamos com total confiança às mãos de Deus e num só coração e numa só alma rezemos[772]:

"Pai nosso que estais nos céus" (Mt 6,9). Esta oração está no centro das Escrituras, como resumo de todo o Evangelho[773]. Nesta prece, Jesus coloca em nossos lábios sete invocações dirigidas a Deus Pai, que o Papa Francisco interpreta diante das vicissitudes que afligem a nossa casa comum. As três primeiras invocações expressam a nossa fé, e fundamentam a fraternidade universal, atraindo-

---

770. AL-TAYYEB, A.; FRANCISCO, PP. *Documento sobre a fraternidade humana em prol da paz mundial e da convivência comum*: A fé leva o crente a ver no outro um irmão que se deve apoiar e amar. Da fé em Deus, que criou o universo, as criaturas e todos os seres humanos – iguais pela Sua Misericórdia –, o crente é chamado a expressar esta fraternidade humana, salvaguardando a criação e todo o universo e apoiando todas as pessoas, especialmente as mais necessitadas e pobres.

771. FRANCISCO, PP. FT 5.

772. FRANCISCO, PP. O papa reza o Pai-nosso implorando misericórdia pela humanidade provada. In: *Vatican News*.

773. CEC 2761-2762.

-nos para a glória do Pai. As quatro invocações seguintes oferecem nossa miséria à sua Graça[774], contendo princípios éticos de uma ecologia integral.

Rezamos a Deus com o coração e não somente com os lábios, chamando--o de Pai como fez Jesus, sinal vivo de que nossas orações são sempre ouvidas (Jo 11,42). Chamar a Deus de Pai era uma novidade numa cultura em que a divindade era santa demais para que os homens a chamassem pelo nome. Jesus trouxe-nos esta liberdade de filhos, na certeza de que o Criador também nos conhece pelo nome, muito melhor do que nós mesmos (Ef 1,40). O Pai que nos cria, nos sustenta e nos salva (Sl 146,5-9) expressa o seu amor não somente em relação aos seres humanos, mas para com toda a criação.

Ao orar ao Pai divino que está nos céus, olhamos com admiração para o alto, percebendo o sol, as nuvens e as estrelas numa perspectiva de fé. Este Pai é nosso, de toda a humanidade e de toda a criação, com a qual somos chamados a viver em paz. O Espírito Santo, sopro divino de Deus, nos traz a força do seu hálito para que possamos respirar ao ritmo da oração do Pai-nosso, e nos capacita a viver esta belíssima fraternidade universal[775].

"Santificado seja o teu Nome" (Mt 6,9). O nome de Deus, que já é santo, é honrado quando buscamos a nossa santificação em Cristo, aquele que nos restaura à imagem e semelhança do Pai: "sede santos, porque eu sou santo" (1Pd 1,16). Através deste trabalho de santificação, nós participamos com Jesus na sua obra de redenção, pois o próprio Cristo nos ensinou que a oração é o nosso principal instrumento de trabalho, pela qual juntos com Deus alcançamos as coisas que nos são necessárias e importantes[776].

Além da oração, a harmonia de Jesus com a criação também se expressava no seu trabalho como carpinteiro, quando moldava a matéria terrena com suas próprias mãos (Mc 6,3). Assim, o Senhor santificou o trabalho, atribuindo-lhe um valor peculiar para o nosso amadurecimento[777]. Por esta razão, o acesso ao trabalho é um direito humano fundamental que nos santifica diante de Deus e nos permite guardar e cultivar a criação.

"Venha o teu Reino" (Mt 6,10). Com esta invocação, o Reino de Deus já está entre nós, em Jesus, e ao mesmo tempo ainda espera sua consumação. Estes são os dois tempos da salvação cristã, o "já" e o "ainda não", como posse antecipada de

---

774. CEC 2803.
775. FRANCISCO, PP. *O Pai-nosso*, p. 10.
776. FRANCISCO, PP. *O Pai-nosso*, p. 29.
777. FRANCISCO, PP. *LS* 98.

uma realidade futura[778]. No início do seu ministério, Jesus anuncia: "cumpriu-se o tempo e o Reino de Deus está próximo" (Mc 1,15). Aqui, o Cristo explica que o Reino de Deus é como o tesouro escondido no campo, a pérola preciosa pela qual um homem vende tudo o que possui (Mt 13,44-46). Também, Ele nos fala que o Reino de Deus é como a semente que germina e cresce sozinha e como o grão de mostarda que se torna árvore frondosa, abrigando as aves do céu (Mc 4,26-34).

Todavia, a oração do Pai-nosso muda o tempo verbal e diz "venha o teu Reino", uma exortação dirigida para o futuro, que implica a colaboração dos homens para sua realização. A oração do Pai-nosso refere-se principalmente à vinda gloriosa de Cristo (Tt 2,13), à sua parousia (Mt 4,27), que não deve alienar os seres humanos da sua missão, mas deve ser um incentivo para a construção de relações harmoniosas com Deus, com a natureza e com o próximo.

"Seja feita a tua vontade na terra como no céu" (Mt 6,10). A vontade de Deus é que reine na terra uma civilização do amor[779], para que ninguém se perca (2Pd 3,9) e todos os seres humanos se salvem (1Tm 2,3-4), como nos expressam as parábolas da misericórdia (Lc 15). Nesse sentido, o sim de Maria à vontade de Deus é um exemplo para a humanidade (Lc 1,38), assim como a oração de Jesus no horto: "não seja como eu quero, mas como tu queres" (Mt 26,39).

Enquanto isso, a situação do mundo parece caminhar na direção oposta, com sinais alarmantes de desarmonia nas relações socioambientais, como a devastação das florestas, o racismo e a miséria. O crescimento econômico das grandes nações segue em detrimento de uma comunidade terrestre saudável, deixando consequências ecológicas destrutivas, que desrespeitam a aliança entre Deus, o ser humano e todos os seres vivos (Gn 9,12).

No final de outubro de 2020, escolas e universidades em Portugal amanheceram pichadas com mensagens de ordem contra negros, brasileiros e ciganos. O secretário de educação de Portugal se manifestou dizendo que tais atitudes eram

---

778. FRANCISCO, PP. *O Pai-nosso*, p. 33-34.

779. FRANCISCO, PP. *Discurso do Santo Padre na vigília de oração com os jovens na Jornada Mundial da Juventude*, em 27 de julho de 2013: O coração de vocês, coração jovem, quer construir um mundo melhor. Acompanho as notícias do mundo e vejo que muitos jovens, em tantas partes do mundo, saíram pelas estradas para expressar o desejo de uma civilização mais justa e fraterna. Os jovens nas estradas querem ser protagonistas da mudança. Por favor, não deixem para outros "o ser protagonistas da mudança"! Vocês são aqueles que têm o futuro! Vocês... Através de vocês, entra o futuro no mundo. Também a vocês, eu peço para serem protagonistas desta mudança. Continuem a vencer a apatia, dando uma resposta cristã às inquietações sociais e políticas que estão surgindo em várias partes do mundo. Peço-lhes para serem construtores do mundo, trabalharem por um mundo melhor. Queridos jovens, por favor, não "olhem da sacada" a vida, entrem nela. Jesus não ficou na sacada, mergulhou... "Não olhem da sacada" a vida, mergulhem nela, como fez Jesus.

inaceitáveis tantos anos depois do incidente com Rosa Parks[780], símbolo do movimento pelos direitos civis nos Estados Unidos, que se recusou a ceder o seu lugar a um branco num ônibus, em 1955. Ao contrário, este caso de racismo ainda reverbera uma falta de entendimento apropriado acerca da noção de fraternidade e de solidariedade entre todos os seres humanos.

A partir deste emblemático fato, Martin Luther King foi um expoente no combate contra o racismo nos Estados Unidos através da resistência não violenta e da desobediência civil. Suas principais inspirações foram o ativismo não violento de Mahatma Gandhi na Índia[781], e o texto evangélico do Sermão da Montanha – "felizes os que promovem a paz, porque serão chamados filhos de Deus" (Mt 5,9) – que manifesta o verdadeiro sentido daqueles que são chamados à fé na luta contra o mal. Por este motivo, a fé cristã sempre entendeu que a violência em nome de Deus é uma corrupção da religião[782].

"O pão nosso de cada dia dá-nos hoje" (Mt 6,11). O "Pai-nosso" é um importante tesouro espiritual para nossa maneira de viver diante da crise socioambiental. Jesus ensina-nos a ter confiança na providência de Deus Pai (Mt 6,25-34), mas também a agirmos (2Ts 3,6-13) com solidariedade em relação aos outros seres humanos e com toda a criação[783]. Tal sentimento brota de Deus Pai, que faz nascer o sol igualmente sobre maus e bons e cair a chuva sobre justos e injustos (Mt 5,45), alimentando a seu tempo (Sl 104,27) todos os seres vivos (Sl 136,25). Nesse sentido, o "pão nosso" refere-se a tudo que é necessário para a preservação da vida na terra, tanto os bens materiais como os espirituais[784], pois a palavra de Deus também é alimento (Mt 4,4).

Em última instância, Jesus é o pão vivo descido do céu (Jo 6,51), que mata nossa fome e sacia nossa sede de eternidade (Am 8,11). Por isso, Cristo ensina-nos a pedir diariamente por este maná vindo do céu (Ex 16,4), e a agir amorosamente para que haja justiça na terra (Mc 6,37). É o próprio Jesus que também toma poucos pães e peixes, os abençoa e reparte, e nos faz distribui-los a todos (Mc 6,41) em sinal de sua providência que abraça toda a criação.

---

780. O GLOBO. G1, Escolas e universidades são pichadas com mensagens contra brasileiros, negros e ciganos: imagens das mensagens circulam nas redes sociais. Entre elas há as seguintes frases: Zucas (termo pejorativo usado para se referir a brasileiros), voltem para as favelas! Não vos queremos aqui! Morte aos pretos! Por uma faculdade branca. Portugal é branco. Pretos! voltem para a África! Morte aos ciganos! Portugueses, digam sim ao racismo! Viva a Europa branca!

781. KING Jr., M.L. My trip to the land of Ghandi, p. 23-30.

782. CTI. Deus Trindade, unidade dos homens.

783. CEC 2828-2830.

784. CEC 2830.

"E perdoa-nos as nossas dívidas, como também nós perdoamos aos nossos devedores" (Mt 6,12). Na ecologia integral[785], sustentabilidade significa o uso responsável dos recursos naturais para satisfação das necessidades presentes sem comprometer as gerações futuras, conciliando a preservação ambiental, o crescimento econômico e a equidade social[786]. A sociedade falha coletivamente quando não garante a todas as pessoas o acesso aos direitos humanos fundamentais, como a alimentação, a habitação, o vestuário, a saúde, a educação, a igualdade, o lazer e o trabalho.

A partilha dos bens com os necessitados[787] e o cuidado com a criação são consequências da nossa intimidade com Deus[788], "pois quem não ama seu irmão, a quem vê, a Deus, a quem não vê, não poderá amar" (1Jo 4,20). Por essa razão, nossas relações com Deus, com a terra e com o próximo são renovadas através do perdão, tão necessário para superar as feridas históricas das relações socioambientais[789]. O perdão que pedimos e estendemos aos outros é consequência do perdão misericordioso que recebemos de Deus (Mt 6,14-15).

"E não nos submetas à tentação, mas livra-nos do Maligno" (Mt 6,13). A linguagem da revelação nas Sagradas Escrituras e os sinais da criação são uma mensagem conjunta para que os seres humanos escutem os gritos da terra e os gritos dos pobres. No Reino de Deus, aqueles que se deixaram levar pela tentação e permaneceram no mal serão separados daqueles que fizeram a vontade de Deus (Mt 13,24-30).

Nesse sentido, as consequências da crise socioambiental traduzem-se em uma exortação para que não caiamos em tentação, pois a violência à natureza e ao próximo causa dano a nós mesmos[790]. O Brasil, tão rico em florestas e de dimensões continentais, está no centro do debate mundial sobre as mudanças climáticas[791]. Ainda que as queimadas no Pantanal e na Amazônia ocupem maior espaço nos noticiários[792], a Mata Atlântica é o nosso bioma em maior risco[793]. As

---

785. FRANCISCO, PP. LS 137-162.

786. WORLD COMISSION ON ENVIRONMENT AND DEVELOPMENT. Our common future.

787. FRANCISCO, PP. O Pai-nosso, p. 50.

788. Dt 15,7; Pr 14,31; 21,13; Tg 2,15-16; 1Jo 3,17.

789. FRANCISCO, PP. FT 25: Em muitas partes do mundo, fazem falta percursos de paz que levem a cicatrizar as feridas, há necessidade de artesãos de paz prontos a gerar, com inventiva e ousadia, processos de cura e de um novo encontro.

790. FRANCISCO, PP. LS 2.

791. GARCIA, R. Aquecimento global.

792. GRANDELLE, R. Atraso no combate ao fogo.

793. RAMOS, R. *Mata Atlântica é o bioma em maior risco*.

tragédias ambientais de Mariana e Brumadinho ainda provocam consequências humanas e ambientais, como exemplos recentes dos danos que causamos à casa comum[794].

Nossas terras, tão exploradas economicamente e também marcadas pelo pecado da escravidão, ainda ressoam um racismo persistente[795], com características nacionais[796]. Em meio ao esplendor da nossa diversidade social[797], o racismo ainda é um flagelo no Brasil[798]. Nossa desigualdade social fica ainda mais evidente durante a pandemia, no que tange à disseminação do coronavírus entre a população de baixa renda e o acesso à vacinação e aos serviços de saúde[799]. Como no início da nossa colonização, subimos o Pináculo da Tentação, no alto do Monte Corcovado, mas com as lições da história[800], que nos capacitam a escolher melhor entre o bem e o mal[801].

2.4.3 A *Laudato Si'* e o grito dos pobres

Desde o início da pandemia do novo coronavírus, o Papa Francisco busca oferecer conforto e direção ao povo católico, para que possa emergir um mundo melhor desta crise que afeta a humanidade[802]. Confiante nas palavras de Jesus, o sucessor de Pedro exorta-nos a manter a fé em meio à tempestade que expõe nossa vulnerabilidade e nossas falsas seguranças[803]: "Por que tendes medo? Ainda

---

794. GARCIA, R. Tragédia em Mariana.
795. LEITÃO, M. O racismo persistente.
796. LEITÃO, M. Velho racismo à brasileira.
797. OLIVEIRA, F. Esplendor da diversidade.
798. MOTTA, N. Ouro negro.
799. MAGNOLLI, D. *Lei da vacina*.
800. FRANCISCO, PP. *FT* 35: Contudo rapidamente esquecemos as lições da história, "mestra da vida". Passada a crise sanitária, a pior reação seria cair ainda mais num consumismo febril e em novas formas de autoproteção egoísta. No fim, oxalá já não existam "os outros", mas apenas um "nós". Oxalá não seja mais um grave episódio da história, cuja lição não fomos capazes de aprender. Oxalá não nos esqueçamos dos idosos que morreram por falta de respiradores, em parte como resultado de sistemas de saúde que foram sendo desmantelados ano após ano. Oxalá não seja inútil tanto sofrimento, mas tenhamos dado um salto para uma nova forma de viver e descubramos, enfim, que precisamos e somos devedores uns dos outros, para que a humanidade renasça com todos os rostos, todas as mãos e todas as vozes, livre das fronteiras que criamos.
801. Sl 1,6.
802. CZERNY, M. Prefácio, p. 3.
803. FRANCISCO, PP. *Mensagem Urbi et Orbi*, 27 de março de 2020.

não tendes fé?" (Mc 4,40). Então, muitos cristãos perguntam-se se realmente pode surgir algo de bom da pandemia[804].

A redução da atividade humana, com menor circulação de carros e de pessoas, deixou os céus mais limpos, com a diminuição dos níveis de dióxido de carbono. Por outro lado, as queimadas das florestas continuaram intensas durante a pandemia[805]. A crise sanitária tem afetado a terra e os pobres em conjunto[806]. Apesar de o vírus da covid-19 contaminar ricos e pobres, as 735 milhões de pessoas no mundo em situação de miséria são mais vulneráveis, pois são malnutridas, vivem em lugares com péssimas condições sanitárias, têm acesso limitado à informação e aos serviços de saúde[807].

Após cinco anos de sua publicação, a mensagem da *Laudato Si'* ressoa no grito da terra e no grito dos pobres[808]: "toda abordagem ecológica deve integrar uma perspectiva social que tenha em conta os direitos fundamentais dos mais desfavorecidos"[809]. Para o Papa Francisco, o cuidado com a terra é intrínseco à opção preferencial pelos pobres.

> Esta opção implica tirar as consequências do destino comum dos bens da terra, mas – como procurei mostrar na Exortação Apostólica *Evangelii Gaudium* – exige acima de tudo contemplar a imensa dignidade do pobre à luz das mais profundas convicções de fé. Basta olhar a realidade para compreender que, hoje, esta opção é uma exigência ética fundamental para a efetiva realização do bem comum[810].

Como parte da bibliografia implícita da Encíclica *Laudato Si'*, a obra *Grito da terra, grito dos pobres*, de Leonardo Boff, influenciou a maneira como o Papa Francisco apresenta a terra como mais um pobre que clama por justiça[811]. Por isso, o Santo Padre também apresenta ao mundo o exemplo de São Francisco de Assis, no seu cuidado pela criação e pelos pobres[812].

---

804. SAWIT, C.M. A Search for God Amidst the Covid-19 Pandemic.

805. FERREIRA, N. Queda da poluição na pandemia de coronavírus já evitou milhares de mortos. A quarentena contra a covid-19, que tira automóveis das ruas e diminui a produção das fábricas, reduziu a emissão de poluentes em boa parte do mundo.

806. FRANCISCO, PP. *LS* 16.

807. HOLLENBACH, D. Who suffers most during the coronavirus pandemic?

808. FRANCISCO, PP. *LS* 2.

809. FRANCISCO, PP. *LS* 93.

810. FRANCISCO, PP. *LS* 158.

811. FRANCISCO, PP. *LS* 2.

812. FRANCISCO, PP. *LS* 10.

As Conferências Gerais do Episcopado Latino-Americano, de Medellín à Aparecida, apresentaram um conceito mais abrangente de pobreza, incluindo outros rostos sofredores, como as comunidades indígenas e afro-americanas discriminadas, as mulheres excluídas, os jovens sem acesso à educação, os desempregados, os migrantes, os adolescentes submetidos à prostituição, as jovens vítimas de aborto, os famintos, os dependentes químicos, as pessoas com limitações físicas, os que padecem de solidão, os idosos, os presos, os portadores de doenças graves como a malária, a tuberculose, o Alzheimer ou o HIV-Aids.

De forma particular, o Papa Francisco inclui nesta perspectiva a própria criação[813]: "pequenos, mas fortes no amor de Deus, como São Francisco de Assis, todos nós, cristãos, somos chamados a cuidar da fragilidade do povo e do mundo em que vivemos"[814]. Enfim, todos os excluídos da sociedade, aqueles que são explorados, considerados supérfluos ou descartáveis, são pobres que gozam de forma especial da misericórdia divina. Assim, os seres humanos também devem estender suas mãos misericordiosas aos miseráveis[815], pois este é o sacrifício que mais agrada a Deus[816].

A misericórdia de Deus é salvífica, pois é a única maneira para os miseráveis terem acesso ao Reino de Deus (Mt 22,9; Lc 14,13). Assim, se o anúncio do Reino de Deus é a referência fundamental do ministério de Jesus, ele se caracteriza pela misericórdia com os pobres[817]. A misericórdia de Deus restaura também a igualdade fundamental entre todos os seres humanos, como indica o Sermão da Montanha (Mt 5,3-12): "enquanto o nosso sistema econômico-social ainda produzir uma só vítima que seja e enquanto houver uma pessoa descartada, não poderá haver a festa da fraternidade universal"[818].

A Igreja em saída[819] leva-nos até estas periferias existenciais, onde estão os pobres e os sofredores, dentre os quais está a nossa casa comum. "Para a Igreja, a

---

813. DOCUMENTO DE APARECIDA, n. 65.

814. FRANCISCO, PP. EG 215: Há outros seres frágeis e indefesos, que muitas vezes ficam à mercê dos interesses econômicos ou dum uso indiscriminado. Refiro-me ao conjunto da criação. Nós, os seres humanos, não somos meramente beneficiários, mas guardiões das outras criaturas. Pela nossa realidade corpórea, Deus uniu-nos tão estreitamente ao mundo que nos rodeia, que a desertificação do solo é como uma doença para cada um, e podemos lamentar a extinção de uma espécie como se fosse uma mutilação. Não deixemos que, à nossa passagem, fiquem sinais de destruição e de morte que afetem a nossa vida e a das gerações futuras.

815. FRANCISCO, PP. EG 216:

816. FRANCISCO, PP. GE 106.

817. MANZATTO, A. *Jesus Cristo*, p. 54.

818. FRANCISCO, PP. FT 110.

819. FRANCISCO, PP. EG 20

opção pelos pobres é mais uma categoria teológica do que cultural, sociológica, política ou filosófica. Deus manifesta a sua misericórdia antes de mais nada a eles"[820]. Por essa razão, o grito dos pobres é um dos temas centrais da Encíclica *Laudato Si'*[821], à medida que os miseráveis, as classes trabalhadoras, as pessoas de cor e os marginalizados têm cada vez menos acesso à água potável, ao ar limpo e às terras férteis para o cultivo. Estes são bens universais cada vez mais privatizados, quando "Deus deu a terra a todo o gênero humano, para que ela sustente todos os seus membros, sem excluir nem privilegiar ninguém"[822].

Nesse sentido, a opção pelos pobres implica uma teologia do encontro[823], que aproxima e promove as pessoas[824], como na parábola do Bom Samaritano (Lc 10,25-37). Para o Papa Francisco, a grande ameaça à fraternidade universal é a globalização do vírus da indiferença[825], que nos impede de ouvir o grito da terra e o grito dos pobres[826]. Deus é misericórdia, e ao agir com misericórdia (Lc 6,36), configuramo-nos ao amor de Deus[827]. Por isso, a opção pelos pobres deve ser um requisito da vida cristã que promove a justiça socioambiental[828], pois "tanto a experiência comum da vida cotidiana como a investigação científica demonstram que os efeitos mais graves de todas as agressões ambientais recaem sobre as pessoas mais pobres"[829].

Na Encíclica *Laudato Si'*, as referências à *pobreza* aparecem 65 vezes, na mesma proporção do termo *criação*, citado 66 vezes[830]. São perspectivas integra-

---

820. FRANCISCO, PP. EG 198.

821. AQUINO JÚNIOR, F. *Igreja dos pobres*, p. 9.

822. FRANCISCO, PP. LS 93.

823. FRANCISCO, PP. FT 215.

824. FRANCISCO, PP. FT 198: Aproximar-se, expressar-se, ouvir-se, olhar-se, conhecer-se, esforçar-se por entender-se, procurar pontos de contato: tudo isto se resume no verbo "dialogar". Para nos encontrar e ajudar mutuamente, precisamos dialogar. Não é necessário dizer para que serve o diálogo; é suficiente pensar como seria o mundo sem o diálogo paciente de tantas pessoas generosas, que mantiveram unidas famílias e comunidades. O diálogo perseverante e corajoso não faz notícia como as desavenças e os conflitos; e contudo, de forma discreta mas muito mais do que possamos notar, ajuda o mundo a viver melhor.

825. FRANCISCO, PP. EG 58: Para se poder apoiar um estilo de vida que exclui os outros ou mesmo entusiasmar-se com este ideal egoísta, desenvolveu-se uma globalização da indiferença. Quase sem nos dar conta, tornamo-nos incapazes de nos compadecer ao ouvir os clamores alheios, já não choramos à vista do drama dos outros, nem nos interessamos por cuidar deles, como se tudo fosse uma responsabilidade de outrem, que não nos incumbe.

826. FRANCISCO, PP. LS 49.

827. FRANCISCO, PP. *O nome de Deus é Misericórdia*.

828. FRANCISCO, PP. LS 139.

829. FRANCISCO, PP. LS 48.

830. DÁVILA, M.T. The option for the poor in Laudato Si', kindle, posição 3308.

das, como na menção a São Francisco de Assis, que "manifestou uma atenção particular pela criação de Deus e pelos mais pobres e abandonados"[831]. Esta opção integral pelos pobres fundamenta-se na ação de Deus, que cria e salva o ser humano, o mundo e todas as criaturas[832].

No Antigo Testamento, Deus liberta o seu povo oprimido pela escravidão (Ex 3,7-10), defende o pobre, o órfão, a viúva e o estrangeiro (Jt 9,11). A fidelidade a Deus se expressa em praticar a justiça, amar a bondade (Mq 6,8), pois retirar o alimento dos pobres é como um assassinato (Eclo 34,20-22). No Novo Testamento, mais do que fazer justiça aos oprimidos, Deus se faz um de nós, tomando sobre si nossa fraqueza e nossa pobreza, assumindo a condição de servo (Fl 2,6): "com efeito, conheceis a generosidade de nosso Senhor Jesus Cristo, que por causa de vós se fez pobre, embora fosse rico, para vos enriquecer com a sua pobreza" (2Cor 8,9).

Também, no testemunho bíblico, Maria louva a Deus que cumulou de bens os famintos (Lc 1,53). Jesus é ungido para evangelizar os pobres (Lc 4,18), pois o Reino de Deus é dos pobres (Lc 6,20), com os quais o próprio Jesus se identificou (Mt 25,34-40). Por isso, chamada ao mesmo sentimento de Cristo Jesus (Fl 2,5), a Igreja faz a opção pelos pobres não só para evangelizá-los, mas para se deixar evangelizar por eles, identificados com o Cristo sofredor[833].

"Nós só devíamos nos lembrar dos pobres" (Gl 2,10). Na Igreja nascente havia dissensões sobre o que era essencial no seguimento de Cristo, mas a opção pelos pobres afirmou-se como critério-chave de autenticidade eclesial, a partir das bem-aventuranças (Lc 6,20-22) da pobreza de Cristo (Mt 8,20) e do seu amor pelos pobres (Mc 12,41-44). Neste sentido, o cuidado com os pobres é um ato de amor por Jesus (Mt 25,35-37).

O destino universal dos bens da criação leva-nos a compreender que, quando partilhamos daquilo que nos é supérfluo com os pobres, estamos devolvendo a eles aquilo que já é seu[834]. Quando nos furtamos a partilhar os bens da criação com os pobres, ouvimos o eco dos Dez Mandamentos e das palavras de Jesus: "não roubarás" (Mt 19,18). Sobretudo, somos chamados a corrigir as falhas estruturais da sociedade que privam nossos irmãos menos favorecidos dos direitos

---

831. FRANCISCO, PP. LS 10.

832. FRANCISCO, PP. LS 73.

833. FRANCISCO, PP. EG 198: A nova evangelização é um convite a reconhecer a força salvífica das suas vidas, e a colocá-los no centro do caminho da Igreja. Somos chamados a descobrir Cristo neles: não só a emprestar-lhes a nossa voz nas suas causas, mas também a ser seus amigos, a escutá-los, a compreendê-los e a acolher a misteriosa sabedoria que Deus quer nos comunicar através deles.

834. CEC 2446.

fundamentais de acesso à educação, à saúde, à moradia e ao trabalho, para que todos possam gozar da mesma dignidade de filhos de Deus.

Apesar dos fundamentos sólidos na Sagrada Escritura e na Tradição, a opção pelos pobres emerge da eclesiologia do Concílio Vaticano II[835], na leitura da Conferência do Episcopado Latino-Americano reunido em Medellín[836], em 1968. Já na Conferência de Puebla, ocorrida em 1979, surge o termo *opção preferencial pelos pobres*[837]. Em Santo Domingo[838], em 1992, reconhece-se o aprofundamento da distância entre os ricos e os pobres. Por fim, em Aparecida, em 2007, a opção preferencial pelos pobres é reconhecida como uma das características da Igreja latino-americana e caribenha[839]. Este documento de Aparecida é citado na Encíclica *Laudato Si'*[840] abordando a terra frágil e indefesa diante dos poderes econômicos e tecnológicos[841], à espera dos efeitos da redenção[842].

2.5 A teologia da redenção

No dia 25 de outubro de 2020, o Papa Francisco anunciou a criação de 13 novos cardeais para a Igreja Católica, entre eles o arcebispo de Washington, Wilton Gregory, tornando-o o primeiro cardeal afro-americano[843]. Esta notícia

---

835. CONCÍLIO VATICANO II. LG 8.

836. DOCUMENTO DE MEDELLIN, n. 10: Devemos tornar mais aguda a consciência do dever de solidariedade para com os pobres. Esta solidariedade significará fazer nossos seus problemas e lutas e saber falar por eles. Isto se concretizará na denúncia da injustiça e opressão, na luta contra a intolerável situação em que se encontram frequentes vezes o pobre e na disposição de dialogar com os grupos responsáveis por esta situação a fim de fazê-los compreender suas obrigações.

837. DOCUMENTO DE PUEBLA, n. 134: A necessidade de conversão de toda a Igreja para uma opção preferencial pelos pobres, no intuito de sua integral libertação.

838. DOCUMENTO DE SANTO DOMINGO, n. 199.

839. DOCUMENTO DE APARECIDA, n. 391.

840. FRANCISCO, PP. LS 54.

841. DOCUMENTO DE APARECIDA, n. 471: A América Latina e o Caribe estão se conscientizando a respeito da natureza como herança gratuita que recebemos para proteger, como espaço precioso de convivência humana e como responsabilidade cuidadosa do senhorio do homem para o bem de todos. Essa herança muitas vezes se manifesta frágil e indefesa diante dos poderes econômicos e tecnológicos. Por isso, como profetas da vida, queremos insistir que – nas intervenções sobre os recursos naturais – não predominem os interesses de grupos econômicos que arrasam irracionalmente as fontes de vida, em prejuízo de nações inteiras e da própria humanidade. As gerações que nos sucederão têm direito a receber um mundo habitável e não um planeta com ar contaminado.

842. CONCÍLIO VATICANO II. AG 3: Aquilo que uma vez foi pregado pelo Senhor ou aquilo que nele se operou pela salvação do gênero humano, deve ser proclamado e espalhado até os confins da terra, começando por Jerusalém, de modo que tudo quanto foi feito uma vez por todas, pela salvação dos homens, alcance o seu efeito em todos, do decurso dos tempos.

843. MURRAY, K. Pope Francis appoints America's first Black cardinal, Wilton Gregory.

foi uma mensagem de esperança e inclusão[844], num momento em que os Estados Unidos e o mundo enfrentam uma grave necessidade de reconciliação[845]. Apesar dos documentos[846] e declarações da Conferência dos Bispos Católicos dos Estados Unidos[847] e do Pontifício Conselho para a Justiça e a Paz contra o racismo[848], contra a morte de George Floyd[849] e sobre os protestos raciais[850], exortando os católicos americanos pela unidade nacional[851], além dos pedidos de perdão[852] dos papas pelas injustiças raciais cometidas pelas nações cristãs na África e nas Américas[853], a percepção popular é que a Igreja ainda hoje se mantém em silêncio sobre o pecado do racismo[854].

Negros, índios e pessoas de cor ainda sofrem as consequências da escravidão e do colonialismo em seus países[855], onde atos como o assassinato de George

---

844. GOMEZ, J. Statement: As a former president of four national bishop's conference, Archbishop Gregory displayed generous and principled leadership. The naming of the first African American cardinal from the United States gives us an opportunity to pause and offer thanks for the many gifts African American Catholics have given to the Church. Please join me in praying for the continued ministry of Archbishop Gregory.

845. CUPICH, B.J. Statement: We are greatful to Pope Francis for his appointment today of Archbishop Wilton D. Gregory as Cardinal of the Catholic Church. While we take particular pride in this recognition of a dedicated priest, whom we are proud to claim as our own, we are also moved that Pope Francis chose this compassionate, thoughtful pastor when our nation and the world are in desperate need of healing and courageous leadership.

846. CONFERÊNCIA DOS BISPOS CATÓLICOS DOS ESTADOS UNIDOS. *Brothers and Sisters to us*. A pastoral letter on racism.

847. CONFERÊNCIA DOS BISPOS CATÓLICOS DOS ESTADOS UNIDOS. *Open Wide our hearts: the enduring call to love*. A pastoral letter against racism.

848. PONTIFÍCIO CONSELHO PARA A JUSTIÇA E A PAZ. *The Church and Racism*: Towards a more fraternal society.

849. CONFERÊNCIA DOS BISPOS CATÓLICOS DOS ESTADOS UNIDOS. *Statement of U.S. Bishop Chairman in Wake of Death of George Floyd and National Protests*.

850. CONFERÊNCIA DOS BISPOS CATÓLICOS DOS ESTADOS UNIDOS. *Statement of U.S. Bishop President on George Floyd and the Protests in American Cities*.

851. CUPICH, B.J. It's time for a national reconciliation.

852. JOÃO PAULO II, PP. *Viagem apostólica à República dos Camarões*, em 13 de agosto de 1985.

853. JOÃO PAULO II, PP. Viagem apostólica ao Senegal, em 26 de fevereiro de 1992.

854. MASSINGALE, B. The Church's appaling silence on racism: As Martin Luther King Jr. observed during his eulogy for four little black girls, who were also killed by a White racista attack on a church in Birmingham in 1963, *we must be concerned not merely about who murdered them, but about the system, the way of life, and the philosophy that produced the murderers* [...]. The truth is that many White christians find no contradiction between their so-called Christian faith and their Angers, fears, resentments about people of color. Too often they never hear such Angers and resentments challenged from their pulpits or denounced by their ministers. They rarely hear their racist jokes, slurs, and stereotypes-much less their discriminatory behaviors-labeled as sin by their pastors.

855. CHULLO, S. Racism, the Church and the suffering of people of African descent. Reflections from a Nigerian priest studying and teaching in the United States. In: *La Croix Internacional*.

Floyd são indicativos não somente da violência individual de um policial branco, mas de uma cultura cristã que não se sente incomodada com o racismo. O preconceito contra os africanos é uma contradição, pois há consenso científico no fato de que a África é o berço da civilização[856]. Martin Luther King afirmava que o objetivo da luta pelos direitos civis era redimir a alma da América através de uma revolução de valores[857] baseada na não violência e no amor fraterno[858].

Em novembro de 2020, o novo governo eleito dos Estados Unidos traçou quatro metas interligadas como prioridade de ação: a pandemia da covid-19, as mudanças climáticas, a recuperação econômica e a igualdade racial[859]. Estes mesmos desafios são uma realidade no Brasil, onde a maioria dos alunos das favelas ficou sem estudar durante a pandemia por falta de lugar adequado para o estudo, de acesso à internet e de ausência dos dispositivos adequados. A desigualdade educacional é uma das causas estruturais da desigualdade econômica e social do nosso país[860].

A Encíclica *Laudato Si'* denuncia o impacto desta desigualdade estrutural sobre os indivíduos, comunidades e países inteiros. As consequências históricas das relações coloniais sobre os países em desenvolvimento levam-nos a pensar numa nova ética atual das relações internacionais, em prol da justiça socioambiental[861]. Nesse sentido, o impacto desproporcional da devastação ecológica sobre os pobres e os negros é considerado uma modalidade de racismo ambiental[862], no qual os maus tratos à terra estão ligados a condições sociais injustas para pessoas marginalizadas, oprimidas e excluídas pela sociedade, tanto a nível local como no contexto internacional[863].

Infelizmente, estas situações de desigualdade socioambiental denunciadas pela Encíclica *Laudato Si'* geram violência e conflito nas sociedades e entre as na-

---

856. BOFF, L. *A casa comum, a espiritualidade, o amor*, p. 48-49: Hoje é consenso entre os paleontólogos e antropólogos que a aventura da hominização se iniciou na África, há cerca de sete milhões de anos. Ela se acelerou passando pelo *homo habilis, erectus, neanderthalensis*, até chegar ao *homo sapiens sapiens*, há cerca de cem mil anos. Da África ela se propagou pela Ásia, há sessenta mil anos, pela Europa, há quarenta mil anos, e pelas Américas, há trinta mil anos. A África não é apenas o lugar geográfico das nossas origens. É o arquétipo primal, o conjunto das marcas impressas na psique do ser humano, presentes ainda hoje como informações indeléveis, à semelhança daquelas inscritas em nosso código genético.

857. MASSINGALE, B. *What will it take to redeem the soul of America?*

858. KING JR., M.L. *Nobel Prize Acceptance Speech*.

859. BIDEN-HARRIS. *Priorities*.

860. ALFANO, B. *Ano letivo ameaçado*.

861. FRANCISCO, PP. *LS* 51.

862. COVERT, B. *Race best predicts whether you live near pollution*.

863. HOPKINS, D. *Holistic health and healing*, n. 1.

ções[864]. A fé cristã ensina-nos que a redenção é necessária não apenas para os seres humanos, individualmente, pelo pecado, mas também para as sociedades eivadas destas estruturas pecaminosas que promovem a injustiça a partir de um contexto fundado na corrupção e na indiferença pelo sofrimento[865]. Em última instância, como indica o Papa Francisco, toda a criação espera com renovada urgência a redenção que nos é trazida pelo Cristo Redentor (Rm 8,18-23; Cl 1,20).

2.5.1 O Cristo cósmico

Na Encíclica *Laudato Si'*, o Papa Francisco cita a teoria do *Lógos Spermatikós* de São Justino para apresentar a concepção cristã da realidade[866], na qual a semente do Verbo está presente no mundo desde a criação até a sua consumação, como causa, meio e finalidade de toda a existência (Cl 1,16). O santo padre desenvolve a soteriologia joanina (Jo 1,1-18) e a soteriologia paulina (Cl 1,15-20) em relação ao ser humano, às estruturas sociais e a todo o cosmos.

A cristologia cósmica enfatiza, portanto, esta ação salvífica de Jesus em relação à criação (Rm 8,22-23), superando a visão antropológica reducionista que limita a redenção apenas ao ser humano, na tentativa de exclusão da natureza e dos animias[867]. A perspectiva cósmica da redenção tem fundamento no próprio Novo Testamento, onde o termo grego *kosmos* é traduzido como a palavra "mundo"[868]: "pois Deus amou tanto o mundo, que entregou o seu Filho único, para que todo o que nele crê não pereça, mas tenha a vida eterna" (Jo 3,16).

A tese central do livro *Creation and the Cross: the Mercy of God for a world in peril*, da teóloga americana Elizabeth Johnson, enfatiza o paralelismo entre a criação e a redenção[869], associando a noção da encarnação profunda[870] com a morte e a ressurreição de Jesus. Assim, da mesma forma que o Verbo de Deus assumiu a espécie humana e a terra em sua encarnação, sua cruz redimiu o ser humano, a terra e toda a criação.

Nesta perspectiva, a *crucificação profunda* de Jesus exprime a solidariedade de Deus não apenas com toda a forma de sofrimento humano, mas também com

---

864. FRANCISCO, PP. LS 165; 167; 171; 183; 206; 207; 210; 231.
865. O'COLLINS G. Redemption.
866. FRANCISCO, PP. LS 99.
867. MIRANDA, M.F. *A salvação de Jesus Cristo*, p. 185.
868. JOHNSON, E. For God so loved the Kosmos, p. 18-21.
869. CTI. Algumas questões sobre a Teologia da Redenção, n. 3.
870. GREGERSEN, N. The Cross of Christ in an Evolutionary World, p.192-207.

o sofrimento da terra, que anseia ser libertada da escravidão da corrupção para entrar na liberdade da glória dos filhos de Deus (Rm 8,21). Aqui, São Paulo ressalta a ligação entre o ser humano e a terra que, em Cristo, têm origem e destino comuns (Cl 1,16). Como na Encíclica *Laudato Si'*, tudo aparece interligado[871], seja a cosmologia, ou a antropologia ou a soteriologia, pois o cosmo participa do sofrimento do ser humano, assim como participa também da sua libertação[872]. Desta forma, a cruz se torna um símbolo de fé no amor misericordioso de Deus por tudo e por todos[873].

Deus cria o mundo e as criaturas do nada, mas estabelece o ser humano à sua imagem e semelhança (Gn 1,26), dotado de corpo e de alma racional (1Ts 5,23). Embora distintos, o corpo mortal e a alma imortal são ligados e complementares, formando um todo psicossomático integral. Assim, a alma precisa do corpo para desenvolver suas potencialidades, e irá usufruir na eternidade dos valores adquiridos enquanto unida a ele (Mt 10,28).

Por sua vez, na ressurreição da carne, por ocasião da segunda vinda de Cristo, a alma humana unir-se-á novamente a um corpo transformado, para uma ressurreição de vida, reservada aos que tiverem praticado o bem, ou para uma ressurreição de julgamento, aos que tiverem praticado o mal (Jo 5,29), pois mesmo a restauração de todas as coisas (At 3,21) respeita o livre-arbítrio dos anjos e dos homens. Sendo assim, o mundo criado não é eterno como o ser humano, embora tudo esteja interligado: a pessoa humana, os animais irracionais, as plantas e a matéria não vivificada.

Num certo sentido, por esta ligação entre todas as coisas, a criação, cuja matéria tem finitude no tempo, partilha do destino eterno do ser humano, elevando ao plano sobrenatural o princípio da conservação da matéria de Lavoisier[874]: na natureza nada se cria, nada se perde, tudo se transforma. A dignidade da criação boa, bela e perfeita (Gn 1,31) não está propriamente em sua finitude, mas na finalidade do criador e no fim da criação[875], que é a glória de Deus (Is 6,3). Assim, tudo se ordena para Deus, como fim último de tudo, "porque tudo é dele, por Ele e para Ele" (Rm 11,36).

---

871. FRANCISCO, PP. LS 42.
872. MIRANDA, M.F. *A salvação de Jesus Cristo*, p. 188-189.
873. JOHNSON, E. *Creation and the Cross*, Kindle, posição 2987 de 3727.
874. WHITAKER, R. D. An historical note on the conservation of mass.
875. RUIZ DE LA PEÑA, J.L. *Teologia da criação*, p. 127.

Desse modo, a restauração de todas as coisas criadas (At 3,21) não pressupõe a eternidade do mundo[876], mas, ao contrário de como pretendia explicar a doutrina da apocatástase de Orígenes[877], a plenitude da natureza dentro da sua finitude, respeitando a condição e a capacidade de cada criatura, das plantas e da matéria inanimada.

A salvação integral e universal do ser humano[878], conquistada para sempre pela encarnação do Verbo de Deus, por sua morte e ressurreição, ressalta a centralidade e a dignidade da pessoa humana no plano da criação[879]. A superação do antropocentrismo desordenado, que é uma das raízes da crise socioambiental, supõe a apresentação adequada da antropologia cristã, para promover uma relação responsável entre o ser humano e o mundo criado.

A importância do ser humano entre as demais criaturas, segundo o exemplo de Jesus, não deve nos levar à soberba, mas ao serviço, na atitude do administrador responsável, que muito além de dominar a criação, sabe preservar e cuidar[880]. Ainda antes da publicação da Encíclica *Laudato Si'*, na audiência geral de 24 de novembro de 2014, na Praça de São Pedro, o Papa Francisco direcionava a reflexão da Igreja para sua meta final, o Reino dos Céus[881], incluindo, além da humanidade, o destino de toda a criação que nos circunda[882]: "a Sagrada Escritura ensina-nos que o cumprimento deste desígnio maravilhoso não pode deixar de abranger também tudo aquilo que nos circunda e que saiu do pensamento e do Coração de Deus"[883].

Esta frase amplia teologicamente a reflexão sobre a esperança escatológica da salvação aos animais e a toda a criação (1Cor 2,9). O Papa Francisco explica que na nova Jerusalém (Ap 21,2), na qual contemplaremos a Deus face a face (1Cor 13,12), a criação também estará libertada do cativeiro da corrupção

---

876. TOMÁS DE AQUINO. *Suma teológica*, q.46, art.1: Respondo. Nada, além de Deus, existiu eternamente. E não é impossível afirmá-lo. Mostrou-se anteriormente que a vontade de Deus é a causa das coisas. Assim, portanto, é necessário que Deus o queira, porque a necessidade do efeito depende da necessidade da causa, como se diz no livro V da Metafísica. Ora, já foi mostrado que, falando absolutamente, não é necessário que Deus queira que o mundo tenha existido sempre. Ora, o mundo não existe senão na medida em que Deus o quer, porque o ser do mundo depende da vontade de Deus como da sua causa. Não é necessário, pois, que o mundo exista sempre. Daí que nem se pode provar de maneira demonstrativa.

877. CROUZEL, H. Orígenes, p. 1.049-1.050.

878. CONGREGAÇÃO PARA A DOUTRINA DA FÉ. *DI* 13.

879. CONCÍLIO VATICANO II. GS 45.

880. FRANCISCO, PP. LS 115.

881. CONCÍLIO VATICANO II. LG 5.

882. CONCÍLIO VATICANO II. GS 39.

883. FRANCISCO, PP. *Audiência Geral*, 26 de novembro de 2014.

(Rm 8,21) para participar, com os filhos de Deus, da glória do novo céu e da nova terra (2Pd 3,13; Ap 21,1). Esta nova criação já está em curso a partir da morte e ressurreição de Jesus Cristo.

O teólogo italiano Bruno Forte esclarece que esta perspectiva é iluminada pela *anakephalalosis*, a recapitulação de todas as coisas em Cristo, na qual "o próprio Filho se submeterá àquele que tudo lhe submeteu, para que Deus seja tudo em todos" (1Cor 15,28). Bruno Forte acrescenta que esta participação na glória de Deus dar-se-á, dentro da ordem da criação, na forma e na medida dada a cada criatura, e de acordo com sua própria capacidade, pois uma coisa é a pessoa humana, consciente e livre, dotada de alma imortal, e outra coisa são os animais irracionais, as plantas e a matéria inanimada[884].

A ideia principal é de que "não se trata de aniquilar o cosmos e tudo o que nos circunda, mas de levar todas as coisas à sua plenitude de ser, de verdade e de beleza"[885]. A partir daí surge a discussão sobre a bem-aventurança escatológica dos animais, que não é um ensinamento dogmático do magistério, e existem posições em contrário. O Papa Bento XVI afirmou numa homilia que para as "outras criaturas, que não estão chamadas à eternidade, a morte significa apenas o fim da existência na terra"[886].

O Papa João Paulo II, por sua vez, numa catequese sobre o Espírito Santo, ensinou que embora o Livro do Gênesis, ao descrever a criação dos animais, não os apresente animados pelo sopro de Deus (Gn 2,19), outros textos bíblicos (Sl 104,29-30) admitem que os animais também tenham uma respiração ou sopro vital que receberam de Deus. "Sob este aspecto, o homem, saindo das mãos de Deus, aparece solidário com todos os seres vivos"[887].

A Encíclica *Laudato Si'*, nesta perspectiva, apresenta o Cristo solidário com todas as criaturas, como princípio, término e finalidade da criação (Cl 1,16), que no fim dos tempos entregará redimida a Deus Pai (1Cor 15,24). Na cruz, Cristo escuta o grito da terra e o grito dos pobres, assumindo-os e tornando-os seu próprio doloroso gemido: "Deus meu, Deus meu, por que me abandonaste" (Mc 15,34).

No livro *The Crucified God*, Jürgen Moltmann ressalta que o Filho de Deus, ao descer às profundezas do abandono, garantiu que nenhum ser vivo estará

---

884. FORTE, B. Entrevista.
885. FRANCISCO, PP. *Audiência Geral*, 26 de novembro de 2014.
886. BENTO XVI. Homilia na Festa do Batismo do Senhor, 13 de janeiro de 2008.
887. JOÃO PAULO II. *Audiência Geral*, 10 de janeiro de 1990.

abandonado em seu sofrimento[888], e nesta solidariedade também se inclui a terra, nossa casa comum. O Papa Bento XVI apresentava a mesma perspectiva, afirmando que, na cruz, o próprio Deus sofre conosco[889].

Nesse sentido, a ecologia de toda a criação é assumida pelo *kenosis* do Verbo (Fl 2,5-11), que se abaixou, tornando-se obediente até a morte, e morte de cruz (Fl 2,7). Desde o início do seu ministério, a missão de Jesus estava voltada para evangelizar os pobres e restituir a liberdade aos oprimidos (Lc 4,18-19). Por isso, a Encíclica *Laudato Si'* ressalta que a proclamação da boa-nova da salvação também se dirige à terra, às plantas, aos animais, identificados com os pobres[890] e também marcados pela caducidade do pecado[891].

Assim, a pregação de Jesus abrange tanto a natureza como o ser humano, manifestando sua preocupação pelo corpo e pela matéria, pois toda a criação é destinada à plenitude de vida (Ef 1,10), incluindo os pobres e as demais criaturas vivas[892]: "os cegos recuperam a vista, os coxos andam, os leprosos são purificados, os surdos ouvem, os mortos ressuscitam e aos pobres é anunciado o Evangelho" (Lc 7,22). Na cruz, em sua agonia, morrendo pela perda de sangue e pela asfixia, Jesus assumiu o grito da terra, devastada pela ação humana, e o sofrimento dos pobres.

No contexto agrário da Palestina, Jesus ressaltava o valor das sementes e da colheita (Mc 4,26-29), do joio e do trigo (Mt 13,24-30), dos vinhedos (Mt 20,1-16), dos frutos da terra (Jo 12,24), da chuva e do sol (Mt 5,45), das ovelhas (Jo 10,3-4), das raposas (Jo 10,3-4), dos lírios do campo (Mt 6,28), dos peixes (Jo 21,10), do vento e do mar, dos pássaros do céu (Mt 6,26): assim como os pobres com os quais Cristo se identificou (Mt 25,40), "nenhum deles é esquecido diante de Deus!" (Lc 12,6).

Assumidos pela morte de Cristo, todos os seres vivos são marcados pela sua ressurreição (Mt 10,29-31). Na morte e ressurreição do verbo encarnado, a criação (Is 42,5) manifesta ainda mais sua dimensão salvífica (Is 45,8). Alguns salmos expressam esta ligação cosmológica e salvífica com grande beleza literária

---

888. MOLTMANN, J. *O Deus crucificado*, p. 242-246.

889. BENTO XVI. Homilia em Aosta, 24 de julho de 2009: Na misericórdia Deus demonstra o verdadeiro poder. E assim a segunda parte deste endereço diz: "Redimistes o mundo com a paixão, com o sofrer do vosso Filho". Deus sofreu e, no Filho, sofre conosco. É este o ápice extremo do seu poder, que é capaz de sofrer conosco. Assim demonstra o verdadeiro poder divino: queria padecer conosco e por nós. Nos nossos sofrimentos nunca ficamos sozinhos. Deus, no seu Filho, primeiro sofreu e está próximo de nós nos nossos padecimentos.

890. FRANCISCO PP. *LS* 2

891. JOÃO PAULO II. *RH* 8.

892. JOHNSON, E. *Ask the beasts*, p. 201.

(Sl 8; Sl 104; Sl 148): "para que seus amados sejam libertos, salva pela tua direita! Responde-nos!" (Sl 108,7).

O Deus que criou a terra e o ser humano redime os pobres e toda a criação: "ouvi seu grito por causa dos seus opressores; pois eu conheço as suas angústias" (Ex 3,7). O verbo bíblico *conhecer* denota o sentido prático da experiência do amor conjugal (Gn 4,1). Assim, Deus conhece com amor compassivo o sofrimento da terra e dos pobres, porque o Verbo encarnado assumiu nossas dores na cruz[893]. As guerras, por exemplo, estão entre os sofrimentos mais agudos da criação, literalmente capazes de destruir o mundo com as armas que manipulam a energia nuclear[894].

Sendo assim, a ligação entre os problemas sociais e a devastação ambiental permite-nos compreender que conflitos surgem a partir da mudança climática e pela disputa pelos recursos naturais, como a água[895] e o petróleo. Do mesmo modo, muitos gritos da terra (Rm 8,22) surgem a partir de conflitos militares, que causam profundos danos socioambientais[896]. Por exemplo, é fácil perceber a importância do petróleo na balança geopolítica do Oriente Médio na invasão do Iraque sobre o Kuwait, revertida pela ação militar da coalizão liderada pelos Estados Unidos. Naquele contexto, Osama Bin Laden considerava esta presença americana como uma profanação do solo islâmico[897].

Os ataques da Al-Qaeda contra o World Trade Center e o Pentágono, que mataram mais de 3.000 pessoas, marcaram o início do século XXI. Logo depois as invasões americanas no Afeganistão e no Iraque mudaram a balança de poder no Golfo Pérsico, dando espaço para o surgimento do Estado Islâmico. A guerra civil na Síria, envolvendo as forças do Estado Islâmico, teve início após um ano de seca e falta de água na região da bacia dos rios Tigre e Eufrates[898]. Diante da seca, milhares de pessoas migraram para os centros urbanos da Síria, numa situação que precipitou uma sangrenta guerra civil[899].

A terra geme em dores de parto em situações como estas (Rm 8,22), na esperança da nova criação (Gl 6,14-15; 2Cor 5,16-20). A partir da ressurreição

---

893. Cf. JOHNSON, E. *Ask the beasts*, p. 202.
894. JOÃO PAULO II. *RH* 8.
895. FRANCISCO, PP *LS* 27-31.
896. FRANCISCO, PP *LS* 57.
897. LAWRENCE, B. (Org.). *Messages to the World: the statements of Osama Bin Laden*, p. 58.
898. HAMMER, J. *Is a lack of water to blame for the conflict in Syria?*
899. PLUMMER, B. *Drought helped cause Syrya's war.*

de Jesus Cristo[900], São Paulo assume a expressão *nova criação* da teologia veterotestamentátia (Is 43,18; Is 65,17-18a) como expressão da redenção libertadora alcançada para toda a criação:

> Ora, ele morreu por todos a fim de que aqueles que vivem não vivam mais para si, mas para aquele que morreu e ressuscitou por eles. Por isto, doravante a ninguém conhecemos segundo a carne. Também se conhecemos Cristo segundo a carne, agora já não o conhecemos assim. Se alguém está em Cristo, é nova criatura. Passaram-se as coisas antigas; eis que se fez uma realidade nova (2Cor 5,15-17).

A narrativa do Evangelho não termina na cruz de Cristo. O túmulo vazio era um sinal da sua ressurreição (Mt 28,6). O significado da ressurreição de Jesus vai muito além da nossa existência biológica presente, mas ainda assim se relaciona com nossos corpos, que também esperam pela plenitude da ressurreição: "ora, Deus, que ressuscitou o Senhor, ressuscitará também a nós pelo seu poder" (1Cor 6,14), pois o amor de Deus, mais forte do que a morte, atua sobre toda a criação, com poder para transfigurar toda a vida biológica.

A partir da perspectiva da *encarnação profunda*, que une o sacrifício da cruz a todas as criaturas, a teóloga Elizabeth Johnson cunhou a expressão *ressurreição profunda*, estendendo o alcance da vitória de Cristo para todo o universo[901], como primogênito de toda criatura (Cl 1,15). O Papa Francisco apresenta este entendimento, ao mesmo tempo antigo e muito novo, na Encíclica *Laudato Si'*.

No Reino dos Céus, ao contemplar o criador face a face (1Cor 13,12), "poderemos ler, com jubilosa admiração, o mistério do universo, o qual terá parte conosco na plenitude sem fim"[902]. A Páscoa de Jesus não significou apenas sua vitória espiritual sobre a morte. Cristo ressuscitou com seu corpo transfigurado (Jo 20,19-31), e vive unido para sempre com a carne, como fundamento de esperança para todos os seres vivos que são feitos da terra. Pela misericórdia de Deus, através de sua morte e ressurreição, o Verbo eterno assumiu a realidade corpórea do cosmos não apenas no tempo, mas por toda a eternidade.

Santo Ambrósio afirma que "na ressurreição de Cristo, a própria terra foi elevada"[903]. Esta afirmação não significa, necessariamente, que todas as criaturas

---

900. MIRANDA, M.F. *A salvação de Jesus Cristo*, p. 187.
901. JOHNSON, E. *Ask the beasts*, p. 208.
902. FRANCISCO, PP. *LS* 243.
903. AMBRÓSIO. *PL* 16:1354.

estarão ao lado do ser humano no Reino dos Céus[904], uma realidade que escapa nossa plena compreensão (1Cor 2,9), mas, principalmente, que a boa-nova da salvação se estende a toda criatura que vive debaixo do céu (Cl 1,23). Nas dores de Deus no Cristo crucificado[905] e em sua ressurreição, toda a comunidade da criação carrega consigo a esperança de um futuro escatológico de plenitude com Deus.

O Cristo Cósmico alcança a redenção para todo o universo, pois Deus nos enviou seu Filho porque ama o cosmo (Jo 3,16). Desse modo, a preocupação com a casa comum[906] por vezes é acompanhada por crenças que prestam culto à criação como uma divindade panteísta[907]. A fé cristã diferencia Deus de sua criação, mas ao mesmo tempo valoriza cada criatura. A terra e toda a criação não são suficientes em si.

As palavras de Jesus a Nicodemus, que trazem em si a promessa da redenção, reafirmam o amor de Deus por sua criação, pois o criador viu tudo o que tinha feito, e era muito bom (Gn 1,31). A criação, todavia, não é capaz de trazer plenitude ao ser humano, ou de salvá-lo do mal em suas manifestações. A criação também espera pela salvação que só pode ser concedida por Deus. Através de sua encarnação, morte e ressurreição, o Cristo Cósmico abraça a criação com amor redentor, conduzindo-a à plenitude, na qual Deus será tudo em todos (1Cor 15,28).

Na Epístola de São Paulo aos Colossenses (Cl 1,15-20), podemos perceber as três etapas deste processo criativo. A criação no princípio (Cl 1,16), no qual "Deus criou o céu e a terra" (Gn 1,1); a criação continuada, "porque tudo nele subsiste" (Cl 1,17); e a nova criação, em que Cristo faz novas todas as coisas (Ap 21,5). Assim, o Cristo é a protologia e a escatologia da criação (Ap 22,13), que nele encontra sua origem, sustento e plenitude, reconciliada com Deus (Cl 1,19-20), e o Espírito Santo vivifica a criação por dentro[908], direcionando-a para Jesus (1Cor 12,3), e é a fonte desta nova vida (2Cor 3,6) de plena comunhão com a Trindade.

Assim, as três pessoas divinas atuam na criação e na redenção, realizando esta obra comum, cada qual segundo sua própria identidade[909], abrindo as portas da salvação para tudo e para todos (1Cor 15,28). Na Encíclica *Laudato Si'*, o Papa Francisco explica que "a vida eterna será uma maravilha compartilhada, onde cada criatura, esplendorosamente transformada, ocupará o seu lugar e terá

---

904. TOMÁS DE AQUINO. Summa Theologica III – *Supplement*, q.91, a.1.
905. CONCÍLIO VATICANO II. DV 41.
906. FRANCISCO, PP *LS* 19.
907. MIRANDA, M.F. *A salvação de Jesus Cristo*, p. 185.
908. CONCÍLIO VATICANO II. DV 54.
909. FRANCISCO, PP *LS* 238-239.

algo para oferecer aos pobres definitivamente libertados"[910]. A compreensão desta dimensão integral do Evangelho é um convite à *conversão ecológica*, como consequência de um verdadeiro encontro com Jesus[911], que nos diz "arrependei-vos e crede no Evangelho" (Mc 1,15).

2.5.2 Ecologia integral e soteriologia universal

Embora não seja citado na Encíclica *Laudato Si'*, o Livro de Jó[912] demonstra como a perspectiva cósmica da criação (Jó 40,19) e da redenção (Jó 40,14) conduz a humanidade à conversão ecológica (Jó 42,5). Durante a narrativa, Jó experimenta uma situação de solidão, sofrimento e reflexão, de forma análoga àquelas que o Papa Francisco chamou *situações covid* em sua própria vida: sua doença pulmonar, seus estudos na Alemanha, e o seu exílio em Córdoba, pouco antes de ser ordenado bispo: "estes foram meus principais "covid" pessoais. Aprendi que sofri muito, mas se você se deixar mudar, sairá melhor. Ao contrário, se você levantar barreiras, sairá pior"[913].

No texto bíblico, Jó abandona a perspectiva antropocêntrica[914] denunciada pela Encíclica *Laudato Si'*[915], e se renova espiritualmente ganhando consciência ecológica. Jó pergunta sobre onde estão a justiça (Jó 9,2) e a sabedoria (Jó 28,20), e Deus o responde (Jó 38,1), levando-o a contemplar o cosmos, ensinando-o sobre a sabedoria da criação e a interdependência das criaturas (Jó 42,5). Assim, Deus restaura a felicidade de Jó (Jó 42,10).

Epistemologicamente falando, em algum momento da história da teologia, os tratados da criação e da soteriologia tornaram-se independentes. As reflexões teológicas falhavam em perceber o vínculo de unidade entre o Antigo e o Novo Testamento através do Verbo de Deus[916], atuante tanto na obra da criação como na obra da redenção (Jo 1,1-18). A consciência primitiva da Igreja, vivida e testemunhada a partir da existência histórica de Jesus Cristo, a levava a olhar a criação já com um sentido salvífico[917], mas no decorrer

---

910. FRANCISCO, PP LS 243.
911. FRANCISCO, PP LS 217.
912. HABEL, N. Discerning Wisdom in God's Creation, p. 64-66.
913. FRANCISCO, PP. Voltar a sonhar.
914. CEC 339.
915. FRANCISCO, PP LS 67-69.
916. CONCÍLIO VATICANO II. DV 16.
917. MIRANDA, F. *A salvação de Jesus Cristo*, p. 43.

histórico do cristianismo registrou-se um afastamento progressivo até que a criação e a salvação fossem compreendidas em separado, como dois tratados estanques[918].

Esta limitação trouxe consequências negativas para a percepção do ser humano sobre si mesmo em relação à criação. A consciência de ser uma criatura única na natureza, dotada de inteligência e liberdade, levou o ser humano à pretensão do orgulho e da arrogância de uma suposta superioridade sobre a natureza, como justificativa para o desrespeito da intenção originária da criação[919] que lhe foi entregue para cultivar e preservar (Gn 2,15). A pretenção e o orgulho também nos levaram a entender a salvação pelo batismo no ritmo do predestinacionismo e da exclusão (Rm 8,29), corroborando para a difusão do *extra ecclesia, nulla salus* segundo estatutos institucionais limitados.

O Concílio Vaticano II conseguiu amadurecer proporcionalmente, e de forma integrada, a criação e a redenção, na perspectiva de Cristo[920], que é a imagem visível do Deus criador e primogênito de toda criatura (Cl 1,15). O ponto central da nossa investigação sobre a ecoteologia do Cristo Redentor evoca um amadurecimento destes conceitos.

Por sua vez, os documentos conciliares mostram que desde o início a criação está voltada para a encarnação do Verbo (Jo 1,14), por cuja morte e ressurreição (Jo 12,32) o ser humano é vocacionado para o Reino de Deus[921], inserido na Igreja, corpo de Cristo[922], que inaugura o tempo escatológico da salvação[923]. A relação do ser humano com a criação torna-se clara no mistério do Verbo de Deus[924], o homem perfeito[925] que "não veio para ser servido, mas para servir e dar a sua vida em resgate de muitos" (Mt 28,20).

Por essa razão, o Papa Francisco pede por um renovado diálogo da Igreja Católica com a ciência e com as outras religiões pela preservação da casa comum[926], fundamentado no entendimento conciliar de que os não batizados po-

---

918. RATZINGER, J. *Introdução ao cristianismo*, p. 172.
919. FRANCISCO, PP. LS 115,
920. CONCÍLIO VATICANO II. LG 2.
921. CONCÍLIO VATICANO II. LG 3.
922. CONCÍLIO VATICANO II. LG 7.
923. CONCÍLIO VATICANO II. LG 48.
924. CONCÍLIO VATICANO II. GS 22.
925. CONCÍLIO VATICANO II. GS 45.
926. PAPA FRANCISCO, PP. LS 199-201.

dem participar da salvação de Cristo[927], e de que o mundo criado é um sacramento permanente de Deus criador para toda a humanidade[928].

A declaração *Dominus Iesus*, da Congregação para a Doutrina da Fé, reafirma a unicidade e a universalidade salvífica de Deus Uno e Trino, oferecida e realizada de uma vez para sempre no mistério da encarnação, morte e ressurreição de Jesus Cristo: "seriam contrárias à fé cristã e católica as propostas de solução que apresentam uma ação salvífica de Deus fora da única mediação de Cristo"[929].

A revelação divina (Mt 11,27), que tem por objetivo transmitir a vida eterna à humanidade inteira e a cada ser humano (Jo 1,12; 5,25-26; 17,2), assevera-nos que a plenitude, a totalidade ou a integralidade dos meios de salvação da Igreja de Cristo subsistem na Igreja Católica[930]. Isto significa que a Igreja fundada por Jesus existe de forma visível na Igreja Católica, mas que esta não esgota historicamente toda a eclesialidade da Igreja de Cristo[931]. Ser batizado e viver a fé cristã na Igreja Católica só se torna vantagem enquanto a caridade não se ensoberbece (1Cor 13,4).

Em qualquer momento em que as chances de salvação se tornarem caminho de pretenção e exclusão, as vantagens se tornam obstáculos para a salvação[932]. Ao mesmo tempo, as desvantagens jamais eliminam a eficácia de um só meio de salvação (At 4,12), por isso, os valores culturais e as religiões[933], quando são autênticos meios de salvação[934], com as sementes do Verbo ali presentes[935], conduzem todos os que deles se servem para a mesma e única salvação em Cristo (Jo 1,9).

O Papa Francisco inova ao falar sobre Ecologia Integral[936] enquanto retira da visão clássica e tradicional sobre o mundo aquela pretensão pela qual o homem se serve da criação para uma exploração selvagem dos recursos naturais como dominador irresponsável e devastador[937]. A conversão ecológica[938] e a ne-

---

927. CONCÍLIO VATICANO II. NA 2.
928. CONCÍLIO VATICANO II. LG 1-2.
929. CONGREGAÇÃO PARA A DOUTRINA DA FÉ. DI 14.
930. CONCÍLIO VATICANO II. LG 8.
931. FRANÇA MIRANDA, M. A *salvação de Jesus Cristo*, p. 202.
932. CONCÍLIO VATICANO II. UR 3.
933. CONCÍLIO VATICANO II. LG 16.
934. CONCÍLIO VATICANO II. AG 9.
935. CONCÍLIO VATICANO II. LG 16.
936. FRANCISCO, PP. LS 137-162.
937. FRANCISCO, PP. LS 67.
938. FRANCISCO, PP. LS 216.

cessidade de uma educação mais ampla para os valores socioambientais visam mitigar os malefícios futuros causados pela própria ação desordenada do homem contra si mesmo[939].

Sendo assim, o único modo de salvar o homem e o futuro do homem é uma conversão imediata pela qual a humanidade possa aprender não apenas aqueles valores mais nobres da moral das virtudes e dos costumes[940], mas sobretudo se veja protagonista de uma reviravolta socioambiental para dar forma a um novo estilo de vida[941], escolhendo corrigir todas as escolhas feitas na sociedade na qual a soma das ações de cada um tornou-se a grande ameaça para o aquecimento global e para as mudanças climáticas.

Uma ecologia antropocêntrica ameaça a vida tanto quanto uma soteriologia fundamentalista. Quando esses dois conceitos se unem o homem perde a consciência da sua origem e do seu futuro. A solução também não é a substituição do antropocentrismo desordenado por um biocentrismo que se presta a novos desequilíbrios[942]. Desse modo, a Encíclica *Laudato Si'* ajuda a corrigir erros dos movimentos ecológicos do passado, preocupados em preservar espécies raras ameaçadas de extinção, assim como a camada de ozônio, mas incapazes de atentar para as injustiças sociais que assolam os seres humanos, como a pobreza e o racismo[943].

A ecologia integral demanda uma antropologia adequada que conjugue a preservação do meio-ambiente e a cura das relações humanas fundamentais[944], pois diante da paternidade de Deus (1Jo 4,20), o cuidado com a casa comum é inseparável da fraternidade entre todos os homens[945]. Entendemos, com a ajuda de Leonardo Boff, que uma postura teológica mais profunda ultrapasse a preocupação "verde" com o meio-ambiente para abranger o ser humano como um todo, individual e coletivamente, na política, na economia, na cultura, na educação, na ética e na espiritualidade[946].

É nesse sentido que entendemos, sob o olhar seguro do Cristo Redentor, que os mesmos conceitos teológicos amadurecidos pela soteriologia estão preser-

---

939. FRANCISCO, PP. LS 209.
940. FRANCISCO, PP. LS 210.
941. FRANCISCO, PP. LS 211.
942. FRANCISCO, PP. LS 118.
943. FRANCISCO, PP. LS 139.
944. FRANCISCO, PP. LS 119.
945. FRANCISCO, PP. FT 1.
946. BOFF, L. A encíclica do Papa Francisco não é "verde", é integral, p. 18-19.

vados na antropologia católica; por isso, uma soteriologia universal corresponde a uma ecologia integral. Isso só é possível pelo caráter orgânico da verdade do mesmo Redentor que protagoniza de maneira eficaz e perfeita as duas ações: salva enquanto cria e cria enquanto salva[947].

Também, enquanto participa ativamente da extraordinária obra da criação sem perder de vista cada instante da existência da mulher e do homem nesse mundo, tanto quando derramava também por eles o seu sangue na cruz, o Cristo, nosso Redentor, serve como imagem e paradigma para aquilo que a primeira e a segunda criação têm em comum, isto é, a plenitude universal que se concretiza num processo de aperfeiçoamento pessoal.

O fundamento das relações entre todas as criaturas, em todas as formas de vida e em todas as estruturas sociais, é a comunhão trinitária: "para os cristãos, acreditar em um Deus único que é comunhão trinitária, leva a pensar que toda a realidade contém em si mesma uma marca propriamente trinitária"[948]. Enquanto no antropocentrismo desordenado o ser humano se impõe sobre a natureza como dominador distante, o Papa Francisco o apresenta idealmente como administrador integrado à criação, numa cadeia de relações interdependentes que refletem a Trindade, fazendo da terra um lugar teológico de comunhão[949].

Assim afirma o Santo Padre: "nós e todos os seres do universo, sendo criados pelo mesmo Pai, estamos unidos por laços invisíveis e formamos uma espécie de família universal"[950]. Desse modo, a interdependência entre todas as criaturas é o fundamento do princípio do bem comum[951], do destino universal dos bens da terra[952], da justiça intergeracional[953] e do desenvolvimento integral do ser humano[954], aliada à atividade econômica sustentável de preservação ambiental. Por isso, "é fundamental buscar soluções integrais que considerem as interações dos sistemas naturais entre si e com os sistemas sociais"[955]. A Encíclica *Laudato Si'* reafirma a interdependência de toda a realidade como uma verdade de fé da doutrina cristã[956]:

---

947. FRANCISCO, PP. LS 73.
948. FRANCISCO, PP. LS 239.
949. BAYER, J. *A voice crying in the desert*, p. 79.
950. FRANCISCO, PP. LS 89.
951. FRANCISCO, PP. LS 156.
952. FRANCISCO, PP. LS 158.
953. FRANCISCO, PP. LS 159.
954. FRANCISCO, PP. LS 157.
955. FRANCISCO, PP. LS 39.
956. FRANCISCO, PP. LS 86.

A interdependência das criaturas é querida por Deus. O sol e a lua, o cedro e a florzinha, a águia e o pardal: o espetáculo das suas incontáveis diversidades e desigualdades significa que nenhuma criatura basta a si mesma. Elas só existem na dependência uma das outras, para se completarem mutuamente no serviço uma das outras[957].

A simetria da estátua do Cristo Redentor conjuga-se com os detalhes artísticos que traduzem uma obra bem definida em seus detalhes. O Cristo Redentor conjuga o Criador com a criação, sem a necessidade de se evidenciar a abissal distância ontológica entre os dois. Ao invés de distanciar, tem o poder simbólico de fazer com que os pecadores se sintam convidados a se aproximar de Deus com confiança. Não enxergará o Cristo Redentor quem deixar de olhar para o Monte Corcovado, e vice-versa.

No seu simbolismo universal, integrado à ecologia da Floresta, o Santuário Cristo Redentor ajuda-nos a compreender os motivos pelos quais uma ecologia integral corresponde a uma soteriologia universal. Cristo é o mediador da criação (Jo 1,1-3) e o mediador da redenção (1Tm 2,4-6). Nele, toda a verdade a respeito da origem do homem conjuga-se com a verdade sobre o seu futuro[958]. O homem só estará no centro do plano criacional e no centro do plano salvífico, quando se libertar do próprio orgulho (Gn 3,5).

Assim, homens e mulheres, de toda língua, raça e nação são favorecidos abundantemente pela graça da criação e pela graça da salvação (Gl 3,28). Por isso, a atitude de reconhecimento a Deus pelo dom da criação e pela salvação[959], como no canto de São Francisco, promove um comprometimento generoso em função do próximo e da casa comum[960].

2.5.3 Cariocas a procura de um redentor: soteriologia à luz de uma realidade latino-americana

A letra da famosíssima canção "-*Alagados*-", do grupo de rock Paralamas do Sucesso, expõe a aparente contradição entre a salvação alcançada pelo Cristo Redentor para a humanidade e a vida real de desigualdade e exclusão da cidade do Rio de Janeiro, afirmando que "a cidade que tem braços abertos num cartão

---

957. CEC 340.
958. CONCÍLIO VATICANO II. GS 45.
959. FRANCISCO, PP. *LS* 73.
960. FRANCISCO, PP. *LS* 1.

postal, com os punhos fechados da vida real, lhes nega oportunidades, mostra a face dura do mal"[961].

Uma das ideias centrais da Encíclica *Laudato Si'*[962], tristemente representada por décadas de desigualdade social estrutural no Rio de Janeiro, é de que a pobreza caminha junto com a destruição ambiental. A violência social de nossa cidade[963], mais aguda a partir das regiões empobrecidas, está historicamente ligada à poluição da Baía da Guanabara, à contaminação das lagoas, à falta de acesso à água potável[964] e à devastação das florestas[965].

A ocupação desordenada das áreas virgens da zona sul do Rio de Janeiro começou, no início do século XX, a partir de um movimento migratório de fuga da poluição na área do porto. Em 1904, a população do Rio de Janeiro revoltou-se contra a vacinação obrigatória que combatia a varíola, insatisfeita com os serviços públicos urbanos, sanitários e de saúde. Da mesma forma, hoje existe o risco de uma nova revolta popular para que uma vacina contra a covid-19 esteja disponível para todos[966].

Em dezembro de 2020, dados da Fundação Oswaldo Cruz indicavam que a rede SUS da cidade estava com seu sistema público de saúde à beira do colapso, em meio à segunda onda da covid-19. A deficiência dos serviços de saúde estava além dos leitos escassos e das UTIs saturadas, pois as unidades de atenção básica também não ofereciam tratamento de doenças crônicas como diabetes, o que aumentava o índice de óbitos sem assistência em casa[967].

Através de um novo indicador, o Índice Brasileiro de Privação, a Fiocruz indicava que em capitais como o Rio de Janeiro, a pobreza, o baixo nível de escolaridade e o saneamento estão diretamente relacionados à vulnerabilidade às doenças[968]. A violência, a poluição e a devastação ambiental colocam em risco a principal atividade econômica do Rio de Janeiro, o turismo[969], completando o ciclo de contradições de uma cidade que tem o Cristo Redentor de braços abertos, mas que não garante o acesso seguro das pessoas a ele. Recente pesquisa do Ibope

---

961. BARONE, J.A.; RIBEIRO, B.; VIANNA, H. *Alagados*.
962. FRANCISCO, PP. *LS* 142.
963. FRANCISCO, PP. *LS* 149.
964. LOPES, L.; BARROS, G. Abastecimento é prejudicado em pelo menos 30 bairros.
965. DRUMMOND, J.A. *Devastação e preservação ambiental no Rio de Janeiro*, p. 10-11.
966. GASPARI, E. *A nova Revolta da Vacina*.
967. GRINBERG, F. Colapso e morte.
968. ALMEIDA, C.; NALIN, C. Pobreza e saúde.
969. PUFF, J. *Rio, 450 anos*: cinco grandes desafios para o futuro.

constatou ainda que mais da metade da população gostaria de deixar o Rio de Janeiro. Aqui, os cariocas erguem os olhos para o céu à procura de um redentor capaz de lhes reconciliar com a cidade maravilhosa[970].

A Encíclica *Laudato Si'* faz referência à dura realidade das favelas da América Latina, de onde surge a soteriologia de um povo à procura de libertação[971]. A cidade do Rio de Janeiro é a porta de entrada para o turismo do Brasil, mas é também o espelho da desigualdade social do país[972]. As favelas ocupam nossas encostas de cartão postal, que já foram totalmente verdes, evidenciando a pobreza e a devastação ambiental ao lado de avenidas abastadas, onde os moradores gozam dos mais elevados índices de desenvolvimento humano do mundo[973].

Favelas como a Rocinha, o Cantagalo e o Vidigal têm a mesma vista para o mar que os prédios das Avenidas Vieira Souto e Epitácio Pessoa. Por outro lado, existe um verdadeiro abismo entre estes espaços geográficos[974], no que tange à renda familiar, à expectativa de vida, às condições sanitárias, à taxa de alfabetização, ao acesso à educação e aos serviços de saúde. Infelizmente, os negros carregam a maior parte do fardo deste subdesenvolvimento. Outro exemplo desta desigualdade é o sistema de transportes da cidade do Rio de Janeiro, que integra ônibus, barcas, metrô, ferrovia e VLT; por si mesmo, este serviço é deficitário, que contribui para a desigualdade social ao privilegiar o acesso dos moradores da Zona Sul e da Barra da Tijuca ao Centro, em detrimento dos bairros do subúrbio, Baixada Fluminense, Niterói e São Gonçalo.

A estátua do Cristo Redentor é símbolo da salvação universal alcançada por Jesus para todos os homens[975], mas a população carioca segue em busca de libertação. Ora, a redenção *"é oferecida e realizada de uma vez para sempre no mistério da encarnação, morte e ressurreição"*[976] de Jesus Cristo. Assim, a missão da Igreja nasce desta salvação universal[977], no mandato de Jesus para que seus discípulos anunciem o Evangelho por todo o mundo (Mt 28,19-20), para cada criatura (Mc 6,15).

---

970. O GLOBO. Editorial.

971. PAPA FRANCISCO, PP. *LS* 149.

972. ALMEIDA, C.; NALIN, C. *Pobreza e saúde*.

973. ABRANTES, T. Os bairros do Brasil que poderiam estar na Noruega: Pelo menos 99 áreas geográficas das regiões metropolitanas do Brasil tem um IDH igual ou maior ao da Noruega- país com maior índice de desenvolvimento humano do mundo, segundo a ONU.

974. ENDERS, A. *A história do Rio de Janeiro*, p. 2.

975. JOÃO PAULO II, PP. *RH* 10.

976. CONGREGAÇÃO PARA A DOUTRINA DA FÉ. *DI* 14.

977. CONCÍLIO VATICANO II. *GS* 10

Cristo é o caminho de salvação (Jo 14,6) que nunca faltou à humanidade. Ele é a fonte de toda libertação[978], atraindo a criação e todos os homens a si (Jo 12,32) para um tempo de plenitude (Ef 1,9-10): "existe um só Deus, o Pai, de quem tudo procede e para o qual caminhamos, e um só Senhor, Jesus Cristo, por quem tudo existe e para quem caminhamos" (1Cor 8,6).

Esta mediação única e universal do Cristo (1Tm 2,5) "não exclui, antes suscita nas criaturas uma cooperação múltipla, que é participação na fonte única"[979]. Por vontade de Deus, a salvação humana pressupõe a colaboração da nossa liberdade[980]. Assim sendo, o Deus da Bíblia regozija-se em atuar no mundo através de causas secundárias[981], ao contrário, o ser humano, criado à imagem e semelhança de Deus, pode dizer não a Cristo e ao seu Reino[982].

Neste sentido, a salvação universal conquistada por Jesus não significa que todos os homens serão salvos. O teólogo Hans Urs Von Balthasar começa o seu livro sobre a salvação universal com o tema do julgamento de Deus[983]: "meu juiz é o Senhor" (1Cor 4,40). Isto reflete o ensinamento escatológico de que existe o inferno, e que somente "os justos irão para a vida eterna" (Mt 25,46), isto é, aqueles que viveram a fé, o amor, a justiça e a misericórdia.

Assim, a esperança da salvação não nos conduz ao indiferentismo, pelo contrário, é um impulso ao esforço missionário da nova evangelização[984], para a conversão dos corações e a transformação da realidade[985]: "anunciar o Evangelho não é título de glória para mim; é, antes, necessidade que se me impõe. Ai de mim, se eu não anunciar o Evangelho!" (1Cor 9,16).

Este empenho em anunciar a boa-nova da salvação renova-se neste tempo de pandemia[986], fazendo que, em meio às angústias dos dias atuais, brilhe a espe-

---

978. AGOSTINHO. De Civitate Dei, 10,32,2.

979. CONCÍLIO VATICANO II. LG 62.

980. AGOSTINHO. *Sermão* 169,13: Aquele que te criou sem ti não te salvará sem ti.

981. BARRON, R. Prefácio, p. 11.

982. JOÃO PAULO II. RM 7.

983. VON BALTHASAR, U. *Dare we hope "that all aen be saved"?*, p.13.

984. BARRON, R. Prefácio, p. 11.

985. BENTO XVI, PP. SS 2: O cristianismo não era apenas uma "boa-nova", ou seja, uma comunicação de conteúdos até então ignorados. Em linguagem atual, dir-se-ia: a mensagem cristã não era só "informativa", mas "performativa". Isto significa que o Evangelho não é apenas uma comunicação de realidades que se podem saber, mas uma comunicação que gera fatos e muda a vida. A porta tenebrosa do tempo, do futuro, foi aberta de par em par. Quem tem esperança vive diversamente; foi-lhe dada uma vida nova.

986. PAULO VI, PP. EN 1: O empenho em anunciar o Evangelho aos homens de nosso tempo, animados pela esperança, mas ao mesmo tempo torturados pelo medo e pela angústia, é sem dúvida alguma um serviço prestado à comunidade dos cristãos, bem como a toda a humanidade.

rança da nossa fé[987]: "e a esperança não decepciona, porque o amor de Deus foi derramado em nossos corações pelo Espírito Santo que nos foi dado" (Rm 5,5). Nas palavras do Papa Bento XVI, trata-se de uma esperança colocada em ato[988], iluminada pela realização do futuro prometido na ressurreição de Jesus Cristo[989].

A declaração *Dominus Iesus*, sobre a unicidade e a universalidade salvífica de Jesus Cristo e da Igreja, também traz em seu *debut* o mandato *Ad Gentes*[990], com confiança na promessa do Senhor[991]: "eu estou sempre convosco, até ao fim dos séculos" (Mt 28,20). Este documento cita a Encíclica *Redemptoris Missio*[992], lembrando que a obra da evangelização, em pleno século XXI, ainda está longe de ser concluída, pois ainda existem lugares escuros nos corações humanos e na sociedade que precisam ser iluminados pela Palavra de Deus.

O Concílio Vaticano II explica que "a pessoa deve ser salva e a sociedade, consolidada"[993]. Por isso, o Papa Francisco conclama a Igreja a sair até as periferias existenciais, para que a alegria do Evangelho possa libertar as pessoas do pecado, da tristeza, do vazio interior, do isolamento[994]. Desse modo, o encontro do Evangelho com a realidade da América Latina, em particular da cidade do Rio de Janeiro, faz surgir uma teologia da libertação iluminada pela ecologia integral.

Em convergência com a história da cidade, destacamos três temas interligados da crise socioambiental, nos quais a terra e a sociedade carioca clamam por libertação: a devastação das florestas, o racismo estrutural e a pandemia do novo coronavírus, que desponta em 2020 como a ponta de um *iceberg* cuja história acumula anos de escuridão e perigo para maior parte do povo desprovido das condições básicas de saúde e de vida.

Os dois autores que nos conduzem neste itinerário de libertação são Leonardo Boff e o Papa Francisco, na mesma perspectiva de colaboração no desenvolvimento da Encíclica *Laudato Si'*[995], além da referência fundamental da encíclica ao seu livro *Ecologia: Grito da terra, grito dos pobres*. Boff esclareceu que ajudou o sumo pontífice a escrever o documento cedendo-lhe material de sua

---

987. BENTO XVI, PP. SS 1.
988. BENTO XVI, PP. SS 35.
989. KUZMA, C. *O futuro de Deus na missão da esperança*, p. 19.
990. CONCÍLIO VATICANO II. AG 1.
991. CONGREGAÇÃO PARA A DOUTRINA DA FÉ. DI 1.
992. JOÃO PAULO II, PP. RM 1.
993. CONCÍLIO VATICANO II. GS 3.
994. FRANCISCO, PP. EG 1.
995. FRANCISCO, PP. LS 2.

autoria através do embaixador argentino junto à Santa Sé, e que o Papa Francisco o agradeceu, um dia antes da publicação da *Laudato Si'*[996]. Leonardo Boff também divulgou a carta que o Papa Francisco lhe enviou em dezembro de 2018, cumprimentando-lhe por seu aniversário de 80 anos, recordando o encontro que tiveram na Conferência Latino-Americana de Religiosos e Religiosas na década de 70[997].

A Encíclica *Laudato Si'* é expressão da relevância da obra de Leonardo Boff, acompanhada pela comemoração dos 50 anos da II Conferência Geral do Episcopado Latino-Americano, realizada em 1968, em Medellín[998]. O tema da libertação surge em Medellín, numa conferência do Padre Gustavo Gutièrrez intitulada *Hacia uma teologia de la liberación*, em lugar da teologia do desenvolvimento trazida pelo Vaticano II na constituição pastoral *Gaudium et Spes*[999].

Na perspectiva dos bispos do Celam, a proposta da *Gaudium et Spes* era eurocêntrica, ainda baseada no neocolonialismo e no interesse das grandes potências e das multinacionais, que legitimizavam os regimes latino-americanos[1000]. Gustavo Gutièrrez, que hoje voltou a ser acessor do Celam, almejava desenvolver uma libertação integral do ser humano, que fosse social e espiritual, com fundamentação nas Sagradas Escrituras.

Nesse sentido, a recepção criativa da eclesiologia do Concílio Vaticano II, realizada a partir da Conferência de Medellín[1001], conduziu a Igreja a uma crescente consciência da crise socioambiental[1002], tema crucial no pensamento de Leonardo Boff. A reflexão sobre a situação opressora de pobreza e desigualdade social

---

996. HICKSON, M. *Liberation Theologian Boff*.

997. FRANCISCO, PP. *Carta a Leonardo Boff*: Dr Leonardo Boff. Querido Hermano, gracias por tu carta enviada tràmite el p. Fabiàn. Me alegro recibirla y te agradezco la generosidad de tus comentários. Recuerdo nuestro primer encontro, em San Miguel, em uma reunion de la CLAR, allá por los anos 72-75. Y luego te seguì leyendo algumas de tus obras. Por estos dìas estaràs cumpliendo 80 anos. Te hago llegar mis mejores augúrios. Y, por favor, no te olvides de rezar por mì. Lo hago por vos y tu Senora. Que Jesùs te bendiga y la Virgen Santa te cuide. Fraternalmente. Francisco.

998. LIBÂNIO, J.B. *Teologia da Libertação*, p. 578: Abria-se o espaço para novas experiências, para os compromissos sociais, para a luta por um mundo mais justo.

999. CONCÍLIO VATICANO II. GS 8-9.

1000. GARCÍA RUBIO, A. *Teologia da Libertação*, p. 52-53: O que se deve destacar aqui é o fato de que, nas conclusões de Medellín, a relação entre a promoção humana e a salvação de Cristo é considerada preferentemente à luz da libertação. A Igreja anuncia a salvação-libertação de Deus em Cristo e é portadora de uma libertação anunciada e dirigida ao homem concreto latino-americano que tenta superar toda dependência desumanizante. O termo e a realidade da libertação converteram-se, assim, no contexto latino-americano, em profundo vínculo capaz de unir a libertação política, socioeconômica e cultural, de um lado, e a libertação do pecado que possibilita a comunhão de amizade com Deus e com os irmãos, de outro. União que elimina as separações dualistas, evitando igualmente as identificações e confusões simplificadoras. Pode-se, pois, afirmar que nos documentos de Medellín encontramos uma incipiente Teologia da Libertação.

1001. GUTIÈRREZ, G. *Teologia da Libertação*, p. 187.

1002. MURAD, A. *O desafio socioambiental para a fé cristã em Medellín e Puebla*, p. 9-10.

de nosso continente, imerso nos regimes militares, fez surgir as obras seminais do escritor protestante Rubem Alves, *Em direção a uma Teologia da libertação*, do padre belga José Comblin, *Teologia da Revolução*, do teólogo peruano Gustavo Gutiérrez, *Teologia da Libertação* e do teólogo franciscano Leonardo Boff, *Jesus Cristo Libertador*, publicadas sucessivamente entre 1968 e 1972.

O livro de Leonardo Boff era a primeira obra autenticamente católica e brasileira sobre a Teologia da Libertação publicada em território nacional, desenvolvendo o tema da libertação dos pobres com os pobres[1003], baseada na solidariedade de Jesus[1004]. A partir do encontro com o Cristo ressuscitado, a Teologia Latino-Americana da Libertação procurava ouvir o clamor do povo oprimido que anseia por salvação. Esta escuta compassiva é iluminada pela *kénosis* de Jesus, para que a sociedade, em sua base, já possa experimentar a felicidade do Reino de Deus que nos é prometida na eternidade[1005].

As Comunidades Eclesiais de Base (Cebs)[1006] difundiram-se por toda a América Latina, trazendo os pastores para perto do povo, com excelentes resultados pastorais, sendo exortadas a permanecerem fiéis ao magistério da Igreja[1007]. As CEBs surgem a partir da perspectiva da Igreja como Mistério de Deus encarnado na sociedade[1008], dentro do conceito de Povo de Deus[1009], no qual todos os batizados participam ativamente da edificação do corpo de Cristo.

Na Arquidiocese do Rio de Janeiro, na década de 1980, conduzida pelo Cardeal Eugênio de Araújo Sales, a Teologia da Libertação encontrou censura por parte da hierarquia eclesiástica. Esta era considerada uma postura iluminada pelos documentos *Libertatis Nuntius*, de 1984, e *Libertatis Conscientia*, de 1986, publicados pela Congregação para a Doutrina da Fé, que à época já tinha como prefeito o Cardeal Joseph Ratzinger.

Embora nunca tenha havido uma condenação formal da Igreja Católica à Teologia da Libertação, havia ressalvas principalmente em relação à politização da religião[1010], à releitura marxista do cristianismo[1011], à abolutização da opção

---

1003. BOFF, C.; BOFF, L. *Como fazer teologia da libertação*, p. 37-38.

1004. BOFF, L. *Jesus Cristo libertador*, p. 98.

1005. KUZMA, C. *O futuro de Deus na missão da esperança*, p. 23.

1006. KUZMA, C. *O futuro de Deus na missão da esperança*, p. 180.

1007. CONGREGAÇÃO PARA A DOUTRINA DA FÉ. *Libertatis Conscientia*, n. 69.

1008. CONCÍLIO VATICANO II. LG 1-8.

1009. CONCÍLIO VATICANO II. LG 9-17.

1010. CONGREGAÇÃO PARA A DOUTRINA DA FÉ. *Libertatis Nuntius*, n. 2-3.

1011. CONGREGAÇÃO PARA A DOUTRINA DA FÉ. *Libertatis Nuntius*, n. 1-2.

preferencial pelos pobres[1012] e à tentação de reduzir o Evangelho da salvação meramente a sua dimensão terrestre[1013].

Ainda em 1984, o livro *Igreja: carisma e poder*, de Leonardo Boff, provocou uma censura pública da Cúria Romana ao teólogo brasileiro[1014], cujas posições foram consideradas exageradamente políticas e pendentes ao marxismo[1015]. Em 1992, uma nova controvérsia com a Cúria Romana envolvendo sua participação na "Conferência das Nações Unidas sobre o meio ambiente e o desenvolvimento" levaram-no a abandonar a ordem franciscana e o ministério sacerdotal, embora tenha seguido atuando como escritor e conferencista.

No que se refere à releitura marxista do cristianismo, os irmãos Clodovis e Leonardo Boff afirmaram que a referência da Teologia da Libertação ao marxismo é meramente instrumental[1016]. Os irmãos Boff discordaram publicamente sobre o lugar do pobre na Teologia da Libertação[1017], o primeiro indicando o erro epistemológico de colocar o pobre como princípio operativo da teologia no lugar do Deus de Jesus Cristo, o que provoca a politização da fé como instrumento para a libertação social[1018], e o segundo lembrando que foi o próprio Cristo quem se identificou com o pobre[1019]: "em verdade vos digo: cada vez que o fizestes a um desses meus irmãos mais pequeninos, a mim o fizestes (Mt 25,40).

Em abril de 1986, o Papa João Paulo II enviou uma carta à CNBB reconhendo o mérito da Teologia da Libertação para a Igreja, com a exclusão dos princípios controversos[1020]. Em 2004, o novo prefeito para a Congregação para a Doutrina da Fé, o Cardeal Gerhard Müller, escreveu um livro com o teólogo peruano Gustavo Gutièrrez, *Ao lado dos pobres: a Teologia da Libertação é uma teologia da Igreja*,

---

1012. CONGREGAÇÃO PARA A DOUTRINA DA FÉ. *Libertatis Nuntius*, n. 9-10.

1013. CONGREGAÇÃO PARA A DOUTRINA DA FÉ. *Libertatis Nuntius*, n. 4.

1014. CONGREGAÇÃO PARA A DOUTRINA DA FÉ. Notificação sobre o livro *Igreja*: carisma e poder.

1015. COX, H.G. *The silencing of Leonardo Boff*, p. 195-201.

1016. BOFF, C.; BOFF, L. *Como fazer Teologia da Libertação*, p. 44-45.

1017. ACI DIGITAL. Irmãos Boff divididos por controvérsia sobre o futuro da Teologia da Libertação.

1018. BOFF, C. *Teologia da Libertação e volta ao fundamento*, p. 1.002-1.004.

1019. BOFF, L. *Pelos pobres, contra a estreiteza de método*.

1020. JOÃO PAULO II, PP. Carta aos Bispos da Conferência Episcopal dos Bispos do Brasil, 9 de abril de 1986: Na medida em que se empenham por encontrar aquelas respostas justas – penetradas de compreensão para com a rica experiência da Igreja neste país, tão eficazes e construtivas quanto possível e ao mesmo tempo consonantes e coerentes com os ensinamentos do Evangelho, da Tradição viva e do perene Magistério da Igreja – estamos convencidos, nós e os Senhores, de que a teologia da libertação é não só oportuna mas útil e necessária. Ela deve constituir uma nova etapa – em estreita conexão com as anteriores – daquela reflexão teológica iniciada com a Tradição apostólica e continuada com os grandes Padres e Doutores, com o Magistério ordinário e extraordinário e, na época mais recente, com o rico património da Doutrina Social da Igreja, expressa em documentos que vão da *Rerum Novarum* à *Laborem Exercens*.

no qual a reconhecem entre as mais significativas correntes teológicas do século XX, que conseguiu emancipar a teologia católica do dualismo entre a felicidade terrena e a salvação eterna[1021].

A nossa humilde pretensão de entender a investigação sobre a ecoteologia do Cristo Redentor em nível de uma Soteriologia Carioca passa pela irrenunciável colaboração entre os membros da hierarquia, os teólogos e os agentes de pastorais que enxergam e escutam a singularidade de cada irmã e cada irmão para traduzirem propostas sociopastorais, rumo a uma conversão factível, onde o Reino de Deus seja uma realidade mais concreta para todos.

Na Encíclica *Laudato Si'*, o Papa Francisco lembra-nos que o Deus que liberta é o mesmo Deus que criou a terra e os seres humanos[1022]. No Livro do Gênesis, após o pecado, o homem estava nu, com medo do Criador (Gn 3,10), mas o Redentor o vestiu com a graça divina, através da força do Mistério Pascal. A experiência comunitária de salvação do povo carioca surge desta esperança, simbolizada na estátua do Cristo Redentor, iluminada pela ecologia integral da *Laudato Si'*[1023].

O magistério do Papa Francisco, disposto na encíclica, é fruto deste longo itinerário de recepção do Concílio Vaticano II na América Latina, que culmina na V Conferência Geral do Episcopado Latino-Americano e do Caribe, reunida em Aparecida, em 2007. À época, o então Cardeal Jorge Mario Bergoglio, redator do documento final, defendeu que a Igreja latino-americana assumisse a opção preferencial pelos pobres livre das leituras ideologizantes do Evangelho[1024]: "o Espírito do Senhor está sobre mim, porque Ele me ungiu e me enviou para levar aos pobres a boa notícia" (Lc 4,18).

A teologia do Povo do Papa Francisco, representada no pensamento do Padre Juan Carlos Scannone, é uma corrente original da teologia da libertação argentina que não usa o método marxista de análise social, privilegiando a análise histórico-cultural. A partir desta premissa da opção preferencial pelos pobres[1025], o Papa Francisco aborda a crise socioambiental na Encíclica *Laudato Si'*, permitindo, de forma particular, o surgimento de uma ecoteologia do Santuário Cristo Redentor.

1021. INSTITUTO HUMANITAS UNISINUS. Francisco revela que celebrou missa com Cardeal Muller e Gustavo Gutierrez. Disponível em <www.ihu.unisinus.br>. Acesso em: 30 ago. 2020.

1022. FRANCISCO, PP. *LS* 73.

1023. FRANCISCO, PP. *LS* 149.

1024. SANTORO, F. *La liberzione que viene dal Vangelo*.

1025. SCANNONE, J.C. *O Evangelho da misericórdia em espírito de discernimento*, p. 15-17.

Numa analogia fecunda, o mosaico formado pelos triângulos de pedra-sabão da "pele" que reveste a estátua do Cristo Redentor representa o tecido social da cidade do Rio de Janeiro[1026]. Esta "pele", que protege e embeleza o monumento, por vezes perde algumas pedras que se desconectam e caem. Da mesma forma, o tecido social da cidade do Rio de Janeiro por vezes se mostra vulnerável, com rachaduras, sobretudo durante a pandemia do novo coronavírus, que expõe ainda mais as nossas mazelas socioambientais. Todavia, cada pedra que cai é restaurada ou substituída e recolocada no monumento, numa clara demonstração de que o povo carioca mantém a esperança na luta por dias melhores, por uma cidade mais harmoniosa e menos desigual, liberta da corrupção que corrompe tanto a natureza como os seres humanos.

Os cariocas cansaram-se de buscar um "salvador" em governadores e prefeitos que, de forma sucessiva, foram presos ou afastados de seus cargos por crimes de corrupção e desvio do patrimônio público. Aí, cabe-nos o questionamento: onde está o Redentor que trará à cidade cura e libertação? Como sinal dessa resposta, a nova catedral de Niterói, projetada por Oscar Niemeyer, será ornada por uma grande imagem de São João Batista em seu espelho d'água, apontando para a estátua do Cristo Redentor, como a repetir as palavras do precursor do Messias às margens do Rio Jordão: "eis o Cordeiro de Deus, que tira o pecado do mundo" (Jo 1,29).

Esta esperança carioca de salvação (Rm 8,24) revela-se de forma modelar no alto do Monte Corcovado, onde o povo anônimo que colaborou para a construção do monumento foi lembrado pelas mulheres que trabalharam o mosaico, unindo cada peça, escrevendo no verso das pedras os nomes dos seus entes queridos, bem como o judeu Heitor Levy, mestre de obras da construção, convertido ao cristianismo, que também desejou que os nomes de seus familiares estivessem escritos para sempre no coração do Cristo Redentor.

Assim sendo, a cidade do Rio de Janeiro, tão desunida em suas desigualdades, une-se para formar a pele que reveste a estátua de Jesus[1027], como uma imagem da Igreja, corpo de Cristo (1Pd 2,4), e ali deposita as suas esperanças de libertação[1028], com confiança naquele que faz novas todas as coisas (Ap 21,5).

1026. METSAVAH, O. *Cristo Redentor* – Divina geometria, p. 25.

1027. METSAVAH, O. *Cristo Redentor* – Divina geometria, p. 39.

1028. KUZMA, C. *O futuro de Deus na missão da esperança*, p. 201: Toda teologia que se quer *"da Esperança"* é libertadora e toda a teologia que se quer *"da Libertação"* é da esperança.

Capítulo | 3 A ecoteologia do Santuário Cristo Redentor

Como falar de Deus depois de Auschwitz? A experiência de horror do Holocausto tornou difícil a reflexão sobre o amor de Deus, mas houve teólogos que viveram o sofrimento da Segunda Guerra Mundial, haurindo desta experiência as linhas mestras do seu pensamento. Foi o caso do teólogo alemão Jürgen Moltmann, que em meio às chamas do bombardeio britânico à sua cidade natal, Hamburgo, em 1943, perguntava-se: "meu Deus, onde tu estás? Onde estás Deus?"[1029]. Do mesmo modo, questionamo-nos como podemos falar de Deus durante a pandemia do novo coronavírus, quando o número de mortos ultrapassa 200.000 em solo brasileiro, e 2.000.000 de óbitos no mundo inteiro[1030]?

A história do Rio de Janeiro, do Brasil e do mundo vem ao encontro de nossas vidas, quando todo o planeta é forçado a enfrentar o desafio da covid-19 como uma casa comum[1031]. Por isso, a vocação específica do teólogo[1032] é ressaltada neste momento de sofrimento, em que muitas pessoas buscam sentido em sua fé para não se entregar ao desespero (1Pd 3,15). Jürgen Moltmann explica, com propriedade, que a boa teologia surge da experiência com Deus, possibili-

---

1029. MOLTMANN, J. Vida, esperança e justiça, p. 10.

1030. REUTERS, Brazil COVID-19 death toll tops 180,000.

1031. FRANCISCO, PP. LS 3.

1032. CONGREGAÇÃO PARA A DOUTRINA DA FÉ. Instrução *Donum Veritatis*, n. 6: Por sua natureza a fé se apela à inteligência, porque desvela ao homem a verdade sobre o seu destino e o caminho para o alcançar. Mesmo sendo a verdade revelada superior a todo o nosso falar, e sendo os nossos conceitos imperfeitos frente à sua grandeza, em última análise insondável (cf. *Ef* 3,19), ela convida, porém, a razão – dom de Deus feito para colher a verdade – a entrar na sua luz, tornando-se assim capaz de compreender, em certa medida, aquilo em que crê.

tando o reconhecimento da personalidade e da alma do teólogo em diálogo com o criador[1033].

Nossa experiência teológica, neste contexto da pandemia, surge numa perspectiva etnográfica carioca, a partir da construção do significado teológico dos eixos simbólicos fundamentais do Santuário Cristo Redentor, quais sejam, a Cruz, a Ressurreição, o Sagrado Coração de Jesus, a Eucaristia e Nossa Senhora Aparecida, à luz da crise socioambiental. Esta metodologia, inspirada nos escritos dos Padres da Igreja, abrange a ecologia, a economia e o ecumenismo, evocando também o diálogo inter-religioso, como propostas para o cuidado com a casa comum.

A Encíclica *Laudato Si'* ensina-nos que o ápice da criação não é o ser humano (Gn 2,27), mas a adoração a Deus no respouso sabático (Gn 2,1-3)[1034], e que o homem não é apenas o dominador do Jardim do Éden (Gn 1,28), mas o seu jardineiro (Gn 2,15)[1035]. Dessa maneira, o Papa Francisco mostra-nos que seria empobrecedor reduzir a ecoteologia apenas ao tratado da criação e à superação do paradigma antropocêntrico[1036], pois além de criador, o Cristo é também redentor[1037].

Esta ecoteologia[1038], mais do que fazer do meio ambiente objeto de reflexão iluminado pela fé, tem por objetivo apresentar a unidade da experiência salvífica, tocando os valores simbólicos do Santuário Cristo Redentor de forma integrada e interdependente, com consequências práticas para a espiritualidade e a ética cristã, de modo a destacar que todo o ecossistema participa do projeto salvífico de divino[1039], tanto a terra como os pobres[1040].

1033. MOLTMANN, J. *Experiências de reflexão teológica*, p. 32: Um teólogo verdadeiro deve ter elaborado a sua luta com Deus, a sua experiência de Deus, seus medos de Deus e sua alegria em Deus. Ele deve ter se exposto pessoalmente à causa que representa, e não reprimir as suas experiências negativas diante de Deus nem calar o seu gosto positivo em Deus (Sl 37,4). É bom quando se consegue reconhecer, numa teologia, o teólogo, a teóloga, e, nos agentes poimênicos, a própria alma envolvida.

1034. FRANCISCO, PP. LS 67.

1035. FRANCISCO, PP. LS 66.

1036. FRANCISCO, PP. LS 68.

1037. FRANCISCO, PP. LS 73.

1038. MURAD, A. Singularidade da ecoteologia, p. 208: A ecoteologia é um tipo próprio de teologia cristã. Com outras teologias, clássicas ou contemporâneas, ela partilha elementos constitutivos da "ciência da fé". Ao mesmo tempo, dá-lhe sabor, cor e especificidade.

1039. MURAD, A. O núcleo da ecoteologia e a unidade da experiência salvífica, p. 279.

1040. FRANCISCO, PP. LS 2.

3.1 A Cruz do Monte Corcovado

Na origem do projeto da estátua do Cristo Redentor, duas linhas retas cortavam-se para formar a figura da cruz. A linha vertical, prolongada para baixo, vai ao encontro da terra, e no sentido oposto, prolongada para o alto, vai ao encontro do céu. A linha horizontal, estendida para os dois lados, abrange o cotidiano da natureza e da vida dos homens, de forma a integrar o finito e o infinito, o sagrado e o profano. Os triângulos de esteatita que revestem a cruz são compostos por três linhas retas inclinadas que se relacionam entre si, simbolizando a Trindade[1041], glorificada no grande sinal da nossa fé: em nome do Pai e do Filho e do Espírito Santo.

Assim, a estátua do Corcovado é um ícone daquele que nos revela a Trindade (Jo 1,18), pois nela Jesus é a cruz, e a cruz é Jesus[1042]. Por sua vez, a cruz na montanha, cercada pelo verde da floresta, é como uma grande rosa dos ventos que aponta para os quatro pontos cardeais (Gn 13,14; 28,14), que nos referem aos quatro Evangelhos (Lc 13,29).

Ao relacionar a cruz à árvore da vida, São João Crisóstomo compara o Jardim do Éden ao Jardim do Calvário. No Éden estavam Adão, nascido da terra (Gn 2,7), como um homem que repousa no solo, Eva como uma virgem que nasce do lado ferido do marido (Gn 2,21-23), e o lenho da árvore (Gn 2,16), cujo fruto representou a desobediência que nos levou à morte e ao distanciamento de Deus (Gn 3,6). No Calvário, por sua vez, estão Cristo, que também dorme (Jo 19,29) para que do seu lado aberto pela lança nasça a sua Esposa Imaculada, que é a Igreja (Jo 19,34), sob a sombra de uma árvore que agora é trono da conquista no qual o homem retorna para Deus[1043].

1041. SILVA COSTA, H. A divina geometria, p. 52-53.

1042. SILVA COSTA, H. Jesus e a cruz, p. 21: Quem te pode separar, Jesus, de tua cruz? Para quem te vislumbra do oceano imenso e insondável; para quem te afasta dos pincaros agrestes, ou das pra as tranquilas da longínqua Niterói; para quem te defronta do canal profundo da formosa Guanabara; eis, bem, a cruz de Jesus. Os que, porém, te alcançam da cidade maravilhosa; os que te enxergam, de rápida passagem, pelos contornos sinuososos do caprichoso litoral; ou então, te divisam da frouxa e macia areia das nossas praias de fora; já não têm esta ilusão por saberem, muito bem que és Jesus em cruz. Cada dia que desponta, que culmina e se consome, mais atesta esta verdade, sensível, apreciável: ao clarear, és Jesus; ao escurecer, és a cruz. Nos estudos bem cuidados que precederam à execução desta obra toda esmerada, nunca tu foste considerado, Jesus, separado da cruz. Para os operários em grande afã, atentos a teu serviço, que constantemente volteiam ao redor de tua imagem, ora, és a cruz, ora, Jesus. Não estás, Jesus, pregado na cruz, não está, Jesus, vergado na cruz; nem mesmo estás abraçado à cruz. É a cruz, alçada por tua imagem, Jesus. Nesta união querida, sagrada, abençoada, Jesus tem as costas, erguida, a imagem da cruz, e a cruz tem na face, esculpida, a imagem de Jesus.

1043. JOÃO CRISÓSTOMO. De coemeterio et de cruce, p. 1.548-1.549.

De modo semelhante, o Corcovado é como um grande jardim para os dias atuais, cujo Gigante Adormecido quer despertar para que a sua esposa, a cidade que cresce ao lado da montanha, encontre o caminho para desfrutar das fontes naturais sem colocar em risco a sua própria vida e a sua comunhão com Deus[1044].

3.1.1 O simbolismo da montanha

O Éden e o Calvário são bem representados nas pinturas da primeira missa no Brasil onde, no lugar da *árvore do conhecimento do bem e do mal* (Gn 2,9), é erguida uma cruz de madeira retirada da mata local, abundante de pau-brasil. O povo da Terra da Santa Cruz eternizaria este momento ao erguer outra cruz, cercada pelo verde da Mata Atlântica, no alto do Monte Corcovado, como sinal de bênção para toda a nação.

No Antigo Testamento, depois do Livro do Gênesis, a expressão "árvore" aparece novamente no Livro do Deuteronômio, mas relacionada à pena de morte do criminoso, cujo cadáver deveria ser sepultado no mesmo dia, "pois o que for suspenso é um maldito de Deus" (Dt 21,23). Em outras passagens veterotestamentárias, o madeiro é mencionado num contexto positivo, como figura da redenção alcançada por Cristo no lenho da cruz. A madeira também é usada por Noé para construir a arca que salva os seres humanos e os animais do dilúvio (Gn 6,14).

Ademais, Moisés usa um cajado de madeira para dividir o Mar Vermelho, de modo a permitir a passagem a seco dos hebreus (Ex 14,16), e joga um pedaço de madeira nas águas amargas de Mara, para que os judeus sedentos pudessem beber água doce (Ex 15,25). Estes dois significados, de bênção e de maldição, fundem-se para explicar a profundidade da redenção realizada por Jesus no lenho da cruz, no qual Cristo nos resgatou da maldição da Lei tornando-se maldição por nós (Gl 3,13).

No ponto mais baixo da sua *kenosis*[1045], obediente até a morte, e morte de cruz (Fl 2,7-8), Jesus é exaltado por Deus, que lhe conferiu o nome que está acima de todo nome (Fl 2,9). Assim, Jesus levou os nossos pecados em seu próprio corpo sobre o madeiro (1Pd 2,24), para que a nova árvore da vida, plantada no Jardim do Calvário, pudesse gerar frutos de vida eterna (Ap 22,2).

A cruz é esta nova árvore da vida, plantada simbolicamente no Jardim do Monte Corcovado, para onde os cariocas levantam os olhos em busca de salvação (Sl 120,1-2). A história da nossa amizade com Deus desenvolve-se neste espa-

---

1044. FRANCISCO, PP. *LS* 70.

1045. CANTALAMESSA, R. *The fire of Christ's fove*, p. 45.

ço geográfico familiar, no qual o Monte Corcovado se torna um sinal pessoal da linguagem do amor de Deus[1046]. A cruz do Corcovado, erguida com 38 metros de altura, somados aos 710 metros da montanha, exerce um enorme poder de atração sobre os homens: "quando eu for elevado da terra, atrairei todos a mim" (Jo 12,32).

No Império Romano, todavia, a cruz representava o suplício mais cruel, reservado à escória de uma sociedade desigual. Era uma punição desumana, que não era mencionada no processo de um cidadão romano. O criminoso era açoitado, encarregado de levar a cruz nas costas até o local da execução, amarrado nu e pregado na cruz, onde sofria uma morte excruciante pela asfixia e pela perda de sangue[1047].

Nesse sentido, o anúncio do Cristo crucificado era escândalo para os judeus e loucura para os pagãos, mas para os cristãos representava o poder e a sabedoria de Deus (1Cor 1,23-34). Ora, a cruz destruía o muro de separação vertical entre Deus e os homens, e horizontal, com a natureza e com os outros seres humanos (Gl 3,28) [1048].

No Livro dos Números, a cruz era prefigurada como um sinal de salvação (Nm 21,4-9). Durante a passagem dos israelitas pelo deserto, o povo enfrentava o calor, a falta de pão e água, além de serpentes venenosas que matavam muitos judeus. Moisés intercedeu pelo seu povo, e Iahweh lhe instruiu a fazer uma serpente de bronze fixada numa haste de madeira. Aos que eram mordidos, bastava olhar para a serpente de bronze e estavam salvos.

O Livro da Sabedoria esclarece que era o próprio Deus quem os salvava, e não o objeto de bronze, como se fosse um amuleto: "e quem se voltava para ele era salvo, não em virtude do que se via, mas graças a ti, o Salvador de todos!" (Sb 16,7). Os israelitas murmuravam contra Deus e Moisés, enquanto o veneno das serpentes lhes servia de advertência para que compreendessem o seu pecado e voltassem ao caminho da comunhão (Sb 16,6).

Nesse sentido, a perspectiva do povo hebreu no deserto assemelha-se à caminhada da humanidade em meio à pandemia do novo coronavírus, que atua como um veneno vindo da terra em reação à degradação que lhe é imposta pelas ações irresponsáveis, egoístas e imediatistas da humanidade[1049]. O sofrimento em

---

1046. FRANCISCO, PP. LS 84.

1047. ARMELLINI, F. *Celebrando a Palavra*, p. 129.

1048. FRANCISCO, PP. LS 70.

1049. BOFF, L. *Covid-19*.

meio à pandemia é uma oportunidade de conversão ecológica para o mundo[1050], tendo a cruz, erguida no alto da montanha, como grande sinal de que o amor e a salvação de Deus jamais nos abandonam.

Em meio aos preparativos para a distribuição da vacina contra o novo coronavírus para o maior número de pessoas ao redor do mundo, a fé cristã nos recorda que, através da redenção alcançada na cruz, Cristo já nos ofereceu uma vacina contra a morte: "a morte foi absorvida na vitória. Morte, onde está a tua vitória? Morte, onde está o teu aguilhão?" (1Cor 15,55). Enquanto o veneno da serpente é mortal, a morte do Senhor é vital (Jo 3,16). Assim sendo, do mesmo modo que os israelitas olhavam para a serpente para se imunizar contra o seu veneno (Nm 21,9), nós olhamos para a cruz para nos imunizar contra a morte, pois a morte morreu na cruz de Cristo, para que nós tenhamos a vida[1051].

Desse modo, a cruz é o lugar teológico[1052] no qual se concretiza o mistério da *piedade* (1Tm 3,16), onde Cristo, o novo Adão, é obediente a Deus (Gn 2,9), salvando-nos do dilúvio causado pelo pecado (Gn 6,14), dividindo o mar vermelho de sangue com a sua páscoa para nossa páscoa (Ex 14,16), transformando as águas amargas da morte nas águas doces da graça e do batismo (Ex 15,25).

A cruz de Jesus, exaltada de uma vez e para sempre sobre a montanha, atrai a todos para a vida eterna (Jo 3,16), pois como os seres humanos são criados para a comunhão com Deus, "devemos acreditar que o Espírito Santo dá a todos a possibilidade de se associarem a este mistério pascal por um modo só de Deus conhecido"[1053]. Assim, dentre os modos diversos que o Cristo crucificado tem para atrair os homens a si[1054] estão o sofrimento (Is 53,4), o serviço aos outros (Mt 25,40) e a harmonia com a natureza[1055], exemplificados no caminho ao encontro da cruz através da montanha de Deus.

Num sentido mais amplo, a montanha, assim como a cruz, é um sacramento de Deus[1056]. Ao longo da história da Igreja, a redução do conceito de sacramen-

---

1050. FRANCISCO, PP. LS 5.

1051. AGOSTINHO. Commento al Vangelo e all Prima Epistola di San Giovanni, p. 291.

1052. CANTALAMESSA, R. *The fire of Christ's love*, p. 46.

1053. CONCÍLIO VATICANO II. GS 22.

1054. CANTALAMESSA, R. *O poder da cruz*, p. 182.

1055. FRANCISCO, PP. LS 98.

1056. DOCUMENTO DE PUEBLA, n. 920-922: O homem é um ser sacramental; no nível religioso, exprime suas relações com Deus num conjunto de sinais e símbolos; Deus, igualmente os utiliza quando se comunica com todos os homens. Toda a criação é, de certa forma, "Sacramento" de Deus porque no-lo revela. Cristo é imagem de Deus invisível (Cl 1,15). Como tal, é o "Sacramento" primordial e radical do Pai. Aquele que me viu, viu o Pai (Jo 14,9). A Igreja é, por sua vez, "sacramento" de Cristo para comunicar aos homens a vida nova. Os sete sacramentos da Igreja concretizam e atualizam esta realidade sacramental para as diversas situações da vida.

to apenas aos sete ritos sacramentais trouxe um empobrecimento para a realidade sacramental como quadro constitutivo para a celebração da comunhão com Deus. Sobretudo após o Concílio de Trento, a expressão passou a ser utilizada apenas em relação aos sete ritos litúrgicos sacramentais.

Por sua vez, o Concílio Vaticano II usou a expressão "sacramento" em seu sentido original mais amplo, relacionando-o a Cristo, à Igreja[1057], aos seres humanos e toda a criação (Rm 1,19-20). Não se trata de mero "nominalismo", nem de "pansacramentalismo", mas de reconhecer a essência sacramental das realidades criadas como manifestação visível do dom da graça de Deus[1058].

Numa perspectiva ecológica, o ser humano é sacramento do criador (Gn 2,26) para representá-lo no mundo e colaborar na preservação da obra da criação. Assim, à medida que o ser humano revela a sua sacramentalidade ao mundo, as coisas criadas também revelam a sua sacramentalidade ao ser humano[1059], ajudando-o a compreender como tudo o que Deus havia feito era muito bom (Gn 1,9).

Desde tempos imemoriais, as montanhas exercem um poder de fascinação sobre o ser humano. Em quase todas as crenças e culturas, a montanha adquire uma conotação sagrada, representando a ligação entre a terra e o céu[1060]. Desse modo, estes são os dois movimentos simbolizados na verticalidade das montanhas, o de Deus, que desce ao encontro do homem (Is 2,3), e o do homem, que sobe ao encontro de Deus (Cl 3,1).

Nas Sagradas Escrituras, montanhas e colinas são citadas em momentos importantes da história da salvação. No Antigo Testamento, Deus se manifestou a Abraão no Monte Moriá (Gn 22,17-18) e depois a Moisés no Monte Sinai (Ex 34,4-5). No Novo Testamento Jesus pregou no Monte das Bem-aventuranças (Mt 5,1-12), transfigurou-se no Monte Tabor (Mt 17,1-9), orou ao Pai no Monte das Oliveiras (Lc 22,39-46) e foi crucificado no Monte Calvário (Lc 23,33), para nos trazer os dons da justiça e da paz: "montanhas e colinas, trazei a paz ao povo. Com justiça ele julgue os pobres do povo" (Sl 72,3).

Por isso, Santo Agostinho frequentemente usa o apelido "montanha" para se referir ao Evangelista São João[1061]. Na sua perspectiva eclesiológica, as montanhas acolhem a paz e as colinas recebem a justiça. As montanhas representam os

---

1057. CONCÍLIO VATICANO II. LG 1.

1058. BOROBIO, D. A celebração da Igreja, p. 293-294.

1059. BOROBIO, D. A celebração da Igreja, p. 305-311.

1060. BECKER, U. Dicionário de símbolos, p. 192-194.

1061. SILVA, A.L.R. Elevai os olhos para os montes, p. 665.

pastores, os bispos e os teólogos da Igreja, elevados às alturas não pela sua soberba, mas por sua santidade de vida, enquanto as colinas representam os pequenos, que olham para os grandes com docilidade, para com eles também alcançar a salvação[1062].

O bispo de Hipona explica que as pedras são as dificuldades no caminho dos pequenos, para que possam alcançar o cume das montanhas[1063], onde está Jesus[1064], o sol que ilumina toda a criação (Jo 1,9). Como no episódio da serpente de bronze, a salvação não vem da montanha ou da autoridade dos evangelistas, mas do próprio Deus, a quem contemplaram, pois o precursor de Jesus, João Batista, que também é considerado uma montanha[1065], admite que não é o Cristo (Jo 1,20), apontando para o Redentor (Jo 1,29), que é a luz do mundo (Jo 8,12).

A nova catedral de Niterói, projetada pelo arquiteto Oscar Niemeyer, dedicada a São João Batista, terá uma grande imagem do precursor em seu espelho d'água, apontando para o Cristo Redentor, no alto do Monte Corcovado. De fato, a própria montanha é um símbolo do Cristo, a rocha espiritual que é Cristo e que nos acompanha (1Cor 10,4). Este simbolismo da montanha nos ajuda a compreender a ligação entre Deus e o mundo e ao mesmo tempo a alteridade entre o criador e a sua criação.

Na intuição de Santo Agostinho, a montanha e a cruz são uma linguagem sacramental para que o ser humano possa adentrar na compreensão do mistério do verbo encarnado (Jo 1,1), "que fez o céu e fez a terra" (Sl 128,4). Assim, livres das amarras da soberba e da pretensão humana[1066], grandes e pequenos invocam sobre a cidade, no alto da montanha, "o nome que está acima de todo nome, a fim de que ao nome de Jesus todo joelho se dobre nos céus, sobre a terra e sob a terra" (Fl 2,9-10).

O momento da morte de Cristo como fora narrado nos evangelhos necessariamente enche a cruz de um significado ecoteológico, sumarizando o que a redenção gratuitamente oferece em escambo à criação, já que o sangue do Redentor é destilado sobre a rocha. Ora, o tempo e o espaço são vencidos por aquele dia sem ocaso e pelo véu rasgado que abre um novo caminho. Assim, a terra misteriosamente "sofreu" a morte de Cristo, como um prenúncio da crise socioambiental:

1062. AGOSTINHO. En. in Psalm. 71, 5.

1063. AGOSTINHO. In Ev. Ioan. 1, 3.

1064. AGOSTINHO. In Ev. Ioan. 24, 3

1065. AGOSTINHO. In Ev. Ioan. 1, 6.

1066. SILVA, A.L.R. Elevai os olhos para os montes, p. 666-668.

o véu do Santuário se rasgou em duas partes, de cima a baixo, a terra tremeu e as rochas se fenderam (Mt 27,51).

Depois da cruz, a rebeldia das horas cede à paciência, e as fronteiras do egoísmo são redesenhadas tendo os laços da caridade como bússola. Nesse sentido, o Cristo Redentor se transforma em uma referência permanente para a cidade e seus entornos, sob o signo de um tempo que pode ser vencido em suas armadilhas e de uma esperança com braços abertos para o sol que se levanta para todos iluminar (Jo 8,12).

3.1.2 O Evangelho do sofrimento

Antes da inauguração do monumento, quando a estátua ainda estava sendo trabalhada pelos operários, já havia pessoas que subiam o Monte Corcovado e os andaimes para beijar a cruz de Cristo[1067]. Isto demonstra que mesmo em meio a debates intermináveis sobre a laicidade do Estado e sobre a retirada do símbolo da cruz dos prédios e repartições públicas[1068], a cruz do Corcovado permanece como um sinal de referência não apenas para os cristãos, mas para outras religiões, crenças e espiritualidades.

Atualmente, a cruz adquire uma pluralidade de significados, numa mudança de era marcada pela secularização, que representa a laicização da sociedade, a perda do sentido do sagrado e o ateísmo, acompanhados tanto pela crítica às religiões como pelo nascimento de novas espiritualidades[1069]. A secularização não é necessariamente um fenômeno negativo, mas um sinal dos nossos tempos[1070].

Em anos recentes, a entrada da capela do monumento e a própria estátua do Cristo Redentor apareceram pichadas[1071]. Em meio às lamentações das autoridades pelo ato de vandalismo, a verve carioca reagiu com ironia, percebendo que a estátua pichada era um símbolo do Rio de Janeiro abandonado pelos seus governantes, com obras inacabadas e entregue à miséria, à violência e ao caos social[1072].

1067. AQUINO, M.L. *O Cristo do Corcovado*, p. 69.

1068. GIAMBELLI, E. Crucifixos em recintos estatais e monumento do Cristo Redentor, p. 45-60.

1069. PANASIEWICS, T. Secularização, p. 9.

1070. GIAMBELLI, E. A presença do religioso no espaço público, p. 80.

1071. NORONHA, M.I. *Redentor*: de braços abertos, p. 155.

1072. GIAMBELLI, E. O Cristo pichado: Perfeita a foto do Cristo Redentor pichado. Agora, sim, símbolo da nossa Cidade Maravilhosa. Símbolo do desleixo, desrespeito, descaso, da ausência de ordem pública. Sugiro que deixem como está: com obras inacabadas, abandonado, inacessível para nós, mas facilmente invadido pelos fora da lei que, livremente, preenchem os espaços onde o Estado está ausente.

Assim, a Arquidiocese do Rio de Janeiro decidiu preservar o sentido original do monumento, erigindo em 2006 o Santuário Arquidiocesano do Cristo Redentor, estabelecendo o cume do Corcovado definitivamente como destino de peregrinações cristãs, mas permanecendo aberto ao turismo e ao pluralismo secular da nossa sociedade. De forma prática, a ereção do Santuário Cristo Redentor tornava gratuitas as peregrinações previamente agendadas, e ressaltava o cume do Corcovado tanto como lugar sagrado de oração, como um lugar santo de preservação ambiental, onde foi plantada a árvore da vida.

Teologicamente, a cruz do Corcovado é um ícone da presença de Deus entre os homens (Mt 1,23; Ap 21,3), como um sinal da sua ação salvífica na história (Ex 12,13), tornando o cume da montanha um lugar de repouso para o povo de Deus na sua peregrinação rumo à cidade futura (Hb 13,14). Assim, o caminho de ascensão à cruz adquire uma dimensão escatológica, como figura da peregrinação de todo ser humano rumo à pátria celeste[1073].

Necessariamente, ao buscar as coisas do alto (Cl 3,1-4), o homem que se move é obrigado a se desfazer dos pesos e das amarras que lhe prendem ou lhe dificultam o movimento, numa imagem da dimensão penitencial da peregrinação (Mc 1,15), que é um chamado à conversão de vida, de modo a libertar os seres humanos para a plena liberdade dos filhos de Deus[1074].

Neste encontro com Deus, representado no abraço do Cristo em forma de cruz, a peregrinação adquire uma dimensão festiva (Lc 15,7), como na parábola do filho pródigo (Lc 15,11-32), culminando na celebração do banquete eucarístico (Lc 22,19-20). Este caminho de fé dos peregrinos rumo à cruz também adquire uma dimensão apostólica de testemunho evangélico[1075], como os primeiros discípulos de Jesus, que anunciavam a salvação cristã em meio aos sofrimentos da cidade[1076].

Por fim, a dimensão comunitária da peregrinação é ressaltada pela comunhão de fé dos peregrinos (Sl 84,6) no seguimento do Senhor (Mt 9,9) e por sua harmonia com a natureza ao longo do caminho de subida e no alto da montanha[1077], à sombra da cruz. Neste sentido, a peregrinação à cruz do Corcovado se reflete como um grande caminho de paz para curar as feridas dos

---

1073. CONGREGAÇÃO PARA O CULTO DIVINO E A DISCIPLINA DOS SACRAMENTOS. *Diretório sobre piedade popular e liturgia*, n. 286.

1074. RATZINGER, J. *Liberar a liberdade*, p. 17-24.

1075. CONCÍLIO VATICANO II. AA 14.

1076. GRINGS, D. *A evangelização da cidade*, p. 9-14.

1077. FRANCISCO, PP. *LS* 97.

homens[1078] e para restaurar as suas relações fundamentais através da cultura do encontro[1079].

A cruz do Monte Corcovado enfrentou o teste do tempo, firmando-se em meio à cidade muito mais como *symbolon*, que une e congrega, do que como *diabolon*, que divide e separa[1080]. As críticas iniciais davam conta que o monumento era uma exaltação ao catolicismo romano[1081], mas a estátua em forma de cruz, como símbolo universal do acolhimento, acabou por se tornar uma exaltação ao Brasil e um patrimônio de toda a humanidade, como uma das Sete Novas Maravilhas do Mundo Moderno.

A Convenção Batista Brasileira, ao revisitar a forte reação do *Jornal Batista* à construção do monumento, em 1923, reconheceu que as autoridades católicas acertaram ao chamá-lo Cristo Redentor, "a verdade mais preciosa e enternecedora do cristianismo"[1082], pois, através da cruz, o Senhor nos alcançou a redenção (Cl 1,14), a remissão dos pecados (Ef 1,7).

Assim sendo, a cruz serve como ponto de referência e escolha de vida para a pessoa que crê[1083], para que coloque a sua fé em prática no amor, na doação e no serviço (Fl 2,6-8). A *kenosis* de Jesus no madeiro revela-nos que Deus é amor (1Jo 4,8) e que o ser humano realiza a sua vocação através deste amor que se doa e que se entrega de forma humilde[1084].

A *kenosis* de Jesus na cruz é a chave de leitura para a apresentação adequada da antropologia cristã em sua relação com a natureza[1085], ajudando-nos a compreender que o cuidado com a criação, contemplada na maravilhosa vista do Monte Corcovado, não é uma atividade de fracos[1086], mas de filhos de Deus redimidos em Cristo (Fl 2,5).

Ao aproximar-nos da cruz de Cristo, podemos ouvir o eco do seu grito final de sofrimento: "Jesus, então, dando um grande grito, expirou" (Mc 15,37). Este grito de morte, registrado nas Escrituras, apresenta-nos o Evangelho do sofrimen-

---

1078. FRANCISCO, PP. *FT* 225: Em muitas partes do mundo, faltam caminhos de paz que levem a curar as feridas, há necessidade de artesãos da paz prontos a gerar, com engenhosidade e ousadia, processos de cura e de encontros renovados.

1079. FRANCISCO, PP. *LS* 66.

1080. GRINGS, D. *A evangelização da cidade*, p. 10.

1081. KAZ, L.; LODDI, N. *Cristo Redentor*, p. 50.

1082. REVISTA ULTIMATO. *A forte reação protestante ao Cristo Redentor*.

1083. ARMELLINI, F. *Celebrando a Palavra*, p. 130.

1084. GURIDI, R. *Ecoteologia*, p. 239.

1085. PAPA FRANCISCO, PP. *LS* 118.

1086. PAPA FRANCISCO, PP. *LS* 116.

to como mistério a ser conhecido, pois "toda Escritura é inspirada por Deus e útil para instruir, para refutar, para corrigir, para educar na justiça" (2Tm 3,16). Ao mesmo tempo, este grito de dor é também um grito de nascimento, como início de uma nova criação[1087].

Na Encíclica *Laudato Si'*, o Papa Francisco associa o grito de Cristo ao grito da terra e ao grito dos pobres[1088], e hoje, em meio à pandemia, isso evoca todas as pessoas que padecem toda espécie de mal, sobretudo com o novo coronavírus nos hospitais ou com as discriminações do racismo. Em sua morte na cruz, quando não conseguia mais respirar, Jesus estabeleceu um vínculo de solidariedade com todos os sofredores, de todas as eras[1089]. Nesse sentido, o grito de Jesus representou o seu amor pela criação até o último suspiro (Jo 13,1), para que fosse ouvido pela humanidade e suscitasse a fé e a conversão no coração dos homens, como aconteceu com o centurião romano: "verdadeiramente este homem era filho de Deus" (Mc 15,39).

São Paulo esclarece o vínculo de solidariedade entre Cristo e todos aqueles que padecem abordando o valor salvífico do sofrimento[1090]: "completo o que falta às tribulações de Cristo em minha carne" (Cl 1,24). Para Cristo, era chegada a hora da sua glorificação (Jo 12,23), mas era necessário que a sua exaltação (Fl 2,9) fosse precedida pela humilhação da sua paixão[1091]. Assim, não é possível ao ser humano adentrar no mistério da cruz, no qual o criador do universo foi pregado nu, sem deixar de lado nossas pretensões de grandeza, nosso orgulho, nossa soberba e vaidade[1092].

Cristo se despojou e assumiu a condição de um servo (Fl 2,7), o último de todos e o servo de todos (Mc 9,35), obediente a Deus até a morte na cruz (Fl 2,8). Se Cristo não tivesse derramado o sangue na cruz, o mundo não teria sido redimido[1093]. Por esta razão, os Padres da Igreja comentam que os frutos da terra precisam ser esmagados para produzir fruto, relembrando o mistério salvífico da cruz: o trigo para que se torne farinha, a uva para que se torne vinho, a azeitona

---

1087. CANTALAMESSA, R. *The fire of Christ's love*, p. 33.
1088. PAPA FRANCISCO, PP. *LS* 2.
1089. BOFF, L. *Covid-19*, p. 65.
1090. JOÃO PAULO II, PP. *SD* 1
1091. AGOSTINHO. *Tractates on the Gospel of John* 51,8-9, p. 59.
1092. CANTALAMESSA, R. *The fire of Christ's love*, p. 25.
1093. AGOSTINHO. *Tratado sobre o Evangelho de João*, n. 37,9-10.

para que se torne óleo[1094]: "se o grão de trigo que cai na terra não morrer, permanecerá só; mas se morrer, produzirá muito fruto" (Jo 12,24).

A imagem do Cristo Redentor, em forma de cruz, atesta-nos que a redenção da criação foi alcançada através do sofrimento, que, assim, adquire um sentido salvífico, a ponto de o Apóstolo Paulo afirmar, em sua carta aos colossenses: agora regozijo-me nos meus sofrimentos por vós (Cl 1,24). Ao mesmo tempo, o simbolismo do Cristo em forma de cruz revela-nos que o sofrimento, em suas diversas dimensões, é inerente à condição humana.

Todavia, o sofrimento é inerente a toda a carne, pois o delicado ecossistema da terra é constituído por uma cadeia alimentar na qual todos os seres vivos estão interligados, transferindo matéria e energia entre si através da nutrição[1095]. Em última instância, numa perspectiva bíblica, a criação inteira geme e sofre até o presente (Rm 8,22), pelos maus tratos dos seres humanos neste período antropoceno. Sem dúvida, do ponto de vista antropológico, o sofrimento humano é mais amplo e complexo do que a doença e a dor física, abrangendo também o mal moral, psicológico e espiritual, a exemplo da paixão de Cristo[1096].

Por isso, afirma o Papa João Paulo II: "o amor é ainda a fonte mais plena para a resposta à pergunta acerca do sentido do sofrimento. Esta resposta foi dada por Deus ao homem, na cruz de Jesus Cristo"[1097]. Assim, o sofrimento humano, assumido por Cristo, adquire um sentido ao mesmo tempo humano e sobrenatural, na certeza de que, se participamos em nossa carne dos sofrimentos de Cristo (Cl 1,24), o Senhor, que se revelou na cruz a plenitude do Amor, está crucificado por nós e conosco, em cada um dos nossos sofrimentos[1098].

3.1.3 A esperança da salvação

Portanto, em meio aos sofrimentos da cidade, a cruz do Monte Corcovado inspira a fé, a esperança e a caridade (1Cor 13,13), as virtudes teologais pelas quais Deus é adorado[1099], pois procedem de Deus e nos conduzem para Deus (2Pd 1,4).

1094. AMBRÓSIO. Six Days of Creation, p. 60.

1095. FRANCISCO, PP. LS 16.

1096. JOÃO PAULO II, PP. SD 5.

1097. JOÃO PAULO II, PP. SD 13.

1098. JOÃO PAULO II, PP. SD 31: porque na cruz está o "Redentor do homem", o Homem das dores, que assumiu sobre si os sofrimentos físicos e morais dos homens de todos os tempos, para que estes possam encontrar no amor o sentido salvífico dos próprios sofrimentos, e respostas válidas para todas as suas interrogações.

1099. AGOSTINHO. The Enchiridion on Faith, Hope and Love.

A fé já era professada pelas bocas dos homens e das mulheres que doaram seu tempo e seus fundos para a construção do monumento, mesmo antes que escrevessem seus nomes no verso das pedras e no coração da estátua, declarando em uníssono: eu creio!

O sol que ilumina o rosto da estátua é símbolo da luz da fé, como expressão do grande dom trazido por Deus[1100], para que o mundo não caminhe nas trevas (Jo 12,46). Igualmente, para aqueles que vislumbram a estátua de costas, a cruz do Corcovado representa o seguimento de Cristo (Mt 9,9) e a porta da fé (At 14,27), sempre aberta para todos, porque nos introduz na vida de comunhão com Deus[1101]. Qualquer pessoa que entrar por esta porta, que é Jesus, será salva (Jo 10,9).

A cruz, como árvore da vida da qual saem muitas folhas, representa a esperança da salvação (1Ts 5,8), pois o verde é sinal da renovação da vida na natureza[1102], a exemplo da grande Floresta da Tijuca, uma vez quase devastada, e depois renascida através de uma grande campanha de reflorestamento. A esperança é como uma âncora no mar (Hb 6,19-20), representada pela grande cruz fincada na montanha, pois tanto o mar como a rocha são imagens do ser inamovível que é Deus (Mt 7,25), razão de toda a nossa esperança (1Pd 3,15), que não nos decepciona (Rm 5,5).

Por fim, o singelo coração, traçado no peito da estátua, na interseção das hastes vertical e horizontal da cruz, representam a caridade, através da qual a fé e a esperança são colocadas em prática (1Jo 4,20-21), alimentadas pela oração (Mt 6,9-13).

Em meio à pandemia, o Papa Francisco caminhou solitário diante da cruz na Praça de São Pedro, para anunciar a sua mensagem para a cidade e para o mundo[1103]. Como no Evangelho, quando os discípulos são surpreendidos por fortes ventos no Mar da Galileia, uma forte tempestade atingiu o barco do mundo e, enquanto Deus parecia adormecido e as ondas fortes se jogavam para dentro (Mc 4,37), muitos se entregaram ao sentimento de desespero.

Por um lado, nos demos conta de que tudo está interligado, e que remamos juntos no barco da terra, a nossa casa comum[1104]. Por outro lado, a tempestade deixou exposta as nossas vulnerabilidades e as fragilidades de falsos valores e de

---

1100. FRANCISCO, PP. *LF* 1

1101. BENTO XVI, PP. *PF* 1

1102. BECKER, U. *Dicionário de símbolos*, p. 294.

1103. FRANCISCO, PP. Momento extraordinário de oração em tempo de pandemia.

1104. FRANCISCO, PP. *LS* 1-2.

hábitos perniciosos que não trazem segurança à terra, ao nosso barco, nem a nós, diante do perigo de morte. Deixamo-nos, portanto, levar pela avidez do lucro imediato, apressados, vivendo no horizonte rasteiro, sem olhar para as coisas do alto (Cl 3,1-4), nem ouvindo o clamor dos pobres e do planeta gravemente enfermo, provocados pelos nossos desmandos.

Interpelados pelo Senhor (Mc 4,40), somos chamados a nos voltar para a âncora de nossas vidas, que é a sua cruz, tomando consciência de que nesta esperança nem mesmo os mais fortes ventos podem nos fazer naufragar[1105]. De fato, a cruz do Monte Corcovado foi projetada para resistir a ventos de 250 quilômetros por hora, uma pressão quatro vezes superior à média registrada no Rio de Janeiro na época da construção, o que lhe dava um bom coeficiente de segurança[1106]. Mais do que isso, a cruz nos convida a colocar a nossa esperança no Senhor, a quem até os ventos obedecem (Mc 4,41).

São João Crisóstomo explica que, embora ainda estejamos no mundo sem ainda termos adentrado na eternidade, já vivemos na posse das promessas de Deus, a exemplo do bom ladrão, que crucificado ao lado de Jesus, ouviu dos lábios do Senhor: "em verdade, eu te digo, hoje estarás comigo no Paraíso" (Lc 23,43). Ora, na esperança da salvação, já vivemos na terra a promessa do céu, na comunhão com Deus. A esperança, assim como uma âncora, não permite que o barco de nossas vidas se afaste de seu porto seguro, que é Deus, mesmo quando se agitam os fortes ventos da tribulação.

Assim, São João Crisóstomo ensina que, na perspectiva da Carta aos Hebreus, a esperança não se refere apenas à promessa de salvação que se realiza na eternidade, mas se aplica também aos assuntos da vida cotidiana, como o trabalho e a vida familiar[1107]. Nesse sentido, a cruz também é um símbolo da justiça de Deus (Hb 6,9), que nos interpela e nos questiona sobre nossa conduta diante das injustiças de nossa sociedade, como aquelas constatadas nas favelas do Rio de Janeiro, nas encostas do Maciço da Tijuca, a fim de que, pela demonstração em vida da nossa fé e do nosso amor, possamos alcançar o pleno desenvolvimento da nossa esperança (Hb 6,11).

Já nos primórdios do cristianismo, os túmulos dos mártires eram marcados com a âncora, o peixe, o pescador, o pastor, mas não com a cruz, associada à violência do Império Romano. Apesar da pregação dos apóstolos (1Cor 1,23), a cruz apenas se tornou o símbolo cristão por excelência no século IV, quando, com

---

1105. FRANCISCO, PP. Momento extraordinário de oração em tempo de pandemia.
1106. SILVA COSTA, H. Álbum do Cristo Redentor, p. 22.
1107. JOÃO CRISÓSTOMO. On the Epistle to the Hebrews 11,3, p. 93.

o fim das perseguições e com a tolerância religiosa, o lenho do madeiro também passou a estar associado à paz na sociedade[1108].

No alto do Monte Corcovado, à sombra da cruz, as pessoas de modo contrastante podem vislumbrar tanto a exuberância da natureza carioca quanto a desigualdade social nas encostas da cidade, em favelas assoladas pela violência, onde numerosos irmãos e irmãs vivem em condições degradantes, sem, no entanto, perder a esperança na justiça e na paz, como um sonho a ser construído[1109].

Por décadas a fio, o tráfico de drogas alastra-se nestas regiões empobrecidas da nossa cidade, destruindo vidas e o meio ambiente, sem soluções eficazes do poder público[1110]. Na perspectiva do Papa Francisco, a abordagem do governo para o problema das favelas deve ser ao mesmo tempo ecológica e social[1111], o que se aplica às comunidades pobres do Rio de Janeiro vitimadas pela poluição e pela escassez crônica dos serviços básicos de educação, saúde, transporte e abastecimento de água que são historicamente expressões da mesma crise socioambiental[1112].

O governo enfrentou os primórdios da crise socioambiental com iniciativas estanques na Floresta da Tijuca, com resultados controversos. Por um lado, o quilombo do Corcovado foi dizimado por uma ação violenta da polícia, com a morte de adultos e de crianças. Por outro lado, foi realizada uma campanha bem-sucedida de reflorestamento, como a solução da crise do abastecimento de água. No entanto, nenhuma iniciativa política foi capaz de impedir a difusão descontrolada das favelas, que cresceu concomitantemente no ritmo da devastação ambiental na cidade[1113].

As condições de vida nas favelas, sobretudo quando expostas à luz dos flagelos do racismo estrutural, da violência e das drogas, são, sob vários aspectos, desumanas. O magistério do Papa Francisco insiste em ressaltar que os seres humanos que ali residem são nossos irmãos[1114], que enfrentam barreiras para sua qualidade de vida e para o seu pleno desenvolvimento humano (Jo 10,10), que não serão resolvidas com o mero assistencialismo[1115].

1108. ARMELLINI, F. *Celebrando a Palavra*, p. 130.

1109. PINHEIRO, A.C.L. O simbolismo ecológico do Santuário Cristo Redentor. *Anais*, p. 296-304.

1110. FRANCISCO, PP. *LS* 142.

1111. FRANCISCO, PP. *LS* 49

1112. FRANCISCO, PP. *LS* 139.

1113. RUBINSTEIN, M. *O Cristo do Rio*, p. 18.

1114. FRANCISCO, PP. *FT* 1.

1115. GRINGS, D. *A evangelização da cidade*, p. 23-24.

Por isso, além da educação, é necessário abordar o trabalho como dimensão fundamental da dignidade da pessoa humana e como chave essencial da questão socioambiental[1116]. Ao falar sobre a harmonia de Jesus com a criação, a Encíclica *Laudato Si'* o apresenta como o carpinteiro (Mc 6,3) que cultivava e guardava (Gn 2,15) a matéria criada por Deus, moldando-a com suas próprias mãos.

Assim, Jesus santificou o trabalho, associando o suor de cada ser humano que suporta o que é penoso em seu trabalho com a obra da redenção da humanidade na cruz[1117]. Nesse sentido, a promoção do acesso de cada ser humano ao trabalho, sobretudo nos lugares mais empobrecidos, como as favelas, é uma tarefa importante da Igreja e do poder público para a diminuição das desigualdades sociais, para o cuidado com a criação e para a comunhão de cada indivíduo e da sociedade com Deus, na esperança escatológica de um novo céu e de uma nova terra (Ap 21,1).

Não obstante os privilégios de moradia dos mais abastados na cidade, a cruz do Corcovado permanece como ponto de referência para os que vivem nas favelas, para toda a população da cidade, mas sobretudo para os cristãos que podem compreender com mais profundidade o apelo desse sinal. Todos que o entenderem, aceitam a força (*virtus*) restauradora da esperança como um instrumento efetivo de transformação para as vidas mais frágeis.

Aliás, na nossa humilde opinião, a medida concreta que descreve quando os cristãos colocam em prática a virtude da esperança supera os desejos utópicos e inférteis para se manifestar em transformações humanamente realizáveis, desde que partam dos corações cujas expectativas assumem sempre o próximo.

Sendo assim, é possível perceber que o descuido das classes mais opulentas e o sofrimento dos menos favorecidos ainda provocam constantes questionamentos quando os necessitados levantam os seus olhos para o Cristo crucificado, e exclamam: "Deus meu, Deus meu, por que me abandonaste?" (Mt 27,46). Todavia, no Monte Corcovado, o Cristo crucificado, que sofre com os menos favorecidos, é também o Cristo ressuscitado, enchendo de esperança os corações[1118].

Nesse sentido, a ressurreição de Jesus enche a cruz de significado e de sentido escatológico, conduzindo aquele que sofre a superar seu desespero. A Teologia da Esperança, mais do que uma escatologia informativa, propõe uma escatologia performativa, como instrumento de transformação social por uma sociedade

---

1116. JOÃO PAULO II, PP. LE 3: O trabalho humano é uma chave, provavelmente a chave essencial de toda a questão social, se nós procurarmos vê-la verdadeiramente sob o ponto de vista do bem do homem.

1117. FRANCISCO PP. LS 98.

1118. MOLTMANN, J. *A fonte da vida*, p. 32-33.

mais pacífica, justa e igualitária, porque reconhece os valores do mundo que há de vir[1119]. Assim, a esperança cristã no futuro se conjuga com o verbo esperançar no presente, por um agir cristão comprometido com o Evangelho[1120].

A vitória de Jesus sobre a morte motiva-nos a manter a esperança, não apenas como expectativa da eternidade, mas como certeza de que Deus caminha conosco em nosso sofrimento, para nos curar, nos redimir e nos libertar[1121], destruindo o muro de inimizade que nos separava de Deus, porque Ele é a nossa paz (Ef 2,14).

Durante a pandemia do novo coronavírus, em meio às trevas do nosso desespero, a luz salvífica que emana da cruz de Cristo ilumina os recônditos mais escondidos dos nossos corações, renovando a nossa fé (1Pd 3,15). As palavras de Cristo aos seus discípulos em meio à tempestade (Mc 4,40) são as mesmas palavras com as quais saúda as mulheres após a sua ressurreição, convidando-lhes a cruzar o limiar da esperança: "*não temais*" (Mt 28,9).

O Senhor repetiu este convite também a Pedro e aos discípulos (Mt 14,27). Em concordância com essas passagens, estas foram igualmente as palavras dirigidas pelo anjo a Maria (Lc 1,30) e depois a José (Mt 1,20), continuamente repetidas pela Igreja a toda a humanidade, porque são as palavras do próprio Jesus. Por isso, o Papa João Paulo II iniciou o seu ministério petrino com estas mesmas palavras, convidando os fiéis a renovar sua esperança na cruz de Cristo: "não temais!"[1122].

Por isso, na ocasião de sua visita ao Monte Corcovado, em 1980, o Papa João Paulo II ensinou que, quando a cruz é contemplada na perspectiva da ressurreição, compreendemos que o Cristo está sempre de braços abertos para nos acolher e abraçar, indo ao encontro do ser humano, desejoso de que o ser humano também venha ao seu encontro para que possam percorrer juntos os caminhos da vida[1123].

3.2 O Cristo Redentor ressuscitado

A visão do nascer do sol é um espetáculo belíssimo no alto do Monte Corcovado. A luz surge do Oeste no horizonte, iluminando o céu, o mar, as praias, as montanhas, a estátua do Cristo Redentor e as formas da cidade. Em diversas

---

1119. BENTO XVI, PP. SS 2.

1120. KUZMA, C. *O futuro de Deus na missão da esperança*, p. 107.

1121. JOHNSON, E. *Creation and the Cross*, Kindle, posição 3448.

1122. JOÃO PAULO II, PP. *Crossing the threshold of hope*, p. 108.

1123. CNBB. *Discursos de João Paulo II no Brasil*, p. 80.

passagens, as Sagradas Escrituras apresentam o sol nascente como figura teológica de Deus, a luz da manhã que ilumina a escuridão (2Sm 23,3-4), trazendo vida (Jo 8,12), cura (Ml 4,2), paz e proteção (Sl 84,12).

São Cirilo de Alexandria comenta o Evangelho de São Lucas, explicando que Jesus ressuscitou para o mundo como a luz e como o sol[1124]. A luz do Oriente que aparece no alto (Lc 1,78-79), iluminando a Igreja e o mundo[1125], é uma imagem da ressurreição de Cristo, evento primordial da fé cristã (1Cor 15,14), que dá novas cores a todas as coisas, como uma nova criação (2Cor 5,17).

Por essa razão, o monumento do Corcovado, com a face voltada para o Oriente, é uma imagem do Cristo vivo, ressuscitado, com os olhos abertos, numa expressão serena de paz e de bondade, trazendo nas mãos as marcas da crucificação. Igualmente, as chagas das mãos são uma lembrança da experiência de São Tomé com o ressuscitado (Jo 20,27), e um convite à humanidade para viver a bem-aventurança da fé (Jo 20,28). Por sua vez, as lágrimas de tristeza das mulheres piedosas, aos pés da cruz (Jo 19,25), tornam-se lágrimas de alegria como primeiras testemunhas da ressurreição (Mt 28,9). *"Noli me tangere"* (Jo 20,17), diz Jesus a Maria Madalena, numa exortação dirigida à humanidade para realizar uma experiência de fé, superando toda apropriação materialista e compreensão meramente humana do mistério divino[1126].

Como Deus faz com os patriarcas e os profetas (Ex 3,10), Jesus a envia como apóstola aos apóstolos[1127], para lhes anunciar a boa-nova da ressurreição (Mt 28,10), e para que eles pudessem se encontrar novamente com o Mestre na Galileia, na montanha que foi determinada (Mt 28,16). Ali o Senhor lhes prega um novo sermão da montanha, e os envia por todo o mundo, para anunciar o Evangelho a toda criatura (Mc 16,15).

3.2.1 Novo Sermão, da Montanha do Corcovado

Vendo as multidões, Jesus subiu a montanha (Mt 5,1) para ensiná-las as coisas do alto[1128]. Ao sentar-se, aproximam-se dele os seus discípulos, e Jesus começou a lhes ensinar as bem-aventuranças (Mt 5,2-11). Nas primeiras palavras,

---

1124. CIRILO DE ALEXANDRIA. Commentary on Luke, p. 34.

1125. JOÃO PAULO II, PP. *OL* 1: A luz do Oriente iluminou a Igreja Universal, a partir do momento em que sobre nós apareceu "a luz do alto" (Lc 1, 78), Jesus Cristo nosso Senhor, que todos os cristãos invocam como Redentor do homem e esperança do mundo.

1126. ROCHE, A. *Apóstola dos apóstolos*.

1127. TOMÁS DE AQUINO. *In Ioannem Evangelistam Expositio*, c. XX, L. III, 6.

1128. JERÔNIMO. *Commentary on Matthew* 1.5.1., posição 3725.

após este ensinamento, Jesus recordou os discípulos da graça especial que lhes foi concedida, à qual os cristãos devem permanecer fiéis, pois as multidões têm fome e sede da Palavra de Deus: vós sois o sal da terra; vós sois a luz do mundo. Não se pode esconder uma cidade situada sobre um monte" (Mt 5,14).

A cidade representa a Igreja, como povo de Deus, encarregada da proclamação do Evangelho às nações. A vivência das bem-aventuranças permite à Igreja irradiar ao mundo o bom aroma de Cristo (2Cor 2,15), subindo a Montanha do Corcovado como púlpito privilegiado para falar às multidões. Nesse sentido, as Sagradas Escrituras crescem à medida que são lidas[1129], revelando novas implicações e riqueza de conteúdo diante das questões atuais.

Na perspectiva da Encíclica *Laudato Si'*, o Sermão da Montanha constitui um paradigma de consciência ecológica e de cuidado com a criação, pois nos ensina que tudo está interligado, a humanidade e a natureza, habitando juntos na casa comum[1130]. De forma particular, as bem-aventuranças são um elemento fundamental para a educação e a espiritualidade ecológicas, ajudando a conduzir a humanidade para outro estilo de vida[1131].

Assim, a Igreja realiza um caminho de ascensão, obediente ao mandato de Jesus (Mc 16,15), para pregar um novo sermão, da Montanha do Corcovado, exortando a humanidade a viver na terra os valores do Reino dos Céus. Tudo que é dito sobre o Monte Corcovado tende a ser comunicado de maneira mais fácil e para uma audiência maior, como numa vitrine ecológica que adquiriu ao longo dos últimos anos muita credibilidade por causa da imagem do Cristo Redentor.

"Felizes os pobres no espírito, porque deles é o Reino dos Céus" (Mt 5,3). Com este ensinamento, Jesus estabelece os fundamentos essenciais do ser humano, criado por Deus do húmus da terra (Gn 2,7), com a qual é chamado a manter uma relação de harmonia visceral[1132]. Embora sejam conceitos relacionados à pobreza de espírito (Mt 5,3), distinguem-se da pobreza material (Lc 6,20), apontando mais para uma atitude interior do que para uma classe social. Para os Padres da Igreja, a pobreza de espírito é quase um sinônimo de humildade[1133]. Os pobres em espírito são as pessoas que se reconhecem dependentes do criador e que em tudo colocam sua esperança em Deus[1134].

1129. GREGÓRIO MAGNO. *Morals on the Book of Job*, 20,1.

1130. MIAOULIS, N.J. *The ecological Christ*, p. 193.

1131. FRANCISCO, PP. LS 203-208.

1132. FRANCISCO, PP. LS 2.

1133. AGOSTINHO, "Sermon 3", 1 (Sermon 53, 1 in PL 38,365), p. 2.

1134. CANTALAMESSA, R. *Beatitudes*, p. 2

Por isso, a disciplina socioambiental desse tipo de pobreza, refletida no discurso em que Jesus ensina sobre a necessidade da esmola, da oração e do jejum (Mt 6), corresponde àquelas atitudes que todos poderiam e devem assumir para que efetivamente possam dignificar os seus atos. Em primeiro lugar, pelo menos na ordem apresentada por Mateus, a esmola inibe a proliferação do egoísmo e da vaidade que se tornaram os inimigos mais cruéis deste mundo.

O antropoceno não é nada mais que aquele instinto indomável da humanidade que em cada pessoa continua a querer que todas as trombetas se voltem para si (Mt 6,2) traduzindo-se em uma "força global" capaz de produzir "mudanças irreversíveis sobre o planeta"[1135]. Em qualquer lugar em que o homem se desprender do seu egoísmo para destinar o fruto do seu trabalho para o desenvolvimento e o crescimento do próximo estará dando esmola, mas, acima de tudo, estará impedindo que aquela força indomável tome conta da sua vida.

Depois, a oração, entendida como um ato de penitência capaz de corrigir o coração humano que se afasta do amor devido a Deus, também produz efeitos socioambientais perceptíveis, não apenas porque ensina os orantes a abençoar o trabalho quotidiano (Mt 6,11) ao som daquele generoso louvor que São Francisco entoava com a criação, mas porque também estimula o discernimento quanto ao uso rigorosamente necessário das fontes naturais, de modo que a possibilidade de se aproximar de Deus para dar-lhe a ação de graças se concretiza em gestos conscientes que evitam o desperdício de alimentos, de água etc.

Por fim, em termos socioambientais, o jejum é o convite para que os benefícios da purificação do sistema biológico e da mente humana como resultado de uma pausa recomendável no consumo das coisas transpasse os limites do individualismo para a renovação do mundo que está em torno do homem. Nesse sentido, os humildes são abençoados porque se fizeram pobres de coração, na graça do Espírito Santo[1136], sendo capazes de administrar os recursos da terra e partilhar os bens da criação, como dons do mesmo pai que está no céu[1137].

"Felizes os mansos porque herdarão a terra" (Mt 5,4). A segunda bem-aventurança refere-se à realização escatológica do relato da criação, no qual o ser humano é chamado a guardar e cultivar a terra (Gn 2,15). Para o jardineiro responsável que rejeita a violência conflituosa da devastação, a mansidão é a virtude de quem sabe tocar a natureza e se deixa tocar pela criação[1138]. A mansidão, como

---

1135. VARANDA, M.I.P. Extra naturam nulla salus? *Anais*, p. 31.
1136. JERÔNIMO. *Commentary on Matthew* 1.5.3, posição 3855.
1137. HILÁRIO DE POITIERS. On Matthew 4,2., posição 3834.
1138. FRANCISCO, PP. *LS* 66.

expressão do amor do coração de Cristo (Mt 11,29), não é uma virtude de pessoas débeis[1139], mas de pessoas que conseguem se dominar, para poder amar e se doar. Estes são os jardineiros abençoados por Deus que possuirão a terra (Sl 37,22). As bem-aventuranças são um retrato da figura de Jesus, e a mansidão é uma característica importante do ser humano configurado a Cristo[1140].

"Felizes os aflitos, porque serão consolados" (Mt 5,5). A terceira beatitude é uma promessa escatológica de consolação para os que sofrem (Ap 21,1-5), como a terra e os pobres[1141]. A Sagrada Escritura mostra-nos que o ecossistema se aflige com as queimadas, a exploração dos recursos naturais, a poluição e a extinção das espécies animais e vegetais (Os 4,1-3). A experiência da ressurreição de Jesus nos dá a esperança de que o Pai das misericórdias e Deus de toda consolação (2Cor 1,3) também virá em socorro do ecossistema que sofre como resultado das nossas ações. Assim, a humanidade é chamada a derramar lágrimas de penitência e de conversão[1142], de modo a se tornar consoladora da criação que não encontra consolação (Sl 69,21), pois em Cristo, a reparação ecológica torna-se a missão da Igreja e de cada batizado, a fim de consolar todos os que estão enlutados (Is 61,2).

"Felizes os que têm fome e sede da justiça, porque serão saciados" (Mt 5,6). A justiça, por definição, é a vontade firme e constante de dar ao outro aquilo que é seu[1143], de modo a ordenar corretamente as relações humanas fundamentais. A perda da biodiversidade[1144] e a desigualdade planetária[1145] são sinais de que a terra e os pobres têm fome e sede de justiça. Neste sentido, a parábola do rico e do pobre Lázaro (Lc 16,19-31) repete-se hoje numa escala global.

O rico representa os países desenvolvidos do hemisfério norte, como os Estados Unidos, o Canadá, os países da Europa Ocidental e o Japão, enquanto o pobre Lázaro representa os países em desenvolvimento do hemisfério sul, como por exemplo o Brasil e toda a América Latina[1146]. O maior pecado contra os necessitados que pedem ajuda é a indiferença em não perceber que eles estão caídos no caminho (Lc 10,31), ou à nossa porta, cobertos de feridas, como o pobre Lázaro (Lc 16,20).

1139. FRANCISCO, PP. *LS* 116.

1140. TOMÁS DE AQUINO. *Summa Theologica*, III, 1.40, a.3.

1141. FRANCISCO, PP. *LS* 2.

1142. FRANCISCO, PP. *LS* 217.

1143. CEC 1807.

1144. FRANCISCO, PP. *LS* 32-42.

1145. FRANCISCO, PP. *LS* 48-52.

1146. CANTALAMESSA, R. *Beatitudes*, p. 56.

Em última instância, a justiça de Deus está resumida no duplo mandamento do amor a Deus e do amor ao próximo (Mt 22,37-40), que será levado em conta no dia do julgamento (Mt 25,31-46). Jesus nos deu o exemplo fazendo a vontade do Pai até a morte na cruz e se compadecendo das multidões que não tinham o que comer, saciando sua fome material e espiritual (Mc 8,2). Nessa parte do sermão, a Montanha do Corcovado quer se tornar um arauto para os mais necessitados e para os mais pobres, deixando que, sem ruídos externos, o som do povo de Deus possa se tornar compreensível e, mais que tudo, respeitado.

Há pouco, o Papa Francisco reformulou a instituição canônica do acolitato e do leitorato, estendendo-a às mulheres[1147]. Com este gesto, o Santo Padre entende que colocar a Palavra de Deus na boca das mulheres não representa um risco para o ministério ordenado, apesar das opiniões pessimistas e conflitantes sobre o assunto[1148]. No entanto, isso pode se traduzir não apenas como uma conquista das mulheres, mas também de todos os leigos e daqueles que não têm voz na sociedade.

Como pode ser visto, são cada vez mais frequentes as iniciativas de projeção de temas sociais no Santuário Cristo Redentor, alertando para os desafios da sociedade, por exemplo, as campanhas de conscientização sobre o câncer de mama, o câncer de próstata, e o projeto Cristo sustentável, com a ação de amor do Cristo Redentor em benefício dos mais necessitados. Tais gestos, sem dúvida, remetem ao cuidado da Igreja em promover a justiça aos mais necessitados, evocando assim a misericórdia do Redentor.

"Felizes os misericordiosos, porque alcançarão misericórdia" (Mt 5,7). O Evangelho da Misericórdia dirige-se também à natureza, porque Deus Pai ama todas as coisas que criou (Sb 11,24-25). No Evangelho, Jesus nos ensina que nenhuma planta, pássaro nem os animais terrestres são esquecidos por Deus (Lc 12,6), que os alimenta de acordo com sua necessidade. Os seres humanos também devem fazer o mesmo, como São Francisco de Assis, na alegria da harmonia e da comunhão (Sl 133,2-3).

Sendo assim, a administração responsável da criação é uma obra de misericórdia recompensada abundantemente, pois, ao demonstrar nossa misericórdia para com a terra e com os pobres, recebemos em troca a misericórdia de Deus[1149]. Nesse sentido, assim como a terra e os pobres são mendigos em suas necessidades

---

1147. FRANCISCO, PP. *Spiritus Domini*.

1148. SIMONELLI, C. *A abordagem "feminina" da "Querida Amazônia"*.

1149. JOÃO CRISÓSTOMO. The Gospel of Matthew, Homily 15,4, posição. 4028.

temporais, nós também somos mendigos diante de Deus em nossa sede de eternidade[1150].

"Felizes os puros de coração, porque verão a Deus" (Mt 5,8). A pureza de coração é um complemento necessário para que, ao invés de verdadeiras virtudes, as bem-aventuranças não se tornem esplêndidos vícios[1151]. No Evangelho, a pureza de coração refere-se à intenção de nossas ações, pois algumas pessoas agem para serem vistas pelos outros, por orgulho, enquanto outras agem por piedade, para agradar a Deus (Mt 6,2-4).

A hipocrisia de nossas ações coloca a nossa vaidade e a opinião pública no lugar que deveria ser ocupado por Deus (1Sm 16,7). A bem-aventurança da pureza faz a distinção entre o interior e o exterior do ser humano, a exemplo daqueles que parecem belos por fora, mas por dentro estão cheios de hipocrisia e podridão (Mt 23,27-28). Assim, Jesus declarava puros todos os alimentos (Mc 7,19) e se sentava à mesa com pecadores, pois é o interior e não o exterior do homem que o torna puro ou impuro (Mc 7,14-15). Os puros de coração podem subir a montanha de Deus e permanecer de pé no seu lugar santo (Sl 24,3-4), para ver a sua presença na criação[1152].

"Felizes os que promovem a paz, porque serão chamados filhos de Deus" (Mt 5,9). A paz é a sétima bem-aventurança, pois, na perspectiva bíblica, o número sete indica a perfeição e a plenitude. Deus realizou a obra da criação em seis dias e no sétimo dia descansou (Gn 2,2-3), convidando o ser humano a adorá-lo para receber o abraço da paz[1153]. Essa bem-aventurança convida-nos a promover a paz a partir da nossa comunhão com Deus (Rm 15,33), que é o único realmente capaz de nos conceder a paz (Fl 4,7). Os promotores da paz serão chamados filhos de Deus (Mt 5,9), pois unidos à fonte da paz podem ser instrumentos para sua transmissão (Rm 1,7).

Após a ressurreição, Jesus concede o dom da paz (Jo 20,19) aos seus discípulos (Jo 20,22), como fruto do Espírito Santo (Gl 5,22). Na redenção, o Espírito é o vínculo da paz entre todos os cristãos e, na criação, o Espírito é o vínculo da paz entre todas as religiões e os homens de boa vontade. A paz é a plenitude da bênção messiânica alcançada por Jesus Cristo para toda a humanidade, como indicado pelo simbolismo da estátua do Cristo Redentor no Monte Corcovado[1154]: "como

---

1150. AGOSTINHO. Sermon 53,5, posição 4028.

1151. AGOSTINHO. City of God, p. 79.

1152. APOLINÁRIO. Fragmento 13, posição 4081.

1153. PHILIPPE, J. The eight doors of the kingdom, p. 181.

1154. CANTALAMESSA, R. *Beatitudes*, p. 102.

são belos, sobre os montes, os pés do mensageiro que anuncia a paz, do que proclama boas-novas e anuncia a salvação" (Is 52,7).

"Felizes os que são perseguidos por causa da justiça, porque deles é o Reino dos Céus" (Mt 5,10). Os evangelhos de São Mateus e de São Lucas são unânimes em atestar a bem-aventurança da perseguição aos cristãos por causa do Filho do Homem (Lc 6,22) e por causa da justiça (Mt 5,19). Este é o ápice da ascensão dos discípulos sobre a montanha, isto é, o cume da obra do Espírito Santo na vida de todo cristão: a capacidade de abraçar a perseguição, por Cristo, como uma bem-aventurança, e de acolher a cruz como um dom.

Ao final das bem-aventuranças, Jesus se dirige diretamente aos seus discípulos, prevendo as dores da perseguição: "felizes sois" (Mt 5,11), "alegrai-vos e regozijai-vos" (Mt 5,12). Ao descer da montanha, fortalecidos pela Páscoa de Jesus, os apóstolos enfrentaram com ousadia a perseguição[1155], no patamar mais alto da maturidade e da liberdade espiritual, dando ao mundo o testemunho mais eloquente da ressurreição[1156]. Como discípulos de Jesus que vivem o Evangelho da salvação, nós também somos chamados a fazer o mesmo.

3.2.2 Evangelização da cultura

"Ai de mim, se eu não anunciar o Evangelho" (1Cor 9,16). A experiência de São Paulo com o amor de Deus constrange-o ao anunciar o Cristo ressuscitado, que o chamou no caminho de Damasco (At 9,1-9) a ser um homem novo (Ef 4,24), radicalmente livre em Cristo (Gl 5,1). Se por um lado Jesus usava as imagens rurais da Galileia para anunciar a chegada do Reino de Deus (Mc 1,15), Paulo era afeito às imagens urbanas da cultura greco-romana, como as corridas nos estádios (1Cor 9,24-25), o pugilato (1Cor 9,26) e a religiosidade pagã para anunciar aos gentios o Deus desconhecido (At 17,19).

Na Exortação *Evangelii Gaudium*, o Papa Francisco explica que "a graça supõe a cultura, e o dom de Deus encarna-se na cultura de quem o recebe"[1157]. Assim, a dinâmica da inculturação acarreta um movimento duplo[1158]: por um lado, o Evangelho fecunda a cultura local com o anúncio da salvação e, por outro, o Espírito Santo embeleza a Igreja com um novo aspecto cultural da Revelação[1159].

1155. TERTULIANO. Apologético 50,13: o sangue dos mártires é semente dos cristãos.

1156. PHILIPPE, J. *The eight doors of the kingdom*, p. 197.

1157. FRANCISCO, PP. EG 115.

1158. FRANCISCO, PP. *QAm* 68.

1159. FRANCISCO, PP. EG 116.

Este diálogo entre a Igreja e a sociedade permite que o Evangelho seja comunicado com categorias próprias da cultura onde é anunciado, promovendo uma síntese salutar entre a fé cristã e a cultura[1160], à procura do amor e da verdade para o ser humano[1161], pois a Igreja não dispõe de um único modelo cultural[1162], uma vez que a lógica da encarnação, ocorrida no contexto histórico do povo de Israel (Gl 4,4), é dirigida a toda a humanidade, com suas diversas culturas[1163].

Nesse sentido, o esforço de evangelização não supõe a imposição de uma determinada cultura às pessoas, por mais antiga e bela que seja[1164]. Uma expressão católica desta diversidade cultural é a devoção à Virgem Maria, que adquire contornos próprios em cada cultura, mantendo a unidade da fé universal, sendo venerada, em solo brasileiro, sob o título de Nossa Senhora Aparecida, a padroeira morena do nosso país. Por essa razão, a inculturação empenha a Igreja num caminho difícil, mas necessário[1165], pois de outro modo assistiríamos a estagnação estéril da Igreja[1166], enquanto o Espírito Santo sopra aonde quer (Jo 3,8).

No Rio de Janeiro, de forma particular, o encontro entre a fé e a cultura é fecundo no alto do Monte Corcovado, cujo simbolismo ecológico favorece a construção de uma ponte entre a religião e a promoção consciente de projetos em defesa do meio ambiente que impactem a sociedade de verdade[1167], pois a cruz do Corcovado não é expressão apenas da fé cristã, mas também da cultura brasileira e carioca, de braços abertos, na miscigenação alegre do samba, do carnaval, do axé, do funk, da bossa nova e do futebol[1168].

O Papa João Paulo II exortou a Igreja a dedicar esforços por uma "nova evangelização, nova no seu entusiasmo, nos seus métodos, na sua expressão"[1169], dirigida, principalmente, àqueles cristãos que se afastaram da fé[1170], centrada no diálogo com a cultura[1171], dando continuidade à perspectiva conciliar de engaja-

---

1160. FRANCISCO, PP. EG 129.

1161. JOÃO PAULO II, PP. *Letting the Gospel take root in every culture*, n. 3.

1162. FRANCISCO, PP. EG 116.

1163. FRANCISCO, PP. EG 117.

1164. FRANCISCO, PP. EG 117.

1165. JOÃO PAULO II, PP. Discurso à Assembleia Plenária do Pontifício Conselho para a Cultura.

1166. FRANCISCO, PP. EG 117.

1167. PINHEIRO, A.C.L. O Simbolismo Ecológico do Santuário Cristo Redentor. *Anais*, p. 296-304.

1168. DICASTÉRIO PARA OS LEIGOS. *Dar o melhor de si*, p. 6.

1169. JOÃO PAULO II, PP. Discurso na abertura da XIX Assembleia do CELAM.

1170. STAUDT, J. Culture in the Magisterium of Jonh Paul II: Evangelization through dialogue and the renewal of society.

1171. JOÃO PAULO II, PP. *Letting the Gospel take root in every culture*, n. 6.

mento com tudo que é humano[1172]. Fazendo referência a Santo Tomás de Aquino[1173], João Paulo II definiu a cultura como um caminho específico e essencial da existência humana, que determina o seu caráter social e inter-relacional[1174].

Desse modo, a Evangelização da cultura, sobretudo em continentes com raízes cristãs, como a Europa e a América Latina, busca restabelecer o vínculo entre as expressões culturais e os valores do Evangelho[1175], que se torna necessário no cuidado com a casa comum. O Papa Francisco fala sobre a necessidade de uma *Ecologia cultural*, capaz de preservar tanto o meio-ambiente como a identidade dos povos, orientando-os para outro estilo de vida, destacado do ritmo frenético nocivo de produção[1176].

A cultura ecológica de diálogo pode ajudar o ser humano a romper com a postura orgulhosa de pretensa superioridade sobre a natureza e o próximo, tão distante do projeto inter-relacional desejado por Deus[1177]. Nas palavras de Nelson Mandela, líder negro sul-africano que passou 27 anos preso pelo enfrentamento do regime do *apartheid*, a superação desta postura humana de soberba e impiedade, que está nas raízes do racismo e da devastação ambiental, é um longo caminho para a liberdade[1178].

Logo, a ereção canônica do Santuário Cristo Redentor fez uso do mundo de símbolos e hábitos[1179] da nossa cultura para apresentar à sociedade um lugar sagrado modelar de oração e de preservação ambiental. Por isso, o simbolismo do monumento permite um diálogo fecundo da fé cristã com diversas expressões culturais do nosso tempo, como o cinema, a literatura, o esporte, e, de forma particular, com a Música Popular Brasileira[1180].

Numa atitude de abertura para categorias que nos põe em contato com a essência do ser humano[1181], a ecoteologia supera o tradicional diálogo interdiscipli-

---

1172. CONCÍLIO VATICANO II. GS 1.

1173. TOMÁS DE AQUINO. Comentário a Aristóteles, n. 6.

1174. JOÃO PAULO II, PP. *Discurso na sede da Organização das Nações Unidas para a Educação, Ciência e Cultura-UNESCO*, n. 6.

1175. JOÃO PAULO II. *Letting the Gospel take root in every culture*, n. 6.

1176. FRANCISCO, PP. LS 145.

1177. GROSS, B.; SOUZA, J.A. A cultura do diálogo como caminho para a superação da crise socioambiental. *Anais*, p. 292-293.

1178. MANDELA, N. Long walk to freedom, p. 331.

1179. FRANCISCO, PP. LS 144.

1180. CALVANI, C.E.B. *Teologia e MPB*, p. 16-18.

1181. FRANCISCO, PP. LS 11.

nar com a filosofia e as demais ciências humanas[1182] para recorrer à poesia "deste Brasil que canta e é feliz"[1183], pois o Papa Francisco ensina que nenhuma forma de sabedoria pode ser preterida para construir uma ecologia que nos permita reparar tudo o que o ser humano tem destruído[1184].

Juan Carlos Scannone entende que o povo de Deus é o sujeito privilegiado da teologia, sendo necessário que o teólogo supere os preconceitos acadêmicos para também fazer da cultura popular o lugar hermenêutico da sua reflexão[1185]. No *Samba do avião*, por exemplo, Antônio Carlos Jobim resume o sentimento de amor e de espiritualidade do povo carioca em relação à nossa cidade: "Minha alma canta, vejo o Rio de Janeiro. Estou morrendo de saudade. Rio, teu mar, praias sem fim, Rio, você foi feito pra mim. Cristo Redentor, braços abertos sobre a Guanabara"[1186].

Com fina sensibilidade, o maestro descreve o ser humano composto de corpo e alma (1Ts 5,23), capaz de admirar a beleza da criação, da qual é o destinatário principal, dotado com imensa dignidade (Gn 1,26) e responsabilidade (Gn 2,15). O Deus que cria o mar e as praias do Rio de Janeiro (Gn 1,9) é o mesmo Deus que salva o mundo (Jr 32,17.21), o Verbo eterno encarnado (Jo 1,18), Jesus, o Cristo Redentor, que preside sobre a criação no alto da montanha (Cl 1,16), como Senhor soberano, com toda majestade na terra e no céu (Sl 8,2).

Tom Jobim era um amante da natureza[1187] e, de um modo geral, suas canções falavam sobre a beleza e o amor. Outra de suas canções, chamada *Wave*, ressoa os escritos da Carta de São Paulo sobre a fé (2Cor 5,7) e o amor (1Cor 13,4-7): "vou te contar, os olhos já não podem ver, coisas que só o coração pode entender, fundamental é mesmo o amor, é impossível ser feliz sozinho"[1188].

Sobre isso, o Papa Francisco explica que o amor é a razão fundamental da criação[1189], e que a beleza da natureza[1190] nos conduz à beleza primordial que é Cristo [1191]. Na *Carta ao Tom 74*, Vinícius de Moraes expressa a tristeza nostálgica

---

1182. CALVANI, C.E.B. *Teologia e MPB*, p. 11.

1183. BARROSO, A. *Isto aqui, o que é? Songbook Ary Barroso*, Vol 1.

1184. FRANCISCO, PP. LS 63.

1185. SCANNONE, J.C. *Teología de la liberacíon y praxis popular*, p. 12.

1186. JOBIM, A.C. *Samba do avião*.

1187. JOBIM, A.C. *Passarim*.

1188. JOBIM, A.C. *Wave*.

1189. FRANCISCO, PP. LS 77.

1190. FRANCISCO, PP. LS 97-98.

1191. FRANCISCO, PP. LS 99-100.

do carioca diante do progresso desenfreado na cidade do Rio de Janeiro, que não respeita os ritmos delicados da criação, gerando violência social e degradação ambiental: "mesmo a tristeza da gente era mais bela, e além disso se via na janela um cantinho de céu e o Redentor. É, meu amigo, só resta uma certeza, é preciso acabar com essa tristeza, é preciso inventar de novo o amor"[1192].

Na Encíclica *Fratelli Tutti*, o Papa Francisco cita o *Samba da bênção*, de Vinícius de Moraes, para ressaltar a cultura do encontro: "a vida é a arte do encontro, embora haja tanto desencontro pela vida"[1193]. De fato, a vida do poeta e diplomata carioca foi marcada pelas famosas parcerias com Tom Jobim, Toquinho, João Gilberto, Baden Powell, Carlos Lyra e Chico Buarque[1194]. Vinícius representa também a boemia e a irreverência carioca, que celebra o carnaval em blocos de rua como o *"Suvaco de Cristo"* e o *"Simpatia quase amor"*.

No *Soneto de Fidelidade*, num dos versos mais conhecidos de sua obra, Vinícius fala do amor humano que pode ser passageiro: "eu possa dizer do amor (que tive): Que não seja imortal, posto que é chama mas que seja infinito enquanto dure"[1195]. Contudo, no encontro com Cristo, o ser humano se depara com o amor que não passa, a chama da sarça ardente que não se consome (Ex 3,2), o amor infinito que dura para sempre, porque é o próprio Deus (1Jo 4,8). A partir deste encontro com Jesus, ganhamos um "coração sem fronteiras, capaz de superar as distâncias de proveniência, nacionalidade, cor ou religião"[1196]: o amor de Deus, encarnado em Jesus Cristo, conduz-nos à fraternidade universal.

A cultura do encontro é baseada na atitude do próprio Jesus nos evangelhos, para superar as diferenças na sociedade e realizar o projeto de sermos todos irmãos e irmãs, filhos do mesmo Pai que está no céu (Mt 6,9). O Papa Francisco mostra-nos que podemos perceber as sementes do Verbo em todas as pessoas, pois "ninguém é inútil, ninguém é supérfluo"[1197]. Desse modo, artistas populares como Tom Jobim e Vinícius de Moraes mostram-nos que a cultura também pode

---

1192. MORAES, V.; TOQUINHO. *Carta ao Tom 74*.

1193. MORAES, V. Samba da bênção. In: FRANCISCO, PP. FT 215.

1194. CARNEIRO, G. Vinícius de Moraes, p. 111-117.

1195. MORAES, V. Livro de Sonetos, p. 31: De tudo, ao meu amor serei atento/ Antes, e com tal zelo, e sempre, e tanto/ Que mesmo em face do maior encanto/ dele se encante mais meu pensamento./ Quero vivê-lo em cada vão momento/ E em seu louvor hei de espalhar meu canto/ E rir meu riso e derramar meu pranto/ Ao seu pesar ou seu contentamento./ E assim, quando mais tarde me procure/ Quem sabe a morte, angústia de quem vive/ Quem sabe a solidão, fim de quem ama/ Eu possa dizer do amor (que tive): Que não seja imortal, posto que é chama/ Mas que seja infinito enquanto dure.

1196. FRANCISCO, PP. FT 3.

1197. FRANCISCO, PP. FT 215.

ser um caminho para Deus, urgindo que a Igreja, especialista em humanidade, devote-lhe a devida atenção[1198].

Assim, para Vinícius de Moraes, "o bom samba é uma forma de oração"[1199]. Na Encíclica *Fratelli Tutti*, "falar de cultura do encontro significa que nos apaixona, como povo, querer encontrar-nos, procurar pontos de contato, lançar pontes, projetar algo que envolva a todos"[1200], como a estátua do Cristo Redentor. Vinícius de Moraes conclui a canção citada pelo Papa Francisco pedindo a bênção a seus amigos, entre eles Cartola, Pixinguinha, Nelson Cavaquinho e São Sebastião[1201]. Inspirados no poeta, também pedimos a bênção ao amigo que vela por nós noite e dia no Monte Corcovado, e nunca nos abandona, em qualquer situação (Mt 28,20): a bênção, Cristo Redentor.

3.2.3 A túnica sem costura e a unidade da Igreja

No contexto da presença da estátua do Cristo Redentor no espaço público[1202], indaga-se sobre a adequação da homenagem a um "estrangeiro" com uma estátua no topo da cidade, sobre a possibilidade de o governo brasileiro presentear Israel, terra natal de Jesus, com esta mesma escultura, e se hoje alguém subscreveria uma petição solicitando a remoção do monumento do Monte Corcovado[1203].

Ora, teologicamente, através da sua encarnação (Jo 1,18), o Verbo de Deus se fez homem não apenas para o povo judeu, mas para redimir toda a humanidade (Gl 3,28), fazendo com que todos os seres humanos, criados pelo mesmo Deus (Gn 1,26), tivessem acesso à comunhão com o criador na pátria celeste (Fl 3,20), onde todas as nações se unem ao redor do Cristo (Cl 3,11). Foi nesse sentido que a Princesa Isabel, nascida no Rio de Janeiro, recusou ser homenageada com uma estátua no cume do Monte Corcovado, por ocasião da abolição da escravatura, ordenando que fosse construída uma estátua de Jesus Cristo, que para ela era o verdadeiro redentor dos homens[1204].

Estabelecida sobre o Monte Corcovado, a estátua do Cristo Redentor já é um presente do povo brasileiro para Israel e para toda a humanidade. Desde a sua

---

1198. JOÃO PAULO II, PP. *RH* 10.

1199. MORAES, V. Samba da bênção.

1200. FRANCISCO, PP. *FT* 216.

1201. MORAES, V. Samba da bênção.

1202. GIAMBELLI, E. A presença do religioso no espaço público, p. 80.

1203. GIAMBELLI, E. Brasileiro e europeu, p. 35-63.

1204. PRINCESA ISABEL. DECRETO IMPERIAL, p. 67.

concepção, a ideia é que a estátua projete a mensagem do Evangelho para todas as pessoas que a vislumbrem[1205]. Neste sentido, através dos meios de comunicação, a estátua do Cristo Redentor já está presente no território de Israel, portando uma mensagem que é comum aos judeus e aos cristãos (Jo 20,21): Shalom!

Dentro do contexto apropriado, uma escultura do Cristo Redentor não seria ofensiva a um judeu. Por outro lado, uma estátua de Jesus em dimensões monumentais, dentro do território de Israel, não seria pertinente para a fé e para a cultura daquele povo. Na verdade, a cruz já está erguida nas igrejas cristãs de Israel, ao lado das sinagogas judaicas e das mesquitas muçulmanas, com os desafios de convivência que lhes são inerentes.

Em Portugal, uma grande estátua do Cristo Rei foi erguida na cidade de Almada, às margens do Rio Tejo, inspirada na estátua do Cristo Redentor. Em 1934, o Cardeal Patriarca de Lisboa, D. Manuel Cerejeira, vislumbrou a imagem do Monte Corcovado, e teve a ideia de construir um monumento similar, de braços abertos, abençoando Lisboa. A estátua do Cristo Rei, inaugurada em 1959, se ergue a 113 metros de altura e também é dedicada ao Sagrado Coração de Jesus.

Em 2009, foi assinado um acordo de geminação entre o Santuário Cristo Redentor e o Santuário Cristo Rei, para a partilha das experiências pastorais e o incentivo às peregrinações. Naquela ocasião, os reitores presentearam-se com esculturas das respectivas estátuas, para que fossem guardadas nas capelas dos santuários. Dom Gilberto dos Reis, bispo de Setúbal, destacou a fraternidade entre os dois países, unidos pela fé cristã e pelo mesmo idioma, destacando que a evangelização portuguesa deu bons frutos no Brasil, entre os quais está a estátua do Cristo Redentor[1206]. À época, Dom Orani Tempesta, Arcebispo do Rio de Janeiro, observou que o Brasil recebeu a fé cristã da Península Ibérica, e que a estátua do Cristo Redentor levou o fruto desta fé de volta a Portugal[1207].

Em 1922, quando era planejado o monumento do Corcovado, 20.000 mulheres assinaram um abaixo-assinado pedindo ao governo autorização para a construção, que seria financiada por doações do povo brasileiro[1208]. Em 2007, numa enquete que envolveu o voto de quase 100 milhões de pessoas, a estátua do Cristo Redentor foi eleita uma das sete novas maravilhas do mundo moderno, sendo o único monumento de inspiração cristã ao lado da Grande Muralha da

---

1205. BOSS, P.M. Prefácio à *Imitação de Cristo*, p. 15.
1206. REIS, G. *Intervenção de D. Gilberto dos Reis*.
1207. TEMPESTA, O.J. *Intervenção de D. Orani Tempesta*.
1208. LIMA, M. *Cristo Redentor do Corcovado*, p. 15.

China, das ruínas de Petra, da cidade de Machu Picchu, da pirâmide de Chichén Itza, do Coliseu e do Taj Mahal[1209].

Neste contexto, em nossa opinião, dificilmente haveria adesão significativa para uma petição solicitando a remoção da estátua do Cristo Redentor, pois o monumento, como símbolo universal de paz e de unidade, já faz parte do imaginário cultural e afetivo do povo brasileiro. De forma particular, este sinal de unidade está representado na túnica sem costura da estátua do Cristo Redentor[1210].

> Os soldados, quando crucificaram Jesus, tomaram suas roupas e repartiram em quatro partes, uma para cada soldado, a túnica. Ora, a túnica era sem costura, tecida como uma só peça, de alto a baixo. Disseram entre si: "Não a rasguemos, mas tiremos a sorte, para ver com quem ficará. Isso afim de se cumprir a Escritura que diz: Repartiram entre si minhas roupas e sortearam minha veste (Jo 19,23-24).

Para Santo Efrém, a divisão das roupas de Jesus em quatro partes representa o Evangelho anunciado aos quatro cantos do mundo. Esta difusão da Palavra de Deus é representada pela cruz do Monte Corcovado, apontando para o norte, o sul, o leste e o oeste, como imagem dos quatro evangelhos[1211]. Santo Agostinho explica que mesmo aqueles soldados sem fé, diante de Jesus crucificado, demonstraram autocontrole e não rasgaram sua túnica. Por que, então, os homens, iluminados pela ressurreição de Jesus, deveriam destruir a unidade da sua Igreja[1212]? O exemplo de Jesus e dos soldados também deve inspirar a humanidade a exercer a autolimitação para não destruir a delicada cadeia socioambiental da terra, nossa casa comum[1213].

Assim como a túnica de Jesus era sem costura, tecida como uma só peça, de alto a baixo, a unidade da Igreja e o delicado equilíbrio do ecossistema nos foram confiados do alto, pelo nosso Pai do céu[1214]. Dessa maneira, Santo Agostinho ensina que a unidade da túnica, que não se rasga, mostra-nos que Jesus Cristo está revestido da caridade, "que é o vínculo da perfeição" (Cl 3,14).

Além disso, o fato de os soldados tirarem a sorte, para escolher quem ficaria com a túnica, mostra-nos que a salvação não nos é concedida pelos nossos

---

1209. NOGUEIRA, I. Cristo é eleito uma das sete novas maravilhas do mundo.

1210. CIPRIANO. De unitate Ecclesiae, p. 313.

1211. EFRÉM. Commentary on Tatian's Diatesseron 20.27, p. 313.

1212. AGOSTINHO. Letter 23.4, p. 313.

1213. GURIDI, R. *Ecoteología*, p. 18.

1214. CIPRIANO. De unitate Ecclesiae, 7, p. 313.

méritos, mas pela graça de Deus[1215]. A túnica, sem costura de alto a baixo, também é uma imagem do vínculo de amor entre Deus e os homens[1216], que deve se refletir num vínculo de amor com a natureza e com o próximo[1217].

Por sua vez, os pequenos triângulos de pedra-sabão que se unem para revestir a estátua do Cristo Redentor são imagem de cada batizado, as pedras vivas (1Pd 2,5) que constituem o seu corpo, que é a Igreja. Jesus é a pedra (1Cor 10,4) que os construtores rejeitaram, e que se tornou a pedra angular sobre a qual devemos edificar as nossas vidas (1Pd 2,7). Alicerçados nesta rocha firme e imutável (1Cor 3,10), poderemos enfrentar os ventos fortes dos sofrimentos, unidos à fonte e à consumação do amor e de toda a virtude (Ef 4,15), tanto de nossa vida corporal como de nossa vida espiritual[1218].

Posto isso, o Cristo "liga à vinha seu jumentinho, à cepa o filhote da sua jumenta, lava sua roupa no vinho, seu manto no sangue das uvas" (Gn 49,11). Isto significa que Jesus ligou o povo à sua Palavra, representada pela vinha, pois o produto da vinha é o vinho, e o da Palavra é o sangue, para a saúde do corpo e a salvação da alma[1219]. Unidos à vinha, que é Cristo, e ao Pai, que é o grande agricultor (Jo 15,1), poderemos dar bons frutos (Jo 15,2) no cuidado com a natureza e com os pobres[1220].

Entretanto, se não estamos unidos à videira, nada podemos fazer (Jo 15,5). Ao mergulhar no Rio Jordão, Jesus purificou as águas (Mt 3,13-17), e no alto da cruz (Jo 19,34), cheio do Espírito Santo (Jo 1,32), como uma videira madura, derramou a água para o nosso batismo, e o sangue para nossa redenção[1221]. Com a água Jesus nos lavou, e com o sangue Ele nos redimiu, lavando o seu manto, que é imagem da Igreja, no sangue das uvas[1222].

No simbolismo da estátua do Cristo Redentor, é possível observar a veste externa, com sua peculiar dobradura, que cobre a sua túnica. Os evangelhos indicam que os soldados dividiram os trajes externos de Jesus, mas não a túnica, que era o seu traje interno, que estava diretamente em contato com o seu corpo. Isto

---

1215. AGOSTINHO. Tractates on the Gospel of John 118.4, p. 314.

1216. JOÃO CRISÓSTOMO. Homilies on the Gospel of John 85.2, p. 315.

1217. FRANCISCO, PP. LS 70.

1218. GREGÓRIO DE NISSA. Fine professione e perfezione del Cristiano, p. 96-97.

1219. CLEMENTE DE ALEXANDRIA. Christ the Educator, p. 331.

1220. FRANCISCO, PP. LS 2.

1221. HIPÓLITO. On the blessing of Isaac and Jacob 18, p. 332.

1222. AMBRÓSIO. The Patriarchs 4,24, p. 332.

quer dizer que podemos até dividir o elemento humano externo da Igreja, mas não a sua unidade interna mais profunda, identificada com o Espírito Santo.

Assim sendo, a túnica sem costura de Jesus nunca poderá ser dividida[1223], assim como o próprio Cristo não pode ser dividido (1Cor 1,13). Contudo, Jesus desejou que a unidade da Igreja, em sua dimensão humana, visível e comunitária, fosse um sinal para que o mundo creia (Jo 17,21). A restauração desta unidade, que foi perdida ao longo da história, foi um dos principais objetivos do Concílio Ecumênico Vaticano II[1224], "pois há um só Senhor, uma só fé, um só batismo; há um só Deus e Pai de todos, que está acima de todos, por meio de todos e em todos" (Ef 4,5-6).

Desse modo, a recepção positiva da Encíclica *Laudato Si'* entre diferentes igrejas cristãs, tendo como objetivo o cuidado com a casa comum, é um sinal animador do fortalecimento da perspectiva de diálogo, para que seja possível alcançar uma verdadeira unidade na diversidade[1225], sendo o Santuário Cristo Redentor um lugar privilegiado para este empenho ecumênico.

Antes combatido pelos irmãos separados, o monumento tornou-se um símbolo de orgulho, esperança e unidade para todos os cristãos, ressaltando os aspectos ecumênicos das inter-relações, sociabilidade e hospitalidade, na perspectiva da construção no mundo de um verdadeiro santuário ecológico universal[1226]. No Monte Corcovado, a discórdia sobre a veneração das imagens se torna um problema secundário diante do anúncio bíblico do Cristo como único mediador entre Deus e os homens (1Tm 2,5).

De braços abertos, a estátua do Cristo Redentor também acolhe visitantes de outras religiões. Desde as origens, o Brasil foi marcado pelo sincretismo religioso que acompanhou a miscigenação das raças que formaram o nosso povo. Embora sejamos um país de maioria cristã, a religiosidade brasileira é caracterizada por uma pluralidade de experiências sincréticas que faz com que até mesmo o nosso catolicismo popular seja influenciado pelo encontro com religiões pagãs e de matizes africanas[1227].

Assim, o diálogo entre as religiões é um dos apelos mais importantes do magistério do Papa Francisco, no sentido de renovar a maneira como estamos

---

1223. CANTALAMESSA, R. *The fire of Christ's love* – Meditations on the cross, p. 113.

1224. CONCÍLIO VATICANO II. UR 1.

1225. SOUZA MACÁRIO, L.F.L. Diálogos sobre o diálogo, p. 72.

1226. FREITAS CARDOSO, M.T. Casa comum e hospitalidade, p. 451.

1227. RIBEIRO DO VALLE, T.C.B. O diálogo inter-religioso e as influências arquetípicas das religiões pagãs no catolicismo popular brasileiro contemporâneo, p. 103.

construindo o futuro do planeta[1228]. A Encíclica *Laudato Si'* reconhece que a maior parte dos habitantes do planeta declara-se crente, e urge o diálogo inter-religioso visando o cuidado com a natureza, a defesa dos pobres e a construção da fraternidade[1229].

O Concílio Vaticano II já havia rompido com a interpretação restritiva do lema *nulla salus extra ecclesiam*[1230], passando a valorizar tudo o que há de verdadeiro e santo nas outras religiões[1231], de modo a descobrir nelas as sementes do Verbo[1232]. Longe de se excluírem, o anúncio do Evangelho e o diálogo inter-religioso apoiam-se e alimentam-se reciprocamente[1233]. O ecumenismo e o diálogo inter-religioso são aspectos intrínsecos da ecologia integral.

Citando a contribuição ecológica do patriarca ecumênico Bartolomeu, o Papa Francisco entende que as outras denominações cristãs e as outras religiões podem oferecer ao mundo uma valiosa contribuição nas questões socioambientais[1234]. Na Encíclica *Fratelli Tutti*, o Papa Francisco observa que a pandemia demonstra como todos os países e as pessoas estão interligados, mas a reação de cada nação revela que o mundo está fragmentado, necessitando de uma fraternidade universal que nos permita realmente agir em conjunto[1235].

O Santo Padre baseia-se na visita de São Francisco de Assis ao Sultão Malik Al-Kamil, no Egito, em 1219, e ao seu próprio encontro com o imã muçulmano Ahmed Al-Tayyeb 800 anos depois, em 2019, que gerou um documento conjunto sobre a fraternidade humana em prol da paz mundial e da convivência comum. Os encontros do Papa Francisco com o Patriarca Bartolomeu e o Imã Ahmed Al-Tayyeb são um exemplo para o mundo da fraternidade universal através do diálogo ecumênico e inter-religioso.

3.3 O Sagrado Coração do Cristo Redentor

O Papa Francisco e o Patriarca Bartolomeu concordam que o mundo é como a túnica sem costura de Cristo (Jo 19,23), um sacramento de comunhão,

---

1228. FRANCISCO, PP. LS 14.

1229. FRANCISCO, PP. LS 201

1230. SANCHEZ, W.L. Vaticano II e o diálogo inter-religioso, p. 34-37.

1231. CONCÍLIO VATICANO II. NA 2.

1232. CONCÍLIO VATICANO II. AG 11b.

1233. FRANCISCO, PP. EG 251.

1234. FRANCISCO PP. LS 7.

1235. FRANCISCO PP. FT 7.

ao qual o divino e o humano estão ligados mesmo no último grão de poeira da criação. Para reparar as manchas causadas no tecido desta túnica, é necessário que a humanidade busque as raízes éticas e espirituais dos problemas ambientais, de modo a adotar um novo estilo de vida fundamentado no amor[1236].

Em 1928, durante a construção da estátua do Cristo Redentor, o Papa Pio XI publicou a Encíclica *Miserentissimus Redemptor*, sobre a reparação que a humanidade deve prestar ao Sagrado Coração de Jesus. Atento ao vínculo de unidade com a Igreja universal, o então arcebispo do Rio de Janeiro determinou que fosse esculpido um coração no peito da estátua do Cristo Redentor[1237], pois assim como Deus estabeleceu o arco-íris como sinal da sua aliança com os homens e com toda a carne após o dilúvio (Gn 9,9-17), o coração de Jesus, símbolo do amor de Deus, é um sinal visível da nova aliança entre Deus e todos os seres vivos[1238].

Isso porque o coração de Jesus, que nos amou primeiro (1Jo 4,19) e nos amou até o fim (Jo 13,1), deseja ser amado pelos seres humanos, como nos ordenou no duplo mandamento do amor a Deus e ao próximo (Mc 12,30-31). No entanto, como podemos constatar nos desmandos da humanidade, que não escuta os gritos da terra e dos pobres[1239], o amor não é amado (Is 5,1-4.7). Para renovar o nosso coração, enchendo-o do amor de Deus, de modo a configurá-lo ao coração de Jesus (Ez 36,26), faz-se necessário beber com alegria das fontes da salvação (Is 12,3)[1240].

Na Sagrada Escritura, a rocha é uma figura do coração de Cristo[1241], de onde brota a água da vida para saciar o povo: "ferirás a rocha, dela sairá água e o povo beberá" (Ex 17,6). Inspirados na estátua do Cristo Redentor, nós ouvimos a voz de Jesus, e nos aproximamos da rocha, que é o seu coração, para saciar a nossa sede com a água do Espírito Santo: "se alguém tem sede, venha a mim e beberá, aquele que crê em mim! Conforme a palavra da Escritura: De seu seio jorrarão rios de água viva" (Jo 7,37-38).

1236. FRANCISCO PP. *LS* 9.

1237. SILVA COSTA, H. Carta a Dom Sebastião Leme, p. 17: Sr. Cardeal, quero lhe falar das alegrias, dos consolos, das conversões e das visões do Cristo do Corcovado. Sem a sua fé e suas orações não se poderia fazer o que estamos fazendo. Vossa Excelência quer e se fará o coração aparente, visível na imagem do Cristo do Corcovado. Onde já se viu coisa igual? O coração de Jesus pairando tão alto sobre uma cidade [...].

1238. PIO XI, PP. *MR* 2.

1239. FRANCISCO, PP. *LS* 2.

1240. PIO XII, PP. *HA* 1.

1241. Is 12,3; Ez 47, 1-12; Zc 13,1; Ex 17,1-7; Nm 20,7-13; 1Cor 10,4; Ap 7,17; 22,1.

3.3.1 A espiritualidade de reparação ecológica

"Como a corça bramindo por águas correntes, assim minha alma brame por ti, ó meu Deus! Minha alma tem sede de Deus, do Deus vivo" (Sl 42,2-3) Santo Agostinho explica que nós bebemos da água viva porque temos sede, pois se não estivéssemos vazios e sedentos, não precisaríamos ser saciados. Nossa secura recorda-nos de que somos criaturas de Deus, e não podemos prescindir da sua presença se desejamos uma vida plena de sentido (Jo 10,10)[1242]. Uma vez saciados por Deus, podemos nos voltar para a natureza e para o próximo, como fiéis administradores da multiforme graça de Deus (1Pd 4,10), que nos foi concedida (Rm 5,5) para regar a criação e saciar a sede de justiça de nossos irmãos.

Em suma, esta é a espiritualidade de reparação ecológica, na qual, através do amor, somos libertos do medo (1Jo 4,18), da avidez e da dependência do pecado, para então, com simplicidade e desapego, nos abrirmos à partilha e à generosidade[1243]. A estátua do Cristo Redentor, de pés descalços, e com a túnica sem costuras, nos fala sobre a simplicidade de Jesus[1244], virtude necessária para que, como São Francisco de Assis[1245], possamos reparar os danos causados sobre a criação[1246].

A Oração de São Francisco, que surgiu de forma anônima na França, como uma oração pela paz, no contexto da Primeira Guerra Mundial, representa tanto a devoção ao Sagrado Coração de Jesus como a espiritualidade franciscana. As contraposições entre o ódio e o amor, a ofensa e o perdão, a dúvida e a fé, o desespero e a esperança, a tristeza e a alegria, são fundamentadas na presença e na palavra transformadora de Jesus.

A segunda parte da oração, que expressa a solidariedade, a sobriedade e a solicitude, brotam do coração renovado, preparado para sair de si e servir ao outro: consolar que ser consolado; compreender que ser compreendido; amar que ser amado, e a última parte da oração também é fundamentada na Palavra de Deus: é dando que se recebe (Lc 6,38); é perdoando que se é perdoado (Lc 6,37); e é morrendo que se vive para a vida eterna (Lc 17,33; Jo 12,25). Este amor, que consumiu a vida de São Francisco de Assis, é fruto do amor de Deus (Gl 5,22-25)[1247].

1242. AGOSTINHO. Sermon 160,2, p. 264.

1243. FRANCISCO, PP. LS 9.

1244. JOÃO CRISÓSTOMO. Homilies on the Gospel of John 85.2, p. 315.

1245. FRANCISCO, PP. LS 10.

1246. FRANCISCO, PP. LS 14.

1247. BOFF, L. A oração de São Francisco, p. 19-23.

A profecia de Ezequiel assinala que o ser humano, criado à imagem e semelhança de Deus (Gn 1,26), é capaz de amar em conformidade ao Coração de Cristo, quando se abre ao criador e à ação da sua Palavra: "dar-vos-ei coração novo, porei no vosso íntimo espírito novo, tirarei do vosso peito o coração de pedra e vos darei coração de carne (Ez 36,26).

Sendo assim, a conversão do nosso coração surge da abertura à ação da graça de Deus, que pode surgir num momento sincero de oração, da contemplação da natureza, ou quando nos deparamos com nossos irmãos necessitados[1248]. A Palavra de Deus age plantando a semente e regando-a com a água do Espírito, para que o coração de pedra, insensível ao sofrimento do próximo, possa ceder lugar ao coração de carne.

3.3.2 Aliança entre a humanidade e o ambiente

Ao longo da história, o Rio de Janeiro foi a porta de entrada do turismo no Brasil, e o Cristo Redentor, o seu mais conhecido cartão-postal. O Pontifício Conselho para a Cultura, atento à dimensão pastoral do turismo religioso, recomenda que sejam tomadas iniciativas que permitam valorizar o patrimônio cultural religioso de cada nação, para transmitir aos mais jovens as riquezas da mensagem cristã[1249].

Ora, nas famílias católicas, é comum entrar na casa e ver, na sala de entrada, uma imagem ou um quadro do Sagrado Coração de Jesus. Assim sendo, não basta que a devoção se realize no quarto dos pais ou no cômodo dos filhos: a recomendação é de que a imagem seja exposta no lugar mais frequentado da casa, para que possa ser venerada por todos. Sobretudo, as famílias exercem a devoção através do ato de consagração ao Sagrado Coração de Jesus (Ef 5,18-28).

Neste sentido, em 1931, o Cardeal Leme realizou o Ato de Consagração do Brasil ao Sagrado Coração de Jesus, cuja imagem é honrada na sala de entrada do nosso país, o Monte Corcovado, no Rio de Janeiro[1250], como um sinal da nova aliança entre a humanidade e o meio-ambiente[1251]: "e reine nos vossos corações a paz de Cristo, à qual fostes chamados em um só corpo. E sede agradecidos" (Cl 3,15).

1248. AGOSTINHO. On grace and free will 15,31, p. 118.
1249. CONSELHO PONTIFÍCIO DA CULTURA. Para uma Pastoral da Cultura, n. 37.
1250. HARING, B. *O coração de Jesus e a salvação do mundo*, p. 103-106.
1251. FRANCISCO, PP. LS 209-215.

A devoção ao Sagrado Coração de Jesus, com fundamentação tanto no Antigo (Is 12,3) como no Novo Testamento (Jo 7,37-38), foi impulsionada na Modernidade pela aparição de Nosso Senhor a Santa Margarida Maria Alacoque, freira da Ordem da Visitação, de São Francisco de Sales. Naquela ocasião, Nosso Senhor fez 12 promessas a Santa Margarida, sendo a primeira de que sua bênção permaneceria sobre as casas onde fosse exposta e venerada a imagem do seu Coração, que deveria ser objeto de amor e de reparação[1252].

Teologicamente, a devoção ao Imaculado Coração de Maria[1253] está unida de forma intrínseca ao Sagrado Coração de Jesus, (At 4,32), também com cunho de oração e reparação (Lc 2,33-35): "meu Deus, eu creio, adoro, espero e amo-Vos. Peço-Vos perdão para os que não creem, não adoram, não esperam e não Vos amam"[1254].

No contexto da Encíclica *Laudato Si'*, os atos de reparação ao Sagrado Coração de Jesus adquirem uma perspectiva de reparação ecológica, pois o cuidado com a casa comum faz parte da nossa fé[1255]. Sendo assim, o culto ao Coração de Jesus aprofunda a nossa correspondência de amor ao amor divino[1256], que é o fundamento das nossas relações fundamentais[1257].

Desse modo, o objetivo principal da consagração ao Sagrado Coração é fazer com que o amor do criador corresponda ao nosso amor de criatura, e que reparemos, segundo a nossa pobreza, as injúrias inferidas pela humanidade ao amor incriado já que a própria terra está entre os pobres mais abandonados e

---

1252. HARING, B. *O coração de Jesus e a salvação do mundo*, p. 12: 1ª Promessa: A minha bênção permanecerá sobre as casas em que se achar exposta e venerada a imagem de Meu Sagrado Coração; 2ª Promessa: Eu darei aos devotos do Meu Coração todas as graças necessárias ao seu estado; 3ª Promessa: Estabelecerei e conservarei a paz em suas famílias; 4ª Promessa: Eu os consolarei em todas as suas aflições; 5ª Promessa: Serei refúgio seguro na sua vida e, principalmente, na hora da sua morte; 6ª Promessa: Lançarei bênçãos abundantes sobre os seus trabalhos e empreendimentos; 7ª Promessa: Os pecadores encontrarão, no meu Coração, fonte inesgotável de misericórdia; 8ª Promessa: As almas tíbias se tornarão fervorosas pela prática dessa devoção; 9ª Promessa: As almas fervorosas subirão, em pouco tempo, a uma alta perfeição; 10ª Promessa: Darei aos sacerdotes que praticarem especialmente essa devoção o poder de tocar os corações mais endurecidos; 11ª Promessa: As pessoas que propagarem esta devoção terão o seu nome inscrito para sempre no Meu Coração; E a grande Promessa: 12ª Promessa: A todos os que comungarem nas primeiras sextas-feiras de nove meses consecutivos, Eu darei a graça da perseverança final e da salvação eterna.

1253. AFONSO DE LIGÓRIO. Das festas solenes da Virgem Maria, e em primeiro lugar da sua Imaculada Conceição, p. 270.

1254. IRMÃ LÚCIA. Memórias, p. 77.

1255. FRANCISCO, PP. *LS* n. 64.

1256. PIO XII, PP. *HA* 5.

1257. FRANCISCO, PP. *LS* 70.

maltratados, com os quais Nosso Senhor Jesus se identificou[1258]: "a mim o fizestes" (Mt 25,40).

Ora, a ecologia integral solicita ao ser humano que atente mais para as suas três relações fundamentais[1259]. Logo, o coração é o centro mais íntimo do ser humano, a fonte interior de onde brotam as suas ações e pensamentos mais profundos (Lc 6,45). O coração é símbolo de totalidade e integralidade, através do qual conseguimos expressar nossas relações interpessoais de forma sadia. O Coração de Jesus é, portanto, o instrumento através do qual o amor de Deus vem ao nosso encontro de maneira corpórea[1260].

Assim sendo, pela fé, abrimo-nos a esta fonte de graças (Jo 7,37-38), que transforma o nosso coração de pedra num coração de carne (Ez 36,26), renovando as nossas mentes (Rm 12,2). Desse modo, fortalecidos em nosso homem interior, poderemos compreender a largura, o comprimento, a altura e a profundidade do amor de Cristo, que excede a todo o conhecimento (Ef 3,14-19). Nesta verdadeira conversão ecológica[1261], na qual descobrimos que cuidar da criação faz parte da essência da vida cristã[1262], compreendemos o significado das palavras de Jesus: "o zelo por tua casa me devorará" (Jo 2,17).

Por essa razão, a Igreja assume o protagonismo da educação para a aliança entre a humanidade e o ambiente ao reconhecer os erros de seus filhos no passado[1263], de forma particular, os erros cometidos durante a colonização, quando a obra de evangelização esteve atrelada à escravidão e à devastação ambiental, na união perniciosa entre a cruz e a espada, que deturpou os valores do Evangelho, assim como a recordação dos escândalos do passado pode representar um impedimento para que hoje o mundo creia, o pedido de perdão liberta e salva[1264].

Neste momento em que o Papa Francisco exorta os cristãos ao diálogo com a ciência[1265], a Igreja também deplora os atos passados de seus filhos que, por ignorância, puderam fazer pensar uma oposição entre a fé e a ciência[1266]. Assim, até certo ponto, estes cristãos colaboraram na gênese do ateísmo, escondendo o

---

1258. FRANCISCO, PP. LS 2.
1259. FRANCISCO, PP. LS 2.
1260. HARING, B. *O coração de Jesus e a salvação do mundo*, p. 6.
1261. FRANCISCO, PP. LS 216.
1262. FRANCISCO, PP. LS 217.
1263. FRANCISCO, PP. LS 209.
1264. CTI. *Memória e reconciliação*, n. 1-4.
1265. FRANCISCO, PP. LS 199-201.
1266. CONCÍLIO VATICANO II. GS 36.

verdadeiro rosto amoroso de Deus[1267]. Por isso, a Igreja abraça os irmãos separados com reverência fraterna e amor, pois não podem ser acusados pelo pecado de separação[1268].

Nem os judeus podem ser acusados indistintamente pela morte de Jesus, sejam aqueles que testemunharam a sua paixão, ou aqueles que hoje habitam conosco na casa comum[1269]. Finalmente, a fraternidade universal não seria possível sem reverência ao monoteísmo muçulmano para que, cicatrizando as feridas do passado, possamos olhar juntos com esperança para o futuro[1270].

Neste ínterim, o Papa Francisco convida-nos a trabalhar por uma nova solidariedade universal[1271], a começar por nós mesmos, pois a reparação socioambiental não pode se limitar em denunciar os problemas que o próximo está criando, mas exige cada vez mais que os mesmos indivíduos que clamam a Deus se tornem protagonistas de mudanças efetivas que impactem a vida da sociedade e do mundo em que vivemos. Por isso, a esperança não se encontra no irmão que pode fazer alguma coisa, mas em mim que já comecei a fazer algo em nome da fé.

Para alcançar este fim, a pequena via de amor exorta-nos a atentar para os pequenos gestos de comunhão, como uma palavra gentil, um sorriso, ou uma boa ação, pois a ecologia integral também é feita de gestos quotidianos[1272]. Nesse sentido, o que se fala aqui é da atitude de um coração presente em cada momento[1273], capaz de se admirar com os lírios do campo ou as aves do céu (Mt 6,25-34), e também de se compadecer de um estranho caído à beira do caminho (Lc 10,37), pois como o nosso coração é um só, o tratamento reservado à natureza não demora em transbordar no tratamento que é reservado aos nossos irmãos[1274].

Em última instância, o cuidado com a natureza faz parte de um estilo de vida em que devemos coabitar, como filhos do mesmo Pai[1275]. Por isso, a Igreja propõe ao mundo o ideal de uma civilização do amor caracterizada por novos hábitos, para colocar em prática a nova aliança desejada por Deus[1276].

1267. CONCÍLIO VATICANO II. GS 19.

1268. CONCÍLIO VATICANO II. UR 3.

1269. CONCÍLIO VATICANO II. NA 4.

1270. CONCÍLIO VATICANO II. NA 3.

1271. FRANCISCO, PP. LS 14.

1272. FRANCISCO, PP. LS 230.

1273. FRANCISCO, PP. LS 226.

1274. FRANCISCO, PP. LS 92.

1275. FRANCISCO, PP. LS 228.

1276. FRANCISCO, PP. LS 231.

3.3.3 A civilização do amor

> Louvado seja meu Senhor, com todas as tuas criaturas, especialmente o meu senhor irmão sol, o qual faz o dia e por ele nos alumia. E ele é belo e radiante com grande esplendor: de Ti, Altíssimo, nos dá ele a imagem. Louvado seja, meu Senhor, pela irmã lua e pelas estrelas, que no céu formaste claras, preciosas e belas. Louvado seja, meu Senhor, pelo irmão vento, pelo ar, pela nuvem, pelo sereno, e todo o tempo, com o qual, às tuas criaturas, dás o sustento. Louvado seja, meu Senhor, pela irmã água, que é tão útil e humilde, e preciosa e casta. Louvado seja, meu Senhor, pelo irmão fogo, pelo qual iluminas a noite: ele é belo e alegre, vigoroso e forte[1277].

O termo *"civilização do amor"* foi utilizado pelo Papa Paulo VI no domingo de Pentecostes de 1970. Naquela ocasião, o Santo Padre explicou que o derramamento do Espírito Santo inaugurou a civilização da paz e do amor no mundo, marcando também o nascimento formal da Igreja como Corpo Místico de Cristo. A palavra "civilização" supõe a superação de uma realidade desorganizada de conflito para uma sociedade onde reina a paz, a harmonia e a concórdia, como frutos do Espírito Santo[1278].

No *Cântico do Irmão Sol*, São Francisco de Assis faz uso de imagens da natureza que são representações do Espírito Santo: o vento, a água e o fogo. Estas imagens remetem ao nome hebraico do Espírito Santo, que é Ruah, e representa o vento e a respiração (Gn 2,7). O Espírito Santo é suave e pacífico como a respiração, e ao mesmo tempo é ousado como o vento impetuoso, capaz de sacudir as águas do oceano (Jo 3,8). Também, a água é um símbolo deste Espírito, pois é a fonte que nos lava e nos traz a vida (Jo 7,37-38). Assim, a água gera vida, purifica-nos por fora, o fogo a consome, purifica por dentro, como as línguas de fogo que desceram sobre a Igreja em Pentecostes[1279].

Na representação da estátua do Cristo Redentor, cada batizado é uma pedra viva marcada pela ação do Espírito Santo, para, reunidas, formar a Igreja de Cristo. Cada batizado contribui com seus atos como protagonista da construção da civilização do amor e, de modo particular, os fiéis leigos. Não vai existir uma civilização do amor se não for ecológica, e se cada cristão não assumir o compromisso de guardião da criação para enfrentar os desafios globais[1280].

1277. FRANCISCO DE ASSIS. O cântico do irmão Sol. LS 87.
1278. PAULO VI, PP. Regina Coeli em 17 de maio de 1970.
1279. CANTALAMESSA, R. *O canto do Espírito*, p. 7-12.
1280. JOÃO PAULO II, PP. CL 1.

Em 1992, o Rio de Janeiro foi sede da Conferência das Nações Unidas sobre o Meio Ambiente e o Desenvolvimento, a Eco-92. Um dos objetivos traçados foi a redação da Carta da Terra, publicada no ano 2000, tendo por objetivos principais: respeitar e cuidar da comunidade de vida, promover a integridade ecológica, promover a justiça social e econômica, a democracia, a não violência e a paz[1281].

Ainda em 1992, a Conferência Nacional dos Bispos do Brasil publicou o documento *A Igreja e a questão ecológica*, no qual indica que a criação, além de nos remeter ao criador, é lugar de sua presença, estimulando nos seres humanos o desenvolvimento das virtudes ecológicas[1282]. Estas virtudes, o louvor, a gratidão, o cuidado, a justiça, o trabalho e a sobriedade[1283], na perspectiva da Encíclica *Laudato Si'*, compõem os hábitos da civilização do amor[1284]. Para a juventude, em particular, a cultura de consumo torna o desenvolvimento destes hábitos um verdadeiro desafio[1285]. O Papa Francisco indica que as leis não são suficientes para formar uma cidadania ecológica, que só poderá surgir a partir da educação da juventude para as virtudes[1286].

A primeira virtude ecológica é o *Louvor*, indicada no título da Encíclica *Laudato Si'*. A partir da beleza das criaturas, São Francisco de Assis conseguia enxergar a beleza do criador[1287]. Os salmos nos exortam a louvar o criador (Sl 136,6), e convidam as outras criaturas a unirem-se ao nosso louvor (Sl 148,3-5), para que cada criatura possa glorificar a Deus (Sl 150,6)[1288]. Contudo, apenas o ser humano dá voz à criação de forma inteligente[1289], estabelecendo um vínculo de fraternidade com as criaturas, pois o mundo não é apenas um problema a resolver, mas um mistério a se contemplar na alegria e no louvor[1290].

A segunda virtude ecológica é a *gratidão*, que surge quando compreendemos que a criação é um dom de Deus que nos é entregue pelas mãos abertas do Pai nos convidando para a comunhão[1291]. A gratuidade da criação gera em nós

---

1281. BOFF, L. A Carta da Terra e a consciência planetária, p. 18-20.

1282. FRANCISCO, PP. LS 88.

1283. KUREETHADAM, J.I. *The ten green commandments of Laudato Si'*, p. 182.

1284. FRANCISCO, PP. LS 231.

1285. FRANCISCO, PP. LS 209.

1286. FRANCISCO, PP. LS 211.

1287. Gn 1,4; Sl 8,2; 104,1; Sb 3,3-5; Sb 13,5; Eclo 39,16; 43,1

1288. FRANCISCO, PP. LS 72.

1289. LEÔNCIO DE BIZÂNCIO. Apologetic Sermon II on the Holy Icons, p. 183.

1290. FRANCISCO, PP. LS 12.

1291. FRANCISCO, PP. LS 76.

gestos de gratidão e renúncia[1292], que nos capacitam a preservar e transmitir este dom às futuras gerações[1293]. A convivência saudável com a terra e com os pobres nos leva a buscar o consumo e a distribuição de alimentos saudáveis, carentes de contaminação.

As tragédias de Mariana e Brumadinho foram exemplos de como a ação dos seres humanos pode contaminar os ecossistemas com resíduos que comprometem a saúde alimentar, como dejetos, resíduos plásticos, hormônios e agrotóxicos. Infelizmente, o acesso aos alimentos saudáveis ou contaminados se torna mais um agravante da desigualdade social. A criação está nos dando sinais para que, ao olhar para o interior dos alimentos, possamos compreender que a nossa conversão interior só se dará de forma salutar se soubermos descontaminar os alimentos que consumimos e doamos para os pobres[1294].

O *cuidado* é outra importante virtude ecológica, não apenas em relação aos pequenos gestos de cuidado, mas também nas macrorrelações sociais, econômicas e políticas, pois o amor social demanda estratégias que detenham a degradação ambiental e a desigualdade social, incentivando o desenvolvimento de uma cultura de cuidado[1295]. A Encíclica *Laudato Si'* enfatiza que o ser humano deve cultivar e guardar a criação (Gn 2,5). O verbo "cultivar" implica lavrar ou trabalhar a terra, enquanto guardar significa proteger, cuidar, preservar. Isto quer dizer que o mandato de Deus estabelece uma relação de reciprocidade entre o ser humano e o planeta. Se, por um lado, recebemos a nossa subsistência da bondade do solo, por outro, devemos protegê-lo e garantir a sua vitalidade para as futuras gerações[1296].

A *justiça* torna-se uma importante virtude ecológica devido às profundas desigualdades que afetam o nosso país e o mundo. Alguns teólogos preferem usar o termo eco-justiça, cujo fundamento é o destino universal dos bens[1297], pois a terra é uma herança comum, cujos frutos devem beneficiar a todos[1298]. De forma alarmante, o meio ambiente tem sido poluído, maltratado e depauperado, sobretudo pela ação dos países ricos e das grandes corporações que ficam com a maior parte do lucro em detrimento dos pobres, que são também os que mais sofrem

---

1292. FRANCISCO, PP. *LS* 220.

1293. FRANCISCO, PP. *LS* 159.

1294. SILVA, A.L.R. Fundamentos agostinianos para a distribuição de alimentos saudáveis. *Anais*, p. 347-354.

1295. FRANCISCO, PP. *LS* 231.

1296. FRANCISCO, PP. *LS* 67.

1297. KUREETHADAM, J.I. *The ten treen tommandments of Laudato Si'*, p. 194.

1298. FRANCISCO, PP. *LS* 93.

pela escassez de recursos e pela mudança no clima. Esta é, certamente, uma postura completamente dissonante com a mensagem evangélica de paz, justiça, harmonia e fraternidade[1299]. A civilização do amor não chegará a existir se não houver justiça entre as gerações[1300].

Também, a questão da água se torna um problema grave[1301], sobretudo quando os recursos hídricos são explorados, poluídos e privatizados por poucos, negando o acesso a muitos. Nesse sentido, vilipendiar o acesso à água é um crime socioambiental, que demonstra que nossa sociedade vai se tornando cada vez menos humana[1302], enquanto o Cristo, mais uma vez, tem sede na cruz (Jo 19,28).

Por sua vez, o *trabalho* é uma virtude ecológica fundamental para a construção da civilização do amor. Qualquer abordagem ecológica deve levar em consideração o valor do trabalho, como verdadeira colaboração do ser humano com a ação criadora de Deus[1303]. O Papa Francisco cita os exemplos de São Bento[1304] e do Bem-aventurado Charles de Foucauld[1305].

De forma especial, a Encíclica *Laudato Si'* mostra como Jesus passou uma parte significativa da sua vida na oficina de São José, moldando com as mãos a matéria criada por Deus[1306]. Assim, Jesus nos mostra que o trabalho é uma necessidade humana, que dá sentido à nossa vida na terra, nos conduzindo para um caminho fecundo de maturação e desenvolvimento humano[1307].

A *sobriedade* também é uma virtude ecológica, pois hoje a casa comum está ameaçando ruir devido ao consumo desmedido de uma minoria, enquanto grande parte da população mundial vive na miséria. Por isso, o Papa Francisco pede por uma revolução cultural, com o desenvolvimento de estilos de vida sustentáveis, e com a redescoberta da ascese como cura para o consumismo desenfreado do nosso tempo (Lc 5,31).

Nesse sentido, a sobriedade é libertadora, abre-nos à generosidade e atrai sobre nós a bênção de Deus (1Rs 17,7-16; Lc 6,38). A devoção ao Sagrado Coração de Jesus, assim como a conversão ecológica, corresponde a um processo de mudança

---

1299. FRANCISCO, PP. LS 82.

1300. FRANCISCO, PP. LS 159.

1301. FRANCISCO, PP. LS 27-31.

1302. OSAVA, M.M. Cuidar da Irmã Água. *Anais*, p. 332-338.

1303. FRANCISCO, PP. LS 124.

1304. FRANCISCO, PP. LS 126.

1305. FRANCISCO, PP. LS 125.

1306. FRANCISCO, PP. LS 98.

1307. FRANCISCO, PP. LS 128.

pela via negativa e pela via positiva[1308]. O elemento negativo consiste na mudança da nossa mentalidade (Rm 12,2), em abandonar nossos velhos hábitos: "tirarei do vosso peito o coração de pedra" (Ez 36,26a).

Por outro lado, o elemento positivo consiste no dom de uma nova vida, em harmonia com toda a criação, na graça de Deus: "dar-vos-ei um coração de carne" (Ez 36,26b), como nos explica João Batista, apontando Jesus: "eis o Cordeiro de Deus, que tira o pecado do mundo" (Jo 1,29), e logo depois acrescenta: "ele batiza com o Espírito Santo" (Jo 1,33).

3.4 Eucaristia: Liturgia ecológica

Na Encíclica *Laudato Si'*, o Papa Francisco apresenta a Eucaristia celebrada sobre o altar do mundo, unindo o céu e a terra, abraçando e fecundando toda a criação[1309]. No contexto da citação, retirada da Encíclica *Ecclesia de Eucharistia*, fica clara a explicação de que mesmo o altar mais simples, no lugar mais singelo, torna-se altar do mundo na celebração da Eucaristia, num ato de amor Cósmico[1310].

Como cariocas, imediatamente vislumbramos o Monte Corcovado, primeiro como púlpito para o anúncio da palavra, e, depois, como altar do mundo, uma mesa nas alturas para o pão e para a palavra no alto da montanha onde, literalmente, a terra toca o céu. Com a devida reverência ao Santuário de Nossa Senhora de Fátima, também chamado *altar do mundo*, preferimos nos alinhar àqueles que chamam o Monte Corcovado de *altar do Brasil*[1311].

Eis o mistério da fé! As palavras do sacerdote, após a consagração do pão e do vinho, expressam o sentido da celebração da santa missa, "fonte e ponto culminante de toda a vida cristã"[1312]. O Papa João Paulo II ensina que "a Igreja vive da Eucaristia"[1313]. Este ensinamento nos recorda que o Santíssimo Sacramento nasce da Páscoa de Cristo, e a atualiza na vida dos cristãos. Simbolicamente, o Brasil também nasce da Páscoa de Cristo, pois, uma vez avistada pelos portugueses, aquela elevação que foi chamada *Monte Pascoal*, logo em seguida assistiu à celebração da primeira missa. A cruz, feita da terra, estava cercada dos índios, dos

---

1308. CANTALAMESSA, R. *O canto do Espírito*, p. 138.

1309. FRANCISCO, PP. LS 236.

1310. JOÃO PAULO II, PP. EE 8.

1311. LIMA, M. *Cristo Redentor do Corcovado*, p. 8.

1312. CONCÍLIO VATICANO II. LG 11.

1313. JOÃO PAULO II, PP. EE 1.

portugueses e das cores da Mata Atlântica, assim como a cruz do Monte Corcovado, também feita da terra, onde a missa é celebrada no meio da floresta.

3.4.1 Os sacramentos: a natureza assumida por Deus

Santo Agostinho ensina que, do lado aberto de Jesus na cruz, abriu-se uma porta da vida através da qual fluíram os sacramentos da Igreja, "e imediatamente saiu sangue e água" (Jo 19,34). Isto foi prefigurado quando Deus ordenou a Noé fazer uma porta na arca que salvou os seres humanos e os animais do dilúvio, numa imagem da Igreja, como barca da salvação.

São João Crisóstomo, por sua vez, ensina que a Igreja consiste da água e do sangue juntos, pois somos regenerados pela água do Batismo, e alimentados pelo sangue e pela carne da Eucaristia. Também, o padre da Igreja afirma que foi assim a origem dos sacramentos da Igreja[1314], nos quais os elementos da natureza foram assumidos por Deus e transformados em mediação de vida sobrenatural[1315].

Esta foi a experiência da mulher hemorroíssa, que por doze anos sofria de fluxo de sangue, até que tocou o manto de Jesus e foi curada: "alguém me tocou; eu senti que uma força saía de mim" (Lc 8,46). Aquela mulher deu testemunho do poder de Jesus, e o Senhor deu testemunho da sua fé: "minha filha, tua fé te salvou; vai em paz" (Lc 8,48). De modo semelhante, a natureza, assumida por Jesus, passa a fazer parte da liturgia, que é a participação do povo na obra pública de Deus em favor do povo[1316], para sanar a ruptura das três relações fundamentais do ser humano[1317].

Através desse culto de adoração a Deus em espírito e verdade (Jo 4,23), somos convidados a abraçar o mundo num plano diferente. Como fez Jesus, nos evangelhos, a água, o óleo, o vinho, o fogo e as cores são assumidos em toda a sua força simbólica nos sacramentos, e passam a fazer parte do louvor público da Igreja[1318], anunciando a chegada do Reino de Deus.

Jesus assume os elementos da natureza a partir da sua encarnação (Jo 1,1-18), sobretudo a nossa humanidade, que é feita dos elementos da terra (Gn 2,7), tornando o Reino de Deus presente entre nós por meio das suas palavras e ações. Assim, todas as criaturas do universo encontram sua origem e sentido mais pro-

---

1314. JOÃO CRISÓSTOMO. Homilies on the Gospel of John 85.3, p. 329.
1315. FRANCISCO, PP. LS 235.
1316. CEC 1069.
1317. FRANCISCO, PP. LS 66.
1318. FRANCISCO, PP. LS 235.

fundo no Verbo, que plantou em nossa materialidade um gérmen da transformação definitiva[1319].

Em suas parábolas, o Reino de Deus é como a menor das sementes, que se torna árvore frondosa para acolher os pássaros, ou como a água e o fermento que se misturam com a farinha, até que tudo esteja fermentado (Mt 13,31-33). O Reino dos Céus é como a boa semente plantada no campo do mundo, que dá bons frutos de trigo, enquanto o joio é queimado no fogo (Mt 13,36-43). O Reino é também semelhante à perola encontrada no campo, pela qual o ser humano vende tudo o que possui (Mt 13,44-46), ou como a rede lançada nas águas para colher os bons frutos do mar, enquanto o que é ruim é descartado (Mt 13,47-50).

Assim, Jesus mostra-nos que os seres humanos podem aprender os valores do Reino ao contemplar as aves do céu, que nosso Pai alimenta, ou os lírios do campo, que Deus veste numa glória maior do que a de Salomão. Através dos sinais da criação, Jesus nos ensina a buscar o Reino de Deus em primeiro lugar, para que tudo o mais nos seja acrescentado (Mt 6,25-34). Assim, na vida pública de Cristo, a natureza ganha cores de eternidade, para que os homens sejam capazes de ouvir os seus sons e de admirar as suas cores[1320].

A violência da ruptura de nossas relações fundamentais[1321] é sanada pela não violência das palavras e ações de Jesus. Ainda assim, Cristo encontra uma morte violenta na cruz, a madeira feita da terra, na qual é pregada a humanidade do seu corpo e derramada a divindade do seu sangue, para então, na força do Espírito Santo, religar o ser humano e a natureza à plena comunhão com o Pai[1322].

Assim, o Verbo de Deus, criador de todas as coisas (Jo 1,1-3), partilhou sua existência com o universo criado desde a sua encarnação até o ápice da sua entrega na cruz[1323]. A partir daí, o poder criativo e redentor de Deus transformou a entrega de Jesus numa nova criação, ainda mais plena de significado, a partir da glória da sua ressurreição, que brilha como o sol sobre a montanha, revelando a beleza renovada da obra do Pai[1324].

Sendo assim, a fé na ressurreição de Cristo é o eixo fundamental de difusão do cristianismo (1Cor 15,14), fortalecendo nossas motivações para cuidar da

---

1319. FRANCISCO, PP. LS 235.

1320. FRANCISCO, PP. LS 235.

1321. FRANCISCO, PP. LS 66.

1322. FRANCISCO, PP. LS 99.

1323. FRANCISCO, PP. LS 240.

1324. FRANCISCO, PP. LS 100.

natureza e dos pobres[1325], pois a presença de Deus os envolve misteriosamente[1326]. Por isso, o Papa Francisco ensina que a crise socioambiental requer que o ser humano busque respostas nas raízes da sua esperança (1Pd 3,15)[1327], para entender que o cristianismo não rejeita a matéria, pelo contrário, a abraça com o Cristo ressuscitado.

A crise socioambiental suscita uma conversão ecológica individual que permite florescer, na prática de vida do cristão, todas as consequências do encontro com o Cristo ressuscitado. Mais do que isso, torna-se necessário que a sociedade como um todo consiga vislumbrar o Cristo ressuscitado em comunhão com a natureza, pois não basta que o ser humano isolado seja melhor.

Desse modo, a Encíclica *Laudato Si'* mostra-nos que devemos responder aos problemas ecológicos não com a soma de esforços individuais, mas com o conjunto de redes comunitárias. Portanto, para criar uma nova cultura que seja duradoura, a conversão ecológica deve ser também uma conversão comunitária[1328].

Se os desmatamentos se multiplicam no mundo, é porque os desmatamentos interiores também se tornaram mais amplos, como quando deixamos de perceber a natureza presente na liturgia ou negligenciamos o cuidado com a casa comum[1329]. Na perspectiva de alguns cristãos, as paredes das igrejas os separam da natureza que os circunda no mundo, sem perceber que a natureza também faz parte da celebração no altar. Por isso, o Papa Francisco explica que não fugimos da natureza nem do mundo quando queremos nos encontrar com Deus[1330], pois o Verbo se fez carne para salvar o mundo (Jo 1,14), e nós somos chamados a ser sal da terra e luz do mundo (Mt 5,13-16).

Nos evangelhos, Jesus caminha a céu aberto pelos campos da Galileia, ora ao Pai nos montes, multiplica pães e peixes para saciar os famintos e cura um cego de nascença com lama feita da terra e da sua saliva (Jo 9,1-12). Assim, Jesus mostrava que o mesmo Deus que havia criado o homem com a argila da terra (Gn 2,7) agora também o curava com a argila da terra (Jo 9,6).

Como acontece na celebração sacramental, Jesus curou o cego com o anúncio da palavra (Jo 9,5) com a mediação da natureza e com o gesto litúrgico

---

1325. FRANCISCO, PP. LS 64.

1326. FRANCISCO, PP. LS 216.

1327. FRANCISCO, PP. LS 9.

1328. FRANCISCO, PP. LS 219.

1329. FRANCISCO, PP. LS 217.

1330. FRANCISCO, PP. LS 235.

(Jo 9,6). Por isso, quando seus discípulos lhe perguntaram o motivo pelo qual aquele homem nasceu cego, Jesus respondeu que era para que nele fossem manifestadas as obras de Deus (Jo 9,3)[1331].

Também, foi Jesus quem buscou o cego de nascença, pois procurava as ovelhas perdidas para lhes restituir a plenitude de vida. Assim como Cristo não ignorou o homem cego, os cristãos não devem ignorar os irmãos que desconhecem o evangelho da criação[1332], para que, juntos, todos possamos ouvir o grito da terra e o grito dos pobres[1333].

Por esse motivo, o Papa Francisco explica que a espiritualidade cristã não está dissociada do corpo, da natureza ou do mundo, mas está inserida no mundo, com tudo aquilo que nos cerca[1334]. Na Igreja primitiva, por exemplo, os cristãos ensinavam aos recém-convertidos sobre a importância de testemunhar a fé com uma vida no Espírito (Gl 5,16), e colocavam aquilo que tinham em comum, de modo a atender as necessidades materiais de cada um (At 2,42-45)[1335].

Assim sendo, o culto cristão não nos afasta da matéria, da corporeidade, da natureza ou dos pobres, mas, ao contrário, a liturgia, celebrada no altar do mundo, permite que a natureza e os seres humanos ergam juntos o seu louvor a Deus, como casa comum[1336].

De forma particular, a liturgia celebrada no Monte Corcovado, diante da estátua do Cristo Redentor, apresenta-nos a natureza assumida por Deus como instrumento de mediação para salvação do mundo, pois no alto da montanha, cercados pela beleza da criação, tomamos posse da linguagem de São Francisco de Assis para ler o livro da natureza, assim como lemos o livro das Escrituras e assim glorificar a Deus Pai pela mediação do Filho na força do Espírito Santo, com a água, o azeite, o fogo, o pão, o vinho e todas as cores da criação[1337]:

> As montanhas têm cumes, são altas, imponentes, belas, graciosas, floridas e perfumadas. Como estas montanhas, é o meu Amado para mim. Os vales solitários são tranquilos, amenos, frescos, sombreados, ricos de doces águas. Pela variedade das suas árvores e pelo canto suave das aves, oferecem

---

1331. IRENEU. Against Heresies 5.15.2, p. 324.

1332. AMBRÓSIO. Leter 67.1-2, p. 319.

1333. FRANCISCO, PP. LS 2.

1334. FRANCISCO, PP. LS 216.

1335. SANTANA, L.F.R. *Liturgia no espírito*, p. 181.

1336. FRANCISCO, PP. LS 235.

1337. FRANCISCO, PP. LS 235.

grande divertimento e encanto aos sentidos e, na sua solidão e silêncio, dão refrigério e repouso: como estes vales é o meu Amado para mim[1338].

3.4.2 Eucaristia: Elevação da criação

O Papa Francisco afirma que "a criação encontra a sua maior elevação na Eucaristia"[1339]. É possível compreender este ensinamento no alto da montanha, participando da celebração da santa missa, ao contemplarmos os frutos da terra erguidos no momento da consagração, acompanhando pela adoração dos homens e pelo louvor de toda a criação. Desse modo, o Monte Corcovado é como a patena em que se eleva o corpo de Cristo para adoração do mundo, pois Eucaristia é o sacramento da caridade[1340], nosso alimento de comunhão com Deus, no qual glorificamos o criador, antecipamos nossa presença na pátria celeste e somos educados para a missão de guardiões de toda a criação[1341].

"Não podemos, nós, deixar de falar das coisas que vimos e ouvimos" (At 4,20). Após a missa, na qual contemplamos o Cristo transfigurado (Lc 9,28-36), nós descemos a montanha para cumprir a missão do Redentor, confiada à Igreja[1342], para que todo ser humano tenha acesso a uma vida plena (Jo 10,10) e a criação seja guardada e cultivada na perspectiva da ecologia integral (Gn 2,15). A Igreja que vive da Eucaristia é solidária com o gênero humano, acompanhando-o nos diversos aspectos temporais da vida cristã, como a preservação ambiental[1343]. Esta, portanto, se trata de uma transformação do ser humano promovida pela graça, não no julgamento a partir do pecado e do mal.

"Quem dentre vós estiver sem pecado seja o primeiro a lhe atirar uma pedra!" (Jo 8,7). Os desafios da sociedade exortam a Igreja ao abordar questões espinhosas, como a relação entre o matrimônio e os novos paradigmas de família, a questão dos homossexuais na perspectiva do Evangelho e do direito civil e a crise socioambiental. Colocado à prova pelos fariseus diante da mulher surpreendida em adultério, Jesus permanece justo e misericordioso[1344], e sem dizer uma palavra

---

1338. FRANCISCO DE ASSIS. Cântico espiritual.

1339. FRANCISCO, PP. LS 236.

1340. BENTO XVI, PP. SCa 1.

1341. FRANCISCO, PP. LS 236.

1342. JOÃO PAULO II, PP. RMis 1.

1343. CONCÍLIO VATICANO II. GS 1.

1344. AGOSTINHO. Tractaes on the Gospel of John 33.4, p. 274.

escreve com o dedo na terra (Jo 8,6) o que seriam os pecados dos fariseus[1345], pois o Evangelho dá bons frutos na terra fértil, mas não em corações de pedra: "com o julgamento com que julgais sereis julgados" (Mt 7,2).

Atingidos pela voz da justiça, os acusadores foram embora um após o outro[1346], e com a voz da misericórdia, Jesus disse à mulher: "vai, e de agora em diante não peques mais" (Jo 8,11). Iluminados pela justiça e pela misericórdia, entendemos que o anúncio da ecologia integral, desprovido de partidarismos políticos, é uma parte intrínseca do Evangelho, para o aperfeiçoamento do ser humano[1347]. Para esta missão, somos alimentados por Deus na Eucaristia[1348], fruto da terra e do trabalho humano, que se tornam pão da vida e vinho da salvação[1349].

A Encíclica *Laudato Si'* destaca a expressão sensível da graça divina na Eucaristia, "quando o próprio Deus, feito homem, chega ao ponto de fazer-se comer pela sua criatura"[1350]. Por isso, nos primórdios da Igreja, os discípulos insistiam que o banquete eucarístico é mais do que um memorial, uma vez que ao utilizarem os termos *Ceia do Senhor* (1Cor 11,32) ou *fração do pão* (At 2,42) para se referirem à Eucaristia, os apóstolos ressaltavam o aspecto comensal da celebração eucarística[1351].

Nesse sentido, cada assembleia litúrgica reproduzia a experiência dos discípulos com o Cristo Ressuscitado: "recebei o Espírito Santo" (Jo 20,22)[1352]. Atenta ao mandato de Jesus, a assembleia fazia memória das maravilhas de Deus realizadas pelo povo (Lc 22,19), e invocava o Espírito Santo sobre o pão e o vinho, para que se tornassem o corpo e o sangue de Cristo: "tomai e comei, isto é o meu corpo; bebei dele todos, pois isto é o meu sangue" (Mt 26,26-27).

São João Damasceno explica que o Espírito Santo irrompe sobre o pão e o vinho e realiza aquilo que supera toda a palavra e todo o pensamento, do mesmo modo que a Virgem Maria, que concebeu do Espírito Santo (Jo 1,14)[1353]. O Papa Francisco explica[1354] que esta é uma expressão maravilhosa da graça, quando o

---

1345. JERÔNIMO. Against the pelagians 2.17, p. 274.

1346. AGOSTINHO. Harmony of the Gospels 4.10.17, p. 274.

1347. CONCÍLIO VATICANO II. GS 25.

1348. FRANCISCO, PP. LS 236.

1349. FINELON, V.G. A natureza assumida por Deus: a teologia litúrgica da Laudato Si', p. 182-183.

1350. FRANCISCO, PP. LS 236.

1351. TABERNEE, W. Os motivos para um retorno à Eucaristia, p. 906.

1352. SANTANA, L.F.R. *Liturgia no Espírito*, p. 179.

1353. JOÃO DAMASCENO. De fide ortodhoxa, CEC 1106.

1354. FRANCISCO, PP. LS 236.

próprio Deus, que se fez carne, dá-se como alimento aos seres humanos, para que também possamos dizer como São Paulo: "cristo vive em mim" (Gl 2,20).

A *Laudato Si'* também destaca a Eucaristia como evento cósmico de amor e de vida sem fim, através do qual todo o universo glorifica a Deus[1355], assim como uma sinfonia harmoniosa em suas melodias e acordes que glorificam o seu compositor[1356]. Aqui, o ser humano é o maestro desta sinfonia, e esperança de toda a criação, "pois a criação em expectativa anseia pela revelação dos Filhos de Deus" (Rm 8,19).

Assim sendo, a liberdade concedida aos seres humanos, como imagem e semelhança de Deus (Gn 1,26), faz parte orgânica do mundo material, sendo capaz de elevar toda a criação consigo ao seu destino último de transcendência[1357]. Ora, a pessoa humana "é a única criatura na terra que Deus quis por si mesma"[1358]. Portanto, o ser humano é o sacerdote da criação, capaz de elevá-la como oferta santa a Deus.

Posto isso, é preciso tomar consciência de que, como criaturas, não podemos querer ocupar o lugar do criador (Gn 3,5), para o qual tendemos, juntamente com toda a criação (Rm 8,22). Como bom sacerdote da criação, o ser humano é chamado a guardar e cultivar os frutos da terra (Gn 2,15), para apresentá-los em ação de graças ao criador. Nesta perspectiva ecológica, iluminada pelo sacerdócio comum dos fiéis[1359], percebemos a criação como Eucaristia, que apresentamos na patena como dote santo de adoração a Deus[1360].

Compreendendo o Monte Corcovado como esta patena, o universo inteiro transforma-se numa grande liturgia cósmica, através da qual "o mundo, saído das mãos de Deus, volta a Ele em feliz e plena adoração"[1361]. Neste sentido escatológico, a Eucaristia é performativa, pois gera fatos e mudança de vida[1362].

Na liturgia judaica, por exemplo, a oração da Berakah, que geralmente é traduzida como bênção, louvor ou ação de graças, define a tríplice relação do ser humano, com Deus, com a natureza e com o próximo[1363]. Trata-se, na verdade,

---

1355. FRANCISCO, PP. *LS* 236.

1356. IRENEU. Haer. 2.25.2-4, posição 6370.

1357. ZIZIOULAS, I. *A criação como Eucaristia*, p. 67-70.

1358. CONCÍLIO VATICANO II. *GS* 24.

1359. CONCÍLIO VATICANO II. *LG* 10.

1360. ZIZIOULAS, I. *A criação como Eucaristia*, p. 70-79.

1361. FRANCISCO, PP. *LS* 236.

1362. BENTO XVI, PP. *SS* 2.

1363. FRANCISCO, PP. *LS* 70.

de uma única relação integral, que não pode ser separada: Deus como criador, o mundo como dom e os seres humanos como irmãos e irmãs, com o qual este dom é compartilhado. A oração da bênção transforma o profano em sagrado (1Ts 5,18), fazendo do mundo um imenso santuário eucarístico que deve ser venerado e não destruído[1364].

Na redescoberta litúrgica de Cristo como sacramento primordial e fundamental do Pai (Jo 14,9; Cl 1,15), e da Igreja como sacramento de Cristo[1365], compreendemos também a sacramentalidade do mundo[1366] e do pobre (Mt 25,40). Na Igreja primitiva, mais do que uma ação individual de devoção ou adoração, a Eucaristia estava relacionada à práxis da assembleia, como expressão da atividade de toda a Igreja em relação a Deus, ao mundo e ao próximo. Em chave cristológica, a Eucaristia é, então, o corpo de Cristo, o Cristo integral, presente na assembleia litúrgica, na qual se faz memória, se atualiza e se vive a redenção de toda a criação[1367].

Por fim, o Papa Francisco apresenta a dimensão educativa da Eucaristia para o cuidado com a casa comum. Esta educação para outro estilo de vida e para a espiritualidade ecológica ocorre pela ação do Espírito Santo[1368], o grande pedagogo (Jo 14,26), que torna o Cristo presente na mesa do pão e na mesa da palavra[1369]. A ação do Espírito Santo na liturgia renova e transfigura a assembleia em Cristo, promovendo a santificação do ser humano e de toda a sociedade. Mais do que um anúncio do Evangelho, a liturgia eucarística nos traz a presença vivificante da voz e da pessoa de Cristo, que nos chama à comunhão[1370].

Desde a sua origem, a Igreja crê que a liturgia seja sua ação mais eficaz, em virtude da ação do Espírito Santo[1371]. Quando Jesus visitou Marta e Maria na casa de Betânia, Marta se agitava, "ocupada pelo muito serviço" (Lc 10,40), enquanto Maria permaneceu sentada aos pés do Senhor, ouvindo a sua palavra (Lc 10,39). Marta questiona Jesus, cuja resposta reflete o papel central da liturgia na vida dos cristãos: "Marta, Marta, tu te inquietas e te agitas por muitas coisas; no entanto,

---

1364. DI SANTE, C. *Liturgia judaica*, p. 47-55.

1365. CONCÍLIO VATICANO II. *LG* 1.

1366. FRANCISCO, PP. *LS* 236.

1367. ZIZIOULAS, I. *A criação como Eucaristia*, p. 79-82.

1368. SANTANA, L.F.R. *Liturgia no Espírito*, p. 12.

1369. CONCÍLIO VATICANO II, *SC* 7.

1370. ZIZIOULAS, I. *A criação como Eucaristia*, p. 90-93.

1371. CONCÍLIO VATICANO II, *SC* 7.

pouca coisa é necessária, até mesmo uma só. Maria, com efeito, escolheu a melhor parte, que não lhe será tirada" (Lc 10,41-42)[1372].

3.4.3 O repouso dominical

A estátua do Cristo Redentor está erguida sobre um pedestal de 8 metros, que abriga no seu interior uma capela com capacidade para 50 pessoas. Aos domingos, devido ao maior afluxo de pessoas, a celebração da Eucaristia acontece ao ar livre, diante da estátua. Na Encíclica *Laudato Si'*, o Papa Francisco apresenta a Eucaristia no contexto do domingo, no qual a humanidade é convidada a escolher a melhor parte (Lc 10,42) para estar na presença de Cristo no dia da sua ressurreição[1373] como celebração da nova criação[1374].

Assim como a criação passou a existir por meio dele (Jo 1,3), o Cristo ressuscitou como primícias dos que morreram (1Cor 15,20), para apresentar o Reino a Deus Pai (1Cor 15,24). Por isso, a ressurreição de Jesus, primeiro dia da nova criação, é a garantia da transfiguração final de toda a realidade criada[1375] e do descanso eterno do ser humano em Deus[1376]. Assim, a celebração da Eucaristia integra os elementos do banquete escatológico do Reino e do repouso dominical. Por esse motivo, o Papa Francisco explica que o ser humano tende a reduzir o repouso dominical ao ócio, retirando o significado espiritual de estar de forma contemplativa no domingo na presença de Deus[1377].

O antropomorfismo simbólico do Livro do Gênesis indica-nos mais do que o fato de o ser humano não estar no centro da criação (Gn 1,26), concluindo-se, assim, com o repouso sabático, no qual o ser humano e o mundo criado prestam ao criador um culto de adoração[1378]: "Deus abençoou o sétimo dia e o santificou, pois nele descansou depois de toda a sua obra de criação" (Gn 2,3). Assim, o ritmo da criação assume um significado cósmico orientado para o sábado, como sinal da aliança entre Deus e a humanidade.

A criação existe para a glória de Deus, que tem seu ápice no sétimo dia. Este culto de adoração implica um comportamento ético do ser humano em relação

---

1372. BOSELLI, G. *O sentido espiritual da liturgia*, p. 205-206.

1373. FRANCISCO, PP. *LS* 237.

1374. JOÃO PAULO II, PP. *DD* 8.

1375. FRANCISCO, PP. *LS* 237.

1376. CEC 2175.

1377. FRANCISCO, PP. *LS* 237.

1378. MURAD, A. *O núcleo da ecoteologia e a unidade da experiência salvífica*, p. 279.

à natureza e ao próximo, pois apenas assim o louvor elevado a Deus é realmente adoração (1Jo 4,20-21). Dessa forma, a celebração eucarística do domingo nos é oferecida como dia de cura das nossas relações[1379]. Deus criou o mundo por amor, fazendo-se um ser humano para que nós também pudéssemos amá-lo e espalhar o seu amor como bons administradores dos dons da criação[1380].

A perspectiva do repouso sabático ajuda a sociedade a superar tanto o antropocentrismo desordenado[1381], no qual a natureza pode se tornar meramente utilitária, quanto também o biocentrismo[1382], pelo qual se preserva a natureza prescindindo da humanidade. É somente aderindo a essa perspectiva que será possível ordenar todas as coisas para Deus numa ecologia integral, pois "tudo foi criado por Ele e para Ele" (Cl 1,16).

Nesse sentido, a integração entre o repouso sabático, na criação, e o banquete dominical, na redenção, ajuda-nos a superar a fragmentação da experiência salvífica na teologia e na prática cristã. O tratado clássico da consumação escatológica costuma dividir o juízo particular e o juízo universal em abordagens estanques, o que dificulta a conscientização individual do ser humano sobre a dimensão escatológica das suas três relações comunitárias fundamentais: "saireis com alegria e em paz sereis reconduzidos. Na vossa presença, montes e outeiros romperão em canto, e todas as árvores do campo baterão palmas" (Is 55,12)[1383].

A relação entre o sábado judaico e o domingo cristão permite-nos perceber o vínculo de unidade entre a criação, a redenção e a consumação, como eixos fundamentais da experiência de salvação cristã. No Antigo Testamento, o *Shabbat* era o memorial do Deus criador, que descansou no sétimo dia (Ex 20,11) e também do Deus que libertou o povo hebreu da escravidão no Egito (Dt 5,15).

Depois do exílio, o *Shabbat* passou a ser objeto de uma série de minúcias rituais e jurídicas (Ne 13,15-22) que, embora tenham se originado da veneração pelo preceito, tornaram sua observação onerosa para os judeus[1384]. Durante o ministério de Jesus, o repouso sabático era praticado pelos fariseus nos seus aspectos periféricos e formais. Por conseguinte, a denúncia profética de Jesus não era

---

1379. FRANCISCO, PP. LS 237.

1380. RATZINGER, J. *In the beginning*, p. 302.

1381. FRANCISCO, PP. LS 115.

1382. FRANCISCO, PP. LS 118.

1383. MURAD, A. O núcleo da ecoteologia e a unidade da experiência salvífica, p. 280.

1384. AUGÉ, M. *Domingo*, p. 31-32.

para abolir o ritual, mas para recuperar a sua autenticidade e levá-lo à plenitude (Mt 5,17-19)[1385].

Jesus anunciava o Reino de Deus no sábado (Mc 3,4-5), através de palavras, curas e sinais (Mc 3,1-6), demonstrando que "o Filho do Homem é Senhor até do sábado" (Mc 2,27). Aquilo que Deus realizou na criação do mundo e na libertação do seu povo teve cumprimento na morte e na ressurreição de Jesus[1386]. Assim, os cristãos consideravam o verdadeiro sábado *a pessoa de Jesus*[1387], e o dia da sua ressurreição, *o dia do sol*[1388], que levava o repouso sabático à sua plenitude[1389].

É providencial que o repouso dominical permita a ligação entre o dia do Senhor e o descanso civil, ressaltando a integralidade, na liturgia, entre a vida espiritual e a vida material. A alternância entre o trabalho e o descanso está inscrita no ritmo da vida como algo sagrado (Gn 2,2-3; Ex 20,8-11), permitindo que o ser humano renove suas energias, encontre sentido para o seu labor e consiga estar em comunhão com o criador[1390].

O repouso do trabalhador é um direito fundamental que deve ser garantido pelo Estado[1391], permitindo que o ser humano se abstenha do ativismo desenfreado, e adentre numa dimensão de receptividade, na qual o cuidado consigo mesmo lhe permita reconhecer os direitos e as necessidades dos outros: "amarás o teu próximo como a ti mesmo" (Mt 22,39). Até mesmo as atividades dominicais de lazer e de encontro tornam-se um momento de comunhão quando compreendidas na perspectiva do repouso dominical (1Tm 4,4-5), pois até mesmo o Cristo, que trabalhou como carpinteiro na obra da nossa salvação, teve momentos de repouso para descansar e estar em comunhão com o Pai (Mc 4,38).

Assim, a Eucaristia torna-se instrumento para que os homens superem o egoísmo e escutem o grito da terra e o grito dos pobres[1392]. Nesse sentido físico e espiritual de repouso, de renovação e de comunhão com Deus é que Jesus falou aos fariseus que "o sábado foi feito para o homem, e não o homem para o sábado" (Mc 2,27)[1393].

1385. DI SANTE, C. *Liturgia judaica*, p. 47-55.

1386. JOÃO PAULO II, PP. *DD* 18.

1387. GREGÓRIO MAGNO. Epis. 13,1: *Verum autem sabbatum ipsum redemptorem nostrum Iesum Christum Dominum habemus.*

1388. JUSTINO. Apol. 1,67 In: CEC 2174.

1389. INÁCIO DE ANTIOQUIA. Magn 9,1.

1390. JOÃO PAULO II, PP. *DD* 67.

1391. LEÃO XIII, PP. *RN* 24.

1392. FRANCISCO, PP. *LS* 237.

1393. NOVACIANO. The Trinity 11, p. 2.144.

A Eucaristia dominical, dia do Senhor (Ap 1,10), torna-se a Páscoa semanal do cristão, representando, ao mesmo tempo, o primeiro dia da nova criação (Cl 1,15) e o oitavo dia da eternidade[1394]. O domingo torna-se o dia do sol, pois o Cristo ressuscitado é como o sol nascente (Lc 1,78-79) que vem iluminar as nações (Lc 2,32). Por isso, o repouso dominical torna-se o dia da fé por excelência, no qual a Igreja faz memória de Cristo, atualiza sua Páscoa e glorifica a Deus Pai[1395].

O dia do Senhor é também o dia da Igreja que encontra na Eucaristia a fonte e o cume de toda a sua atividade[1396]. O movimento ascendente da liturgia eucarística é impulsionado pela memória da ressurreição, mas a alegria eucarística também é fruto do movimento descendente da *kenosis* de Jesus, que, despojando-se da sua glória, vem até nós na fração do pão, para nos impulsionar a uma vida de serviço[1397]. Alimentados com o Pão da vida, os cristãos são enviados da Missa à missão[1398].

Além de ser o dia do banquete e do repouso, o domingo também é o dia da solidariedade. São Justino escreve que os ricos doavam à Igreja de acordo com seu coração, para que os cristãos pudessem suprir as necessidades dos órfãos, das viúvas, dos doentes, dos prisioneiros e dos pobres[1399]. Na Igreja primitiva havia uma coleta para suprir as necessidades das Igrejas da Judeia (1Cor 16,2), e os cristãos eram reconhecidos pela prática da caridade (1Cor 13,1-13).

Assim sendo, o cristianismo não oferecia ao mundo um sistema dualista de oposição entre o material e o espiritual, pelo contrário, a liturgia eucarística exortava os cristãos a adorar a Deus de forma integral, pois a descida do Espírito Santo sobre o pão e o vinho enche a terra de paz, luz e alegria tornando possível também a subida de toda a terra ao céu[1400].

Dessa forma, o Monte Corcovado é como uma grande patena, pela qual, agraciado pelo dom de Pentecostes e pela presença de Cristo, o mundo é elevado ao Pai como oferenda eucarística. No Santuário Cristo Redentor, mediante a celebração eucarística, atualiza-se a obra da nossa redenção. Nós subimos a montanha para vislumbrar a estátua de pedra e temos um encontro com o Cristo verdadeiro, sobretudo nas espécies eucarísticas, da qual podemos comungar na mesa do

---

1394. AGOSTINHO. Epist. 55,17: *Ita ergo erit octavus, qui primus, ut prima vita seda eterna reddatur*.

1395. JOÃO PAULO II, PP. *DD* 28.

1396. CONCÍLIO VATICANO II. SC 10.

1397. JOÃO PAULO II, PP. *DD* 43.

1398. JOÃO PAULO II, PP. *DD* 45.

1399. JUSTINO. Apologia 1, 67, 6. In: JOÃO PAULO II, PP. *DD* 70.

1400. ZIZIOULAS, I. *A criação como Eucaristia*, p. 94-95.

pão. Encontramos o Cristo também na pessoa do ministro celebrante, quando as Sagradas Escrituras são lidas na mesa da Palavra e quando se faz presente na assembleia litúrgica, "pois onde dois ou três estiverem reunidos em meu nome, ali estou eu no meio deles" (Mt 18,20)[1401].

Assim, o domingo apresenta-se como a festa primordial do cristianismo, na qual o Cristo é adorado como criador e redentor do mundo, o princípio e a consumação do tempo[1402]. Como um grande ostensório, o Monte Corcovado eleva a Eucaristia de forma permanente sobre o Rio de Janeiro, para a bênção e a adoração dos fiéis, fazendo ressoar a promessa: "estou convosco todos os dias, até a consumação dos séculos" (Mt 28,20).

3.5 A Mãe do Cristo Redentor

A devoção a Nossa Senhora Aparecida é a principal característica da dimensão feminina do Santuário Cristo Redentor. Em 1930, Dom Sebastião Leme obteve do Papa Pio XI a declaração de Nossa Senhora Aparecida como padroeira do Brasil. Na ocasião, a imagem foi introduzida na capela do monumento, que foi inaugurado no dia da padroeira, 12 de outubro de 1931.

Logo, a presença da Mãe do Redentor na capela do Santuário é figura da Igreja, na ordem da fé, da caridade e da perfeita união com Cristo[1403], pois assim como as mulheres piedosas correram apressadamente para avisar os apóstolos sobre a ressurreição de Jesus (Mt 28,9-10), um grupo de 20.000 mulheres piedosas, lideradas pela escritora Laurita Lacerda, apresentou ao presidente Epitácio Pessoa um abaixo-assinado, solicitando autorização para a construção da estátua do Cristo Redentor.

Naquela ocasião, as mulheres foram protagonistas das duas campanhas de arrecadação para a obra, através do trabalho voluntário e da fé, representada nos nomes que escreveram no verso das pedras que formam o mosaico de pedra-sabão. Como sinal da dignidade da mulher diante de Deus, as mãos da estátua de Jesus foram esculpidas tendo as mãos de uma mulher como modelo[1404]. Assim, através do simbolismo do Cristo Redentor e de Nossa Senhora Aparecida, meditamos sobre o papel da mulher[1405] no cuidado com a casa comum.

1401. CONCÍLIO VATICANO II. *SC* 7.

1402. JOÃO PAULO II, PP. *DD* 74.

1403. CONCÍLIO VATICANO II. *LG* 63.

1404. AQUINO, M.L. *O Cristo do Corcovado*, p. 51.

1405. MURAD, A. (Org.). *Ecoteologia*: um mosaico, p. 210: Qualquer assunto importante para a humanidade é objeto da teologia, pois se relaciona com o desígnio criador e salvador em Jesus Cristo.

3.5.1 A mulher vestida de sol

Nossa Senhora Aparecida é um símbolo brasileiro diretamente ligado à estátua do Cristo Redentor, num ponto de interseção no qual a história vai ao encontro da ecoteologia para representar a mulher vestida de sol (Ap 12,1)[1406]. Inicialmente, a devoção à imagem de Nossa Senhora, encontrada em 1717 no Rio Paraíba do Sul, era limitada às cercanias do interior do estado de São Paulo e à cidade de Guaratinguetá. Com as notícias de graças e milagres alcançados por sua intercessão, a fama da imagem cresceu paulatinamente, mas ainda com cunho regional.

No século XIX, após a Proclamação da República, a devoção ganhou proporção nacional, com o incentivo do Cardeal Joaquim Arcoverde, arcebispo do Rio de Janeiro. Em 1904, a Igreja Católica coroou Nossa Senhora Aparecida como Rainha do Brasil[1407] e, posteriormente, em 1930, a proclamou padroeira da nossa nação, homenageando-a também na estátua do Cristo Redentor, em 1931.

Em 2017, na celebração dos 300 anos da devoção, a imagem ganhou um manto confeccionado por uma família aparecidence, em que está representada a bandeira nacional. Assim, na história do Brasil e na ecoteologia, Nossa Senhora Aparecida é a mulher vestida do sol da nossa terra e do sol da graça de Deus (Gn 3,21; Is 52,1; 61,10)[1408].

Embora os evangelhos sejam sóbrios a seu respeito, Nossa Senhora é apresentada em quatro momentos importantes da história da salvação: na encarnação, na qual o Verbo se faz seu Filho (Lc 1,26-38); a sua materna intercessão nas Bodas de Caná (Jo 2,1-11); a Páscoa de Jesus, que do alto da cruz a constituiu Mãe (Jo 19,25-27); e, em Pentecostes, quando estava no cenáculo junto aos apóstolos no derramamento do Espírito Santo (At 1,14).

Quis a vontade de Deus que a encarnação do Verbo fosse precedida pelo anúncio e pela aceitação de Maria, para que, assim como por uma mulher entrou a morte no mundo, também por uma mulher nos viesse a vida[1409]. O anjo a saúda com a expressão *Kecharitoméne* (Lc 1,28), que significa "*preenchida da graça*", no sentido de que Maria fora preservada do pecado em virtude dos méritos de Jesus,

---

1406. FRANCISCO, PP. *LS* 241.

1407. ALVAREZ, R. *Aparecida*, p. 181.

1408. MOLINA, F.C. Apocalipse. In: OPORTO, S.G.; SALVADOR GARCIA, M. *Comentário ao Novo Testamento*, p. 710.

1409. CONCÍLIO VATICANO II. *LG* 56.

que é *pleres cháritos*, cheio de graça (Jo 1,14)[1410]. Diante deste anúncio do plano da salvação, Maria diz sim à vontade de Deus (Lc 1,38).

Os Padres da Igreja entendem que por sua obediência, Maria desatou o laço da desobediência de Eva, contrapondo a incredulidade à fé[1411]. Numa perspectiva ecológica, Maria é a nova Eva, que com Jesus Cristo, o novo Adão, coopera na obra divina da redenção de toda a criação. Assim, Maria assume o papel da mulher por excelência, a "Mãe dos viventes" (Gn 3,20)[1412], por cuja descendência viria a salvação que esmagaria a cabeça da serpente (Gn 3,15). Por sua fé, Maria tornou-se causa de salvação para si mesma e para toda a criação[1413]: "Eu sou a serva do Senhor; faça-se em mim segundo a tua palavra" (Lc 1,38). Também, por sua obediência à palavra de Deus, Maria se tornou a mãe do redentor da criação, e a mãe de toda a criação redimida[1414].

Desse modo, Maria personifica uma solidariedade conectada com o húmus da terra, preocupada com a necessidade da natureza e dos pobres, que surge da comunhão de uma alma que engrandece o Senhor (Lc 1,46-56)[1415]. O Papa Francisco explica que, assim como cuidou de Jesus, Maria se volta com carinho e preocupação materna para o mundo criado[1416]. Nas Bodas de Caná, Nossa Senhora intercedeu junto ao seu Filho pela necessidade dos noivos, que não tinham mais vinho (Jo 2,3): "que queres de mim, mulher? Minha hora ainda não chegou" (Jo 2,4).

Jesus honrou sua mãe, usando o termo mulher, com o qual a identificou como a mãe dos viventes (Gn 3,15), e atendendo o seu pedido. Maria então diz aos seres humanos de todas as gerações "fazei tudo o que Ele vos disser" (Jo 2,5), porque a transformação da água em vinho atesta a presença do criador do universo entre nós.

Nesse sentido, apenas aquele que criou a água poderia transformá-la em vinho, e depois transformar o vinho em seu sangue, derramado pela redenção da criação[1417]. Era um sinal da abundância dos tempos messiânicos, que beneficiava

---

1410. JOÃO PAULO II, PP. *RMat* 11.

1411. IRENEU, Adv. Haer III, 22,4. *LG* 56.

1412. EPIFÂNIO. Haer 78.18. *LG* 56.

1413. IRENEU. Adv. Haer III, 22,4. *LG* 56.

1414. THURMOND, G. Ecology and Mary: an ecological theology of Mary as the new Eve in response to the Church's challenge for a faith based education in ecological responsibility.

1415. JOÃO PAULO II, PP. *RMat* 21.

1416. FRANCISCO, PP. *LS* 241.

1417. MÁXIMO DE TURIM. Tractates on the Gospel of John 9.5.1-3, p. 96.

os seres humanos e toda a criação, conforme a profecia: "naquele dia as montanhas gotejarão vinho novo" (Jl 4,18).

Após as Bodas de Caná, o Evangelho de São João apresenta Maria ao lado do Apóstolo João aos pés da cruz, onde escuta o mandato do Filho moribundo: Mulher, eis teu filho! (Jo 19,25). O Papa Francisco ensina que, assim como o coração de Maria sofreu a morte do seu Filho na cruz, ela também se compadece com o grito da terra, devastada pelos poderes deste mundo, e com o grito dos pobres, crucificados pela indiferença dos homens e pela desigualdade social[1418].

No alto do monte calvário há uma inversão de valores, pois os outros apóstolos desapareceram, e apenas as mulheres piedosas ficaram para vigiar com Jesus (Mt 26,38). Se os homens não tiveram a coragem para consolar o sofrimento de Deus, como então poderão mitigar o sofrimento da terra e dos pobres[1419]?

Assim sendo, a maternidade de Maria em relação à criação é dolorosa, mas em meio ao sofrimento, ela mantém a esperança na ressurreição. Na tradição cristã, a fé da Igreja subsistiu na perseverança de Maria na tristeza do sábado. Maria dá o exemplo de que toda ação virtuosa em relação à natureza e aos pobres deve ser precedida e acompanhada pela oração a Deus, como em Pentecostes, acompanhada dos apóstolos: "todos estes, unânimes, perseveravam na oração com algumas mulheres, entre as quais Maria, a mãe de Jesus, e com seus irmãos" (At 1,14).

Desse modo, Pentecostes inaugura o tempo escatológico da Igreja, na culminância da obra da salvação. O derramamento do Espírito Santo foi possível porque, através da sua encarnação, Jesus destruiu o muro de separação que existia entre o Paráclito e a nossa carne, e, com sua cruz, destruiu o muro do pecado que separava a humanidade e o Espírito Santo[1420].

Concebida sem pecado, plenificada da graça, esposa do Espírito Santo, que formou em seu ventre o corpo de Cristo, Maria é assunta ao céu ao final de sua vida terrestre, glorificada de corpo e alma, como "a mulher vestida de sol, tendo a lua sob os pés e sobre a cabeça uma coroa de doze estrelas" (Ap 12,1). Assim, Maria torna-se sinal de esperança para a consumação final de toda a Igreja, representada pelos 12 apóstolos e pelas 12 tribos de judá[1421], e como Mãe e Rainha de toda a criação que, com ela, em união ao Cristo ressuscitado, já alcançou as primícias da plenitude.

1418. FRANCISCO, PP. LS 241.

1419. CANTALAMESSA, R. *Maria, um espelho para a Igreja*, p. 141.

1420. CANTALAMESSA, R. *Maria, um espelho para a Igreja*, p. 151.

1421. CONCÍLIO VATICANO II. LG 68.

Maria, que conservava todas as coisas em seu coração (Lc 2,51), agora compreende plenamente o seu alcance e a profundidade, intercedendo pela humanidade diante de Deus, para que também nós possamos conservar e cultivar a criação[1422].

3.5.2 A dignidade da mulher

A famosa pintura de Rembrant, que tem por título *O Retorno do Filho Pródigo* (Lc 15,11-32), mostra o Pai abraçando seu filho com uma mão masculina e uma mão feminina, indicando-nos que Deus nos ama como um pai e como uma mãe: "por acaso uma mulher se esquecerá da sua criancinha de peito? Não se compadecerá ela do filho do seu ventre? Ainda que as mulheres se esquecessem eu não me esqueceria de ti" (Is 49,15-16).

O simbolismo das mãos femininas da estátua do Corcovado recorda-nos que, ao se encarnar, o Verbo de Deus assumiu a humanidade como um todo, independente de sexo, raça ou cor (Jo 1,14). Neste sentido, seria equivocado reivindicar qualquer tipo de superioridade ou discriminação do homem em relação à mulher, com base na revelação bíblica da criação e da redenção. Ora, a bênção de Deus a Abraão não se refere somente ao gênero masculino, e nem somente ao gênero feminino, mas ao povo de Deus como um todo (Gn 17,3-9). E Deus se lembra da sua aliança para sempre (Sl 105, 8)[1423].

São Justino, segundo Silva, já no segundo século do cristianismo, desenvolveu um discurso sobre a mulher que aproximasse a doutrina cristã das conquistas da medicina de sua época[1424]. Não são poucos os desafios que a biologia apresenta para a teologia, que se deve abrir com serena atenção às conquistas da medicina.

Também, as ciências biológicas devem deixar de desconfiar da teologia como se esta fosse incapaz de produzir um discurso científico sobre o mundo da mulher. Seja lá como for, uma ecoteologia protagonizada pela mulher, enriquecida pela sensibilidade própria que o Papa Francisco promove quando estende o ministério do leitorado e do acolitado às mulheres[1425], parece fornecer os recursos

---

1422. FRANCISCO, PP. LS 241.

1423. FRANCISCO, PP. Deus ama cada um como um pai e como uma mãe. Meditações matutinas na santa missa celebrada na capela da casa Santa Marta em 22 de março de 2018.

1424. SILVA, A.L.R. A visão de São Justino sobre a mulher: personagens e notícias, p. 583: [...] para acreditarmos que São Justino estivesse pensando no processo de fecundação segundo a análise da medicina antiga. Segundo a teoria que Galeno herdara de Hipócrates, o sangue humano nasceria do sêmen humano. O simples fato de São Justino ser favorável à associação das funções de um composto e outro já indica uma grande aproximação dos interesses da medicina antiga.

1425. FRANCISCO, PP. Carta Apostólica Spiritus Domini.

indicados para a superação da desigualdade de gênero e as conquistas sociais ainda tão necessárias. Neste sentido, as mãos do Cristo Redentor não querem ser um símbolo velado das iniciativas femininas, mas representam, pelo contrário, a efetiva participação da irrenunciável ação da mulher na construção da obra divina.

A presença das mulheres tem crescido de forma positiva no âmbito social e nos organismos eclesiais, fecundando, com sua sensibilidade feminina, a construção da sociedade e a experiência de Deus. Um exemplo luminoso é a proclamação de Santa Catarina de Sena, Santa Teresa de Ávila, Santa Hildegarda de Bingen e Santa Teresa de Lisieux como Doutoras da Igreja, exercendo influência positiva na espiritualidade ecológica e no cuidado com a casa comum[1426].

O corpo da mulher, como exemplificado na estátua do Cristo Redentor, torna-se caminho para o enriquecimento da reflexão sobre a espiritualidade, a mística e a teologia, através do qual as mulheres apresentam suas experiências como presença real de Cristo para a sociedade. Estes mesmos corpos que, em sua delicadeza, nos trazem o amor, o alimento e a vida, são também vilipendiados de forma inaceitável na sociedade[1427].

Ora, os crimes de violência e de discriminação contra a mulher são tão graves para o equilíbrio ecológico do planeta como a devastação das florestas e a extinção das espécies, pois a violência de gênero fere a ordem da criação, na qual a mulher é a mãe de todos os viventes (Gn 3,20). Por exemplo, o estupro, a violência doméstica ou no trabalho, o assédio sexual, o infanticídio feminino ou o feminicídio são agressões cruelmente perpetradas contra as mulheres. Que não dizer ainda sobre a prostituição forçada ou o tráfico de mulheres, geralmente perpetrados por organizações criminosas ou também sobre a violência policial, o aborto ou a esterilização forçados, o apedrejamento e a flagelação, na esfera de responsabilidade do Estado[1428]?

O Papa Francisco ensina que uma ecologia integral exige que o ser humano dedique tempo para recuperar a harmonia serena com a criação, dentro do amor e da unidade desejada por Deus[1429]. Dessa forma, a recuperação do equilíbrio ecológico das nossas relações passa pelo reencontro da doação de amor original entre

---

1426. FRANCISCO, PP. LS 230: O exemplo de Santa Teresa de Lisieux convida-nos a pôr em prática o pequeno caminho do amor, a não perder a oportunidade de uma palavra gentil, de um sorriso, de qualquer pequeno gesto que semeie paz e amizade. Uma ecologia integral é feita também de simples gestos cotidianos, pelos quais quebramos a lógica da violência, da exploração e do egoísmo.

1427. BINGEMER, M.C. A eucaristia e o corpo feminino.

1428. CASIQUE, L.; FUREGATO, A.R. Violência contra mulheres: reflexões teóricas.

1429. FRANCISCO, PP. LS 225.

o homem e a mulher[1430] que eram como uma só carne (Gn 2,24). Santo Efrém reflete que antes de Eva estar na mente de Adão, ela já estava unida com ele no corpo e na alma (Gn 2,21)[1431]: "esta, sim, é osso de meus ossos e carne da minha carne!" (Gn 2,23).

O Papa Francisco explica que a ecologia humana, pela qual restauramos nossas relações, deve respeitar as raízes éticas e espirituais escritas no próprio coração do homem. Assim, a Encíclica *Laudato Si'* ensina que a humanidade deve respeitar a alteridade e a complementariedade do corpo masculino e do corpo feminino, que são vocacionados a enriquecer-se mutuamente (Gn 2,27) para gerar a vida. A Encíclica *Laudato Si'* apresenta a aceitação do próprio corpo, como dom de Deus como requisito para aceitar a ordem natural, como dom do Pai[1432].

Ora, Eva obedeceu à palavra da serpente e gerou a morte (Gn 3,13) enquanto Maria obedeceu à Palavra de Deus e gerou a vida (Lc 1,38)[1433], que é Cristo: "assim como pela falta de um só resultou a condenação de todos os homens, do mesmo modo, da obra de justiça de um só, resultou para todos os homens justificação que traz a vida" (Rm 5,18). Associada à obra da redenção de Jesus, Maria, Mãe de Deus, representa a restauração da dignidade da mulher[1434], pela qual as gerações a proclamarão bem-aventurada (Lc 1,48).

Os cristãos erguem os olhos para Maria, invocando a sua interseção para imitar a sua caridade e crescer em santidade[1435]. Em Maria, a mulher é elevada pela graça de Deus acima dos anjos e de todas as criaturas, logo abaixo de seu Filho, e por isso os cristãos a honram com um culto especial de veneração na liturgia e na piedade popular. O magistério da Igreja ensina que a veneração a Maria em muito contribui para o culto de adoração a Trindade[1436], e para o desenvolvimento, no povo de Deus, de uma verdadeira espiritualidade ecológica[1437].

Como modelo de uma relação restaurada entre o homem e a mulher, a Encíclica *Laudato Si'* apresenta a virtude humilde, generosa e trabalhadora de São José, o homem jovem e santo que guardou Maria e Jesus das injustiças de seu tempo (Mt 2,13-15). Na oficina de José, Jesus aprendeu a trabalhar a matéria em sua

---

1430. FRANCISCO, PP. LS 210.

1431. EFRÉM. Commentary on Genesis 1,29-2, p. 35.

1432. FRANCISCO, PP. LS 155.

1433. JERÔNIMO. Epist. 22,21: PL 22,408, LG 56.

1434. JOÃO PAULO II, PP. MD 2.

1435. CONCÍLIO VATICANO II. LG 64.

1436. CONCÍLIO VATICANO II. LG 66.

1437. FRANCISCO, PP. LS 241.

humanidade, assim como também a criava e moldava em sua divindade[1438]. São José, o judeu piedoso que acreditou no sonho (Mt 1,20) e não teve medo de amar a Deus, a sua esposa e o seu filho adotivo, ensina-nos também, com seu exemplo luminoso, a trabalhar com generosidade e ternura na proteção da casa comum[1439]. Assim, a Encíclica *Laudato Si'* apresenta a família como o lugar privilegiado onde a vida humana pode crescer, como dom de Deus, com respeito pela criação que nos rodeia[1440].

3.5.3 Maria como modelo da Igreja em missão

Passados dois mil anos, percebemos que o mandato de Jesus à sua Igreja (Mt 28,19-20) ainda está longe de terminar[1441], especialmente no que concerne ao anúncio do Evangelho da criação, no qual os cristãos assumem a missão de guardar e cultivar a terra (Gn 2,15), nossa casa comum[1442]. Maria, a Mãe de Deus, é modelo para a Igreja nesta missão, por sua santidade, fé e caridade, em virtude da sua perfeita união com Cristo, que se reflete em sua materna solicitude pelos seres humanos e por todas as criaturas[1443], uma vez que foi para a redenção desta terra que Maria, a mãe de todos os seres vivos, gerou no seu ventre o seu Filho Jesus, o Verbo de Deus que se fez carne (Jo 1,14)[1444].

Nesse sentido, a Igreja contempla o seu exemplo, cumprindo a vontade de Cristo (Mt 16,16-20; Jo 19,25-27), para também tornar-se mãe e mestra[1445], e para gerar filhos para um novo céu e uma nova terra (Ap 21,1), onde o ser humano estará em paz com o criador e com toda a criação[1446].

Assim sendo, Maria constitui uma carta de Cristo à sua Igreja, "escrita não com tinta, mas com o Espírito de Deus vivo, não em tábuas de pedra, mas em tábuas de carne, isto é, nos corações" (2Cor 3,3). Na Virgem Maria, a Igreja já alcançou a perfeição sem mancha nem ruga à qual os cristãos aspiram em sua peregrinação na terra, procurando, com isso, imitá-la nas suas virtudes, invocando a

---

1438. FRANCISCO, PP. *LS* 98.
1439. FRANCISCO, PP. *LS* 242.
1440. FRANCISCO, PP. *LS* 213.
1441. JOÃO PAULO II, PP. *RM* 1
1442. FRANCISCO, PP. *LS* 2.
1443. AMBRÓSIO. Expos Lc 2,7.: PL 15, 1555, *LG* 66.
1444. FRANCISCO, PP. *LS* 2.
1445. JOÃO XXIII, PP. *MM* 1.
1446. CONCÍLIO VATICANO II. *LG* 64.

sua materna intercessão. Através do exemplo desta mulher, os cristãos se tornam conscientes de sua participação na tríplice missão de Cristo, no seu múnus sacerdotal, profético e real, que se reflete no cuidado com a casa comum[1447].

Um sacerdote, a exemplo de Jesus, é alguém que estabelece pontes entre Deus, a natureza e os homens[1448]. Esta reconciliação entre o criador e sua criação produz nos seres humanos um sentimento de plenitude e integração, que se reflete em sua inserção na sociedade, na família e no trabalho, gerando a paz social. O sacerdócio comum dos fiéis se constitui em primeiro lugar, nesta harmonia que Deus deseja cultivar com os seres humanos criados à sua imagem e semelhança (Gn 1,26).

Neste sentido, Maria aponta-nos sempre para Cristo, com a sua palavra (Jo 2,5), com o seu exemplo e com a sua intercessão. Um exemplo disso são as aparições de Nossa Senhora em Fátima e em Lourdes, que são um convite à penitência, à vida sacramental e à oração, sem as quais o cuidado dos cristãos com a natureza e com os pobres perdem sua luz e sabor (Mt 5,13-14)[1449]. Tanto em Portugal como na França a devoção a Nossa Senhora cresce com significados ecológicos, por meio do símbolo do Sol e da nascente das águas.

Através do múnus profético, os cristãos tornam-se intérpretes da mensagem de Deus à humanidade, como uma verdadeira carta de Cristo, ao qual nos configuramos a partir do nosso batismo. Assim, nos primórdios da Igreja, Maria presidia a oração no cenáculo de Pentecostes, tornando-se a estrela referencial desta nova evangelização[1450], em que anunciamos um novo estilo de vida liberto do consumismo desenfreado, capaz de se admirar-se, no silêncio da alma, com o esplendor da criação[1451].

Portanto, diante da urgência da crise socioambiental, somos chamados a nos colocar apressadamente ao encontro dos nossos irmãos (Lc 1,39), para lhes anunciar a alegria do Evangelho da salvação[1452] que os liberta da cultura de morte e dos ávidos dominadores deste mundo (Ef 6,12)[1453]. Há um estilo mariano na atividade evangelizadora da Igreja, no qual percebemos que a oração, a humil-

---

1447. CONCÍLIO VATICANO II. *LG* 31-36.

1448. FRANCISCO, PP. *LS* 70.

1449. FRANCISCO, PP. *LS* 70.

1450. PAULO VI, PP. *EN* 82.

1451. FRANCISCO, PP. *LS* 225.

1452. FRANCISCO, PP. *EG* 1.

1453. CONCÍLIO VATICANO II. *LG* 35.

dade e a ternura não são virtudes de fracos, mas de pessoas que encontraram sua harmonia em Deus[1454].

Ademais, o profeta é o homem que vive as bem-aventuranças da pobreza, da humildade, do desejo da justiça e da paz, da aceitação do sofrimento, da perseguição e da caridade, que lhe trazem uma profunda paz interior (Mt 5,1-12). Assim, o profeta anuncia à humanidade, com palavras e atos, o Evangelho da verdade e da esperança, pelo futuro da nossa casa comum[1455].

"Sede meus imitadores, como eu mesmo sou de Cristo" (1Cor 11,1). As palavras de São Paulo aos Coríntios refletem o exemplo de Maria, como Rainha da criação[1456], para o exercício do múnus régio de todos os cristãos. Pois assim como Ester no palácio do rei, Maria não esquece do seu povo ameaçado pela pobreza e pela devastação ambiental (Es 7,3). Como explicou Santa Teresa de Liseux[1457], Maria passa sua eternidade no céu fazendo o bem na terra, intercedendo pelos seres humanos e por toda a criação[1458].

Para os cristãos, servir a Cristo é reinar, preservando a natureza e saciando a fome dos pobres. Pois a criação também aguarda a libertação das amarras da corrupção para entrar na liberdade da glória dos filhos de Deus (Rm 8,21). No sentido teológico, um rei é alguém capaz de atender às necessidades do seu povo, ordenando seus dons e carismas para Deus. Iluminados pelo exemplo de Maria, os cristãos são chamados a reconhecer a dignidade da natureza e de cada criatura, para que o mundo seja impregnado do espírito de Cristo e reine a justiça, a caridade e a paz[1459].

Na vontade de Deus está a nossa paz (Mt 6,10), pois o Reino de Deus "é justiça, paz e alegria no Espírito Santo" (Rm 14,17). Não nos falta a intercessão de Maria quando precisamos do vinho do Espírito Santo (Jo 2,3). Durante sua vida terrena, Jesus era o Filho de Deus de maneira oculta, na humildade da carne, mas com sua ressurreição revela-se o Filho de Deus em todo seu poder (Rm 1,3-4). Maria, da mesma forma, intercedia pelos homens na humildade e no escondimento, mas agora, associada à glorificação de seu Filho, intercede por nós e pelas criaturas como Mãe de Deus em todo o seu poder[1460].

1454. FRANCISCO, PP. *EG* 288.
1455. JOÃO PAULO II, PP. *RMis* 91.
1456. FRANCISCO, PP. *LS* 241.
1457. TERESA DE LISIEUX. Novissima Verba p. 222.
1458. JOÃO PAULO II, PP. *RMat* 8.
1459. CONCÍLIO VATICANO II. *LG* 36.
1460. CANTALAMESSA, R. *Maria, um espelho para a Igreja*, p. 223.

Portanto, a construção desta sociedade pacífica não pode prescindir do respeito pela vida nem do sentido da integridade da criação, cuidando da terra e dos pobres, para estar em paz com o criador[1461]. Como indica a estátua do Cristo Redentor, Deus continua presente no coração deste mundo e nunca nos abandona porque nos ama e deseja nos capacitar a encontrar novos caminhos. *Laudato si', mi' Signore*[1462].

1461. JOÃO PAULO II, PP. Mensagem para a celebração do XXIII Dia mundial da Paz.
1462. FRANCISCO DE ASSIS. Cantico delle creature. Fonti Francescane, p. 263.

Conclusão

A conclusão deste trabalho coincidiu com o início da campanha de vacinação contra a covid-19 no estado do Rio de Janeiro. O ato simbólico da primeira vacinação aconteceu no Monte Corcovado, na tarde do dia 18 de janeiro de 2021, e foi precedido por um momento inter-religioso de oração aos pés da estátua do Cristo Redentor. Estavam presentes o arcebispo do Rio de Janeiro, o reitor do Santuário, o governador do Estado, o prefeito da cidade e agentes da Secretaria Municipal de Saúde, além de vários líderes religiosos. Após a saudação inicial do arcebispo[1463], cada representante proferiu uma mensagem de esperança e de paz para a sociedade, e o encontro foi concluído com a Oração de São Francisco[1464].

O ato simbólico de vacinação atesta a importância do Santuário Cristo Redentor no diálogo entre a Igreja e a sociedade. O evento teve grande visibilidade na imprensa e representou um alento de esperança para a população. Assim, o cume do Monte Corcovado fica caracterizado como um púlpito, através do qual não só a Igreja pode anunciar o Evangelho a todas as nações, mas também as demais denominações cristãs, em diálogo ecumênico, e as diversas religiões, em diálogo inter-religioso.

A estátua do Cristo Redentor, de braços abertos, apresenta a Igreja Católica em postura de acolhimento, abertura e diálogo, como característica dos caminhos traçados pelo Concílio Vaticano II e pela Encíclica *Laudato Si'*, para a preservação de nossa casa comum. O rosto do Cristo Redentor, sereno e bondoso no alto da

---

1463. TEMPESTA, O. Encontro inter-religioso no Cristo Redentor: Sem imaginar a data do início da vacinação, já havíamos marcado esse encontro com o desejo de rezar e refletir sobre a esperança e a paz. Muitas religiões estão aqui reunidas, aos pés do Redentor, demonstrando a importância e a necessidade do diálogo ecumênico e inter-religioso. É uma oportunidade de presenciarmos a história dessa cidade de São Sebastião do Rio de Janeiro. Tudo isso acontece durante a Trezena do santo mártir, cuja imagem está peregrinando por toda a arquidiocese, neste ano, de uma maneira diferente, com mais precauções por causa da pandemia. Que São Sebastião, o mensageiro da esperança, possa nos inspirar a ter confiança e esperança no Senhor, e que sejamos animados construtores da paz.

1464. FRANCISCO DE ASSIS. Cantico delle creature. Fonti Francescane, p. 263.

montanha, voltado para a natureza, representa a harmonia do Verbo encarnado com toda a criação, e um convite para que o ser humano faça o mesmo.

O Monte Corcovado também foi apresentado com um altar, através do qual o próprio Cristo eleva a criação como Eucaristia a Deus Pai. Além da Eucaristia, à exceção do Sacramento da Ordem, todos os demais sacramentos são celebrados com frequência no Santuário Cristo Redentor. Portanto, no âmbito ecológico, cultural e litúrgico, o Monte Corcovado é caracterizado como um verdadeiro santuário, um lugar sagrado que favorece a cultura do encontro entre Deus, a natureza e os seres humanos. Desse modo, constatamos que a caracterização do Monte Corcovado como santuário ainda é uma realidade relativamente nova a ser assimilada tanto pela Igreja como pela sociedade em geral, embora fosse esta a concepção original do monumento.

A visita ao Cristo Redentor, no âmbito do turismo ou da peregrinação, suscita o diálogo entre a Igreja e o Estado, pois, se o direito de imagem da estátua e sua propriedade patrimonial pertencem à Arquidiocese do Rio de Janeiro, a quem foi cedida a administração do cume do Monte Corcovado, o acesso ao monumento passa, necessariamente, pelo Parque Nacional da Tijuca, administrado pelo Instituto Chico Mendes de Conservação da Biodiversidade, uma autarquia em regime especial vinculada ao Ministério do Meio Ambiente. Não nos cabe, dentro do escopo deste trabalho, analisar as minúcias deste diálogo, mas podemos concluir que, em ambos os casos, o mirante do Santuário Cristo Redentor, que é um lugar único no mundo para a contemplação da natureza, serve à causa conjunta da preservação ambiental e da busca de soluções para a desigualdade social.

Ao longo deste trabalho, demonstramos que a história e o simbolismo do Santuário Cristo Redentor adequam-se à mensagem da Encíclica *Laudato Si'*, sobre o cuidado com a casa comum. O primeiro capítulo, sobre a Teologia da História do Santuário Cristo Redentor, apresentou os problemas socioambientais que estão acontecendo no planeta, a partir da nossa perspectiva nacional, fazendo emergir as questões da devastação ambiental, do racismo e da vacinação contra a covid-19.

Apesar de todas as vicissitudes humanas, foi possível constatar que a História da Salvação mais uma vez se repete nas diversas fases da história do Brasil, muito particularmente interpretada neste trabalho à luz do Cristo Redentor. Notamos que dessa história foi possível individualizar três momentos que infelizmente acabam reaparecendo em nossos dias com grande repercussão: o racismo, as queimadas do Pantanal e da Amazônia e a covid 19, que encontram o seu sentido comum, como propomos, no alarmante grito *I can't breathe*, ou seja, eu não posso respirar. O peito aberto do Cristo Redentor indica uma luz para que essas situações tão profundas sejam transformadas.

Enquanto o segundo capítulo relacionou os dois eixos teológicos do monumento, a cristologia e a soteriologia, ao evangelho da criação, demonstrando que a ecologia integral corresponde à soteriologia universal, o terceiro capítulo refletiu sobre os cinco eixos simbólicos fundamentais do monumento, a Cruz, a Ressurreição, o Sagrado Coração de Jesus, a Eucaristia e Nossa Senhora Aparecida, para o desenvolvimento da educação e da espiritualidade ecológicas na população.

A ecoteologia resultante apresentou a cruz como a nova árvore da vida plantada no Jardim do Corcovado, e o ser humano como grande jardineiro da criação, e não o seu devastador, numa superação do paradigma antropocêntrico desordenado para conduzir todas as coisas ao repouso dominical em Deus. De forma adequada ao núcleo temático da ecoteologia, a criação, a encarnação e a redenção foram apresentadas numa legítima e original relação de interdependência através do simbolismo da montanha e da estátua do Cristo Redentor, demonstrando que todo o ecossistema, e não apenas o ser humano, participa do projeto salvífico divino.

Desse modo, a ereção canônica do primeiro santuário a céu aberto do mundo foi apresentada dentro do contexto da nova evangelização com novo ardor, novos métodos e nova expressão para propor a perene novidade da mensagem cristã. O diálogo entre a fé e a cultura foi apresentado, de forma modelar, através do encontro entre o cristianismo e a música popular brasileira, a partir da estátua do Cristo Redentor.

Assim sendo, viu-se que o Santuário Cristo Redentor tem grande potencial para a obra da evangelização, tanto no anúncio do Evangelho para o mundo como no acolhimento das pessoas para uma experiência de alegria e paz naquele platô. De forma particular, propomos que seja aprofundado o estudo da cristologia e da soteriologia no Santuário Cristo Redentor, para que o monumento possa difundir ainda mais o anúncio da salvação. Nesse ínterim, também constatamos que as mídias digitais constituem uma plataforma fecunda para fazer chegar a todo o mundo, em vários idiomas, o significado teológico da mensagem simbólica da estátua do Cristo Redentor.

Foi possível igualmente perceber que a parceria entre o Santuário Cristo Redentor e várias empresas da sociedade civil para a manutenção do monumento possibilita iniciativas criativas de ações sociais, como a campanha *ação de amor do Cristo Redentor*, iniciada em 2011, e que hoje é dividida nos eixos da cidadania e assistência social, do apoio ao refugiado, do apoio à mulher, do apoio à criança e ao adolescente, da iluminação do monumento como apoio a grandes causas sociais e da sustentabilidade e meio ambiente.

Igualmente, as ações sociais desenvolvidas são norteadas pelos objetivos da Agenda 2030 da ONU, como plano de ação para as pessoas, para o planeta e para a prosperidade da população, em benefício da fraternidade e da paz universal. Assim, o plano indica objetivos de desenvolvimento sustentável e metas para erradicar a pobreza e promover a vida plena para todos. Nesse sentido, o Santuário Cristo Redentor firmou uma parceria com o Centro Dom Vital, para a promoção da educação, e com a Fundação Getúlio Vargas, para análise do impacto socioeconômico do monumento.

Portanto, viu-se que o Cristo Redentor do Corcovado tem apelo universal, portando a mensagem cristã em qualquer lugar que sua imagem alcançar. Apesar de ser um Santuário Arquidiocesano, erigido pelo ordinário local, o Santuário Cristo Redentor, na sua dinâmica dupla de atração e difusão, tem alcance universal. Sendo assim, nós propomos, na conclusão deste estudo teológico, que sejam elaborados novos estatutos para definir o monumento do Corcovado como Santuário Internacional do Cristo Redentor, com a devida aprovação da Santa Sé, dentro das normas do Direito Canônico. Desta maneira, em nossa opinião, o Santuário Cristo Redentor poderá cumprir de forma mais adequada a sua missão de arauto universal do Evangelho da paz em defesa da casa comum.

Referências bibliográficas

ABRANTES, T. Os bairros do Brasil que poderiam estar na Noruega. *Revista Exame*. Disponível em: <www.exame.com>. Acesso em: 23 nov. 2020.

ACI DIGITAL, Irmãos Boff divididos por controvérsia sobre o futuro da Teologia da Libertação. *ACI DIGITAL*. Disponível em: <www.acidigital.com>. Acesso em: 26 de novembro de 2020.

AFONSO DE LIGÓRIO. *Das festas solenes da Virgem Maria, e em primeiro lugar da sua Imaculada Conceição*. São Paulo: Santuário, 2002.

AGÊNCIA BRASIL. Mata Atlântica está reduzida a 7,9% de sua área original, aponta estudo. *Jornal O Globo*, Rio de Janeiro, 10 nov. 2011. Disponível em: <https://oglobo.globo.com/brasil/mata-atlantica-esta-reduzida-79-de-sua-area-original-aponta-estudo-3130648>. Acesso em: 20 dez. 2020.

AGOSTINHO. Tractates on the Gospel of John 51,8-9. In: ELOWSKY (Org.). *Ancient Christian Commentary on Scripture*, p.59.

AGOSTINHO. *Cidade de Deus*. São Paulo: Penguin, 2018.

AGOSTINHO. City of God In: CANTALAMESSA, R., *Beatitudes*: eight steps to happiness, p. 79.

AGOSTINHO. *Confissões*. São Paulo: Penguin, 2017.

AGOSTINHO. De libero arbítrio, I, 1,2. In: *CEC 331*.

AGOSTINHO. Harmony of the Gospels 4.10.17. In: ELOWSKY, J.C. *Ancient Christian Commentary on Scripture*. New Testament I Va. John 1-10, p. 274.

AGOSTINHO. "Sermon 3", 1 (Sermon 53, 1 in PL 38,365). In: CANTALAMESSA, R., *Beatitudes*: eight steps to happiness, p. 2.

AGOSTINHO. Sermon 53,5. In: SIMONETTI, M. *Ancient Christian Commentary on Scripture*. New Testament, Ia. Matthew 1-13, p. 4.028.

AGOSTINHO. Letter 23.4. In: ELOWSKY, J.C. *Ancient Christian Commentary on Scripture*. New Testament, IV b. JOHN 11-21, p. 313.

AGOSTINHO. Sermon 160,2. In: ELOWSKY, J.C. *Ancient Christian Commentary on Scripture*, p. 264.

AGOSTINHO. Tractaes on the Gospel of John 33.4. In: ELOWSKY, J.C. *Ancient Christian Commentary on Scripture*, p. 274.

AGOSTINHO. On grace and free will 15,31. In: STEVENSON, K.; GLERUP, M. *Ancient Christian Commentary on Scripture*, p. 118.

AGOSTINHO. Epist. 55,17. In: JOÃO PAULO II, PP. *Dies Domini 26*.

AGOSTINHO. *The Enchiridion on Faith, Hope and Love*. New York: Adansonia Publishing, 2008.

ALFANO, B. Ano letivo ameaçado. Maioria dos alunos das favelas do país ficou sem estudar na Pandemia. Rio de Janeiro: *Jornal O Globo*, 9 de novembro de 2020.

ALMEIDA, R.N. *Uniqueness and Universality of Jesus Christ Re-visited*: an encounter of Walter Kasper's Spirit Christology with the Indian Theology in the Light of Ecclesia in Asia. Viena, 2016. 485p. Tese. Katholische Fachtheologie. Universidade de Viena.

AL-TAYYEB, A.; FRANCISCO, PP. *Documento sobre a fraternidade humana em prol da paz mundial e da convivência comum*. Vaticano, Emirados Árabes, 3-5 fev. 2019. Disponível em: <http://www.vatican.va/content/francesco/pt/travels/2019/outside/documents/papa-francesco_20190204_documento-fratellanza-umana.html>. Acesso em: 26 dez. 2020.

ALMEIDA, C.; NALIN, C. Pobreza e saúde – Desigualdade responde por 30% da mortalidade de crianças de até cinco anos. Rio de Janeiro: *Jornal O Globo*, 3 de dezembro de 2020.

ALVAREZ, M.A. (Org.). *COVID-19*. MA-Editores, 2020.

ALVAREZ, R. *Aparecida*: A biografia da santa que perdeu a cabeça, ficou negra, foi roubada, cobiçada pelos políticos e conquistou o Brasil. São Paulo: Globo, 2014.

AMADO, J.P. Entre Deus e Darwin: contenda ou envolvimento? A respeito dos desafios que o pensamento evolucionista apresenta para a compreensão de Deus e vice-versa. In: RUBIO, A.G.; AMADO, J.P. (Org.). *Fé cristã e pensamento evolucionista*. Aproximações teológico-pastorais a um tema desafiador, p. 87.

AMADO, J.P.; RUBIO, A.G. (Org.) *Fé cristã e pensamento evolucionista*: aproximações teológico pastorais a um tema desafiador. São Paulo: Paulinas, 2012.

AMADO, J.P.; FERNANDES, L.A. (Org.) *Cultura de paz num mundo em conflito*. Rio de Janeiro: Ed. PUC-Rio, 2017.

AMADO, J.P.; FERNANDES, L.A. (Org.). *Evangelii Gaudium em questão*: aspectos bíblicos, teológicos e pastorais. Rio de Janeiro: Ed. PUC-Rio, 2017.

AMADO, J.P. A missão da Igreja na construção de uma cultura de paz. In: AMADO, J.P e FERNANDES, L.A. *Cultura da paz num mundo em conflito*, p. 145.

AMBRÓSIO, Expos Lc 2,7.: PL 15, 1555. In: CONCÍLIO VATICANO II, *LG* 66.

AMBRÓSIO, Sobre o Espírito Santo, I, 133-160. In: CANTALAMESSA, R. *O Canto do Espírito*: meditações sobre o Veni Creator, p. 104.

AMBRÓSIO. PL 16:1354. In: JOHNSON, E. *Ask the beasts*: Darwin and the God of Love, p. 208.

AMBRÓSIO, Six Days of Creation. In: ELOWSKY, J.C. (Org.). *Ancient Christian Commentary on Scripture*. New Testament IVb. John 11-21, p. 60.

AMBRÓSIO. The Patriarchs 4,24. In: SHERIDAN, M. *Ancient Christian Commentary on Scripture*, p. 332.

AMBRÓSIO. Leter 67.1-2. In: ELOWSKY, J.C. *Ancient Christian Commentary on Scripture*, p. 319.

ANDRADA E SILVA, J.B. Representação à Assembleia Constituinte e Legislativa do Império do Brasil sobre a escravatura. In: PÁDUA, J.A. Um sopro de destruição: pensamento político e crítica ambiental no Brasil escravista, p. 129.

ANDRADE, P.F.C.; BINGEMER, M.C. (Org.). *Secularização*: novos desafios. Rio de Janeiro: Ed. PUC-Rio, 2016.

ANDRADE, P.F.C.; KUZMA, C. *Decolonialidade e práticas emancipatórias*: novas perspectivas para a área de ciências da religião e teologia. São Paulo: Paulinas, 2019.

ANTONIO VIEIRA. Sermão de Quarta-feira de Cinzas. *Literatura Brasileira UFSC*, Santa Catarina. Disponível em: <https://www.literaturabrasileira.ufsc.br/documentos/?action=download&id=129978>. Acesso em: 24 dez. 2020.

APOLINÁRIO, Fragmento 13. In: SIMONETTI, M. *Ancient Christian Commentary on Scripture*. New Testament, Ia. Matthew 1-13, posição 4081.

AQUINO, M.L. *O Cristo do Corcovado*. Rio de Janeiro: Fundação Roberto Marinho, 1981.

AQUINO JR. F. *Igreja dos pobres*. São Paulo: Paulinas, 2018.

ARABOME, A. I can't breathe because God can't breathe. *National Catholic Reporter*, 10 jun. 2020. Disponível em: <www.catholicethics.com/resourcespublications-by-topic/covid-19>. Acesso em 20 out. 2020.

ARMELLINI, F. *Celebrando a Palavra*-Festas. São Paulo. Ave-Maria, 2011.

ASSEMBLEIA PLENARIA DOS BISPOS-PONTIFÍCIO CONSELHO DA CULTURA. *Via Pulchitudinis* – O Caminho da Beleza. São Paulo: Loyola, 2007.

ASSUNTO, R. A paisagem e a estética. In: SERRÃO, A.V. (Org.). *Filosofia da paisagem*, p. 368.

ATANÁSIO. *Sobre a encarnação do Verbo* 8,4; 54,3. Patrística. São Paulo: Paulus, 2020.

AUGÉ, M. *Domingo* – Festa primordial dos cristãos. São Paulo: Ave-Maria, 2000.

AUGÉ,M. *Liturgia. História, celebração, teologia, espiritualidade*. São Paulo: Ave-Maria, 1988.

AURÉLIO, M. *A Igreja do Papa Francisco à luz do Vaticano II*. São Paulo: Santuário, 2016.

AZZI, R. *O altar unido ao trono*. São Paulo: Paulinas, 1992.

AZZI, R.. *A Igreja Católica na formação da sociedade brasileira*. Aparecida: Santuário, 2008.

BALLESTRIN, L. América Latina e o giro decolonial. *Revista Brasileira de Ciência Política*, n. 11, p. 89-117, 2013. Disponível em: <https://www.scielo.br/scielo.php?script=sci_arttext&pid=S0103-33522013000200004&lng=pt&tlng=pt> . Acesso em: 20 dez. 2020.

BALDIN, M.A. *O Cardeal Leme e a construção da ordem política católica (1930-1942)*. Franca, 2014. 159p. Faculdade de Ciências Humanas e Sociais, Universidade Estadual Paulista.

BALTASHAR, U.V. *A Theology of History*. San Francisco: Ignatius Press, 1994.

BALTASHAR, U.V. *Dare We Hope That All Men Be Saved?* San Francisco: Ignatius Press, 1999.

BALTHASAR, H.U.V. *Glória-1*: La percepción de la forma, Milão: Jaca Book, 2010.

BAYER, J. *A voice crying in the desert*: Laudato Si' as prophecy. Disponível em: <www.theway.org.uk>. Acesso em: 25 nov. 2020.

BAÑUELAS, A.J.; DÁVILA, M.T.; DÍAZ, M.H.; NANKO-FERNANDEZ, C. We breathe together. *National Catholic Reporter,* 12 jun. 2020. Disponível em: <www.catholicethics.com/resourcespublications-by-topic/covid-19>. Acesso em: 20 out. 2020.

BARBOSA, M. *A Igreja no Brasil*. Rio de Janeiro: Pelicano, 1996.

BARRON, R. Prefácio. In: VON BALTHASAR, U. *Dare We Hope That All Men Be Saved?* p. 11.

BARRON, R. *Exploring Catholic theology*. Essays on God, liturgy and evangelization. New York: Baker academic, 2015.

BARRON, R. *The new evangelization and the new media*. Collegeville: Litpress, 2013.

BARRON, R. *To light a fire on the Earth*: proclaiming the gospel in a secular age. New York: Image, 2017.

BARRON, R. *Seeds of the word* – Finding God in the culture. New York: Word on Fire, 2015.

BARROSO, A. *Isto aqui, o que é?* Songbook Ary Barroso, Vol. 1. Rio de Janeiro: Irmãos Vitale, 2020.

BAUMGARTNER, C. Le péché originel (Le Mystère Chrétien). *Revue des Sciences Religieuses*, tome 46, fascicule 1, p. 90-92, 1972. Disponível em: <https://www.persee.fr/doc/rscir_00352217_1972_num_46_1_2637_t1_0090_0000_3>. Acesso em: 21 fev. 2020.

BECKER, J. Discurso de inauguração. In: RUBINSTEIN, M. *O Cristo do Rio*, p. 58.

BECKER, U. *Dicionário de símbolos*. São Paulo: Paulus, 1999.

BENTO XVI, PP. *Audiência Geral*, Vaticano. Roma, 5 de janeiro de 2011. Disponível em: <http://www.vatican.va/content/benedictxvi/pt/audiences/2011/documents/hf_ben-xvi_aud_20110105.html>. Acesso em: 28 dez. 2020.

BENTO XVI, PP. *Caritas in Veritate*. São Paulo: Paulinas, 2009.

BENTO XVI, PP. *Deus caritas est*. São Paulo: Paulinas, 2006.

BENTO XVI, PP. *Encontro com os artistas na Capela Sistina*, Vaticano. Roma, 21 nov. 2009. Disponível em: <http://www.vatican.va/content/benedict-xvi/pt/speeches/2009/november/documents/hf_benxvi_spe_20091121_artisti.html>. Acesso em: 01 mar. 2020.

BENTO XVI, PP. *Introdução ao Espírito da Liturgia*. São Paulo: Loyola, 2015.

BENTO XVI, PP, *Mensagem ao arcebispo de Bogotá*, em 15 jun. 2012. Disponível em: <http://www.vatican.va/content/benedict-xvi/pt/messages/pont-messages/2012/documents/hf_ben-xvi_mes_20120615_bogota.html>. Acesso em: 11 mar. 2020.

BENTO XVI, PP. *O sal da terra*: o cristianismo e a Igreja Católica no século XXI. Rio de Janeiro: Imago, 2005.

BENTO XVI, PP. *Sacramentum caritatis*. São Paulo: Paulinas, 2007.

BENTO XVI, PP. *Spe salvi*. São Paulo: Paulinas, 2007.

BERGANT, D.; KARRIS, R. (Org.). *Comentário Bíblico*. III. Evangelhos e Atos. Cartas. Apocalipse. São Paulo: Loyola, 2017.

BERNARDINO, A. (org.) *Dicionário patrístico e de antiguidades cristãs*. Petrópolis: Vozes, 2002.

Bíblia de Jerusalém. Nova ed. rev. e ampl. 11° imp. São Paulo: Paulus, 2016.

BILHEIRO, I. A legitimação teológica do sistema de escravidão negra no Brasil: congruência com o Estado para uma ideologia escravocrata. *Revista CES*, v. 22, p. 91-101, 2008. Disponível em: <https://seer.cesjf.br/index.php/cesRevista/article/view/713>. Acesso em: 24 abr. 2020.

BIDEN-HARRIS. *Priorities*. Disponível em: <https://www.whitehouse.gov/priorities>. Acesso em: 25 jul. 2020.

BINGEMER, M.C.L. *O Mistério e o Mundo*. Paixão por Deus em tempos de descrença. Rio de Janeiro: Rocco, 2016.

BINGEMER, M.C.L. *Teologia Latino-Americana*: raízes e ramos. Rio de Janeiro: PUC-Rio: Petrópolis: Vozes, 2016.

BINGEMER, M.C.L. *Um rosto para Deus?* São Paulo: Paulus, 2005.

BINGEMER, M.C. A eucaristia e o corpo feminino. *Revista Dom Total*, 25 mai. 2013. Disponível em: <https://domtotal.com/artigo/3615/25/05/a-eucaristia-e-o-corpo-feminino/>. Acesso em: 26 jan. 2021.

BOAVENTURA. Leggenda Maggiore. In: *Fonti Francescani*. Roma: EFR, 2011, p. 1.038.

BOFF, L. *Covid-19*: a Mãe Terra contra-ataca a Humanidade- advertências da pandemia. São Paulo: Vozes, 2020.

BOFF, C. *Dogmas marianos*: síntese catequético-pastoral. São Paulo: Ave-Maria, 2012.

BOFF, L. A Carta da Terra e a consciência planetária. Um olhar "de dentro". In: OLIVEIRA, P.A.; SOUZA, J.C.A. *Consciência planetária e religião*. Desafios para o século XXI, p. 18-20.

BOFF, L. *A casa comum, a espiritualidade, o amor*. São Paulo: Paulinas, 2017.

BOFF, L. A encíclica do Papa Francisco não é verde, é integral. In: MURAD, A.; TAVARES, S. *Cuidar da Casa Comum*, p. 20.

BOFF. L. *A oração de São Francisco*. Rio de Janeiro: Sextante, 1999.

BOFF, L. Coronavirus: autodefensa de la própria Tierra. In: ALVAREZ, M.A. (Org.). *Covid19*, p. 38-42.

BOFF. L. *Ecologia*-Grito da terra, grito dos pobres. Rio de Janeiro: Sextante, 2004.

BOFF. L. *Jesus Cristo libertador*. Petrópolis: Vozes, 1972.

BOFF, L. Pelos pobres, contra a estreiteza de método. Petrópolis: *Revista Eclesiástica Brasileira*, 68 (271), p. 701-710, 2008.

BOFF. L. *Saber cuidar*. Petrópolis: Vozes, 2011.

BOFF, L. *Sustentabilidade* – O que é-O que não é. Petrópolis: Vozes, 2016.

BOFF. L.; BOFF, C. *Como fazer teologia da libertação*. Petrópolis, Vozes, 2010.

BORGHESI, M. *Jorge Mario Bergoglio*: Uma biografia intelectual. Petrópolis: Vozes, 2018.

BOROBIO, D. *A celebração da Igreja*. Vol I. São Paulo: Loyola, 1990.

BOSELLI. G. *O sentido espiritual da liturgia*. Brasília: Edições CNBB, 2014.

BOSI, A. *História concisa da literatura brasileira*. São Paulo: Cultrix, 1990.

BOSS, P.M. Prefácio à Imitação de Cristo. In: LIMA, M. *Cristo Redentor do Corcovado* – Mensagem religiosa e história, p. 15.

BRAY, G. (Org.). *Ancient Christian Commentary on Scripture*. New Testament VII. 1-2 Corinthians. Downers Groove: IVP Academic, 2016.

BRIGHENTI, A. *A Laudato Si' no pensamento social da Igreja*: da ecologia ambiental à ecologia integral. São Paulo: Paulinas, 2018.

BROWN, R. ; FITZMYER, J. ; MURPHY, R. *Novo Comentário Bíblico São Jerônimo*: Antigo Testamento. Santo André: Academia Cristã/Paulus, 2012.

BROWN, R.; FITZMYER, J. *Novo Comentário Bíblico São Jerônimo:* Novo Testamento e artigos sistemáticos. Santo André: Academia Cristã/Paulus, 2011.

BROUARD, M. (Org.). *Eucaristia*: enciclopédia da Eucaristia. São Paulo: Paulus, 2006.

BRUNEAU, T.C. *Catolicismo brasileiro em época de transição*. São Paulo: Loyola, 1974.

BRUSTOLONI, J.J. *História de Nossa Senhora da Conceição Aparecida*: a imagem, o santuário e as romarias. Aparecida: Santuário, 1998.

BUENO, E. *A viagem do descobrimento*. Rio de Janeiro: Estação Brasil, 2019.

BUENO, E. *Náufragos, traficantes e degredados*. Rio de Janeiro: Estação Brasil, 2019.

BUENO, E. *Capitães do Brasil*. Rio de Janeiro: Estação Brasil, 2019.

BUENO, E. *A coroa, a cruz e a espada*: lei, ordem e corrupção no Brasil. Rio de Janeiro: Estação Brasil, 2019.

BULTMANN, R. *New Testament and Mythology*. New York: Augsburg Fortress Publishing, 1984.

CABAGLIA, L.P.R. *O cardeal Leme, um homem de coração*. Rio de Janeiro: Agir, 1945.

CALVANI, C.E.B. *Teologia e MPB*. São Paulo: Loyola, 1998.

CAMINHA, P.V. *A Carta de Pero Vaz de Caminha*. Petrópolis: Vozes, 2019.

CANTALAMESSA, R. *Apaixonado por Cristo*: o segredo de Francisco de Assis. São Paulo: Edições Fons Sapientiae, 2019.

CANTALAMESSA, R. *A pobreza*. São Paulo: Loyola, 2018.

CANTALAMESSA, R. *Beatitudes*: eight steps to happiness. Cincinnati, Ohio, 2009.

CANTALAMESSA, R. *Dal Kerygma al Dogma* – Studi sulla cristologia dei Padri. Roma: Vita e pensiero, 2006.

CANTALAMESSA, R. *"Eu lhes dou a minha paz"*: a paz com Deus, com os outos e consigo mesmo. São Paulo: Paulus, 2016.

CANTALAMESSA, R. *The fire of Christ's love* – Meditations on the Cross. Frederick: The Word Among Us Press, 2013.

CANTALAMESSA, R. *Maria, um espelho para a Igreja*. Aparecida: Santuário, 2003.

CANTALAMESSA, R. *O canto do Espírito*: meditações sobre o Veni Creator. Petrópolis: Vozes, 1998

CANTALAMESSA, R. *O mistério da Páscoa*. Aparecida: Santuário, 1993.

CANTALAMESSA, R. *O poder da Cruz*. São Paulo: Loyola, 2006.

CAPPER, J. (Org.). *Economic and Ecotheological Responses to Laudato Si'*. Hindmarsh, Austrália: ATF Theology, 2015.

CARNEIRO DE ANDRADE, P.F. A dimensão social da Evangelii Gaudium. In: AMADO, J.P.; FERNANDES, L.A. *Evangelii Gaudium em questão*: aspectos bíblicos, teológicos e pastorais, p. 232.

CARNEIRO, G. *Vinícius de Moraes*. Rio de Janeiro: Espaço Cultural, 1997.

CARVALHO. J.M. *A formação das almas* – O imaginário da República no Brasil. São Paulo: Companhia das Letras, 2015.

CARVALHO. J.M. *Os bestializados*. O Rio de Janeiro e a República que não foi. São Paulo: Companhia das Letras, 2014.

CARVALHO, J.M. O motivo edênico no imaginário social brasileiro. *Revista Brasileira de Ciências Sociais*. São Paulo: Associação Nacional de Pós Graduação e Pesquisa em Ciências Sociais. v. 13, n.38, p. 63-79, out. 1998

CASIMIRO, A.P.B.S. *Quatro visões do escravismo colonial*: Jorge Benci, Antônio Vieira, Manuel Bernardes e João Antônio Andreoni. In: *Politeia*: história e sociedade, v.1, n.1, p.147.

CASIQUE, L.; FUREGATO, A.R. Violência contra mulheres: reflexões teóricas. *Revista Latino-Americana de Enfermagem*, v. 4, n. 6, 2006.

CASULA, L. *A cristologia do Papa Francisco*. Brasília: Edições CNBB, 2018.

CATECISMO DA IGREJA CATÓLICA. São Paulo: Loyola, 2010.

CELAM. *Conclusões da Conferência de Medellín*, 1968: trinta anos depois, Medellín ainda é atual? São Paulo: Paulinas, 1998.

CELAM. Evangelização no presente e no futuro da América Latina. *Conclusões da Conferência de Puebla* – texto oficial. São Paulo: Paulinas, 1979.

CELAM. *Conclusões da Conferência de Santo Domingo*: nova evangelização, promoção humana, cultura cristã. São Paulo: Paulinas, 2006.

CELAM. *Documento de Aparecida*. Texto conclusivo da V Conferência Geral do Episcopado Latino-Americano e do Caribe. São Paulo: Paulinas/Paulus, CNBB, 2007.

CERVO, A.L.; BUENO, C. *História da Política exterior do Brasil*. Brasília: Editora Universidade de Brasília, 2002.

CHABEREK, M. *Catholicism and Evolution*: a history from Darwin to pope Francis. Kettering, Ohio: Angelico Press, 2015.

CHADE, J. Brasil passa a ser 3º maior exportador agrícola, mas clima ameaça futuro. *Estadão*, São Paulo, 17 set. 2018. Disponível em: <https://economia.estadao.com.br/noticias/geral,brasil-passa-a-ser-3-maior-exportador-agricola-mas-clima-ameaca-futuro,70002506105>. Acesso em: 19 dez. 2020.

CHARDIN, P.T. *The heart of the matter*. Boston: Mariner Books, 2002.

CHIARETTI, D. Mundo vive "ponto crítico" contra clima, diz secretário-geral da ONU. *Jornal O Globo*, Rio de Janeiro, 3 dez. 2019.

CHU LLO, S. Racism, the Church and the suffering of people of african descent. Reflections from a Nigerian priest studying and teaching in the United States. *La Croix Internacional*, 18 jun. 2020. Disponível em: <www.catholicethics.com/resources/publications-by-topic /countering racism/>. Acesso em: 10 nov. 2020.

CIOLA, N. *Introdução à cristologia*. São Paulo: Loyola, 1986.

CIPRIANO. De unitate Ecclesiae In: ELOWSKY, J.C. *Ancient Christian Commentary on Scripture*. New Testament, IV b. JOHN 11-21, p. 313.

CIRILO DE ALEXANDRIA. Commentary on Luke. In: JUST Jr. (Org.). *Ancient Christian Commentary on Scripture*. New Testament III. Luke, p. 34.

CLEMENTE DE ALEXANDRIA. Christ the Educator In: SHERIDAN, M. *Ancient Christian Commentary on Scripture*, p. 331.

CLOUTIER, D. *Walking God's Earth*: The Environment and Catholic Faith. Collegeville: Liturgical Press, 2014.

CLOUTIER, D. *Reading, Praying, Living Pope Francis's Laudato Si*: a faith formation guide. Collegeville: Liturgical Press, 2015.

CNBB (Org.). *Discursos de João Paulo II no Brasil*. São Paulo: Paulinas, 1980.

COARACY, V. *Memórias da Cidade do Rio de Janeiro*: quatro séculos de histórias. Rio de Janeiro: Documenta Histórica, 2008.

CODINA, V. Por qué Dios permite la pandemia e calla? Es un castigo? Hay que pedirle milagros? Donde está Diós? In: ALVAREZ, M.A. (Org.). *Covid-19*, p. 9-12.

COLLINS, F.S. *A linguagem de Deus* – Um cientista apresenta evidências de que Ele existe. São Paulo: Gente, 2007.

COMISSÃO TEOLÓGICA INTERNACIONAL. *Algumas questões sobre a teologia da redenção*. Vaticano. Roma, 1995. Disponível em: <http://www.vatican.va/roman_curia/congregations/cfaith/cti_documents/rc_cti_1995_teologia-redenzione_po.html>. Acesso em: 6 de nov. de 2018.

COMISSÃO TEOLÓGICA INTERNACIONAL. *Comunhão e serviço*. A pessoa humana criada à imagem de Deus. Vaticano. Roma, 2004. Disponível em: <http://www.vatican.va/roman_curia/congregations/cfaith/cti_documents/rc_con_cfaith_doc_20040723_communion-stewardship_po.html>. Acesso em: 6 nov. 2018.

COMISSÃO TEOLÓGICA INTERNACIONAL. *Memória e reconciliação*. A Igreja e as culpas do passado. Vaticano, Roma, 2000. Disponível em: <https://www.vatican.va/roman_curia/congregations/cfaith/cti_documents/rc_con_cfaith_doc_20000307_memory-reconc-itc_po.html>. Acesso em: 6 nov. 2018.

COMISSÃO TEOLÓGICA INTERNACIONAL. *Deus Trindade, unidade dos homens*. O monoteísmo cristão contra a violência. Vaticano, Roma, 2014. Disponível em: <http://www.vatican./roman_curia/congregations/cfaith/cti_documents/rc_cti_20140117_monoteismo-cristiano_po.html>. Acesso em: 6 nov. 2018.

COMISSÃO TEOLÓGICA INTERNACIONAL. *Teologia, cristologia, antropologia*. Vatican, Roma, 1981. Disponível em: <http://www.vatican.va/roman_curia/congregations/cfaith/cti_documents/rc_cti_index-doc-pubbl_po.html#Documenti>. Acesso em: 6 nov. 2018.

CONFERÊNCIA EPISCOPAL DOS ESTADOS UNIDOS. *Forming Consciences for Faithful Citizenship*. A Call to Political Responsibility from the Catholic Bishops of the United States. Disponível em: <www.usccb.org/issues-and-action/faithful-citizenship/upload/forming-consciences-for-faithful-citizenship.>. Acesso em: 10/11/2020.

CONFERÊNCIA DOS BISPOS CATÓLICOS DOS ESTADOS UNIDOS. *Brothers and Sisters to us*. A pastoral letter on racism. Catholic Ethics, Estados Unidos da América, 2020. Disponível em: <www.catholicethics.com/resources/publications-by-topic/counteringracism/>. Acesso em: 10 nov. 2020.

CONFERÊNCIA DOS BISPOS CATÓLICOS DOS ESTADOS UNIDOS. *Forming Consciences for Faithful Citizenship*. A Call to Political Responsibility from the Catholic Bishops of the United States. USCCB, Estados Unidos da América, 2020. Disponível em <https://www.usccb.org/issues-and-action/faithful-citizenship/upload/forming-consciences-for-faithful-citizenship>. Acesso em: 25 out 2020.

CONFERÊNCIA DOS BISPOS CATÓLICOS DOS ESTADOS UNIDOS. *Open Wide our hearts*: the enduring call to love, A pastoral letter against racism. Catholic Ethics, Estados Unidos da América, 2020. Disponível em: <www.catholicethics.com/resources/publications-by-topic/counteringracism/>. Acesso em: 10 nov. 2020.

CONFERÊNCIA DOS BISPOS CATÓLICOS DOS ESTADOS UNIDOS. *Statement of U.S. Bishop Chairman in Wake of Death of George Floyd and National Protests*. Catholic Ethics, Estados Unidos da América, 2020. Disponível em: <www.catholicethics.com/resources/publications-by-topic/counteringracism/>. Acesso em: 10 nov. 2020.

CONFERÊNCIA DOS BISPOS CATÓLICOS DOS ESTADOS UNIDOS. *Statement of U.S. Bishop President on George Floyd and the Protests in American Cities*. Catholic Ethics, Estados Unidos da América, 2020. Disponível em: <www.catholicethics.com/resources/publications-by-topic/counteringracism/>. Acesso em: 10/11/2020.

CONGAR, Y. *Vera e falsa reforma nella Chiesa*. Roma: Jaca Book, p. 194.

CONGREGAÇÃO PARA O CULTO DIVINO E A DISCIPLINA DOS SACRAMENTOS. *Diretório sobre piedade popular e liturgia* – Princípios e orientações. São Paulo: Paulinas, 2005.

CONGREGAÇÃO PARA A DOUTRINA DA FÉ. *Declaração Dominus Iesus*. Sobre a unicidade e universalidade salvífica de Jesus Cristo e da Igreja. São Paulo: Paulinas, 2004.

CONGREGAÇÃO PARA A DOUTRINA DA FÉ. *O economicae et pecuniariae quaestiones*. Vaticano. Roma, 2018. Disponível em: <https://www.vatican.va/roman_curia/congregations/cfaith/documents/rc_con_cfaith_doc_20180106_oeconomicae-et-pecuniariae_po.html>. Acesso em: 23 dez. 2020

CONSELHO PONTIFÍCIO DA CULTURA. *Para uma Pastoral da Cultura* n. 37. Disponível em: <www.vatican.com>. Acesso em: 10 nov. 2020.

CONSELHO PONTIFÍCIO PARA A FAMÍLIA. *Sexualidade Humana*: verdade e significado. São Paulo: Paulinas, 2007.

CONRADIE, E. *Redeeming Sin?*: Social Diagnostics amid Ecological Destruction. Minneapolis: Lexington books, 2017.

CONGREGAÇÃO PARA A DOUTRINA DA FÉ. *Donum Veritatis*, sobre a vocação eclesial do teólogo. Disponível em: <https://www.vatican.va/roman_curia/congregations/cfaith/documents/rc_con_cfaith_doc_19900524_theologian-vocation_po.html>. Acesso em: 10 dez. 2020.

CONGREGAÇÃO PARA A DOUTRINA DA FÉ. *Libertatis Nuntius*, VIII. Subversão do senso da verdade e violência. Vaticano, Roma, 1984. Disponível em: <http://www.vatican.va/

roman_curia/congregations/cfaith/documents/rc_con_cfaith_doc_19840806_theology-liberation_po.html>. Acesso em: 8 dez. 2020.

CONSTITUIÇÃO POLÍTICA DO IMPÉRIO DO BRASIL DE 1824. Brasília, DF. Disponível em: <http://www.planalto.gov.br/ccivil_03/constituicao/constituicao24.htm>. Acesso em: 10 mar. 2020.

CONSTITUIÇÃO DA REPÚBLICA DOS ESTADOS UNIDOS DO BRASIL DE 1891. Brasília, DF. Disponível em: <http://www.planalto.gov.br/ccivil_03/constituicao/constituicao91.htm>. Acesso em: 10 mar. 2020.

CONSTITUIÇÃO DA REPÚBLICA FEDERATIVA DO BRASIL DE 1988. Brasília, DF. Disponível em: <http://www.planalto.gov.br/ccivil_03/constituicao/constituicao.htm>. Acesso em: 10 mar. 2020.

CORREA, M.S. *Christo Redemptor* – exposição. Rio de Janeiro: SESC, 2010.

COSTA, P.C. Dimensão cristológica da Evangelii Gaudium. In: AMADO, J.P.; AGOSTINI, L. *Evangelii Gaudium em questão*: Aspectos bíblicos, teológicos e pastorais, p. 173-180.

COSTA, A. *Healing promises*: the essential guide to the Sacred Heart. Cincinnati: Servant, 2017.

COSTA, R.P. As ordens religiosas e a escravidão negra no Brasil. *Anais do II Encontro Internacional de História Colonial*. Rio Grande do Norte: UFRN, 2008, p. 4.

COVERT, B. *Race best predicts whether you live near pollution*: environmental racism extends far beyond Flint. Disponível em: <www.thenation.com>. Acesso em: 25 out. 2020.

COX, H.G. *The silencing of Leonardo Boff*: the Vatican and the future of World Christianity, Philadelfia: Meyer Stone, 1988.

CREEGAN, N.H. *Creation and hope*: reflections on ecological anticipation and action from Aotearoa New Zealand. Pickwick Publications, 2018.

CROSBY. M.H. *Finding Francis, Following Christ*. New York: Orbis books, 2005.

CROUZEL, H. Orígenes. In: DI BERNARDINO, A. (Org.). *Dicionário patrístico e de antiguidades cristãs*, p. 1.049-1.050.

CRUTZEN, P.J.; STOERMER, E.F. The "Anthropocene". *IGBP Global Change Newsletter* n. 41, p. 17-18.

CUNHA, C.A.M. O bem viver como horizonte de sentido para a cidade. *Anais do VII Congresso da Associação Nacional de Pós-Graduação e Pesquisa em Teologia e Ciências da Religião (ANPTECRE)*: Religião e Crise Socioambiental. Rio de Janeiro: Pontifícia Universidade Católica do Rio de Janeiro, 17 a 20 de setembro de 2019, p. 355-361.

CUPICH, B.J. Statement. *Catholic Standard*. Estados Unidos da América, 26 out. 2020. Disponível em: <www.cathstan.org>. Acesso em: 10 nov. 2020.

CUPICH, B.J. It's time for a national reconciliation. *Chicago Catholic*, Chicago, 31 jun. 2020. Disponível em: <www.catholicethics.com/resources/publications-by-topic/counteringracism/>. Acesso em: 10 nov. 2020.

DALRYMPLE, B. The age of the Earth in the twentieth century: a problem (mostly) solved. *Special Publications*, Geological Society of London, n. 190, p. 205-221, 2001.

DAWKINS, R. *Deus, um delírio*. São Paulo: Companhia das Letras, 2007.

DARWIN, C. *A origem das espécies*. São Paulo: Martin Claret, 2014.

DARWIN, C. Viagem de um naturalista britânico ao redor do mundo. In: KAZ, L.; LODDI, N. *Cristo Redentor*: História e arte de um símbolo do Brasil, p. 44.

DARWIN, C. *Viagem de um naturalista britânico ao redor do mundo*. Volume único. África, Brasil e Terra do Fogo, Andes, Ilhas Galápagos e Austrália. São Paulo: L&PM Pocket, 2010.

DÁVILA, M.T. The option for the poor in Laudato Si': Connecting care of creation with care for the poor. In: MILLER, V.J. (Org.). *The theological and ecological vision of Laudato Si'*, kindle, posição 3308.

DAVIS, S.T.; KENDALL, D.; O'COLLINS, G. (Org.). *The Redemption*: an interdisciplinary symposium on Christ as Redeemer. Oxford: Oxford University Press, 2006.

DE OLIVEIRA, R.R. Os recursos naturais que sustentaram os primeiros ciclos econômicos. In: VIANNA, S.B.; MEDEIROS, R. *Rio de Janeiro capital natural do Brasil*. p. 35-36.

DEAN, W. *A ferro e fogo*: a história e a devastação da Mata Atlântica brasileira. São Paulo: Companhia das Letras, 1996.

DEAN, W. Indigenous populations of the São Paulo-Rio de Janeiro coast: trade, aldeamento, slavery and extinction. In: *Revista de História* 117, p. 3-25.

DEANE, H.A. The Political and Social Ideas of St. Augustine, p. 116-153. In: CARVALHO, J.M. *Os bestializados*: O Rio de Janeiro e a República que não foi, p. 10.

DEANE-DRUMMOND, C. *A Primer in Ecotheology*: Theology for a fragile earth. Eugene, Oregon: Cascade Companions, 2018.

DEANE-DRUMMOND, C. *Ecology in Jürgen Moltmans's theology*. Eugene, Oregon: Wipf & Stock, 2016.

DEBRET, J.B. Viagem Pitoresca através do Brasil. In: RUBINSTEIN, M. *O Cristo do Rio*, p. 18.

Declaração Universal dos Direitos Humanos. Nova Yorque, Nações Unidas. Disponível em: <https://unric.org/pt/declaracao-universal-dos-direitos-humanos>. Acesso em: 29 set. 2020.

Declaration of Independence. Washington, Estados Unidos. Disponível em: <https://www.archives.gov/founding-docs/declaration-transcript>. Acesso em: 29 set. 2020.

DEL PRIORE, M.; VENANCIO, R. *Uma Breve História do Brasil*. São Paulo: Planeta, 2016.

DENNETT, D. *Darwin's dangerous idea* – Evolution and the Meanings of Life. New York: Simon & Schuster, 1995.

DIAS, G. Canção do Exílio. In: DUQUE-ESTRADA, J.O. *Hino Nacional Brasileiro*.

DIAS, G. Gigante de Pedra. In: BOSI, A. *História concisa da literatura brasileira*. p. 117.

DICASTÉRIO PARA OS LEIGOS, A FAMÍLIA E A VIDA. *Dar o melhor de si*. Sobre a perspectiva cristã do esporte e da pessoa. Vaticano. Roma, 2018. Disponível em: <https://press.vatican.va/content/salastampa/es/bollettino/pubblico/2018/06/01/dar.html>. Acesso em: 6 nov. 2018.

DI SANTE, C. *Liturgia Judaica*: Fontes, estrutura, orações e festas. São Paulo: Paulis, 2004.

Documentos do Concílio Ecumênico Vaticano II. São Paulo: Paulus, 2001.

DOOR, D. *Option for the poor and for the Earth*: Catholic Social Teaching. New York: Orbis Books, 2012.

DÓRIA, P. *Enquanto o Brasil nascia*. Rio de Janeiro: Harper Collins, 2017.

DRUMMOND. J.A. *Devastação e presernvação ambiental*: os parques nacionais do estado do Rio de Janeiro. Niterói: Eduff, 1997.

DUQUE-ESTRADA, J.O. *Hino Nacional Brasileiro*.

EFRÉM. Commentary on Tatian's Diatesseron 20.27. In: ELOWSKY, J.C. *Ancient Christian Commentary on Scripture*. New Testament, IV b. JOHN 11-21, p. 313.

EFRÉM. Commentary on Genesis 1,29-2. In: LOUTH, A. *Ancient Christian Commentary on Scripture*, p. 35.

ELOWSKY, J.C. *Ancient Christian Commentary on Scripture*. New Testament IV a. John 1-10. Downers Groove: IVP Academic, 2016.

ELOWSKY, J.C. *Ancient Christian Commentary on Scripture*. New Testament IV a. John 11-21. Downers Groove: IVP Academic, 2016.

ENDERS, A. *A História do Rio de Janeiro*. Rio de Janeiro: Gryphus, 2015.

EPIFÂNIO, Haer 78.18. In: CONCÍLIO VATICANO II, *LG* 56. Documentos do Concílio Vaticano II. São Paulo: Paulus, 2001.

FAUSTO, B. *História do Brasil*. São Paulo: Edusp, 1999.

FAUSTO, B. *História concisa do Brasil*. São Paulo: Edusp, 2018.

FERREIRA, P.M.G. *A fé em Deus de grandes cientistas*. Rio de Janeiro: PUC-Rio; São Paulo: Loyola, 2009.

FERNANDES, J.A. Sobriedade e embriaguez: a luta dos soldados de Cristo contra as festas dos tupinambás. *Revista Tempo* n. 11 (22), p. 98-121, 2007.

FERREIRA, M.B. *O papel da Igreja frente à escravidão indígena e africana nos séculos XVII e XVIII*: um olhar sob a perspectiva dos padres Antônio Vieira e João Antônio Andreoni. Juiz de Fora, 2011. 44p. Monografia. Instituto de Ciências Humanas, Faculdade de História, Universidade Federal de Juiz de Fora.

FERREIRA, N., AGÊNCIA EINSTEIN, 7 de julho de 2020. Queda da poluição na pandemia de coronavírus já evitou milhares de mortos. Disponível em https://saude.abril.com.br/medicina/queda da poluição na pandemia de coronavírus já evitou milhares de mortes | *Veja Saúde* (abril.com.br). Acesso em: 25 jul. 2020.

FINELON, V.G. A natureza assumida por Deus: a teologia litúrgica da Laudato Si'. *Revista Pesquisas em Teologia, PqTeo*, v. 3, n. 5, jan./jun. 2020, p.182-183, 2020. Disponível em: <http://periodicos.puc-rio.br/index.php/pesquisasemteologia/article/view/1100/784>. Acesso: 26 dez. 2020.

FIGUEIREDO, G. Prefácio. In: AQUINO, M.L. *O Cristo do Corcovado*, p. 7.

FORTE, B. Entrevista. In: GUIDO VECHI, G. *Corriere dela Sera*. 27 de novembro de 2014. O papa e os animais: "O paraíso está aberto a todas as criaturas". Disponível em: <http://www.ihu.unisinos.br/170-noticias/noticias-2014/537944-o-papa-e-os-animais-o-paraiso-esta-aberto-a-todas-as-criaturas>. Acesso em: 23 dez. 2020.

FRANCISCO, PP. *Admirabile Signum*. Vaticano, Roma, 2019. Disponível em: <http://www.vatican.va/content/francesco/pt/apost_letters/documents/papa-francesco-lettera-ap_20191201_admirabile-signum.html>. Acesso em: 16 out. 2020.

FRANCISCO, PP. *Carta Apostólica Spiritus Domini*. Disponível em: <www.vatican.com>. Acesso em: 20 dez. 2020.

FRANCISCO, PP. *Amoris Laetitia*. São Paulo: Paulinas, 2016.

FRANCISCO, PP. *Audiência Geral*, Vaticano, Roma, 3 jun. 2020. Disponível em: <http://www.vatican.va/content/francesco/pt/audiences/2020/documents/papa-francesco_20200603_udienza-generale.html>. Acesso em: 16 out. 2020.

FRANCISCO, PP. *Care for creation*: a call for ecological conversion. New York: Orbis books, 2016.

FRANCISCO, PP. *Carta a Leonardo Boff*. Vaticano, Roma, 17 dez. 2018. Disponível em: <https://leonardoboff.org/2018/12/17/carta-do-papa-francisco-a-leonardo-boff/>. Acesso em: 07 dez. 2020.

FRANCISCO, PP. *Discurso na Pontifícia Academia de Ciências*. Vaticano, Roma, 27 out. 2014. Disponível em: <http://www.vatican.va/content/francesco/pt/speeches/2014/october/documents/papa-francesco_20141027_plenaria-accademia-scienze.html>. Acesso em: 26 fev. 2020.

FRANCISCO, PP. *Discurso na Bolívia*, Santa Cruz de la Sierra, Bolívia, 9 jul. 2015. Disponível em: <http://www.vatican.va/content/francesco/pt/speeches/2015/july/documents/papa-francesco_20150709_bolivia-movimenti-popolari.html>. Acesso em: 26 fev. 2020.

FRANCISCO, PP. *Discurso do Santo Padre na vigília de oração com os jovens na Jornada Mundial da Juventude*, Rio de Janeiro, Brasil, em 27 de julho de 2013. Disponível em: <http://www.vatican.va/content/francesco/pt/speeches/2013/july/documents/papa-francesco_20130727_gmg-veglia-giovani.html>. Acesso em: 03 nov. 2020.

FRANCISCO, PP. *Mensagem Urbi et Orbi*, Momento Extraordinário de oração em meio à pandemia, 27 mar. 2020. Vaticano, Roma. Disponível em: <http://www.vatican.va/content/francesco/pt/messages/urbi/documents/papa-francesco_20200327_urbi-et-orbi-epidemia.html>. Acesso em: 05 nov. 2020.

FRANCISCO, PP. *Evangelii Gaudium*. São Paulo: Paulinas, 2015.

FRANCISCO, PP. *Laudato Si'*. São Paulo: Paulinas, 2015.

FRANCISCO, PP. *Lumen Fidei*. São Paulo: Paulinas, 2014.

FRANCISCO, PP. *Frattelli Tutti*. São Paulo: Paulinas, 2020.

FRANCISCO, PP. *Gaudete et exsultate*. São Paulo: Paulinas, 2018.

FRANCISCO, PP. *Homilia na missa de ação de graças pela canonização do Padre José de Anchieta*, Roma, em 24 abr. 2014. Disponível em: <http://www.vatican.va/content/francesco/pt/homilies/2014/documents/papa-francesco_20140424_omelia-san-jose-de-anchieta.html>. Acesso em: 26 mar. 2020.

FRANCISCO, PP. *Misericordia et Misera*. São Paulo: Paulinas, 2016.

FRANCISCO, PP. *Misericordiae Vultus*. São Paulo: Paulinas, 2015.

FRANCISCO, PP. *Our moral imperative to act on climate change*. Vaticano, Roma. Disponível em: <www.ted.com>. Acesso em: 16 out. 2020.

FRANCISCO, PP. *O nome de Deus é Misericórdia*. São Paulo: Planeta, 2016.

FRANCISCO, PP. *Oração do Pai-nosso*. São Paulo: Planeta, 2018.

FRANCISCO, PP. *Querida Amazônia*. São Paulo: Paulus, 2020.

FRANCISCO, PP. *Spiritus Domini*. Vaticano, Roma. Disponível em: <http://www.vatican.va/content/francesco/pt/motu_proprio/documents/papa-francesco-motu-proprio-20210110_spiritus-domini.html>. Acesso em: 24 jan. 2020.

FRANCISCO, PP. *Vamos sonhar juntos*: o caminho para um futuro melhor. Rio de Janeiro: Intrínseca, 2020.

FRANCISCO, PP. *Vida após a pandemia*. Roma: Libreria Editrice Vaticana, 2020.

FRANCISCO, PP. Voltar a sonhar. In: *VATICAN NEWS*. Papa Francisco: as situações "covid" e as três solidões da minha vida. Disponível em: <www.vaticannews.com>. Acesso em: 23 nov. 2020.

FRANCISCO DE ASSIS. Cantico delle creature. Fonti Francescane, p. 263. In: FRANCISCO, PP. *LS 1*.

FRANCISCO DE ASSIS. Cântico Espiritual, XLV,5. In: FRANCISCO, PP. *LS 234*.

FRANCISCO DE ASSIS. O Cântico do irmão Sol: São Francisco de Assis. Escritos e biografias de São Francisco de Assis. In: FRANCISCO, PP. *LS 87*.

FREITAS CARDOSO, M.T. Casa comum e hospitalidade: alguns tópicos da Laudato Si' para uma teologia em diálogo. *Anais do VII Congresso da Associação Nacional de Pós-Graduação e Pesquisa em Teologia e Ciências da Religião (ANPTECRE)*: Religião e Crise Socioambiental. Pontifícia Universidade Católica do Rio de Janeiro, 17 a 20 de setembro de 2019, p. 451.

FURTADO, C. *Formação econômica do Brasil*. São Paulo: Companhia das Letras, 2012.

GALLI, C.M. Líneas teológicas, pastorales y espirituales del Magisterio del Papa Francisco. In: Medellín: *teología y pastoral para América Latina*, vol. 43, nº. 167, 2017, p. 93-158.

GALILEI, G. *Carta à grã-duquesa da Toscan*a. Disponível em: <https://www.newadvent.org/cathen/06342b.htm>. Acesso em: 16 dez. 2020.

GARAY, I.E.G.; ROCHA, F.S. Florestas e biodiversidade. In: MEDEIROS, R.; VIANNA, S.B. *Rio de Janeiro capital natural do Brasil*, p. 88-90.

GARCÍA RUBIO, A. Apresentação. In: GARCÍA RUBIO, A. (Org.). *O humanismo integrado*: abordagens de antropologia teológica, p. 8-9.

GARCÍA RUBIO, A. Aquecimento global. Setor de alimentos pode, sozinho, comprometer metas, mostra estudo. Rio de Janeiro: *Jornal O Globo*, 5 de novembro de 2020.

GARCÍA RUBIO, A. Tragédia em Mariana – Poluentes ainda chegam ao mar cinco anos após ruptura de barragem. Rio de Janeiro: *Jornal O Globo*, 5 de novembro de 2020.

GARCÍA RUBIO, A. (Org.). *O humanismo integrado*: abordagens de antropologia teológica. Petrópolis: Vozes, 2007.

GARCÍA RUBIO, A. *Teologia da Libertação*: política ou profetismo? São Paulo: Loyola, 1983.

GARCÍA RUBIO, A. A teologia da criação desafiada pela visão evolucionista da vida e do cosmo. In: GARCÍA RUBIO, A.; AMADO, J.P. (Org.). *Fé cristã e pensamento evolucionista* – Aproximações teológico-pastorais a um tema desafiador, p. 20.

GASPARI, E. A nova Revolta da Vacina. Rio de Janeiro: *Jornal O Globo*, 9 de dezembro de 2020.

GIAMBELLI, E. O Cristo pichado: sacralidade e transgressão de um monumento urbano. *Ponto Urbe*. São Paulo, SP. N. 12 (2013), p. 2-14.

GIAMBELLI, E. Crucifixos em recintos estatais e monumento do Cristo Redentor: distintas relações entre símbolos religiosos e espaços públicos. In: ORO, A.; STEIL, C.A.; CIPRIANI, R.; GIUMBELLI, E. (Org.). *A religião no espaço público* – Atores e objetos. 1. ed. São Paulo: Terceiro Nome, 2012, p. 45-60.

GIAMBELLI, E. A presença do religioso no espaço público: modalidades no Brasil. *Revista Religião e Sociedade*, n.28(2), 2008. Disponível em: <https://www.scielo.br/scielo.php?script=sci_arttext&pid=S0100-85872008000200005&lng=pt&tlng=pt>. Acesso em: 23 mar. 2020.

GIAMBELLI, E. Brasileiro e europeu: a construção da nacionalidade em torno do monumento ao Cristo Redentor do Corcovado. *Cadernos de Antropologia e Imagem*, Rio de Janeiro, 24(1), 2007, p. 35-63.

GIMENEZ-RICO, E.S. *Cuidar de la Tierra, cuidar de los pobres*: Laudato Si' desde la teología y con la ciencia. Polígono de Raos: Sal Terrae, 2015.

GLEISER, M. *A dança do universo*: dos mitos da criação ao Big Bang. São Paulo: Companhia das Letras, 2006.

GIRARD, M. *Os símbolos na Bíblia*: ensaio de teologia bíblica enraizada na experiência humana universal. São Paulo: Paulus, 1997.

GOMES, L. *Escravidão*, Vol. 1: Do primeiro leilão de cativos em Portugal até a morte de Zumbi dos Palmares. Rio de Janeiro: GloboLivros, 2019.

GOMES, L. *1808*: Como uma rainha louca, um príncipe medroso, e uma corte corrupta enganaram Napoleão e mudaram a história de Portugal e do Brasil. São Paulo: Globo, 2011.

GOMES, L. *1822*: Como um homem sábio, uma princesa triste e um escocês louco por dinheiro ajudaram Dom Pedro a criar o Brasil – Um país que tinha tudo para dar errado. São Paulo: Globo, 2012.

GOMES, L. *1888*: Como um imperador cansado, um marechal vaidoso e um professor injustiçado contribuíram para o fim da Monarquia e a Proclamação da República no Brasil. São Paulo: Globo, 2013.

GOMEZ, J. Statement. *Catholic Standard*. Estados Unidos da América, 26 out. 2020. Disponível em <www.cathstan.org>. Acesso em: 10 nov. 2020.

GRANDELLE, R. Atraso no combate ao fogo. Burocracia postergou envio de brigadistas. Disponível em: <www.g1.globo.com>. Acesso em: 12 out. 2020.

GREGERSEN, N. The Cross of Christ in an Evolutionary World. Dialog: *A Journal of Theology*, n. 40, 2001, p.192-207. Disponível em: <www.researchgate.net>. Acesso em: 14 abr. 2020.

GREGÓRIO DE NISSA. *Fine professione e perfezione del Cristiano*. Roma: Cittá Nuova, 1979.

GREGÓRIO MAGNO. Epis. 13,1. In: JOÃO PAULO II, PP. *Dies Domini* n. 18.

GREGÓRIO MAGNO. *Morals on the Book of Job, 20,1*. Disponível em: <https://archive.org/details/moralsonbookofjo23greg>. Acesso em: 30 set. 2020.

GRIMALDI, C.M. *Eu era Bergoglio, agora sou Francisco*. Petrópolis: Vozes, 2018.

GRINBERG, F. Colapso e Morte. Fiocruz diz que, sem vagas em UTIs, óbitos por covid e doenças crônicas já acontecem em casa. Rio de Janeiro: *Jornal O Globo*, 3 de dezembro de 2020.

GRINGS, D. *A evangelização da cidade*: o apostolado urbano. Porto Alegre: EDIPUCRS, 2004.

GROSS, B.; SOUZA, J.A. A cultura do diálogo como caminho para a superação da crise socioambiental. *Anais do VII Congresso da Associação Nacional de Pós-Graduação e Pesquisa em Teologia e Ciências da Religião (ANPTECRE)*: Religião e Crise Socioambiental. Pontifícia Universidade Católica do Rio de Janeiro, 17 a 20 de setembro de 2019, p. 292-293.

GUARDINI, R. *Jesus Christus*. Manchester. New Hampshire: Christian Classics, 2012.

GUIMARÃES, F. *Homem, Igreja e sociedade no pensamento de Júlio Maria*. Aparecida: Santuário, 2001.

GURIDI, R. *Ecoteología*: hacia un nuevo estilo de vida. Chile: Ediciones Universidad Alberto Hurtado, 2018.

GUTIERREZ, G. *Teologia da libertação*. Petrópolis: Vozes, 1979.

HABEL, N. *Discerning Wisdom in God's Creation*. Following the way of Ancient Scientists. Saint Louis: Morning Star, 2016.

HAYES, Z. *A Window to the Divine*: A study of Christian Creation Theology. Steubenville: Franciscan Press, 1997.

HAMMER, J. Is a lack of water to blame for the conflict in Syria? In: *Smithsonian Magazine*, junho, 2013. Disponível em: <www.smithsonianmag.com>. Acesso em: 12 nov. 2020.

HAUGHT, J.F. *Cristianismo e ciência* – Para uma teologia da natureza. São Paulo: Paulinas, 2010.

HARING, B. *O coração de Jesus e a salvação do mundo*. São Paulo: Paulinas, 1990.

HEEN, E.M.; KREY, P.D.W. (Org.). *Ancient Christian Commentary on Scripture*. New Testament X. Hebrews.

HEINZ-MOHR,G. (Org.). O *Dicionário dos Símbolos* – Imagens e sinais da arte cristã. São Paulo: Paulus, 1995.

HEPBURN, R. A estética contemporânea e o desprezo pela beleza natural. In: SERRÃO, A.V. (Org.). *Filosofia da Paisagem*, p. 232.

HICKSON, M. *Liberation Theologian Boff: Francis is One of Us*. Disponível em: <www.pnepeterfive.com>. Acesso em: 22 nov. 2020.

HILÁRIO DE POITIERS. On Matthew 4,2. In: SIMONETTI, M. *Ancient Christian Commentary on Scripture*. New Testament, Ia. Matthew 1-13, p. 3834.

HILL, J.M. *A doutrina do pecado original à luz da teoria da evolução em Teilhard de Chardin e Karl Rahner*. Belo Horizonte, 2014, 129p. Dissertação. Faculdade Jesuíta de Filosofia e Teologia.

HIPÓLITO. On the blessing of Isaac and Jacob 18. In: SHERIDAN, M. *Ancient Christian Commentary on Scripture*, p. 332.

HOBSBAWN, E. *A era das revoluções*. São Paulo: Paz e Terra, 2012.

HOBSBAWN, E. *A era dos extremos*. São Paulo: Paz e Terra, 2011.

HOLANDA, S.B. *O Brasil monárquico*: o processo de emancipação. São Paulo: Companhia das Letras, 2012.

HOLANDA. S.B. *Raízes do Brasil*. São Paulo: Companhia das Letras, 2014.

HOLLENBACH, D. Who suffers most during the coronavirus pandemic? *Catholic Ethics*, Estados Unidos, 2020. Disponível em: <www.catholicethics.com/resourcespublications-by-topic/covid-19>. Acesso em: 05 nov. 2020.

HOLZNER, J. *San Pablo*. Heraldo de Cristo. Barcelona: Editorial Herder, 1956.

HOPKINS, D. *Holistc health and healing*: environmental racism and ecological justice. Disponível em: <www.prezi.com>. Acesso em: 26 out. 2020.

INÁCIO DE ANTIOQUIA. Magn 9,1. In: *CEC 2175*.

INÁCIO DE LOYOLA. *Exercícios espirituais*. São Paulo: Loyola, 2010.

IRENEU DE LIÃO. Contra as Heresias, IV, 20,1. In: IRINEU DE LIÃO. *Contra as Heresias*. Vol. 4. São Paulo: Paulus, 2019.

IRENEU. Against Heresies 5.15.2. In: ELOWSKY, J.C. *Ancient Christian Commentary on Scripture*, p. 324.

IRENEU, Haer. 2.25.2-4 In: JOHNSON LEESE, J.J. *Christ, Creation and the Cosmic Goal of Redemption*: A Study of Pauline Creation Theology as Read by Irenaeus and Applied to Ecotheology, p. 6.370.

IRENEU. Adv. Haer III, 22,4. In: CONCÍLIO VATICANO II, *LG* 56.

IRMÃ LÚCIA. *Memórias*. Lisboa: Secretariado dos Pastorinhos, 2007.

IRWIN, K. A *Commentary on Laudato Si'*: examining the background, contributions, implementation and future of Pope Francis's Encyclical. New York: Paulist Press, 2016.

ISSA, B.; MENEZES, P.C.; VIEIRA, A.C.P. *Parque Nacional da Tijuca*: Uma floresta na metrópole. Rio de Janeiro: Andrea Jakobson Estudio, 2010.

IVEREIGH, A. Pope Francis says pandemic can be a "place of conversion". *The Tablet – International Catholic News Weekly*, 8 abr. 2010. Disponível em: <www.thetablet.com.uk>. Acesso em: 10 abr. 2020.

JERÔNIMO. *Commentary on Matthew* 1.5.3. In: SIMONETTI, M. Ancient Christian Commentary on Scripture. New Testament, Ia. Matthew 1-13, kindle, posição 3855.

JERÔNIMO. *Commentary on Matthew* 1.5.1. In: SIMONETTI, M. Ancient Christian Commentary on Scripture. New Testament, Ia. Matthew 1-13, kindle, posição 3725.

JERÔNIMO. Against the Pelagians 2.17. Tractaes on the Gospel of John 33.4. In: ELOWSKY, J.C. *Ancient Christian Commentary on Scripture*, p. 274.

JERÔNIMO, Epist. 22,21: PL 22,408. In: CONCÍLIO VATICANO II, *LG* 56.

JOÃO XXIII, PP. *Mater et Magistra*. São Paulo: Paulinas, 1988.

JOÃO XXIII, PP. *Pacem in terris*. São Paulo: Paulinas, 1988.

JOÃO CRISÓSTOMO. Sermão sobre o Gênesis 2,1. In: LÓPES DE MENEZES, P.U. *No Princípio Deus criou* – Iniciação à Teologia da Criação, p. 113.

JOÃO CRISÓSTOMO. De coemeterio et de cruce. In: *OFÍCIO DIVINO*, p. 1.548-1.549. Petrópolis: Vozes, 1999.

JOÃO CRISÓSTOMO. On the Epistle to the Hebrews 11,3. In: HEEN, E.; KREY, P. (Org.). *Ancient Christian Commentary on Scripture*. New Testament X. Hebrews, p. 93.

JOÃO CRISÓSTOMO. The Gospel of Matthew, Homily 15,4. In: SIMONETTI, M. *Ancient Christian Commentary on Scripture*. New Testament, Ia. Matthew 1-13, posição 4028.

JOÃO CRISÓSTOMO. Homilies on the Gospel of John 85.2. In: ELOWSKY, J.C. *Ancient Christian Commentary on Scripture*. New Testament, IV b. JOHN 11-21, p. 315.

JOÃO DAMASCENO. De fide ortothoxa, 4,13, p. 94, 1142 A In: *CEC 1106*.

JOÃO PAULO II, PP. *Allocution to the U.N. Special Committee against Apartheid*, July 7th, 1984. Disponível em: <http://www.vatican.va/content/johnpaulii/en/speeches/1984/july/documents/hf_jp-ii_spe_19840707_onu-apartheid.html>. Acesso em: 8 dez. 2020.

JOÃO PAULO II, PP. *Carta aos artistas*. São Paulo: Paulinas, 1999.

JOÃO PAULO II, PP. *Carta aos Bispos da Conferência Episcopal dos Bispos do Brasil*, Vaticano, Roma, em 9 abr. 1986. Disponível em: <http://www.vatican.va/content/john-paul-ii/pt/letters/1986/documents/hf_jp-ii_let_19860409_conf-episcopale-brasile.html>. Acesso em: 08 dez. 2020.

JOÃO PAULO II, PP. *Centesimus Annus*. São Paulo: Paulinas, 1991.

JOÃO PAULO II, PP. *Crossing the Threshold of Hope*. New York: Knopf, 2005.

JOÃO PAULO II, PP. *Discurso em Porto Príncipe*, Haiti, 9 mar. 1983. Disponível em: <http://www.vatican.va/content/john-paul-ii/pt/speeches/1983/march/documents/hf_jp-ii_spe_19830309_assemblea-celam.html>. Acesso em: 15 abr. 2020.

JOÃO PAULO II, PP. *Viagem apostólica ao Senegal*. Disponível em <www.vatican.com>. Acesso em: 22 fev. 2020.

JOÃO PAULO II, PP. *Viagem apostólica à República dos Camarões*. Encontro com os intelectuais e estudantes católicos, 13 ago. 1985. Disponível em: <http://www.vatican.va/content/benedict-xvi/pt/travels/2009/outside/documents/camerun-angola.html>. Acesso em: 10 nov. 2020.

JOÃO PAULO II, PP. Discurso à Assembleia Plenária do Pontifício Conselho para a Cultura. Disponível em: <www.vatican.com>. Acesso em: 30 out. 2020.

JOÃO PAULO II, PP. Discurso na abertura da XIX Assembleia do CELAM. Disponível em: www.vatican.com>. Acesso em: 30 out. 2020.

JOÃO PAULO II. *Dies Domini*. São Paulo: Paulinas, 1998.

JOÃO PAULO II. *Discurso à Pontifícia Academia de Ciências*,Vaticano, Roma, 22 out. 1996. Disponível em: <http://www.vatican.va/content/john-paul-ii/pt/messages/pont_messages/1996.index.html>. Acesso em: 23 fev. 2020.

JOÃO PAULO II. *Dominum et Vivificantem*. São Paulo: Paulinas, 1990.

JOÃO PAULO II. *Ecclesia de Eucharistia*. São Paulo: Paulinas, 2004.

JOÃO PAULO II. *Fides et Ratio*. São Paulo: Paulinas, 2004.

JOÃO PAULO II. *Laborem Exercens*. São Paulo: Paulinas, 1990.

JOÃO PAULO II, PP. *Letting the Gospel take root in every culture*. Address to the members of the Pontifical Council for culture, n. 3. Disponível em <https://www.vatican.va/roman_curia/pontifical_councils/cultr/documents/rc_pc_cultr_doc_20000126_jp-ii_addresses-pccultr_en.html#3>. Acesso em: 22 nov. 2020.

JOÃO PAULO II. *Mulieres Dignitatem*. São Paulo: Paulinas, 1988.

JOÃO PAULO II. *Redemptor Hominis*. São Paulo: Paulinas, 1990.

JOÃO PAULO II. *Redemptoris Mater*. São Paulo: Paulinas, 1987.

JOÃO PAULO II. *Redemptoris Missio*. São Paulo: Paulinas, 1990.

JOÃO PAULO II. *Salvifici Doloris*. São Paulo: Paulinas, 2004.

JOÃO PAULO II. *Solitudo Rei Socialis*. São Paulo: Paulinas, 1991.

JOHNSON, E.A. *Ask the beasts:* Darwin and the God of Love. New York: Bloomsbury, 2019.

JOHNSON, E.A. *Creation and the Cross*: the mercy of God for a planet in peril. New York: Orbis Books. 2018.

JOHNSON, E.A. *La búsqueda del Dios vivo*. Trazar las fronteras de Dios. Polígano de Raos: Editorial Sal Terrae, 2008.

JOHNSON, E. For God so loved the Kosmos. In: *U.S. Catholic*, April 2010 Vol. 74, n. 4. p. 18-21.

JOSAPHAT, C. Laudato Si' na perspectiva da doutrina social da Igreja. In: PASSOS, J.D. (Org.). *Diálogos no interior da Casa Comum*: recepções interdisciplinares sobre a encíclica Laudato Si. São Paulo: Educ; Paulus, 216, p. 25-29.

JOSAPHAT, C. *Verbete "Colegialidade"*. In: PASSOS, J.D.; SANCHEZ, W.L. Dicionário do Concílio Vaticano II. São Paulo: Paulus/Paulinas, 2015.

JUST JR. A.A. *Ancient Christian Commentary on Scripture*. New Testament III. Luke. Downers Groove: IVP Academic, 2016.

JUSTINO. Apologia 1, 67, 6 In: JOÃO PAULO II, PP. *Dies Donini 70*.

KARNAL, L. *História dos Estados Unidos*: das origens ao século XXI. São Paulo: Contexto, 2012.

KASPER, W. *Jesus, el Cristo*. Salamanca: Sígueme, 1978.

KERN, G.W. *Can pope Francis save the world?* A Commentary on the Encyclical Letter Laudato Si' – On care of our common home & other religious questions of our day. New York: Skandalist Press, 2015.

KEVANE, E. *The Lord of History* – Christocentrism and the Philosophy of History. Saint Louis: Miriam Press, 2017.

KING, J. *The Beauty of the Lord*: Theology as Aesthetics. Bellingham: Lexham Press, 2018.

KING Jr., M.L. *I have a dream*. Disponível em: <www.kinginstitute.stanford.edu.com>. Acesso em: 21 out. 2020.

KING Jr., M.L. *Nobel Prize Acceptance Speech*. Disponível em <https://www.nobelprize.org/prizes/peace/1964/king/acceptance-speech>. Acesso em 20 jul. 2020.

KING Jr., M.L. *A Testament of Hope*. The essential writings and speeches of Martin Luther King Jr. São Francisco: HaperOne, 1991.

KNOX, P. Climate change and Covid 19. *Catholic Ethics,* Estados Unidos da América, 2020. Disponível em: <www.catholicethics.com/resourcespublications-by-topic/covid-19>.Acesso em: 20 out. 2020.

KUREETHADAM, J.I. *The ten green commandments of Laudato Si'.* Collegeville, Minesotta: Liturgical Press, 2019.

KUZMA, C. *O futuro de Deus na missão da esperança*: Uma aproximação escatológica. Paulinas, 2015.

KOPENAWA, D.; ALBERT, B. *A queda do céu* – Palavras de um xamã yanomnami. São Paulo: Companhia das Letras, 2015.

LAMEGO, A.R. *O homem e a Guanabara.* Rio de Janeiro: Biblioteca Geográfica Brasileira, 1938. Disponível em: <https://biblioteca.ibge.gov.br/visualizacao/livros/liv13101_v3.pdf>.

LANDOWSKI, M.P. Carta a Heitor da Silva Costa. In: SILVA COSTA, H. *Divina Geometria.*

LAWRENCE, B. (Org.). *Messages to the World*: the statements of Osama Bin Laden. New York: Verso, 2005.

LEÃO XIII, PP. *Arcanun divinae sapientiae.* Disponível em: <http://www.vatican.va/content/leo-xiii/pt/encyclicals/documents/hf_l-xiii_enc_10021880_arcanum.html>. Acesso em: 19 fev. 2020.

LEÃO XIII, PP. *Vigilantiae Studiique.* Disponível em: <http://www.vatican.va/content/leo-xiii/it/apost_letters/documents/hf_l-xiii_apl_19021030_vigilantiae-studiique.html. Acesso em: 19 fev. 2020.

LEÃO XIII, PP. *Rerum Novarum.* Disponível em: <http://www.vatican.va/content/leo-xiii/pt/encyclicals/documents/hf_l-xiii_enc_15051891_rerum-novarum.html>.Acessoem: 25 mar. 2020.

LEESE, J.J. *Christ, creation and the cosmic goal of redemption*: a study of Pauline creation theology as read by Irenaeus and applied to ecotheology. New York: T&T Clark, 2018.

LEITÃO, M. O racismo persistente. Rio de Janeiro: *Jornal O Globo,* 24 de outubro de 2020.

LEITÃO, M. Velho racismo à brasileira. Rio de Janeiro: *Jornal O Globo,* 7 de julho de 2020.

LEÔNCIO DE BIZÂNCIO. Apologetic Sermon II on the Holy Icons. In: KUREETHADAM, J.I. *The Ten Green Commandments of Laudato Si',* p. 183.

LEOPOLD, A. *Thinking like a mountain*: a Sand County Almanac. Londres: Oxford University Press, 1949.

LIBÂNIO, J.B. *Teologia da Libertaçao*: roteiro didático para um estudo. São Paulo: Loyola, 1987.

LIBÂNIO, J.B. *Ecologia, vida ou morte?* São Paulo: Paulus, 2010.

LIMA, M.C. *Breve História da Igreja no Brasil.* Rio de Janeiro: Restauro, 2001.

LIMA, M.C. *Cristo Redentor do Corcovado*-mensagem religiosa e história. Rio de Janeiro: Restauro, 2006.

LINCOLN, A. *First Inaugural Adress.* Disponível em: <www.avalon.law.yale.edu.com>. Acesso em: 21 out. 2020.

LINDO, L.A. *A carta Mundus Novus de Vespucci e a lenda do homem natural de Rousseau.* Revista de História 172, p. 279-297.

LINDO, L.A. A carta Mundus Novus de Vespucci e a lenda do homem natural de Rousseau. In: *Revista de História* 172, p. 279-297.

LOBO, A. Diário Popular. In: SILVA, H. *1889*, p. 87: a República que não esperou o amanhecer.

LOPES, R.J. *O Brasil antes de Cabral*. Rio de Janeiro: Harper Collins, 2017.

LOPES, L.; BARROS, G. Abastecimento é prejudicado em pelo menos 30 bairros. Rio de Janeiro: *Jornal O Globo*, 1 de dezembro de 2020.

LOURENÇO, D.B. *Qual o valor da natureza?* Uma introdução à ética ambiental. São Paulo: Elefante, 2019.

LOUTH, A. *Ancient Christian Commentary on Scripture*. Old Testament I. Genesis 1-11. Downers Groove: IVP Academic, 2016.

LUCIANI, R. *Pope Francis and the theology of the people*. New York: Orbi Books, 2017.

LUDLOW, M. *Universal Salvation*: Eschatology in the thought of Gregory of Nissa and Karl Rahner. Oxford: Oxford Theological Monographs, 2015.

LUSTOSA, O.F. *A Igreja Católica no Brasil República*: cem anos de compromisso (1889-1989). São Paulo: Loyola, 1991.

LUSTOSA, O.F. *A Igreja e a política no Brasil*. São Paulo: Loyola, 1990.

MACHADO, M.A. *Cristo Redentor do Corcovado*. Rio de Janeiro: Arquivo Público do Estado do Rio de Janeiro, 1997.

MAÇANEIRO, M. Ecologia e solidariedade: proposições da Encíclica Laudato Si'. In: MANZINE, R.; ZACHARIAS, R. *A doutrina social da Igreja e o cuidado com os mais frágeis*, p. 254.

MACIÇO DA TIJUCA. Disponível em: <www.educacaopublica.rj.gov.br>. Acesso em: 20 mar. 2020.

MAGALHÃES JÚNIOR, R. *Deodoro*: a espada contra o Império. São Paulo: Companhia nacional, 1959.

MAGNOLLI, D. *Lei da vacina*. Rio de Janeiro: *Jornal O Globo*, 5 de outubro de 2020.

MAINWARING, S. *A Igreja Católica e a política no Brasil* (1916-1985). São Paulo: Brasiliense, 2004.

MALCOLM X. *The autobiography of Malcolm X*. New York: Ballantine Books, 1987.

MANDELA, N. *Long Walk to Freedom*. New York: Brown and Company, 1994.

MANZATO, A. *Jesus Cristo*. São Paulo: Paulinas, 2019.

MANZINE, R.; ZACHARIAS, R. *A doutrina social da Igreja e o cuidado com os mais frágeis*. São Paulo: Paulinas, 2018.

MASSINGALE, B.N. Toward a Catholic Malcolm X? *American Catholic Studies*, Vol. 125, n. 03, 2014, p. 8-11. Disponível em: <https://acs.journals.villanova.edu>. Acesso em: 10 dez. 2020.

MASSINGALE, B. The Church's appaling silence on racism. *Catholic Ethics*, Estados Unidos, 2017. Disponível em: <www.catholicethics.com/resources/publications-by-topic/counteringracism/>. Acesso em: 10 nov. 2020.

MASSINGALE, B. What will it take to redeem the soul of America? *Catholic Ethics*, Estados Unidos da América, 2020. Disponível em: <www.catholicethics.com/resources/publications-by-topic/counteringracism/>. Acesso em: 10 nov. 2020.

MATOS, I.R. *O tempo Saquarema*: a formação do Estado imperial. São Paulo: Hucitec, 2017.

MARIA, J. *A Igreja e o povo*. São Paulo: Loyola, 1983.

MARITAIN, J. *Humanismo Integral*. São Paulo: Dominus,1962.

MARON, D.F. Wet markets likely launched the coronavirus. Here's what you need to know. *National Geographic*. Estados Unidos da América, 2020. Disponível em: <www.nationalgeographic.com/animals/2020/04/corona-linked-to-chinese-wet-markets>. Acesso em: 20 out. 2020.

MATOS, H.C.J. *Nossa história*: 500 anos de presença da Igreja Católica no Brasil. Tomo 1. Período colonial. São Paulo: Paulinas, 2011.

MATOS, H.C.J. *Nossa história*: 500 anos de presença da Igreja Católica no Brasil. Tomo 2. Período imperial. São Paulo: Paulinas, 2011.

MATOS, H.C.J. *Nossa história*: 500 anos de presença da Igreja Católica no Brasil. Tomo 3. Período republicano e atualidade. São Paulo: Paulinas, 2011.

MÁXIMO DE TURIM. Tractates on the Gospel of John 9.5.1-3. In: ELOWSKY, J.C. *Ancient Christian Commentary on Scripture*, p. 96.

McFAGUE, S. *Body of God:* An Ecological Theology. Minneapolis: Fortress Press, 1993.

McFAGUE, S. *Modelos de Deus*: Teologia para uma era ecológica e nuclear. São Paulo: Paulus, 1996.

MEDEIROS, R. ; VIANNA, S.B. *Rio de Janeiro capital natural do Brasil*. Rio de Janeiro: Casa da Palavra, 2018.

MENDONÇA, L.L. *Estrada de Ferro do Corcovado*: 100 anos de eletrificação, Centro de Memória da Eletricidade no Brasil, Rio de Janeiro, 2010.

MENESES, P.U.L. *No princípio Deus criou*. Iniciação à Teologia da Criação. Lisboa: Diel, 2009.

METSAVAHT, O. *Cristo Redentor*: divina geometria. Rio de Janeiro: Instituto-e, 2016.

MIAOULIS, N.J. *The ecological Christ*: Discerning an ecological consciousness in the Sermon on the Mount. Doctoral Dissertation. Durham: University of New Hampshire, 2005.

MICELI, S. *A elite eclesiástica brasileira*: 1890-1930. São Paulo: Companhia das Letras, 2009.

MILLER, V. (Org.). *The Theological and Ecological Vision of Laudato Si'*: Everything is Connected. London: London: T&T Clark, 2014.

MIRANDA, M.F. A ação de Deus no mundo segundo Karl Rahner. In: SANCHEZ, M.A.; KUZMA, C.; MIRANDA, M.F. (Org.). *Age Deus no mundo?* Múltiplas perspectivas teológicas, p. 197-223.

MIRANDA, M.F. *Igreja sinodal*. São Paulo: Paulinas, 2018.

MIRANDA, M. F. *A salvação de Jesus Cristo*: a doutrina da graça. São Paulo: Loyola, 2004.

MIVART, G. *On the genesis of species*. Londres: IndyPublish, 2007.

MOLINA, F.C. Apocalipse. In: OPORTO, S.G.; SALVADOR GARCIA, M. *Comentário ao Novo Testamento*, p. 710.

MOLTMANN, J. *Vida, esperança e justiça*. São Paulo: Editeo, 2008.

MOLTMANN, J. *A alegria de ser livre*. São Paulo: Paulinas, 1974.

MOLTMANN, J. *A fonte da vida:* o Espírito Santo e a teologia da vida. São Paulo: Loyola, 2002.

MOLTMANN, J. *Deus na criação:* Doutrina ecológica da criação. Petrópolis: Vozes, 1993.

MOLTMANN, J. *Doutrina ecológica da criação*. Petrópolis: Vozes, 1993.

MOLTMANN, J. *Experiências de reflexão teológica*. São Leopoldo: Unisinos, 2004.

MOLTMANN, J. *O Deus crucificado*: a cruz de Cristo como base e crítica da teologia cristã. Santo André-SP: Academia cristã, 2011.

MOLTMANN, J. *O Espírito da vida*: uma pneumatologia integral. Petrópolis-RJ: Vozes, 1999.

MORAES, V. *Livro de Sonetos*. São Paulo: Companhia das Letras, 1991.

MORI, G.L. A ação de Deus no mundo na perspectiva de Teilhard de Chardin. In: SANCHEZ, M.A.; KUZMA, C.; MIRANDA, M.F. (Org.). *Age Deus no mundo? Múltiplas perspectivas teológicas*, p. 165-196.

MOTTA, N. Ouro negro. Rio de Janeiro: *Jornal O Globo,* 6 de novembro de 2015.

MORAES, V. Samba da bênção. In: FRANCISCO, PP. *FT* 215.

MÜLLER, P.E. *A cristologia na Evangelii Gaudium* – Uma abordagem pastoral da pessoa de Jesus Cristo. Rio Grande do Sul, 2019. 109p. Dissertação. Pontifícia Universidade Católica do Rio Grande do Sul.

MURAD, A. Singularidade da ecoteologia. In: MURAD, A. (Org.). *Ecoteologia*: um mosaico, p. 211.

MURAD, A. O desafio socioambiental para a fé cristã em Medellín e Puebla. *Anais do VI Colóquio Teologia e Pastoral: 50 anos de Medellín – De Medellín a Francisco.* ANNALES-FAJE, vol. 3, n. 5, 2018, p. 9-10.

MURAD, A. Da ecologia à ecoteologia. Uma visão panorâmica. *Revista Fronteiras*, v. 2, n. 1, jan./jun. 2019, p. 65-97. Disponível em: <http://www.unicap.br/ojs/index.php/fronteiras/article/view/1430>. Acesso em: 25 mar. 2020.

MURAD, A. O núcleo da ecoteologia e a unidade da experiência salvífica. *Revista Pistis & Praxis*: Teologia e Pastoral, vol. 1, núm. 2, julho-dezembro, p. 277-297. Curitiba: Pontifícia Universidade Católica do Paraná, 2009.

MURAD, A. (Org.). *Ecoteologia:* um mosaico. São Paulo: Paulus, 2016.

MURAD, A.; TAVARES, S.S. (Orgs.). *Cuidar da Casa Comum* – Chaves de leitura teológicas e pastorais da Laudato Si. São Paulo: Paulinas, 2016.

MURRAY, J. *Redemption accomplished and applied*. Grand Rapids, Michigan: Eerdmans, 2015.

MURRAY, K. Pope Francis appoints America's first Black cardinal, Wilton Gregory. *CNN News*. Disponível em: <https://edition.cnn.com/2020/10/25/world/pope-francis-first-black-american-cardinal-trnd/index.html>. Acesso em: 10 nov. 2020.

NABUCO, J. O Abolicionismo. In: PÁDUA, J.A. *Um sopro de destruição*: pensamento político e crítica ambiental no Brasil escravista, p. 5.

NABUCO, J. *Um estadista do Império*, Tomo II (1866-1878). Rio de Janeiro: Topbooks, 1997.

NEDEHF, E.A.C. *Memorial Visconde de Mauá*. Fortaleza: Gráfica Unifor, 2005.

NÓBREGA, M. Apontamentos de Cousas no Brasil, 8 de maio de 1558. In: MATOS, H.C.J. *Nossa história*: 500 anos de presença da Igreja Católica no Brasil, Tomo 1, p. 95.

NOGUEIRA, I. Cristo é eleito uma das sete novas maravilhas do mundo. In: *Folha de São Paulo*, 8 de julho de 2007.

NORONHA, M.I. *Redentor*: de braços abertos. Rio de Janeiro: Réptil, 2012.

NOVAIS, F.A. *Portugal e Brasil na crise do Antigo Sistema Colonial* (1777-1808). São Paulo: Editora 34, 2019.

NOVACIANO. The Trinity 11. In: HALL, C.; ODEN, T. *Ancient Christian Commentary on Scripture*, posição 2144

OLIVEIRA, F. Esplendor da diversidade. Rio de Janeiro: *Jornal O Globo*, 6 de novembro de 2020.

O'COLLINS, G. *Christology*: A Biblical, Historical, and Systematic study of Jesus. London: Oxford University Press, 2009.

O'COLLINS, G. *Jesus:* a portrait. London: Oxford University Press, 2006.

O'COLLINS, G. *Jesus Our Redeemer* – A Christian approach to salvation. London: Oxford University Press, 2007.

O'COLLINS, G. *Salvation for all God's other peoples*. Oxford: Oxford University Press, 2008.

O'COLLINS, G. *The Spirituality of the Second Vatican Council*. New York: Paulist Press, 2014.

ODEN, T.C.; HALL, C.A. *Ancient Christian Commentary on Scripture*. New Testament II. Mark. Downers Groove: IVP Academic, 2016.

OLIVEIRA, P.A.R.; SOUZA, J.C.A (Org.). *Consciência planetária e religião*: desafios para o século XXI. São Paulo: Paulinas, 2009.

O GLOBO. Editorial. Desafio de Paes será resgatar o orgulho do carioca. Rio de Janeiro: *Jornal O Globo*, 6 de dezembro de 2020.

O GLOBO. Editorial. A fome no Brasil é uma situação incompatível com a capacidade de produção agrícola do país. Rio de Janeiro. *Jornal O Globo*, 27 de setembro de 2020.

OPORTO, S.G.; GARCIA, M.S. *Comentário ao Novo Testamento* (Org.). São Paulo: Ave--Maria, 2006.

OSAVA, M.M. Cuidar da Irmã Água: um imperativo urgente. *Anais do VII Congresso da Associação Nacional de Pós-Graduação e Pesquisa em Teologia e Ciências da Religião (ANPTECRE)*: Religião e Crise Socioambiental. Pontifícia Universidade Católica do Rio de Janeiro, 17 a 20 de setembro de 2019, p. 332-338.

OSWALD, C. *Como me tornei pintor*. Petrópolis: Vozes, 1957

OSWALD MONTEIRO, M.I. *Carlos Oswald (1882-1971)*: pintor da luz e dos reflexos. Rio de Janeiro: Casa Jorge, 2000.

PÁDUA, J.A. Natureza e projeto nacional: as origens da ecologia política no Brasil. In: PADUA, J.A. (Org.). *Ecologia e política no Brasil*, p. 16.

PÁDUA, J.A. *Um sopro de destruição*: Pensamento político e crítica ambiental no Brasil escravista, 1786-1888. Rio de Janeiro: Zahar, 2004.

PÁDUA, J.A. (Org.). *Ecologia & política no Brasil*. Rio de Janeiro: Espaço e Tempo, 1987.

PAGOLA, J.A. Una puerta aberta. In: ALVAREZ, M.A. (Org.). *Covid-19*, p. 43-44.

PANASIEWICS, T. Secularização: o fim da religião? In: CARNEIRO DE ANDRADE, P.F.; BINGEMER, M.C. (Org.). *Secularização*: novos desafios, p. 9.

PASSOS, J.D. (org.). *Diálogos no interior da Casa Comum* – Recepções interdisciplinares sobre a Encíclica Laudato Si. São Paulo: Educ: Paulus, 2016.

PASSOS, J.D. *A Igreja em saída e a Casa Comum* – Francisco e os desafios da renovação. São Paulo: Paulinas, 2016.

PASSOS, J.D. *Método teológico*. São Paulo: Paulinas, 2018.

PASSOS, J.D. Aspectos metodológicos da Encíclica Laudato Si'. In: PASSOS, J.D. (Org.). *Diálogos no interior da casa comum*: recepções interdisciplinares sobre a Encíclica Laudato Si'. São Paulo: Educ; Paulus, 216, p. 85.

PASSOS, J.D.; SANCHEZ, W.L. *Dicionário do Concílio Vaticano II*. São Paulo: Paulus/Paulinas, 2015.

PASTRO, C. *O Deus da beleza*: a educação através da beleza. São Paulo: Paulinas, 2012.

PAULO VI, PP. *Address to the Diplomatic Corps accredited to the Holy See*, January 14th, 1978. Vaticano, Roma. Disponível em: <http://www.vatican.va/content/paulvi/en/speeches/1978/january/documents/hf_p-vi_spe_19780114_corpo-diplomatico.html>. Acesso em: 19 dez. 2020.

PAULO VI, PP. *Mensagem aos artistas na conclusão do Concílio Vaticano II, 8/12/1965*. Vaticano, Roma. Disponível em: <http://www.vatican.va/content/paul-vi/pt/speeches/1965/documents/hf_p-vi_spe_19651208_epilogo-concilio-artisti.html>. Acesso em: 02 mar. 2020.

PAULO VI, PP. *Regina Coeli em 17 de maio de 1970*. Disponível em: <www.vatican.com>. Acesso em: 23 dez. 2020.

PAULO VI, PP. *Evangelii Nuntiandi*. São Paulo: Paulinas, 2004.

PAULO VI, PP. *Populorum Progressio*. São Paulo: Paulinas, 2000.

PEREIRA, A.P. *Uma neocristandade no Brasil*: a atuação do Cardeal Leme para tornar o Brasil um país católico. Rio de Janeiro, 2018. 204p. Tese. Pontifícia Universidade Católica do Rio de Janeiro.

PHILIPE, J. *The eight doors of the kingdom*: meditation on the beatitudes. New York: Scepter, 2018.

PILLAY, N. *Declaração da Alta Comissária de Direitos Humanos das Nações Unidas, Navi Pillay, para o Dia Internacional para o Direito à Verdade para as Vítimas de Graves Vio-*

lações dos Direitos Humanos. Disponível em: <www.unicrio.org.br>. Acesso em: 16 dez. 2020.

PINHEIRO, A. *A ereção do Santuário Arquidiocesano do Cristo Redentor do Corcovado à luz dos cânones 1230 a 1234 do CIC de 1983.* Rio de Janeiro, 2014. Dissertação. Instituto Superior de Direito Canônico-RJ, Pontifícia Universidade Gregoriana.

PINHEIRO, A.C.L. O Simbolismo Ecológico do Santuário Cristo Redentor. *Anais do VII Congresso da Associação Nacional de Pós-Graduação e Pesquisa em Teologia e Ciências da Religião (ANPTECRE)*: Religião e Crise Socioambiental. Pontifícia Universidade Católica do Rio de Janeiro, 17 a 20 de setembro de 2019, p. 296-304.

PIO IX, PP. *Dei Filius.* Disponível em: <http://www.vatican.va/content/pius-ix/it/documents/constitutio-dogmatica-dei-filius-24-aprilis-1870.html>. Acesso em: 20 fev. 2020.

PIO XI, PP. *Miserentissimus Redemptor.* São Paulo: Paulinas, 1990.

PIO XI, PP. *Quadragesimo Anno.* Disponível em: <http://www.vatican.va/content/pius-xi/pt/encyclicals/documents/hf_p-xi_enc_19310515_quadragesimo-anno.html>. Acesso em: 25 mai. 2020.

PIO XII, PP. *Haurietis Aquas.* São Paulo: Paulinas, 1990.

PIO XII, PP. *Humani Generis.* São Paulo: Paulinas, 1990.

PIVA, E. Transição Republicana: desafio e chance para a Igreja. *Reb 49*, n. 195, p. 627, 1989.

PLUMMER, B. Drought helped cause Syrya's war. Will climate change bring more like it? *Washington Post,* 13 set. 2013. Disponível em: <www.washington.com>. Acesso em: 12 nov. 2020.

PONTIFÍCIO CONSELHO "JUSTIÇA E PAZ". *Compêndio da Doutrina Social da Igreja.* São Paulo: Paulinas, 2005.

PONTIFÍCIO CONSELHO PARA A JUSTIÇA E A PAZ. *The Church and Racism:* Towards a more fraternal society. Disponível em: <http://www.humandevelopment.va/en/risorse/archivio/diritti-umani/the-church-and-racism-towards-a-more-fraternal-society.html>. Acesso em: 10 nov. 2020.

PRADO Jr. C. *Formação do Brasil contemporâneo.* São Paulo: Companhia das Letras, 2015.

PRADO Jr. *História Econômica do Brasil.* São Paulo: Brasiliense, 2012.

PRINCESA ISABEL, DECRETO IMPERIAL. In: NEDEHF, E.A.C. *Memorial Visconde de Mauá,* p. 67-68.

PUFF, J. Rio, *450 anos*: cinco grandes desafios para o futuro. Disponível em <www.bbc.com>. Acesso em: 22 nov. 2020.

RABANO MAURO. Sobre o universo In: CANTALAMESSA, R. *O Canto do Espírito*: meditações sobre o Veni Creator, p. 104.

RABELLO, J. *Rainha do Brasil:* o mito de Nossa Senhora Aparecida e a construção da identidade católica na primeira república. Rio de Janeiro, 2017. 133p. Dissertação. Universdade Federal Fluminense.

RAHNER, K. *Curso fundamental da fé*: introdução ao conceito de cristianismo. São Paulo: Paulus, 2004.

RAHNER, K. Péché originel et évolution. In: *Revista Concilium* 26-06-1967.

RAHNER, K. The two basic types of christology. In: Revista Concilium, 25-04-1966, p. 213-223.

RAMOS, R. *Mata Atlântica é o bioma em maior risco*. Segundo estudo do IBGE, fauna e flora da região são as mais ameaçadas de extinção no país. Disponível em <www.agenciabrasil.ebc.com.br> Acesso em: 22 out. 2020.

RATZINGER, J. *Introdução ao cristianismo*. São Paulo: Loyola, 2005.

RATZINGER, J. *Natureza e missão da teologia*. Petrópolis: Vozes, 2008.

RATZINGER, J. *In the beginning*: A Catholic understanding of the story of creation and the fall. Grand Rapids, Michigan: Eerdmans Publishing Co, 1995.

RATZINGER, J. *Introdução ao Espírito da Liturgia*. São Paulo: Loyola, 2015.

RATZINGER, J. *Liberar a liberdade*: fé e política no terceito milênio. São Paulo: Paulus, 2017.

REIS, G. *Intervenção de D. Gilberto dos Reis*, Bispo de Setúbal no santuário de Cristo Redentor, no Corcovado, Rio de Janeiro na 2ª fase da geminação entre este santuário e o santuário de Cristo Rei. Disponível em <www.cristorei.pt>. Acesso em: 23 nov. 2020.

REUTERS, Brazil COVID-19 death toll tops 180,000. Disponível em: <https://www.reuters.com/article/us-health-coronavirus-brazil-idINKBN28L2RH>. Acesso em: 20 set. 2020.

REVISTA ULTIMATO. *A forte reação protestante ao Cristo Redentor*. Disponível em <https://www.ultimato.com.br>. Acesso em: 10 out. 2020.

RIBEIRO DE OLIVEIRA, P.A.; AGUIAR DE SOUZA, J.C. *Consciência planetária e religião*: desafios para o Século XXI. São Paulo: Paulinas, 2009.

RIBEIRO. D. *O povo brasileiro* – A formação e o sentido do Brasil. São Paulo: Editora Global, 2013.

RIBEIRO DO VALLE, T.C.B. O diálogo inter-religioso e as influências arquetípicas das religiões pagãs no catolicismo popular brasileiro contemporâneo. *Anais do VII Congresso da Associação Nacional de Pós-Graduação e Pesquisa em Teologia e Ciências da Religião (ANPTECRE)*: Religião e Crise Socioambiental. Pontifícia Universidade Católica do Rio de Janeiro, 17 a 20 de setembro de 2019, p. 103.

RICHARD, P. *Morte das cristandades e nascimento da Igreja*. São Paulo: Paulinas, 1982.

ROCHE, A. *Apóstola dos Apóstolos*. Vaticano, Roma. Disponível em: <https://www.vatican.va/roman_curia/congregations/ccdds/documents/articolo-roche-maddalena_po.pdf>. Acesso em: 12 jan. 2020.

RODRIGUES, A.E.M. *Cristo Redentor*: História e Arte de um símbolo do Brasil. Rio de Janeiro, Aprazível Edições, 2008.

RODRIGUES, A.M.M. *A Igreja na República*. Brasília: UnB,1981.

ROMERO, O. *Pronunciamento no dia 23 de março de 1980*. In: GUTIÈRREZ, G. Romero, o bispo que morreu pelos pobres. Unisinos, 2015. Disponível em: <http://www.ihu.unisinos.br/78-noticias/542686-romero-o-bispo-que-morreu-pelos-pobres-artigo-de-gustavo-gutierrez>. Acesso em: 16 dez. 2020.

RUBINSTEIN, M. *O Cristo do Rio*. Rio de Janeiro: Rubinstein, 1997.

RUIZ DE LA PEÑA, J.L. *Teologia da Criação*. São Paulo: Loyola, 1992.

SANCHES, M.A.; KUZMA, C.; MIRANDA, M.F. (Org.). *Age Deus no mundo?*: múltiplas perspectivas teológicas. Rio de Janeiro: Ed. PUC-Rio, 2012.

SANCHEZ, W.L. *Vaticano II e o diálogo inter-religioso*. São Paulo: Paulus, 2015.

SAMPEL, E.L. *Principais documentos dos papas sobre Nossa Senhora*: do beato Pio IX a Francisco. São Paulo: Edições Fons Sapientiae, 2017.

SANTMIRE, P. *The travail of nature*: the ambiguous ecological promise of Christian theology. Minneapolis: Fortress Press, 2010.

SANTANA, L.F.R. *Liturgia no Espírito*: o culto cristão como experiência do Espírito Santo na fé e na vida. Rio de Janeiro: ed. PUC-Rio: São Paulo: Reflexão, 2015.

SANTANA, L.F.R. *O Espírito Santo e a espiritualidade cristã*. São José dos Campos: COMDEUS, 2000.

SANTE, C. *Liturgia judaica*: fontes, estruturas, orações e festas. São Paulo: Paulus, 2004.

SANTMIRE, H.P. *Nature Reborn*: Ecological and Cosmic Promise of Christian Theology. Minneapolis: Fortress Press, 2000.

SANTMIRE, H.P. *The Travail of Nature:* The Ambiguous Ecological Promise of Christian Theology. Minneapolis: Fortress Press, 1985.

SANTORO, F. *Beleza e ministério na Igreja do Vaticano II*. Rio de Janeiro: Letra Capital, Ed. PUC-Rio, 2018.

SANTORO, F. *Estética teológica*: a força do fascínio cristão. Petrópolis: Vozes, 2008.

SANTORO, F. *La liberzione que viene dal Vangelo*. Disponível em <www.avvenire.com>. Acesso em: 29 nov. 2020.

SARAH, R.; DIAT, N. *The power of silence*: against the dictatorship of noise. San Francisco: Ignatius Press, 2017.

SARAIVA, A.; VILLAS BOAS, B. Fome volta a crescer no Brasil e atinge 10,3 milhões, aponta IBGE. Rio de Janeiro: *Jornal O Globo*, 17 de setembro de 2020.

SARTORE, D.; TRIACCA, A.M. (Orgs.). *Dicionário de Liturgia*. São Paulo: Paulus, 1992.

SAWIT, C.M. A Search for God Amidst the Covid-19 Pandemic. *Catholic Ethic*s, Estados Unidos, 2020. Disponível em: <www.catholicethics.com/resourcespublications-by-topic/covid-19>. Acesso em: 05 nov. 2020.

SCANNONE, J.C. *O Evangelho da Misericórdia em espírito de discernimento*: a ética social do Papa Francisco. Brasília: Edições CNBB, 2018.

SCANNONE, J.C. Teología de la liberacíon y praxis popular-aportes críticos para una teología de la liberación. In: CALVANI, C.E.B. *Teologia e MPB*, p. 12.

SCARANO, F.R. Quando todo dia era dia de índio. In: VIANNA, S.B.; MEDEIROS, R. *Rio de Janeiro capital natural do Brasil*, p. 26.

SCHEIDT, E.O. Decreto de criação do Santuário Arquidiocesano do Cristo Redentor do Corcovado. In: PINHEIRO, A. *A ereção do Santuário Arquidiocesano do Cristo Redentor do Corcovado à luz dos cânones 1230 a 1234 do CIC de 1983*, p. 63-64.

SCHNELLE, U. *Teologia do novo testamento*. Santo André: Academia Cristã; São Paulo: Paulus, 2017.

SCHILLEBEECKX, E. *História humana*: revelação de Deus. São Paulo: Paulus, 1994.

SCHILLEBEECKX, E. *Jesus: a história de um vivente*. São Paulo: Paulus, 2007.

SCHÖNBORN, C. *God Sent His Son* – A Contemporary Christology. San Francisco: Ignatius Press, 2010.

SCHÖNBORN, C. *God sent his Son* – A contemporary Christology. San Francisco: Ignatius Press, 2010.

SCHÖNBORN, C. Finding design in Nature. *The New York Times*, Nova York, em 7 set. 2005. Disponível em: <www.nytimes.com/2005/07/07>. Acesso em: 25 fev. 2020.

SCHOPF, J.W. Fossil evidence of archaean life. In: *Philosophical Transactions of the Royal Society*, p. 869-885.

SCHOPF, J.W. Fossil evidence of archaean life. In: *Philosophical Transactions of the Royal Society* n. 361, p. 869-885.

SCHWARCZ, L.M.; STARLING, H.M. *Brasil*: uma biografia. São Paulo: Companhia das Letras, 2018.

SEMENOVITCH, J.S. *A conquista da montanha de Deus*. Rio de Janeiro: Lutécia, 2008.

SERRÃO, A.V. (Org.) *Filosofia da Paisagem*: Uma Antologia. Lisboa. Centre of Philosophy. School of Arts and Humanities. 2013.

SESBOÜÉ, B. *Gesú Cristo l'único mediatore*: saggio sulla redenzione e la salvezza. V. 1 e v 2. Roma: San Paolo Edizione, 1994.

SESBOÜÉ, B. *O Deus da Salvação*: séculos I-VIII. São Paulo: Loyola, 2010.

SEVCENKO, N. *A Revolta da Vacina*. São Paulo: Unesp, 2018.

SERRÃO, A.V. (Org.). *Filosofia da paisagem*: uma antologia. Lisboa: Mundos Sociais, 2011.

SHEPERD, A. Creation and Christology: the ecological crisis and escathological ethics. *Stimulus*: The New Zealand Journal of Christian Thought and Practice, Vol. 18, n. 4, p. 51-57, 2010. Disponível em: <www.stimulus.org.md>. Acesso em: 25 out. 2020.

SHERIDAN, M. (Org.). *Ancient Christian Commentary on Scripture*. Old Testament II. Genesis 12-50. Downers Groove: IVP Academic, 2016.

SILVA, R.F. *O Rio antes do Rio*. Rio de Janeiro: Babilônia Cultura Editorial, 2017.

SILVA, H. *1889*: a República que não esperou o amanhecer. São Paulo: L&PM. 2005.

SILVA, M. J.V.M. *A Natureza*: Solo de Conjunção da Ética e da Estética. Tese de doutorado. Universidade de Lisboa, 2016.

SILVA, A.R. Elevai os olhos para os montes: a cristologia do comentário agostiniano sobre Jo 1,1. In: *Atualidade Teológica*, v. 23, n. 63, set./dez. 2019, p. 665.

SILVA, A.L.R. Fundamentos Agostinianos para a distribuição de alimentos saudáveis. *Anais do VII Congresso da Associação Nacional de Pós-Graduação e Pesquisa em Teologia e Ciências da Religião (ANPTECRE)*: Religião e Crise Socioambiental. Pontifícia Universidade Católica do Rio de Janeiro, 17 a 20 de setembro de 2019, p. 347-354.

SILVA, A.L.R. A visão de São Justino sobre a mulher: personagens e notícias. In: *Revista Atualidade Teológica*, PUC-Rio, março de 2016, p. 583.

SILVA COSTA, H. Analogias divinas do monumento. In: RUBINSTEIN, M. *O Cristo do Rio*, p. 28-36.

SILVA COSTA, H. *Analogias divinas no monumento do Corcovado*. Rio de Janeiro: ABC, 1940.

SILVA COSTA. Prêmio Dr. Paulo de Frontin. In: NORONHA, M.I. *Redentor*-De Braços Abertos, p. 78.

SILVA COSTA, H. *Prêmio Dr. Paulo de Frontin*. Rio de Janeiro: Jornal do Comércio, 1940.

SILVA COSTA, H. Álbum do Cristo Redentor. In: LIMA, M.C. *Cristo Redentor do Corcovado*: mensagem religiosa e história, p. 22.

SILVA COSTA, H. Carta a Dom Sebastião Leme. In: CORREA, Marcos Sá. *Christo Redemptor-exposição*, p. 17.

SIMONELLI, C. A abordagem "feminina" da "Querida Amazônia": fora de lugar e fora de tempo. Unisinos. Disponível em: <http://www.ihu.unisinos.br/78-noticias/596312-a-abordagem-feminina-da-querida-amazonia-fora-de-lugar-e-fora-de-tempo>. Acesso em: 13 jan. 2021.

SIMONETTI, M. *Ancient Christian Commentary on Scripture*. New Testament Ia. Matthew 1-13. Downers Groove: IVP Academic, 2016.

SIMONETTI, M. *Ancient Christian Commentary on Scripture*. New Testament Ia. Matthew 14-28. Downers Groove: IVP Academic, 2016.

SINGER, P. *Ética Prática*. Rio de Janeiro: Martins Fontes, 2018.

SÍNODO PAN-AMAZÔNICO. *Documento final do Sínodo da Amazônia*. Assembleia Especial do Sínodo dos Bispos para a Região Pan-Amazônica: Amazônia: Novos caminhos para a Igreja e para uma ecologia integral. Disponível em: <www.SinodoAmazonico.va>. Acesso em: 23 fev. 2020.

SÍNODO DE COLÔNIA. *Acta et decreta Concilii Provinciae Coloniensis*: Ex officina typographica Ioannis Petri Bachemii, 1862. Disponível em: <https://catalog.hathitrust.org/Record/009309877>. Acesso em: 20 fev. 2020.

SIQUEIRA, J.C. *Laudato Si'*: um presente para o planeta. Rio de Janeiro: Ed. PUC-Rio, 2016.

SNYDER, T. Theological Ethnography: Embodied. *The Other Journal*: an intersection of theology and culture, issue 23.5, p. 1-12, mai. 2014.

SKIDMORE, T. *Uma história do Brasil*. São Paulo: Paz e Terra, 1998.

SORGE, B. *Breve curso de doutrina social*. São Paulo: Paulinas, 2018.

SOUZA MACÁRIO, L.F.L. Diálogos sobre o diálogo: a recepção da Encíclica Laudato Si' entre católicos, evangélicos e academia. *Anais do VII Congresso da Associação Nacional de Pós-Graduação e Pesquisa em Teologia e Ciências da Religião (ANPTECRE)*: Religião e Crise Socioambiental. Pontifícia Universidade Católica do Rio de Janeiro, 17 a 20 de setembro de 2019, p. 72.

STAUDT, J. Culture in the Magisterium of Jonh Paul II: Evangelization through dialogue and the renewal of society. *Claritas*: Journal of Dialogue and Culture: Vol. 3: No. 1, Article 8. Disponível em <https://docs.lib.purdue.edu/claritas/vol3/iss1/8>. Acesso em: 20 de nov. de 2020.

STEVENSON, K.; GLERUP, M. (Org.). *Ancient Christian Commentary on Scripture.* Old Testament XIII. Ezekiel, Daniel. Downers Groove: IVP Academic, 2016.

STEWART, E. *Preaching & Teaching Laudato Si':* on care for our common home. New York: Paulist Press, 2015.

SOBRINO, J. *El Cristo en los Ejercícios de San Ignácio.* Santander: Editorial Sal Terrae, 2005.

TABERNEE, W. Os motivos para um retorno à Eucaristia. In: BROUSSARD, M. (Org.). *Eucaristia*: enciclopédia da eucaristia, p. 906.

TAVARES, S.S. *Teologia da criação* – Outro olhar-Novas relações. Petrópolis: Vozes, 2010.

TEMPESTA, O.J. *Intervenção de D. Orani Tempesta*, Arcebispo de São Sebastião do Rio de Janeiro, no santuário de Cristo Redentor, no Corcovado, Rio de Janeiro, na 2ᵉ fase da geminação entre este santuário e o santuário de Cristo Rei. Disponível em: <www.cristorei.pt>. Acesso em: 25 nov. 2020.

TEMPESTA, O. Encontro inter-religioso no Cristo Redentor. In: MOIOLI, C. *Rio de Janeiro começa vacinação contra a Covid-19 aos pés do Cristo Redentor.*

TERESA DE LISIEUX. Novissima Verba. In: CANTALAMESSA, R. *Maria, um espelho para a Igreja,* p. 222.

TERTULIANO. De carnis resurrection In: BENTO XVI. *Audiência Geral* de 5 de janeiro de 2002.

TILLICH, P. *Theology of Culture.* London: Oxford University Press, 1964.

THE ELDERS. *Five reasons climate change is the greatest existential threat of our time.* Disponível em: <www.theelders.org>. Acesso em: 17 out. 2020.

THOMAS, J. *An introduction to the Theology of Creation.* Washington: Confraternity of Christian Doctrine, 2020.

THOMAS, K. *O homem e o mundo natural*: mudanças de atitude em relação às plantas e aos animais (1500-1800). São Paulo: Companhia das Letras, 2010.

THURMOND, G. Ecology and Mary: an ecological theology of Mary as the new Eve in response to the Church's challenge for a faith based education in ecological responsibility. *Journal of Catholic Education*, 11 (1), set 2007, p. 47. Disponível em: <www.digitalcommons.Imu.edu/ce>. Acesso em: 22 jan. 2021.

TOMÁS DE AQUINO. *Suma Theologica.* São Paulo: Eclesiae, 2018.

TOMÁS DE AQUINO. *Livro das Sentenças,* 1,2 n.1. São Paulo: Eclesiae, 2018.

TOMÁS DE AQUINO. Comentário a Aristóteles In: JOÃO PAULO II, PP. *Discurso na sede da Organização das Nações Unidas para a Educação, Ciência e Cultura* – UNESCO, n. 6.

TRIGO, P. *Papa Francisco*: expressão atualizada do Concílio Vaticano II. São Paulo: Paulinas, 2016.

VAINFAS, R. *Ideologia e escravidão*: os letrados e a sociedade escravista no Brasil colonial. Petrópolis: Vozes, 1986.

VANDERBROEK, L.G.; RENWART, L. L'Encyclique "Humani Generis" et les sciences naturelles. *Nouvelle Revue Théologique,* n. 73, p. 337-351, 1951.

VAN DE BEEK, A. *Christ and Creation* – Early Christian theologians on Christ's ownership of creation. Nederduitse Gereformeerde Teologiese Tydskrif, 55, n. 1, set. 2014, p. 386.

VARANDA, M.I.P. Extra naturam nulla salus? O drama e a esperança da criação e da religião na era do Antropoceno. *Atualidade Teológica*, v. 24, n. 64, p.21-42, jan./abr. 2020.

VASCONCELOS, S. *Crônica da Companhia de Jesus do Estado do Brasil* vol. I, Lisboa: Editora (s.n.), 1663. Disponível em: <http://acervus.unicamp.br/>. Acesso em: 20 fev. 2020.

VATICANO II. *Mensagens, discursos e documentos*. São Paulo: Paulinas, 1998.

VIANA, M. *Documentos oficiais da Igreja Católica contra a escravidão*. Disponível em: <www.apologistascatólicos.com>. Acesso em: 10 mar. 2020.

VICINI, A. La vida em tempos de Coronavirus. In: ALVAREZ, M.A. (Org.). *Covid19*, p. 63-64.

VIEIRA, A.C.P. A montanha encantadora. In: ISSA, B.; MENEZES, P.C.; VIEIRA, A.C.P. *Parque Nacional da Tijuca* – Uma floresta na metrópole, p. 19.

VIEIRA, P.A. Sermão. In: CASIMIRO, A.P.B.S. Quatro visões do escravismo colonial. In: *Politeia*: história e sociedade, p. 148-149.

VIVEIROS DE CASTRO, E. O mármore e a murta: sobre a inconstância da alma selvagem. *Revista de Antropologia*, n. 35, p. 21-74, 1992.

VIVIANO, P.A. Gênesis. In: BERGANT, D.; KARRIS, R. *Comentário Bíblico*, p. 57.

WALLIS, J. *America's Original Sin*: Racism, white privilege and the bridge to a New America. Grand Rapids: Brazos Press, 2016.

WEINRICH, W. *Ancient Christian Commentary on Scripture*. New Testament XII. Revelation. Downers Groove: IVP Academic, 2016.

WHITAKER, R.D. An historical note on the conservation of mass. *Journal of Chemical Education*, 52, 10, 658-659, outubro de 1975. Disponível em: <www.eric.ed.gov>. Acesso em: 30 jul. 2020.

WHITE, L. The historical roots of our ecological crisis, *Science* n. 155 (1967), p. 1.203-1.207.

WIKER, B. *In defense of nature* – The Catholic unity of environmental, economic and moral ecology. Steubenville, Ohio: Emaus Road Publishing, 2017.

WORLD HEALTH ORGANIZATION. Coronavirus Disease 2019 (COVID-19). *Situation Report-94*. Disponível em: <www.who.int/docs/default-source/coronaviruse/situation-reports/20200423-sitrep-94-covid-19>. Acesso em: 20 out. 2020.

WORLD COMISSION ON ENVIRONMENT AND DEVELOPMENT. *Our common future*. Disponível em: <www.un-documents.net/wced-ocf.htm>. Visualizado em 02 nov. 2020.

ZIZIOULAS, I. *A criação como eucaristia*: proposta teológica ao problema da ecologia. São Paulo: Mundo e Missão, 2001.

Posfácio
Cidadão do Reino, Cidadão do Rio

Após o evento de Pentecostes, Pedro fala aos judeus: "Jesus de Nazaré foi um homem credenciado por Deus junto de vós, pelos milagres, prodígios e sinais que Deus realizou entre vós por meio dele, como bem o sabeis. Deus, em seu desígnio e previsão, determinou que Jesus fosse entregue pelas mãos dos ímpios, e vós o matastes, pregando-o numa cruz. Mas Deus o ressuscitou, libertando-o das angústias da morte, porque não era possível que ela o dominasse" (At 2,22-24). Mais adiante, na casa de Cornélio, o mesmo Pedro testemunha aos pagãos que "Jesus de Nazaré foi ungido por Deus com o Espírito Santo e com poder. Por toda a parte, ele andou fazendo o bem e curando a todos os que que estavam dominados pelo Diabo; pois Deus estava com ele" (At 10,38).

Ele andou pelas aldeias e cidades da Palestina pregando o Reino da partilha e da solidariedade e denunciando o antirreino da injustiça e da exclusão. A todos revelou o amor terno e misericordioso do Pai, a quem chamava na linguagem familiar de *Abbá*. A todos trouxe uma boa notícia: Deus quer que todos tenham vida plena, feliz, em todas as dimensões. Condições de vida mínima: comida, casa, emprego, segurança, integridade física. Condições de vida média: bem-estar, educação, cultura, justiça social, democracia, direitos humanos e sociais. E, evidentemente, condições para a vida máxima, absoluta, transcendente: relação com o Pai, abertura para a felicidade eterna, desejo de salvação escatológica.

Por esse empenho em favor da vida encontrou seguidores: apóstolos, discípulos e discípulas. Fez o bem para multidões, mulheres, pobres e doentes, pecadores e marginalizados, samaritanos e estrangeiros. O anunciador do Reino de Deus, que pregou o projeto divino de vida plena para todos, a começar dos últimos, "não se envergonha de chamá-los irmãos" (Hb 2,11); antes, quis "fazer-se em tudo semelhante aos irmãos, para se tornar um sumo sacerdote misericordioso e digno de confiança nas coisas que concernem a Deus, a fim de expiar os pecados do povo" (Hb 2,17). Mas, por esse mesmo empenho em favor da vida, o anunciador do Reino teve que enfrentar-se com as forças do antirreino, o deus Mamon, o anti-Deus (Lc 16,13), o ídolo por excelência, o deus da iniquidade e da injustiça, o deus que exige o sacrifício de vítimas em seu altar. Precisamente os chefes religiosos (fariseus e escribas, doutores da lei e sacerdotes), que deveriam ter compaixão das multidões (Mt 9,36) e dedicar seus esforços na solução dos males que afligiam grande parte do povo, haviam se tornado adoradores e amigos do dinheiro (Lc 16,14), serviam-se da religião para o enriquecimento próprio com os custosos sacrifícios de animais no Templo. Decidiram matar o pregador do Reino, o autor da vida, o revelador do amor misericordioso de Deus-Pai.

Por toda essa paixão pelo Reino, que vem desde sua concepção e encarnação, passa pelo ministério público de sinais de libertação, e chega à entrega da morte na cruz, ele foi reconhecido como Redentor, o *goel* da humanidade ferida pelo pecado, prisioneira e escrava de todo tipo de males físicos, morais e espirituais. Nele, todos reencontram o caminho da vida plena.

Em *A ecoteologia do Santuário Cristo Redentor à luz da Encíclica Laudato Si*, o jovem teólogo Alexandre Carvalho Lima Pinheiro nos mostra que este Jesus pregador do Reino, primeiro cidadão do Reino de Deus, que se revelou sumo Sacerdote e Redentor da humanidade, quis tornar-se como que um sacramento para a cidade do Rio de Janeiro, para o Brasil e o mundo. Além das muitas presenças pelas quais ele continua entre nós e pelas quais podemos dizer "Ele está no meio de nós!" – a Eucaristia e os outros sacramentos, a Palavra, cada irmão e irmã, a comunidade reunida, cada autoridade da Igreja, a cruz de cada dia etc. –, ele foi habituando-se, no decorrer da história, a deixar-se representar nas mais diversas obras de arte, com o intuito de encontrar mais meios de ficar entre nós. São incontáveis as pinturas, esculturas, filmes, fotos, obras literárias, que levam a sua figura mundo e história afora. Em cada uma dessas obras, ele vai ganhando contornos específicos, vai se inculturando aos modos de viver, sentir, sofrer e amar de cada povo.

Cidadão do Reino e cidadão do Rio, sua estátua tornou-se cláusula pétrea da paisagem da Cidade Maravilhosa e uma das maravilhas artísticas do mundo. Escultura de concreto, pode ser acolhida pelos cristãos, seus discípulos missionários, como verdadeiro sacramento, sinal visível e eficaz da graça, da presença e do amor de Deus em favor de seu povo. Imagem religiosa, não teme fazer-se profana, secular, dada e entregue ao mundo, e serenamente se deixa tocar e encontrar por crentes fiéis e por simples e curiosos turistas. Estátua cristológica, brota de dentro de uma floresta, deixa transparecer em si e ao seu redor a beleza da natureza, carrega em si a vitalidade da matéria, aponta para a glorificação da criação (Rm 8,18-23) e nos indica a urgência de se ouvir o grito dos pobres e o grito da Terra (LS, 49). Ícone da misericórdia, aponta para o Cristo ressuscitado, que do seu glorioso trono celestial continua a não se envergonhar de seus irmãos e irmãs que o reconhecem como Redentor. Santuário ecológico, reúne criação e redenção, espírito e matéria, estética e empenho ético pela justiça e solidariedade, história e atualidade de uma cidade sofrida, mas sempre alegre, confiante na ternura misericordiosa de seu cidadão-mor, o Cristo Redentor.

Estátua feita alguém, qual cidadão do Rio de Janeiro, a quem se chama simplesmente de Cristo Redentor, ele é sinal para o mundo. Sinal de contradição que, em seus braços abertos e em seu coração exposto, dá-se a todos, entrega-se a todos que o procuram. Mostra ao mesmo tempo que foi rejeitado e morto na cruz, no Morro do Calvário, e que é agora acolhido por fiéis e turistas que vão ao seu encontro no Morro do Corcovado.

Prof.-Dr. Vitor Galdino Feller

Série Teologia PUC-Rio

- *Rute: uma heroína e mulher forte*
Alessandra Serra Viegas

- *Por uma teologia ficcional: a reescritura bíblica de José Saramago*
Marcio Cappelli Aló Lopes

- *O Novo Êxodo de Isaías em Romanos – Estudo exegético e teológico*
Samuel Brandão de Oliveira

- *A escatologia do amor – A esperança na compreensão trinitária de Deus em Jürgen Moltmann*
Rogério Guimarães de A. Cunha

- *O valor antropológico da Direção Espiritual*
Cristiano Holtz Peixoto

- *Mística Cristã e literatura fantástica em C. S. Lewis*
Marcio Simão de Vasconcellos

- *A cristologia existencial de Karl Rahner e de Teresa de Calcutá – Dois místicos do século sem Deus*
Douglas Alves Fontes

- *O sacramento-assembleia – Teologia mistagógica da comunidade celebrante*
Gustavo Correa Cola

- *Crise do sacerdócio e escatologia no séc. V a.C. – A partir da leitura de Ml 2,1-9 e 17–3,5*
Fabio da Silveira Siqueira

- *A formação de discípulos missionários – O kerigma à luz da cruz de Antonio Pagani*
Sueli da Cruz Pereira

- *O uso paulino da expressão μὴ γένοιτο em Gálatas – Estudo comparativo, retórico e intertextual*
Marcelo Ferreira Miguel

- *A mistagogia cristã à luz da Constituição Sacrosanctum Concilium*
Vitor Gino Finelon

- *O diálogo inter-religioso para uma ecologia integral à luz da Laudato Si'*
Chrystiano Gomes Ferraz

- *A glória de Jesus e sua contribuição para a formação da cristologia lucana*
Leonardo dos Santos Silveira

- *A ecoteologia do Santuário Cristo Redentor à luz da encíclica Laudato Si'*
Alexandre Carvalho Lima Pinheiro

- *Ser presbítero católico – Estudo sobre a identidade*
Eanes Roberto de Lima

- *A pedagogia de YHWH e o seu povo diante da Lei – Uma análise de Dt 31,9-13*
Daise Gomes da Costa